1781

Gaby von Schönthan

Das Herrenhaus

Die Geschichte der Pernwalds

Hoffmann und Campe

1. bis 30. Tausend 1977

Satz Bercker, Graphischer Betrieb GmbH, Kevelaer
Druck und Bindearbeiten Richterdruck, Würzburg
ISBN 3-455-06735-2 · Printed in Germany

Erstes Buch

I.

Die mächtigen Kastanienbäume, die das barocke Herrenhaus der Pernwalds umstanden, warfen dunkelgrüne Schatten auf die im traditionellen Schönbrunnergelb getünchten Mauern. Der rosa und weiße Phlox zu beiden Seiten der Auffahrt verströmte seinen Duft in der Hitze des Spätnachmittags. Die Schönheit seines Besitzes stimmte Florian von Pernwald melancholisch. Wie lange würde er ihn noch halten können? Ihn fröstelte trotz der Wärme. Vielleicht war auch seine schlechte Gesundheit schuld daran, daß er sich so bedrückt fühlte. Der Arzt hatte ihm das Rauchen verboten, üppiges Essen, den Alkohol. »Sie sind jetzt siebenundfünfzig, Herr Baron«, hatte er gesagt, »und mit Ihrer Angina pectoris können Sie auch achtzig werden, wenn Sie sich schonen. Aber keine Überanstrengung, keine Aufregungen, keine seelische Belastung, wenn ich bitten darf!«

Das ist leichter geraten als befolgt, dachte Florian. In den schlaflosen Nächten lag ihm beklemmende Angst auf der Brust, das Herz galoppierte zwischen den Rippen. Wo war seine Lebenszuversicht geblieben? Sein Leichtsinn? Noch vor einem Jahr hatte er die umwälzenden Neuerungen des beginnenden zwanzigsten Jahrhunderts mit Passion verfolgt. Seit er krank geworden war, blickte er düster in die Zukunft. Die politische Situation hatte sich verschlechtert. Er traute dem Frieden nicht. Der Kaiser war alt, und der Thronfolger rasselte mit dem Säbel. Jeder Schnupfen, jeder Nieser des Kaisers konnte den fragilen Thron ins Wanken bringen. Wenn Franz Josef starb, starb auch die Monarchie. Der radikale Nationalismus der Völker Österreich-Ungarns wurde nur noch durch die legendäre Vatergestalt des Kaisers in Schach gehalten. Der Thronfolger war nicht der Mann, diplomatisch zu handeln, kleine Zugeständnisse zu machen, um das große Ganze zu erhalten. Es war schon so: wenn Franz Josef die Augen für immer schlösse, ginge eine goldene Ära zu Ende. Eine neue Zeit würde beginnen, in der die alten Begriffe von Tradition, Glaube, Treue und Ehre keinen Pfifferling mehr wert waren und nur das Geld zählte. Auch die Ära der Pernwalds neigte sich dem Ende zu.

Florian ging langsam an dem linken Seitentrakt des Hauses vorbei zu den Stallungen und pfiff, kurz–lang. Hundegebell antwortete ihm. Er beachtete die wedelnden Spaniels und Dackel kaum. In ihrem Zwinger erwartete ihn, sich mit den Vorderpfoten ans Gitter stützend, sein Liebling, die schwarze Jagdhündin Hexe. Er streichelte den schmalen Kopf des Tieres.

»Komm, meine Gute«, sagte er zärtlich, »wir gehen durch die Wiesen.«

Die Sonne stand schon tief, und die Hügel am Horizont färbten sich blau. Vom Attersee her kam ein leichter Wind herüber und kämmte die Wiesen. Im Wald rief unermüdlich der Kukkuck. Violett und schwarz standen die Tannen gegen den hellen Abendhimmel. Florian setzte sich auf eine Bank am Waldrand und atmete tief den Duft des Sommers ein. So weit das Auge reichte, hatte alles Land einmal den Pernwalds gehört, die Gutshöfe, die Äcker, die Weiden, die majestätischen Forste, die sich weit ins Tal und über die Bergrücken hinüber bis zum Mondsee erstreckten. Und was war ihm geblieben? Das Herrenhaus, der weitläufige Park, der Rosengarten am Seeufer, Wiesen und Felder und ein Teil der Wälder. Florian zog die Schultern hoch. Seit er das schon geschmälerte Erbe angetreten hatte, hatte auch er eine Liegenschaft nach der anderen verkauft – erst, um seinen Bruder Poldo auszuzahlen, und dann, um selbst standesgemäß leben zu können. Stück für Stück war der Besitz geschrumpft, auf ein Drittel des Ausmaßes, das er gehabt hatte, als Florian Chef des Hauses geworden war. Also waren die Pachterträge geringer, der Schuldenberg größer geworden. In vier Wochen wurden die Hypotheken-Zinsen fällig. Wenn Florian die ihm verbliebenen Wälder verkaufte, konnte er die Zinsen bezahlen und den Schein der Herrschaftlichkeit noch ein paar Jahre aufrechterhalten. Und dann? Diese verfluchten Herzschmerzen machten ihn verzagt. Nach mir die Sintflut, dachte er. Es hatte keinen Sinn, sich mit Vorwürfen zu quälen. Er hatte für seine Kinder getan, was er konnte. Mathilde war gut verheiratet, sie brauchte ihren Vater nicht mehr. Ferdinand war eine fünfundzwanzigjährige Enttäuschung. Ein habgieriger Verschwender, egoistisch und undankbar. Was immer er in die Hände bekam, rann ihm wie Wasser durch die Finger. Blieb noch die Jüngste. Wenn es ihm gelang, für Helene eine gute Partie zu finden, hatte er nur noch für sich selbst zu sorgen. Und das konnte er, wenigstens eine Zeitlang, wenn er die Wälder verkaufte.

II.

Der Grundstücksmakler Max Fiedler, obwohl stehend getauft, galt noch immer wie sein Vater und sein Großvater als »Hausjud« der Pernwalds. Er war nicht aus religiösen Gründen zum Katholizismus übergetreten. Es war besser fürs Geschäft. Er war blond und blauäugig und ging jeden Sonntag in die Pfarrkirche in Ischl. Die Menschen glaubten, was sie sahen, und so würde der »Hausjud« in absehbarer Zeit vergessen sein. Daß Baron Pernwald ihn als Vermögensverwalter beschäftigte und empfahl, nützte den hochfliegenden Plänen Fiedlers. Er revanchierte sich bei Florian. Jedem anderen Klienten in der gleichen Lage hätte er schonungslos klargemacht, daß es keine Hilfe mehr gab, sondern nur noch Liquidation. Für Florian dagegen war er bereit, sich den Kopf zu zerbrechen, zu handeln und zu verhandeln, Löcher aufzureißen, um andere zuzustopfen, und von Termin zu Termin zu jonglieren. Er kam auch sofort, als ihn Florian darum ersuchte, nach Pernwald.
Im Jagdsalon war es kühl. Durch die Jalousien fielen schmale Sonnenstreifen auf die Ahnenbilder des alten Salzburger Geschlechts, das seinen Wohlstand der Kirche und die Baronie der Krone verdankte. Die Männer der Familie Pernwald sahen alle einander ähnlich. Alle hatten das gleiche schmale Gesicht, dunkle Augen und sinnliche Lippen.

Der arrogante Gesichtsausdruck der meisten dieser selbstgefälligen Herren erinnerte Max Fiedler unliebsam an Florians Sohn. Worauf bildete sich der so viel ein? Er war Dragonerleutnant. Na, und? Leutnants gab es zwölf auf ein Dutzend. Max dachte, daß er Ferdinand nicht einmal mit der Feuerzange anfassen würde. Aber für Ferdinands Vater suchte und fand er jegliche Entschuldigung. In seinen Augen war nicht Florian schuld daran, daß der Karren im Dreck steckte, sondern seine Vorfahren. Im Laufe der Generationen hatten die Barone immer weniger gearbeitet und immer besser gelebt. Ihre Frömmigkeit hatte in demselben Maß abgenommen, in dem ihre Sorglosigkeit zugenommen hatte. Für diese Hochnäsigen spielte es keine Rolle, ob es Mißernten gab, Unwetterkatastrophen oder Viehseuchen, solange sie aus ihren ausgedehnten Waldungen für das fehlende Geld nur genug Holz schlagen lassen konnten. Die Pernwalds waren große Herren und lebten auf großem Fuß. Die Kahlschläge in ihren Forsten mehrten sich. Die ersten Warnzeichen wurden geflissentlich übersehen. Von diesem Holz war ja soviel da; wenn die Wälder eine Erholungspause brauchten, konnten Wiesen und Felder, ein Gutshof oder eine Jagd verkauft werden – und wieder ging das Leben für Jahre seinen, wie es schien, gewohnten Gang.
Max schrak aus seinen Gedanken hoch, als Florian, gefolgt von seinem Diener Kaspar, den Jagdsalon betrat. »Ich danke Ihnen, mein lieber Fiedler«, sagte er, »daß sie auf mein Telegramm sofort gekommen sind.«
Max nahm Florian gegenüber Platz und beobachtete, wie Kaspar das Silbertablett mit dem Portwein vor ihn hinstellte und die offene Zigarrenkiste einladend in Reichweite rückte. »Schenk Herrn Fiedler ein, Kaspar«, befahl Florian. »Nichts für mich, ich darf nicht.«
Kaspar füllte mit sicherem Schwung ein Glas, verneigte sich und stelzte gravitätisch aus dem Salon.
»An dem alten Kaspar gehen die Jahre spurlos vorüber.« Max griff nach dem Glas. »Ich kenn' ihn, seit ich ein kleiner Bub war. Sehr zum Wohl, Herr Baron.«
»Ich kenn' den Kaspar schon seit meiner Geburt.« Florian lächelte. »Im Frühjahr ist er achtzig geworden. Mit vierzehn ist

er bei meinem Vater in Dienst getreten. Sechsundsechzig Jahre in der Familie. Kaspar gehört zu Pernwald. Apropos Pernwald. Ich habe Sie hergebeten, weil ich mich nach reiflicher Überlegung entschlossen habe, die Wälder zu verkaufen. Bringen Sie mir einen Käufer oder machen Sie selbst ein Angebot.«
»Verzeihung, Herr Baron – aber von dieser Transaktion rate ich ab. Da sage ich nein.« Max beugte sich vor. »Holz erzielt momentan keinen Preis. Der Balkan unterbietet den Holzmarkt. Jetzt zu verkaufen wäre ein Verlustgeschäft. Darf ich Ihnen die Situation noch einmal vor Augen führen, Herr Baron? Ihre Besitzungen sind zu mehr als drei Viertel hypothekarisch belastet. Selbst wenn die Wälder gut verkauft werden könnten, wie weit würde uns das bringen?« Er zündete sich eine Zigarre an, fuhr dann fort: »Darf ich meine eigene Frage beantworten? Sie könnten zwar die Hypotheken-Zinsen zahlen und den Rest des Geldes verbrauchen. Aber in einiger Zeit wären sie dann wieder so weit wie heute, und die Wälder sind weg. Dann geht es an die Substanz. Dann kommt Pernwald dran.«
Florian war blaß geworden bis in die Lippen. Max beeilte sich, seine Worte abzuschwächen: »Regen Sie sich bitte nicht auf, Herr Baron. Ich wüßte eine andere Lösung, aber die ist sehr privater Natur und ich weiß nicht, ob es mir zusteht . . .«
Florian winkte müde ab: »Ich bin für jeden Ratschlag dankbar, der Pernwald rettet.«
»Ich darf also offen sprechen.« Max setzte sich in Positur. »Ich möchte mit einem Zitat beginnen, das sich auf das allerhöchste Kaiserhaus bezieht. Tu felix Austria nube. Das mein' ich. Heiraten. Wenn die Baronesse Helene sich entschließen könnte, eine bestimmte Persönlichkeit zu heiraten, wären alle Schwierigkeiten zu lösen. Es ist kein Geheimnis. Seit einem Jahr bemüht sich Herr Anton von Dobrany um Ihre Tochter. Mag sein, daß Herr von Dobrany in Ihren Augen Schönheitsfehler hat; aber er ist vielfacher Millionär. Es gibt keine Vollkommenheit, Herr Baron. Die privaten Auskünfte über Herrn von Dobrany sind bestechend. Jung, gesund, solid. Seine Fabrik ist eine Goldgrube. Er hat keine Eltern mehr, er ist der Chef. Wenn Sie seine Werbung annehmen würden und er dazu veranlaßt werden könnte, die Hypotheken zu übernehmen und die

Zinsen bis auf weiteres zu stunden, täte er schließlich nichts anderes, als seiner Frau den Familienbesitz zu erhalten.«
Florian schwieg. Sentimental dachte er: meine kleine Helene. Sie war so sensibel und leicht verletzlich. Als Kind hatte er sie scherzhaft »Mimoserl« genannt. Sie war eine Mimose geblieben. Es war nicht leicht, für sie die richtige Wahl zu treffen. Er begegnete Fiedlers fragenden Blick und sagte unentschlossen: »Ich kenne Herrn von Dobrany kaum.«
Max ereiferte sich: »Ich weiß von ähnlich gelagerten Fällen. Beide Parteien profitierten. Darf ich Herrn von Dobrany einen Wink geben, bei Ihnen vorzusprechen, Herr Baron? Wenn Sie grundsätzlich damit einverstanden sind, sondiere ich das Terrain, um herauszufinden, ob mein Vorschlag für Herrn von Dobrany akzeptabel ist.« Er setzte hinzu: »Wenn er für Sie akzeptabel ist, versteht sich.«
Mit einem leisen Seufzer entschied Florian das Schicksal seiner Tochter. Im Luxus leidet es sich leichter, sagte er sich und nickte.
Max erhob sich: »Wünschen Sie also, daß ich mit Herrn von Dobrany spreche?«
Florian erwiderte resigniert: »Es muß etwas für Pernwald geschehn. So oder so.«

III.

In Anton von Dobranys sechsundzwanzigjährigem Dasein hatte es nie Probleme gegeben, die nicht mit Geld zu lösen gewesen waren. Doch während er die Straße am Weissenbacher Ufer des Attersees entlang radelte, nahm seine Unsicherheit mit jedem Tritt in die Pedale zu. Er hatte Angst vor seiner eigenen Courage, Florian von Pernwald um die Hand seiner Tochter zu bitten. Obwohl er sich mit Max Fiedlers Plan bezüglich der Übernahme der Hypotheken einverstanden erklärt hatte, war Anton sich nicht sicher, ob der alte Pernwald ihn für würdig befinden würde, um Helenes Hand anzuhalten. Die Pernwalds waren charmant und leutselig, aber man wußte nie genau, ob man in ihrem exklusiven Kreis auch wirklich akzeptiert wurde. Die Spielregeln der Aristrokraten waren seit Generationen vererbt und nicht leicht zu erlernen. Wo Anton viele Worte machte, verständigten sich die Pernwalds und ihresgleichen mit einem Zucken der Augenbrauen. Sie gaben ihre Gefühle nicht preis. Anton wußte auch nicht, was Helene für ihn empfand. Die graziöse Liebenswürdigkeit, mit der sie seine verliebte Verehrung duldete, ließ darauf schließen, daß sie nichts gegen ihn hatte, aber sie hatte ihm auch nicht das kleinste Zeichen gegeben, daß sie etwas für ihn übrig hätte. Bis vor einem Jahr hatte Anton nicht gewußt, daß es solche Mädchen gab. Die Begegnung mit Helene hatte ihn getroffen wie ein Blitz. Wenn er sie sah, konnte er seine Sinnlichkeit kaum beherrschen. Wenn er andere Frauen umarmte, dachte er an sie, und wenn diese Frauen lustvoll seufzten, dann seufzte in seinen Ohren Helene.

Der Gedanke, sie aufzugeben, kam Anton nicht. Im Gegenteil. Je zurückhaltender sie sich verhielt, desto mehr verrannte er sich in sein Verlangen, sie zu besitzen. Und weil er nie Gelegenheit gehabt hatte, unter vier Augen mit ihr zu reden, hatte er Max Fiedlers Anregung aufgegriffen, bei ihrem Vater vorzusprechen. Anton bog von der Straße ab. Auf der Anhöhe thronte das pompöse Herrenhaus der Pernwalds. Die Schönheit liegt im Auge des Beschauers, dachte Anton; er wußte nicht mehr, wer diese Formulierung geprägt hatte. Er bevorzugte Zinnen und Türmchen, maurische Flachdächer und spanische Erker. Aber da Helene die barocke Pracht Pernwalds für den Inbegriff der Vollkommenheit hielt, war auch er bereit, Pernwald zu bewundern.

Anton stieg ab. Er geriet leicht ins Schwitzen, besonders, wenn er aufgeregt war. Er schob sein Rad langsam den Hügel hinan.

IV.

Es fiel Florian schwer, seine Nervosität zu beherrschen. Er hatte sich hinter seinem Schreibtisch verschanzt, um Distanz zu markieren und war sich bewußt, daß die Tischplatte zwischen ihm und seinem Besucher eine Art Barriere bildete.
Nach einer kurzen Verlegenheitspause begann Anton von Dobrany: »Ich danke Ihnen sehr dafür, daß Sie mir Gelegenheit geben, mich mit Ihnen auszusprechen.«
Seine fröhliche Stimme hatte den leicht singenden Tonfall der Deutsch-Böhmen. Florian verzog irritiert den Mund. Früher war ihm nicht aufgefallen, daß Dobrany »böhmakelte«. Aber jetzt begutachtete er ihn als möglichen Schwiegersohn, und da hörte er eben genauer hin. Diesen böhmischen Akzent mußte man ihm abgewöhnen. Man mußte ihm überhaupt viel abgewöhnen. Er war übertrieben modisch gekleidet. Die dottergelbe Weste. der karierte Anzug – einfach geschmacklos.
»Sie erraten sicher den Grund meines Besuchs«, fuhr Anton eifrig fort. »Seit einem Jahr schon verehre ich die Baronesse Helene. Sie war immer sehr freundlich zu mir, und so habe ich Hoffnung geschöpft ...« Er verhedderte sich und suchte die richtigen Worte. »Ich meine, je länger ich sie kenne, desto tiefer werden meine Gefühle für sie. Ich liebe Helene, sie ist die Frau meines Lebens.« Er wurde verlegen und sagte unvermittelt formell: »Baron Pernwald, ich bitte um Ihre Einwilligung, mich der Baronesse Helene erklären zu dürfen.«
Florian hatte nur mit halbem Ohr zugehört. Ein Heiratsantrag war wie der andere. Immer war von Liebe und tiefem Gefühl die Rede. Er selbst dachte an das leidige Geld.
Anton Dobrany mißverstand den irritierten Blick Florians. »Ich weiß, was Sie jetzt denken«, sagte er. »Sie denken, ich bin nichts Besonderes. So ist es. Meine Vorfahren waren Seifensieder in der böhmischen Provinz. Erst mein Großvater hat es zum Seifenfabrikanten in Prag gebracht und sehr viel Geld gemacht. Mein Vater hat den Adel verliehen bekommen für die Stiftung eines Altersheimes. Wir waren die Brühls aus dem Städtchen Dobrany. Jetzt heißen wir Brühl von Dobrany, weil wir Geld haben. Wir sind genau das, was man Neureiche

nennt. Sie haben sicher an eine passendere Verbindung für die Baronesse Helene gedacht. Aber ich bitte Sie zu berücksichtigen, kein anderer Mann kann Helene . . .« er verbesserte sich, »die Baronesse aufrichtiger, treuer und ergebener lieben, als ich es tue.«

Bauernschlau ist er, dachte Florian. Er hat mir den Wind aus den Segeln genommen, in dem er sich selbst als neureich bezeichnet. Er räusperte sich und sagte: »Mein lieber Dobrany, ich will meiner Tochter in einer für sie so lebenswichtigen Entscheidung nicht vorgreifen, aber . . .«

Anton fiel ein: »Darf ich das so verstehen, daß Sie mich als Schwiegersohn nicht ablehnen würden?« Er strahlte: »Sie machen mich glücklich. Ich kann Ihnen versichern, daß ich Helene, wenn sie ihr Jawort gibt, jeden Wunsch von den Augen ablesen werde. Die Seifenfabriken gehören mir allein. Meine Schwester Sophie ist ausbezahlt. Sie hat ihr eigenes Vermögen. Ich will damit sagen, ich bin ganz und gar unabhängig, mein eigener Herr. Ich muß nur alle paar Monat' in die Fabriken. Unterschreiben. Ich versteh' gar nichts von Seife und nicht viel von Geschäften. Der Direktor Cerwenka macht alles für mich. Ich bin studierter Ornithologe. Ich kann Vögel züchten, wo ich will, ich meine, ich kann es dort tun, wo Helene es will. Wir könnten in Wien leben. In Prag möcht' sie Heimweh haben. Aber ich glaube, am liebsten würde sie hier leben, in Pernwald. Wenn Sie es gestatten. Sie ist so glücklich in Pernwald.«

Das war das Stichwort. Florian lehnte sich zurück und sagte zögernd: »Ich weiß, daß Sie meiner Tochter ein Leben bieten können, wie ich es mir als Vater nur wünschen kann.« Er setzte entschlossen hinzu: »Ich kann es ihr zur Zeit nicht bieten. Ich habe mit Schwierigkeiten zu kämpfen. Ich weiß nicht, ob ich Pernwald behalten kann.«

»Schenken Sie mir Ihr Vertrauen«, sagte Anton treuherzig. »Lassen Sie Ihre Sorgen meine Sorgen sein und Sie werden Pernwald behalten.« Seine blauen Augen leuchteten: »Ich bitte Sie nur, daß Sie bei Helene ein gutes Wort für mich einlegen. Ich möchte sie nicht überrumpeln, sie nicht erschrecken. Sie ist so scheu.«

Florian fühlte einen Druck in der Herzgegend. Ich darf mich

nicht aufregen, ging es ihm durch den Kopf, aber ich rege mich auf. Da wird mir die Lösung aller meiner Probleme auf einem silbernen Tablett serviert. Da sitzt mir ein Millionär gegenüber und fordert nicht, sondern bittet. Wenn ich nein sage, geht alles nur weiter bergab. Welcher Standesgemäße wird Helene heiraten wollen, ein Mädchen ohne Vermögen? Ich muß in ihrem Interesse ja sagen. Es ist meine Pflicht.
Daß er sich selbst in die Tasche log, machte Florian unwillig. Er stand auf, ging um den Schreibtisch herum, bot Anton die Hand und sagte kurz: »Wenn Sie morgen gegen Mittag wiederkommen, werde ich schon mit Helene gesprochen haben.«

V.

»Guten Abend, Papa.« Helenes dunkle, leicht rauchige Stimme unterbrach das Gespräch, das Florian in Gedanken mit ihr führte. Er fühlte sich ertappt, sah rasch hoch und war entzückt von ihrem Anblick. In dem dünnen, heliotropfarbenen Kleid wirkte sie noch zarter, als sie war. Sie trug die tiefbraunen Haare mit Schildpattkämmen hochgesteckt. Die neue Frisur betonte das liebliche Oval ihres Gesichts. Er wollte sagen: Ich hab' dich sehr lieb, mein Kind – und sagte: »Warum trägst du immer so melancholische Farben? Andere junge Mädchen bevorzugen Rosa und Himmelblau.«
»Ich bin nicht für Rosa und Himmelblau«, erwiderte Helene ernst.
»Schon gut, schon gut. Ich will dir nicht dreinreden. Ich hätte dich nur gern manchmal fröhlicher. Zumindestens zum Anschauen.« Florian umarmte sie und küßte sie auf die Wange. Sie roch so gut, ihre Haut war so glatt und jung. Er dachte an Dobrany und schob sie von sich: »Ich habe dich hergebeten, weil ich etwas mit dir zu besprechen habe. Setz dich zu mir.«
»Gerne, Papa.«
Florian rückte den sechsarmigen Silberleuchter, der zwischen ihnen auf dem Tisch stand, beiseite, um sie besser betrachten zu können. Er legte die Fingerspitzen beider Hände aneinander

und begann: »Es ist nun ein Jahr her, daß du aus dem Internat gekommen bist. Du hast dich zu Hause wieder eingelebt, hast Menschen kennengelernt, dich umsehen können, warst auf Bällen, im Theater, in Gesellschaft. Hast du darüber nachgedacht, wie es weitergehen soll? Ich meine, hast du über deine Zukunft nachgedacht?«
»Ja, Papa«, Helene nickte, »ich möchte . . .«
»Möchtest du heiraten?« fiel ihr Florian ins Wort.
Helene errötete.
Vielleicht gibt es eine passende, gute Partie, und wir ersparen uns den Dobrany, überlegte Florian hoffnungsvoll. »Hast du einen ernstzunehmenden Bewerber?« forschte er und sah, wie sich die Röte ihrer Wangen vertiefte und sie den Kopf senkte. Also, einen ernstzunehmenden hat sie nicht, dachte er, der Dobrany bleibt uns nicht erspart. Er sagte energisch: »Mein Kind, du weißt, daß ich dein Bestes will. Seit deiner Geburt hab ich allein für dich sorgen müssen. Wenn deine Mutter am Leben geblieben wäre, hätte ich mich mit ihr beraten können, aber so lag die ganze Verantwortung immer bei mir. Ich habe nach bestem Wissen und Gewissen alles getan, damit du behütet aufwächst. Ich will auch deine Zukunft sichern, dir Not und Kummer ersparen.« Er war mit sich zufrieden, hob die Stimme und sagte feierlich: »Anton von Dobrany war heute Nachmittag bei mir und hat um deine Hand angehalten. Nach reiflicher Überlegung habe ich meine Einwilligung gegeben . . .«
»Nein!« Helene fuhr auf. Mit einer Heftigkeit, die ihr Florian nicht zugetraut hätte, wiederholte sie: »Nein! Ich kann nicht.«
»Was heißt das, du kannst nicht?« Florian wurde ärgerlich. Warum war sie so störrisch? Mußte sie es ihm so schwer machen? Er wurde ungerecht: »Du bist zu jung, um zu beurteilen, was man kann und was man nicht kann. Man kann sehr viel tun, aus Verantwortung, aus Gewissenhaftigkeit und Pflichtgefühl, aus Hilfsbereitschaft.«
Helene biß sich auf die Lippen. Wenn ihr Vater laut wurde, hatte es keinen Sinn, aufzubegehren. Er wurde dann nur noch lauter.

Da Helene nachzugeben schien, senkte Florian die Stimme wieder: »Ich möchte dir die Gründe meiner Entscheidung erklären. Ich bin alt und müde. Ich muß über mich hinausdenken. Versteh mich recht – wenn ich einmal nicht mehr bin. Ich möchte dich gut aufgehoben wissen. Ich habe mich im Gespräch mit Anton Dobrany davon überzeugt, daß er anständig, verläßlich und voll guten Willens ist. Ich könnte dein Schicksal vertrauensvoll in seine Hände legen. Er würde mir meine Sorgen um dich abnehmen.«
Helene wußte nicht, was sie sagen sollte.
Florian griff nach ihrer Hand. Sie war kalt und lag wie leblos in der seinen. Helene tat ihm leid. Er tat sich noch mehr leid. Er zwang sich zur Geduld und preßte ihre Finger: »Ich wünsche, daß du ja sagst.«
Helene starrte mit einem leeren Gesichtsausdruck vor sich hin. Florian wartete eine kleine Weile, dann sagte er sanft: »Mimoserl, ich will dein Bestes. Und das ist das Beste. Anton von Dobrany ist ein sehr, sehr reicher Mann.« Er drängte: »Verstehst du mich?«
»Ja, Papa«, sagte Helene tonlos, »ich verstehe dich.«
»Mein gutes Kind«, Florian räusperte sich, um seine Gemütsbewegung nicht zu verraten. »Wenn Anton Dobrany kommt, um dich zu fragen, wirst du ja sagen.« Er stand auf, ging auf Helene zu und küßte sie zärtlich. »Ich weiß, du wirst mir die Freude machen.«
Helene riß sich los und lief wie gehetzt aus dem Zimmer.
Florian sah ihr erleichtert nach. Jetzt durfte man ihr nur nicht mehr zuviel Zeit lassen, über alles nachzudenken. Die krausen Gedanken in den Köpfen junger Mädchen waren unverständlich und unberechenbar. Darum war es gut, wenn sie früh unter die Haube kamen. Ein Ehemann, Haushalt, Kinder – da verging ihnen das Spintisieren. Helene war nicht verliebt in den Dobrany, vielleicht in einen anderen. Aber was wußte sie denn überhaupt von Liebe? Liebe hatte mit Ehe wenig zu tun. Wenn es in der Ehe nicht klappte, konnte sie sich, so wie es aussah, außerhalb der Ehe schadlos halten, Liebhaber haben, an jedem Finger zehn. Mit wieviel unbefriedigten oder unzufriedenen Ehefrauen hatte er selbst schon geschlafen! Wenn Ehemänner

nicht mit der Nase daraufgestoßen wurden, daß sie Hörner aufgesetzt bekamen, blieben auch die schlechtesten Ehen erträglich. Man durfte nicht zu sentimental sein. So war das Leben, und nicht anders.

VI.

Es war Pernwaldsche Tradition, bei jeder Mahlzeit das für den Anlaß passende Service zu verwenden, entsprechendes Silber und Kristall. Der Diener Kaspar konnte zwei und zwei zusammenzählen. Erst war der junge Herr von Dobrany allein beim Herrn Baron gewesen, dann die Baronesse Helene. Das roch nach Verlobung. Kaspar bewertete die Ereignisse im Leben der Familie Pernwald, als beträfen sie ihn selbst. Bei einem festlichen Anlaß wurde Gala gedeckt, die Barock-Teller mit dem breiten Blattgoldrand und die geschliffenen Kelche, an einem gewöhnlichen Abend wurde weißgrüne Gmundner Keramik aufgelegt. Kaspar schritt würdevoll in die Halle und blieb steif neben dem Lehnstuhl stehen, in dem Florian es sich bequem gemacht hatte.
»Was gibts?« fragte Florian, beim Zeitunglesen gestört.
»Das Gedeck, Herr Baron. Gala oder Gmundner?«
Florian schmunzelte. Kaspar hörte das Gras wachsen. »Gala«, sagte er und nickte Kaspar freundlich zu. Wenn der Tisch für das Abendessen festlich gedeckt war, würde sich Ferdinand die Frage nicht verkneifen können: »Warum die Gala? Was feiern wir?« Und das war dann für Florian der erwünschte Anlaß, seinem Sohn in Helenes Gegenwart mitzuteilen, daß ihre Verlobung eine beschlossene Sache sei und im engsten Familienkreis vorgefeiert werde. Vor ein derartiges *fait accompli* gestellt, würde Helene es nicht über sich bringen, ihr Ja, das eigentlich keines gewesen war, zurückzunehmen. Manche Menschen mußte man eben zu ihrem Glück zwingen.

Die Szene gelang noch besser, als Florian vorausgeplant hatte. Er saß am Ende der festlich gedeckten Tafel, Helene zu seiner

Rechten. Ihr gegenüber hatte Ferdinand mit dem üblichen gelangweilten Gesichtsausdruck, den er für fesch hielt, Platz genommen. Er stellte sofort die von seinem Vater erwartete Frage. Unwillkürlich lächelnd erwiderte Florian: »Ich habe überlegt, ob das erfreuliche Ereignis, das wir heute feiern, fürs erste ein Geheimnis zwischen Helene und mir bleiben soll, aber dann habe ich beschlossen, daß du, lieber Ferry, als ihr Bruder eingeweiht werden sollst. Helene wird heiraten.«
Helene verzog keine Miene. Ihre Augen waren blank und trotzig. Ferdinand zeigte mäßiges Interesse. »Wen?« fragte er.
Florian verzögerte die Antwort. »Schenk ein«, befahl er Kaspar. »Mir auch. Erst den Weißen. Den Champagner später. Heut' können mir sämtliche Ärzte den Buckel runterrutschen. Zu einer Familienfeier gehört ein guter Tropfen.« Er kostete den Wein kennerisch, dann wandte er sich Ferdinand zu: »Mir ging es bei der Wahl eines Schwiegersohnes vor allem um seine persönlichen Eigenschaften und um seine finanziellen Verhältnisse, die das Wohlergehen meiner Tochter garantieren sollen.« Er warf einen raschen Blick nach rechts. Helene verhielt sich so unbeteiligt, als würde nicht über sie gesprochen.
Florian fuhr unbeirrt fort: »Der Mann, der Helene zur Frau bekommen wird, ist Reserveoffizier bei den Elfer-Dragonern. Es ist mir erwünscht, daß nicht nur mein Bruder Poldo und du, mein Sohn, sondern auch mein künftiger Schwiegersohn die Dragoner-Uniform tragen. Die gleiche Uniform bedeutet doch eine Gemeinsamkeit, die nicht zu unterschätzen ist.«
»Hat er Geld?« fragte Ferdinand.
»Er ist überaus wohlhabend«, sagte sein Vater. »Er genießt einen Wohlstand, der sich täglich vermehrt. Helene wird sich nie einschränken müssen.«
»Ist er nur wohlhabend oder wirklich reich?«
»Das Vermögen zählt nach Millionen.«
»Sapristi! Das hört sich gut an! Woher kommen diese Millionen?«
»Seife«, erklärte Florian.
»Der Dobrany«, frohlockte Ferdinand. Er prostete seiner Schwester zu: »Da gratulier' ich. Das ist eine gute Nachricht.«

Helene warf ihrem Bruder einen bitteren Blick zu, hob ihr Glas und nippte.

»Ich hab' mir schon gedacht, Ferry, daß dir diese Verbindung recht sein wird«, sagte Florian. »Du hast einen überdimensionalen Hang zum Geld.«

Ferdinand zwirbelte unternehmend seinen Schnurrbart. »Man kann nie genug davon haben. Ich jedenfalls nicht. Du weißt, Papa, daß ich mit der Apanage, die du mir ausgesetzt hast, nicht auskomme. Ich bin ein Pernwald. Ich muß repräsentieren. Ich kann nicht kleinsch ...« – er unterbrach sich – »eh – ich kann mich nicht klein machen, wenn die Kameraden draufhaun. Es ist die höchste Zeit, daß ich einen neuen Schwager bekomme, an den ich mich wenden kann. Mathildes Mann ist nicht mehr fündig. Wenn ich dem Kroneck damit komme, daß ich Spielschulden hab, sagt er entweder, ich soll nicht spielen, oder er verweist mich an dich, Papa. Er selbst rückt keinen Heller mehr heraus. Der Dobrany lebt gut und läßt andere gut leben. Als neuer Schwager bedeutet er eine neue Geldquelle. Ich gratulier dir, Helene – und mir auch.«

»Laß mich aus dem Spiel.« Helenes Stimme war ungewöhnlich scharf. »Wenn dir das Dobrany-Geld so wichtig ist, warum heiratest du nicht die Sophie?«

»Welche Sophie?«

»Seine Schwester. Du kennst sie doch vom Sehen, die Sophie?«

»Ist das die kleine Magere, die so gut Tennis spielt?«

»Ja. Genau die.«

Ferdinand lächelte spöttisch: »Daß Schönheit sich mit Reichtum paart, kommt unter hundert Malen einmal vor. Aber sportlich ist sie wenigstens, die Sophie, das muß man ihr lassen.« Er überlegte kurz und fragte: »Wo logieren die Dobranys?«

»In Weissenbach am See«, antwortete Helene mißmutig. »Im Toffenhaus.«

»Da könnt ich Ihnen ja schon morgen meine Aufwartung machen.«

Ferdinand neigte sich zu seinem Vater: »Du hast doch nichts dagegen, Papa, daß ich mich um Sophie Dobrany bewerbe? Die

Brühlschen Seifenfabriken liefern genug lukrativen Schaum für Helene und mich.«

Florian war nicht sicher, ob sein Sohn es ernst meinte oder ob er spottete. »Du bist ein Spinner«, lachte er. »Weil Helene den Dobrany heiraten wird, willst du gleich seine Schwester dazu.«

»Entschuldige, Papa – Millionäre und Millionärinnen laufen nicht in Rudeln umher. Anschauen kostet nichts. Zumindest mich nichts. Mein Freund Otti wird mich der Sophie vorstellen.«

VII.

Weissenbach lag an der Biegung der Straße nach Ischl.

Ferdinand hatte das Toffenhaus nie beachtet, wenn er auf dem Weg nach Ischl haltgemacht hatte, um seinen Kameraden Othmar Vinzenz Gerig zum Mitkommen zu animieren.

Der nur zwei Jahre ältere Otti übte auf Ferdinand eine doppelte Anziehungskraft aus. Einmal faszinierte ihn die rothaarige, noch immer bildhübsche, verwitwete Mutter Ottis, die, wie man munkelte, seit eh und je die Maitresse des Fürsten Kalinsky war. Ferdinand hatte sie überdies im Verdacht, schon seit Jahren ein gutgehendes Verhältnis mit seinem Vater zu haben. Und zum andern imponierte ihm Ottis erstaunliche Kenntnis der Halbwelt.

Niemand wußte davon, daß die Gerigs früher wohlhabend gewesen waren, aber jetzt mußte es so sein, denn Otti wurde von seiner Mutter mit dem für seine kostspieligen Aventuren nötigen Geld reichlich versorgt, so reichlich, daß die tratschsüchtigen Bekannten einander süffisant fragten: Wie lange wird der Kalinsky noch dafür zahlen, daß er dem alten Major Gerig Hörner aufgesetzt hat? Oder ist der Otti am Ende gar ein natürlicher Sohn des Fürsten?

Die Gerüchte um Ottis Abkunft waren interessant. Aber noch interessanter für Ferdinand war, daß Otti nicht nur kein Spielverderber, sondern ein unerreichter Arrangeur von Amüse-

ments war. Otti kannte jedes Bordell von Wien bis Leitmeritz, jede *poule de luxe*, jede kleine Balletteuse, jede anschmiegsame Sängerin, jede Schauspielerin, bei der man landen und mit der man sich sehen lassen konnte. Wenn Otti besonders bei Laune war, holte er aus seiner Schreibtischlade eine einzigartige Kartei hervor. Die Namen der darin verzeichneten Damen waren alphabethisch geordnet und neben jedem Namen war eine mit einer rosa Schleife gezierte Schamlocke angeheftet. Die Demonstration dieses Registers seiner Ausschweifungen ergänzte Otti durch detaillierte Schilderungen. Wenn auch seine Prahlereien, die die Kapazität eines Casanova weit übertrafen, nur zur Hälfte auf Wahrheit beruhen mochten, so war es doch an- und aufregend, zuzuhören und sich durch seine vulgären Ausdrücke mit ihm gemein zu machen. Die mit kehligem Lachen servierten Bettgeschichten Ottis waren mit Obszönitäten gespickt, die noch dadurch unterstrichen wurden, daß er bei jedem ordinären Wort mit näselnder Stimme: »Pardon, expression«, hinzufügte. Manchmal hechelte Otti auch die jungen Mädchen der guten Gesellschaft mit mitleidigem Achselzucken durch. Beiläufig hatte er einmal auch Sophie Dobrany erwähnt. »Das ist eine Legitimitätshyäne«, hatte er gesagt. »Mager und handscheu. Bei der erreichst du nur was mit dem Ring am Finger.«
Daß Otti Sophie Dobrany kannte, erleichterte Ferdinand die Demarche. Otti brauchte ihn nur vorzustellen, der Rest war seine Sache. Er war sich seines Werts bewußt. Die Weiber flogen auf ihn. Aber die jungen Mädchen von Familie, die ihm bisher gefallen hatten, verfügten kaum über so reichliche Mittel, daß es ihm dafürgestanden hätte, sich ernstlich um sie zu bewerben. Und was sonst? Bei den von Müttern, Tanten und Gouvernanten behüteten Fräuleins kam man bestenfalls zu einem zärtlichen Händedruck, einem vielsagenden Handkuß oder einem hastig gestohlenen Kuß zwischen Tür und Angel. Es war nicht Ferdinands Art, sich mit langatmigem Hofieren zufrieden zu geben. Er war Reiteroffizier. Er bevorzugte die direkte Attacke – und die konnte man bei jungen Damen aus gutem Haus nicht reiten.
Sophie Dobrany hingegen schien ein besonderer Fall zu sein.

Ein junges Mädchen mit eigenem Vermögen. Und kein Vater, kein Vormund, der den Daumen auf dem Geld hielt. Das war ein Goldenes Kalb, um das zu tanzen sich lohnte. Ferdinand war darauf vorbereitet, Sophie die Cour schneiden zu müssen, ihr schön zu tun, mit ihr zu tändeln, aber er war entschlossen, sie so rasch wie möglich davon zu überzeugen, daß er der einzig Richtige war, vom Schicksal für sie bestimmt, und sie nur ihm und keinem anderen ihre Hand fürs Leben und ihr Geld zum Leben reichen könne.

Das schmucke Sommerhaus der Witwe Gerig lag, von einem bunten Blumengarten umgeben, abseits der Straße, die durch das Ischler-Tal führte. Ferdinand band die Zügel seines Pferdes am Gartenzaun fest und zog die Glocke. Das Stubenmädchen Wetti öffnete die Haustür, knickste und erklärte verlegen, der Herr Leutnant Otti schlafe noch.

»Ja, da schau her. Am hellichten Morgen schläft er noch«, sagte Ferdinand leutselig. »Ich weck' ihn.«

»Bitt' schön«, himmelte Wetti ihn an, »der Herr Otti will nicht gestört werden.«

»Ich störe nie«, erwiderte Ferdinand überheblich und betrat ungeniert das Haus.

Leutnant Othmar Vinzenz Gerig schlief nicht. Er saß, in einen seidenen Schlafrock gehüllt, am Bettrand und bekämpfte den Kater der vergangenen Nacht mit einem schäumenden Bier. »Nicht so laut«, wehrte er Ferdinands Begrüßung ab. »Mir zerspringt der Kopf.« Er machte einen tiefen Zug: »Was willst denn?«

»Mit dir plaudern.«

»Plaudern«, stieß Otti hervor und griff sich an die schmerzende Stirn, »ausgerechnet heut' will er mit mir plaudern! Also bitte, setz dich!«

Ferdinand nahm die Mütze ab, setzte sich Otti gegenüber und stützte die Hände auf den Knauf seines Säbels, den er zwischen die Beine gezogen hatte. »Ich möcht' eine Auskunft von dir.«

»Hab Erbarmen.« Otti faltete die Hände um das leere Bierglas. »Ich kann dir keine Auskunft geben. Ich kann nicht denken. Mein Hirn ist im Schnaps ersoffen. Das war wieder eine Nacht. Was red' ich – eine Orgie war das.«

»Du wirst dich noch zugrunde richten«, sagte Ferdinand in gespielter Entrüstung.
»Willst du mir Moral predigen?« Otti kniff die Augen zusammen: »Ausgerechnet du?«
»Jawohl, ausgerechnet ich. Ich habe vor, mein Leben zu ändern. Ich will heiraten.«
Otti rülpste: »Ich brauch' noch ein Bier.«
»Du hörst mir nicht zu.« Ferdinand wurde ungeduldig. »Ich rede vom Heiraten.«
Otti schüttelte mühsam den Kopf: »Wenn mir nicht schon schlecht wäre, könnt' mir jetzt schlecht werden. Wer ist die Unglückliche?«
»Sophie Dobrany.«
Otti starrte Ferdinand mit offenem Mund an. »Geh«, sagte er dann, »du bist ja noch viel besoffener als ich.«
Ferdinand reagierte scharf. »Du bist kein Freund, wenn du dich über meine ehrlichen Absichten lustig machst.«
»Ehrliche Absichten, und du?« Otti ächzte. »Da hilft kein Bier mehr. Da muß ein Schnaps her.« Er taumelte zu dem Wandschränkchen und nahm eine Flasche Slibowitz und zwei Gläser heraus. »Willst du was trinken?«
»Danke, nein. Ich möchte, daß du dich anziehst und mich der Sophie vorstellst.«
Otti schenkte den Schnaps ein, leerte das Glas und schnalzte mit der Zunge. »Warum nicht«, brummte er, trank ein zweites Glas und kicherte: »Vielleicht gibt's eine Hetz.« Er öffnete die Tür und rief: »Wetti! Bring kaltes Wasser zum Waschen. Meine Lackschuh' und die Salonhose.«
Während Otti Brust und Nacken mit kaltem Wasser abrieb und den Scheitel mit Pomade festigte, fragte Ferdinand: »Warum haben die Dobranys kein eigenes Haus in diesem gottverlassenen Nest?«
Otti genehmigte sich noch einen Slibowitz. »Sie sind zu Gast im Toffenhaus. Schon das zweite Jahr. Warum, weiß ich nicht, denn das ist für sie kein Vergnügen. Die alte Frau Toffen, die Schwester der alten Dobrany, Gott hab' sie selig, hat nämlich zwei Kinder, einen Sohn und eine Tochter, und dazu den Ehrgeiz, Künstler aus ihnen zu machen. Weil die Tochter eine

Stimme wie eine Säge hat, lernt sie Klavier. Und der Sohn, der zwei linke Hände hat, singt dafür – meist ziemlich laut. Es ist ein Höllenkonzert in diesem Haus. Wie der Anton und die Sophie das aushalten, weiß ich nicht.« Otti knöpfte den Uniformrock zu und zwirbelte die Schnurrbartspitzen mit Spucke hoch. »Wir werden diese Kakophonie erleben, wenn wir Besuch machen. Grauenhaft! Wenn sie wenigstens Operetten spielen oder Chansons singen würden. Aber nein, Wagner muß es sein. Winterstürme wichen dem Wonnemond. Und das mehrmals am Tag.« Er trank noch einen doppelten Slibowitz und grinste: »Jetzt bin ich nüchtern. Jetzt können wir gehen.«

Otti hatte nicht übertrieben. Schon auf der Seepromenade hörte Ferdinand die dröhnende Stimme des Cousins, der auch sein Cousin werden würde, wenn er Sophie zur Frau nahm. Warum verbrachten die Dobranys jedes Jahr einige Wochen in dieser musikalischen Hölle? Warum leisteten sie sich kein eigenes Haus? Er fragte vorsichtig: »Man sagt, die Dobranys sind reich?«
Die grelle Sonne machte Otti zu schaffen. Er sehnte sich nach der dunklen Ruhe seines Bettes und sagte böse: »Reich? Sie stinken vor Geld.«
»Seife?« wagte Ferdinand sich vor.
»Schmierseife. Kernseife. Toilettenseife. Die Menschheit wird immer sauberer, und die Dobranys werden immer reicher.«
Der Gesang wurde lauter. Von einem klimpernden Klavier unterstützt, schmetterte es: »Wiinterstürme wichen dem Woonnemoond . . .«
Otti kicherte.
»Ich glaub', ich kehre um«, sagte Ferdinand.
»Das könnt' dir so passen«, Otti ergriff Ferdinands Arm. »Erst schleppst du mich aus dem Bett in diese Hitze, und dann willst du bei den ersten Winterstürmen kneifen. Die Dobranys wohnen oben.« Er zeigte auf die Villa. Die Fenster im ersten Stock waren geschlossen, die Jalousien herabgelassen.
»Anscheinend ist niemand da«, sagte Ferdinand und wandte sich zum Gehen.

Durch den Garten kam ein Mann, der eine blaue Schürze umgebunden hatte und zwei schwappende Gießkannen trug.
»Der Gärtner«, erklärte Otti und rief: »Sind die Herrschaften Dobrany zu Hause?«
Der Gärtner setzte die Kannen ab und wischte die Hände an der Schürze trocken. »Nein. Der junge Herr ist mit dem Radl fort. Das gnädige Fräulein spielt Tennis.«
»Der Tennisplatz liegt am Waldrand.« Otto seufzte: »Gehen wir.«
Kaum hatten sie dem Haus den Rücken gekehrt, begannen die Winterstürme von neuem zu weichen.

VIII.

In ihrem weißen, plissierten Rock und der weißen Bluse mit dem großen Umlegkragen wirkte Sophie Dobrany nicht wie ein heiratsfähiges Mädchen. Ihr flachbrüstiger, magerer Körper hatte etwas Kindliches. Wer aber ihr Gesicht aus der Nähe sah, erkannte an dem resignierten Ausdruck ihrer von feinen Sonnenfalten umrahmten Augen, daß sie kein heranwachsendes Kind mehr war. Daß sie nicht hübsch war, wußte Sophie seit ihrem vierzehnten Lebensjahr. Sie hatte belauscht, was die Prager Köchin dem Diener ihres Vaters gesagt hatte: »Unser Fräulein wachst sich nicht aus. Die bleibt mies. Es ist a wahres Glück, daß sie wenigstens reich ist.«
Diese Bemerkung hatte Sophie viele bittere Stunden vor dem Spiegel gekostet, verzweifelte Versuche, durch eine andere Frisur, durch Ausstopfen des Mieders und durch ein gewinnendes Lächeln ein erfreulicher Anblick zu werden. Sie hatte sich die Augen blind und die Nase rot geheult, bis sie zu der traurigen Entdeckung gekommen war, daß ein böser Witz oder eine boshafte Bemerkung, die sie machte, ihre Umgebung viel mehr beeindruckte als jeder Versuch, liebreizend zu sein. Sie kultivierte fortan ihre außerordentliche Fähigkeit, Fehler und Schwächen ihres jeweiligen Gegenüber mit einem raschen Blick zu erfassen und den wunden Punkt mit mitleidloser Genugtuung zu treffen.

Sophies spitze Zunge war so gefürchtet, daß, wer sie kennenlernte, es vorzog, entgegenkommend und freundlich zu sein, um nicht gleich mit gezieltem Zynismus bloßgestellt zu werden. Die Männer, die sich um Sophie als gute Partie bewarben, kanzelte sie schroff ab: »Machen Sie mir und sich nichts vor. Ich bin zu häßlich, um begehrenswert zu sein, und zu reich, um mich mit Liebes-Almosen zu begnügen.« Sie hatte die Lacher auf ihrer Seite. Ihre Aggression beruhte auf dem Grundsatz: Die beste Verteidigung ist der Angriff. Diese Taktik hatte Sophie sich auch auf dem Tennisplatz zurechtgelegt und zur Meisterschaft vervollkommnet. Mit ihrem harten, fast männlichen Schlag, den man ihren dünnen Armen nicht zugetraut hätte, verblüffte sie ihre Gegner, so wie sie mit ihrer witzig-schneidenden Wortgewandtheit ihre Gesprächspartner überraschte. Jeder neue Mann, der in ihren Gesichtskreis trat, hatte Fehler und Mängel, jeder gab sich Blößen. Keiner machte einen so starken Eindruck auf sie, daß sie Schwäche fühlte. Ihre Jungmädchenträume hatte sie abgewürgt, ihre Illusionen im Griff. Sie wußte, was sie wollte, und sie wollte nur das, was sie auch bekommen konnte.

Als Sophie die beiden Dragoner-Offiziere auf den Tennisplatz zukommen sah, erkannte sie Otti Gerig und wandte sich wieder dem Spiel zu. Dieser Otti war ein alberner Maulheld, dessen Grips gerade für seine billigen Abenteuer ausreichte. Aber als die Offiziere vor dem Platz stehenblieben und Sophie einen Blick auf Ottis Begleiter warf, hätte sie beinahe einen Ball verfehlt. Sie winkte ihrem Partner zu, das Spiel zu unterbrechen und reckte sich unwillkürlich.

»Meine Verehrung, Fräulein Sophie«, rief Otti ihr entgegen. »Wir wollten Ihr Spiel bewundern – übrigens, darf ich Ihnen meinen Freund Ferry Baron Pernwald vorstellen?«

Wider Willen lächelte Sophie und reichte Ferdinand die Hand. Seine Haut war sympathisch und kühl. Ihr wurde heiß. Sie entzog ihm die Hand, die er höflich küssen wollte. »Meine Finger riechen nach Schläger und Bällen«, sagte sie. »Küssen sie mir später die Hand, wenn ich sie gewaschen habe.« Seine Augen strichen über ihr Gesicht, über ihren Hals, ihren Ausschnitt. Sie machte einen schwachen Versuch, witzig zu sein. »Ich wa-

sche meine Hände mit hauseigener Seife. Dobranys Toilettenseife – oft kopiert, nie erreicht.«
Ferdinand dachte: Sie ist wirklich häßlich, aber ganz originell, und beugte sich erneut über Sophies Hand.
Sophie genoß die Berührung seiner Lippen auf ihrem Handrücken. Sie fragte herausfordernd: »Sind Sie ein Bruder der Auserwählten meines Bruders, Herr Leutnant?«
»Das bin ich.« Ferdinand nahm die Herausforderung an: »Wenn Ihr Bruder meine Schwester heiratet, werden wir beide miteinander verwandt.«
Die Vorstellung familiärer Intimität erregte Sophie. Sie spöttelte: »Wollen Sie mir am Ende gleich das Du antragen?«
»Wenn Sie nichts dagegen haben – gern. Aber wir müßten dabei Gebrauch und Sitte folgen.«
»Welcher Sitte?«
»Dem Bruderschaftskuß.«
Sophie sah unwillkürlich auf die Lippen Ferdinands. Ein Schauer überlief sie. Sie hob den Blick. Seine Augen hatten auf sie gewartet. Wußte er, was sie dachte? Sie drehte den Kopf weg. Otti Gerig unterhielt sich außer Hörweite mit ihrem Tennispartner. Sie wandte sich entschlossen Ferdinand zu und warf den Kopf zurück: »Wir werden uns doch nicht hier vor den Leuten küssen!«
Ferdinand beugte sich zu ihr. Sein Atem kitzelte ihr Ohr. »Wann und wo, das bestimmen Sie«, sagte er leise.
Sophie rief ihrem Partner zu: »Genug gespielt für heute. Es wird zu heiß. Ich möchte im Wald spazierengehen.«
Sie fragte Ferdinand in einem Ton, der keine eigentliche Frage, sondern eine Aufforderung war: »Begleiten Sie mich?«
»Wohin Sie wollen«, gab Ferdinand zurück.
»Also, dann . . .« Sophie nickte, sich flüchtig verabschiedend, zu Otti und ihrem Partner hinüber und lief, mehr als sie ging, dem Wald zu.
Ferdinand winkte seinem Kameraden achselzuckend zu und folgte Sophie. Otti sah ihnen kopfschüttelnd nach. Je weiter sich das Paar entfernte, desto grotesker wirkte es auf ihn. Der hochgewachsene, breitschultrige Ferdinand und die kindhafte kleine Sophie. Wer wird wen verführen, überlegte er.

IX.

Ferdinand ging wortlos neben Sophie. Er mußte langsamer gehen, um mit ihr Schritt halten zu können. Bei diesem Mädchen brauche ich keine Faxen zu machen, dachte er. Die ist so erpicht, das zu bekommen, was sie sich jahrelang verkniffen hat, daß sie mich nimmt, wie ich bin.

Aber es lag nicht in Ferdinands Natur, genommen zu werden. Er wollte nehmen, auch wenn er es schon nicht mehr wollte, jetzt, da er gewiß war, es zu können. Jagte er sich nicht selbst in eine Falle, wenn er seinen Plan weiter verfolgte? Er hatte nicht das geringste Verlangen, Sophie zu küssen. Sie hatte es offenkundig darauf angelegt, als sie ihn zu dem Waldspaziergang aufforderte. Wie romantisch, spottete er bei sich selbst. Ein Kuß in allen Ehren, und dann?

Ferdinand hatte in den verschiedensten Bordellen die verschiedensten Mädchen geküßt, aber es war nie bei den Küssen geblieben. Er konnte doch die Schwester seines zukünftigen Schwagers nicht im Wald entjungfern wie eine Kuhdirn! Wenn sie noch eine Jungfer war. Und wenn er es doch täte? Dann mußte er um ihre Hand anhalten. Das war Ehrensache. Sie würde glücklich darüber sein, denn sie wollte nichts mehr als einen Mann. Mann ist Mann, dachte Ferdinand und folgerte: Weib ist Weib. Warum nicht ein Huhn nehmen, das goldene Eier legt, statt einer *poule de luxe*, der man goldene Eier in den Schoß legen mußte?

Der Wald wurde dichter. Sophie machte einige rasche Schritte und ließ Ferdinand auf dem schmalen Weg hinter sich. War es nicht eine riskante Angelegenheit, sich von einem Mann, den sie vor kaum einer halben Stunde kennengelernt hatte, küssen zu lassen? Was würde er von ihr denken, wenn sie sich so bereitwillig gab? Das erste Mal würde das letzte Mal sein, und ihr würde nichts bleiben als die Erinnerung und eine Enttäuschung. Sie nahm sich vor, jede Annäherung Ferdinands zurückzuweisen. Sie würde ihm nicht einmal erlauben, ihre Hand zu nehmen. Wer sich, so wie ich, in Gefahr begibt, kommt darin um, ging es ihr durch den Kopf – die Vorstellung, daß er nicht nur ihre Hand ergreifen, sondern sie auch küssen würde, erregte sie so sehr, daß sie Mühe hatte, unbefangen weiterzugehen. Ich möchte davonlaufen, so schnell ich kann, dachte sie – und blieb stehen. Sie machte eine vage Handbewegung und fragte: »Ist es nicht schön hier?«

Worte waren nicht am Platz. Ferdinand hatte nichts übrig für lyrische Redensarten und überquellende Gefühlsäußerungen. Ob schön oder nicht, ob hier oder wo anders, war ihm einerlei. Ein Mann war ein Mann, ein Weib war ein Weib und Lippen waren Lippen. Wenn er Sophie zu sich hochhob, war sie nicht so klein. Sie wog nicht mehr als ein Kind. Er küßte sie routiniert. Das Zittern ihres Körpers, den er fest in den Armen hielt, reizte ihn. Ich darf keine Dummheiten machen, überlegte er, bevor ich nicht weiß, wieviel Geld sie hat und wie der Zaster verfügbar ist. Wenn sie nicht genug hat, soll der Teufel dieses Federgewicht holen. Er stellte Sophie behutsam auf den Waldboden. »Jetzt sind wir per Du«, sagte er liebenswürdig.

Sophie suchte nach einem Wortwitz, nach einer amüsanten Bosheit, aber es fiel ihr nichts ein. Sie war zu aufgewühlt. Sie spürte auch, daß er wegwollte. »Es ist schön hier, nicht wahr?« drängte sie.

»Wunderschön.« Er lächelte charmant. »Ich werde es nie vergessen«.

»Ich auch nicht«, hauchte sie.

Ferdinand wurde ungeduldig. »Ich begleite dich bis zu eurem Haus. Dann muß ich fort. Mein Pferd steht bei den Gerigs.«

Sie hielt ihn fest. »Du kommst bald wieder«, sagte sie und legte die Arme um seinen Hals. Er beugte sich vor, um sich von ihr küssen zu lassen. Es war nicht angenehm. Aber es war auch nicht unangenehm, wenn man nur an das Geld dachte.

X.

Florian hatte nach der Familienfeier eine schlechte Nacht verbracht. Den ganzen Abend hatte Helene ihn immer wieder angesehen wie ein weidwundes Reh, und ihre traurigen Augen hatten ihn um den Schlaf gebracht. Am Morgen hatte sie ihm schon vor dem Frühstück aufgelauert, um mit ihm zu reden. Er hatte sich elegant aus der Affäre gezogen und ihr zwischen Tür und Angel erklärt: »Anton kommt heute gegen Mittag. Er holt sich dein Jawort und bleibt zum Essen. Ich freue mich schon auf eure glücklichen Gesichter. Geh Rosen schneiden für die Tafel, mein Kind.« Dann war er, ohne zu frühstücken, sporenklirrend gegangen und hatte ihren verstörten Blick im Nacken gefühlt.

Florian ritt langsam die Chaussee entlang. Vor der Stute Betty, die genüßlich auf der Trense kaute, lief Hexe, die Nase dicht am Boden. Die Wiesen rochen noch feucht und frisch von der Kühle der Nacht. Eigentlich war es noch zu früh, der schönen Witwe Gerig einen offiziellen Besuch zu machen, aber Florian gab seinem übermächtigen Bedürfnis, sich mit ihr auszusprechen, hemmungslos nach. Sie war eine fabelhafte Frau. So unkompliziert, so bejahend, so erfrischend.

Es war Florian jahrelang gelungen, seine zärtliche Freundschaft mit Mirza Gerig geheimzuhalten. Aber vielleicht war gerade das der Reiz ihrer Beziehung. Die verstohlenen Rendezvous, die gestohlenen Stunden am Nachmittag, wenn die Hühner auf der Wiese hinter dem Haus schläfrig gackerten und die Haut zwischen Mirzas Brüsten salzig schmeckte in der Wärme des Bettes.

Er lenkte das Pferd von der Straße fort auf den Feldweg, der am Waldrand entlangführte. Je weniger Leute ihn sahen, desto besser.

Florian hatte Mirza kennengelernt, als ihr Mann noch gelebt hatte; er kannte auch den Fürsten Kalinsky. Erst war sein Verhältnis zu ihr nur ein unverbindlicher Flirt gewesen, eine Art Gesellschaftsspiel nach den Regeln der Urlaubsbekanntschaften. Eine reizvolle junge Frau mit lockenden Augen und ein gutaussehender Witwer in den besten Jahren – es war nur natürlich, daß die beiden mit dem Feuer zündelten. Dann wurde sie Witwe und sah bezaubernd aus in Schwarz mit ihrer schimmernden weißen Haut unter dem wilden roten Haar. Sie zu trösten, war Freundespflicht. So tröstete Florian und flirtete ein bißchen und flirtete und tröstete ein bißchen, und als Mirza ihn endlich an ihr Herz und in ihr Bett nahm, war er er-

staunt über die Intensität der Gefühle, die er empfand und vermittelte. Zum ersten Mal seit dem Tod seiner Frau hatte er den Wunsch nach einer bleibenden Verbindung gehabt. Mirza hatte ihn in ihrer reizenden Art zurückgewiesen. »Du hast dein Haus in Wien. Ich hab' mein Haus in Aussig«, hatte sie gesagt. »Dort ist auch mein Bub, der Otti.«
»Und dort geht auch der Kalinsky aus und ein«, hatte Florian beleidigt geschnappt.
»Natürlich. Wenn es den nicht gäbe, gäbe es auch den Otti nicht. Der Kalinsky hat ein Recht, zu kommen und zu gehen.« Mirza hatte den Kopf zurückgeworfen, daß die roten Haare flogen. »Das hat alles nichts mir dir zu tun. Zwischen uns beiden ist es schön und gut und richtig. Wir sollten uns aneinander freuen und nicht miteinander streiten.«
Und dabei war es geblieben. Sie hatten sich über ein Jahrzehnt während der Sommermonate aneinander erfreut und über alles, aber nie wieder über Heirat gesprochen. Jetzt wollte er Mirza von Dobranys Antrag und von Helenes Reaktion erzählen. Er wollte sich von ihr bestätigen lassen, daß er richtig gehandelt hatte und sich Helenes wegen keine Vorwürfe zu machen brauchte. Mirza würde ihm sagen, was er hören wollte.
Ferdinands Pferd, das, am Gartenzaun der Gerigs festgebunden, gelangweilt an den Ziersträuchern knabberte, vereitelte seine Absicht. Wenn sein Sohn bei Otti war, konnte er sich nicht ungestört bei Mirza Luft machen.
Florian wünschte seine Kinder nach China. Wie einfach war alles gewesen, solange sie noch wie Marionetten an den Erziehungsdrähten ihrer Gouvernanten und Lehrer gehangen hatten! Seit sie erwachsen waren und eigene Ideen und Probleme hatten, stellten sie Anforderungen und komplizierten sein Leben.
Betty legte die Ohren zurück und schnaubte. Sie konnte Ferdinands Wallach im wahrsten Sinne des Wortes nicht riechen. Florian begrub den Wunschtraum, in Mirzas Boudoir zu frühstücken, ihr bei der Toilette zuzusehen, ihre weiße Haut zu streicheln und ihr einen Kuß auf das Grübchen zu geben, dorthin, wo der Rücken aufhörte, Rücken zu sein. Er überlegte. Zurück nach Haus wollte er nicht. Nur keine Diskussionen mit

Helene. Er fürchtete, daß sie zu weinen anfinge, und er konnte Tränen nicht ausstehen. Wenn er erst zu Mittag kam und der Dobrany schon ihr Bräutigam war, bitte, dann hatte sie es schließlich selber gewollt, und er war außer Obligo.
Bei dem Gedanken an Mittag merkte Florian erst, wie hungrig er war. Er entschloß sich, im Forsthaus zu frühstücken, pfiff Hexe und trabte an. Die Frau des Försters machte einen erstklassigen Kaiserschmarrn, und ihr Kaffee war durchaus eine Sünde gegen die Ärzte wert.

XI.

Helene hatte sich vorgenommen, von ihrem Vater Bedenkzeit zu erbitten. Einen Aufschub. Sie fühlte sich überrumpelt. Ihr ging alles zu rasch. Aber daß er nicht einmal nach dem Frühstück zurückgekommen war, versetzte sie in einen Zustand ratloser Verwirrung. Sie verbrachte den Vormittag im Garten, um Rosen für die Vasen zu schneiden, aber der Korb blieb leer. Sie wußte nicht, was sie denken sollte, was sie denken wollte. Alle ihre Internatsfreundinnen waren schon verlobt oder verheiratet. Sie hatte durchaus nichts dagegen, zu heiraten, aber daß Anton Dobrany ihr Mann werden sollte, war für sie eine erschreckende Vorstellung. Wenn sie an Heirat dachte, dann sah sie in ihrer Phantasie Hektor Papadopolos als ihren Mann, den Attaché der Griechischen Botschaft, der auf den Bällen der vergangenen Saison ihr Tänzer gewesen war. Er hatte dunkle, von langen Wimpern überschattete Augen, zärtliche Lippen und eine Stimme wie Samt.
Seit Hektor sie hinter den Palmen im Wintergarten des Redoutensaals leidenschaftlich geküßt hatte, war die Welt für Helene verändert. Sie hatte Gefühle, die sie verlegen machten und die sie trotzdem herbeisehnte. Ihre Träume beunruhigten und beglückten sie. Im Internat hatte sie mit den anderen Mädchen, ohne in eine bestimmte Person verliebt gewesen zu sein, triebhaft lüstern und leise über Liebe geschwatzt, von nackter Haut und von Sünden im Dunkeln geflüstert. Als sie versucht hatte,

Mathilde vorsichtig auszuhorchen, was letzten Endes wirklich im ehelichen Schlafzimmer geschah, hatte die ältere Schwester lachend abgewehrt: »Theoretisch weißt du genug, den Rest lernst du schon noch in der Praxis!«
Den Unterschied zwischen Theorie und Praxis legte Helene für sich so aus, daß sie für Antons Aufmerksamkeiten bestenfalls eine duldsame Gleichgültigkeit empfand, während sie, wenn Hektor ihr nur von weitem zulächelte, in einen Stimmungstaumel geriet. Er roch nach Juchten-Eau de Cologne, hatte schmale, feinnervige Hände, mit denen er sie beim Tanz leicht und sicher führte, und wußte schwärmerisch anschaulich von seiner sonnigen Heimat Athen zu erzählen.
Papa war nicht ausländerfreundlich. Alle, die »hinter Venedig« beheimatet waren, nannte er südländische Schlawiner, unseriöse Gockel und Schwadroneure. Italiener, Griechen, Spanier, Türken kamen bei ihm alle in einen Topf. Darum hatte Helene auch nie gefragt, ob sie Hektor einladen dürfe. Papa hätte »nein« gesagt und wenn er einmal nein gesagt hatte, dann blieb es dabei. So wie es beim Ja blieb, wenn er Ja gesagt hatte. Aber mußte sie den Dobrany nehmen, nur weil Papa zu dem Geld der Dobranys »ja« gesagt hatte? Sie befand sich in einer Zwangslage. Ich muß Zeit gewinnen, überlegte sie. Und Zeit gewann man auf dem Weg des geringsten Widerstands. Eine Verlobung war noch keine Heirat. Einen Bräutigam konnte man gegen einen anderen austauschen. Sie dachte an Hektor, während sie Anton Dobrany, der in den Rosengarten kam, zögernd entgegenging.
Antons Gesicht war vor Aufregung gerötet. Seine Stirn war feucht. Auch seine Hände, in denen er einen riesigen Blumenstrauß hielt, waren feucht. »So viele Rosen hier – und ich bring' noch Rosen mit.« Er lachte unbeholfen und reichte Helene den Strauß: »Das nenn ich Eulen nach Athen tragen.« Er wischte sich die Hände im Taschentuch ab und fuhr sich über die Stirn.
Der Satz mit Athen ist nicht glücklich gewählt, dachte Helene, aber woher sollte Anton das wissen? »Danke«, sagte sie höflich, »so schöne Teerosen blühen in unserem Garten nicht.«
»Ich hätte rote Rosen bringen mögen . . .« Anton stockte.

Dann fragte er entschlossen: »Hat Ihr Vater schon mit Ihnen gesprochen? Hat er gesagt, warum ich heute zu Ihnen komme?«
»Ja, erwiderte Helene, »er hat es mir gesagt, aber . . .«
Anton überhörte das »aber« mit Absicht. »Na, Gott sei Dank, ich bin nämlich nicht gut in solchen Reden«, sagte er. »Ihr Herr Papa hat sicher die richtigen Worte gefunden für mich und auch für Sie.«
Helene wich aus: »Ich weiß nicht recht, was ich sagen soll.«
»Sie wissen nicht, was Sie sagen sollen? Sagen Sie einfach ja. Das genügt, um mich zum glücklichsten Menschen der Welt zu machen.« Anton trat näher an sie heran. »Es ist möglich, daß Sie sich über Ihre Gefühle noch nicht ganz im klaren sind. Aber glauben Sie mir, ich werde Sie so sehr lieben, daß Sie gar nicht anders können werden, als mich wiederzulieben.« Er umarmte sie stürmisch.
Helene erstarrte. Ihr Körper verkrampfte sich in Abwehr. Sein Mund war feucht und gierig. Seine Lippen ekelten sie. Als sie seine Zunge fühlte, stieß sie ihn weg.
»Verzeih. Ich hab' dich erschreckt. Du mußt dich erst an die Liebe gewöhnen.« Anton betrachtete sie zärtlich und war gerührt. Ganz blaß war sie geworden. Er griff nach ihrer Hand. Sie zuckte zusammen. »Ich werde behutsam sein, Liebling«, versprach er. »Du brauchst keine Angst zu haben.« Er zog sie wieder an sich und küßte sie mit einem leise schmatzenden Geräusch auf die Stirn.
Helene roch den Lavendel-Geruch seiner Seife, die Schnurrbarthaare stachen, sie spürte seine schweren Hände auf ihren Armen, die bedrängende Nähe seines Körpers und glaubte, es nicht ertragen zu können. »Ich will das nicht«, sagte sie heftig und setzte abschwächend hinzu: »Wenn uns jemand sieht.«
»No? Und warum nicht? Wir sind ein glückliches Brautpaar. Alle sollen es sehen. Alle sollen es wissen. Wir zwei gehören zusammen.«
Nein, wir gehören nicht zusammen, dachte Helene aufsässig.

XII.

Sie gehörten zusammen – zumindest soweit es Anton betraf. Seit er in Pernwald als Bräutigam akzeptiert worden war, hatte er seine Befangenheit überwunden. Er war selbstsicher geworden und erfüllte das Herrenhaus und den Park mit lauter Unbekümmertheit. Er war nicht zu übersehen, nicht zu überhören, er war von früh bis abends da und genoß sein Bräutigamsdasein in vollen Zügen. Er hatte keine Witterung dafür, daß weniger mehr gewesen wäre, daß sein permanenter Frohsinn und seine unentwegten Scherze Helene in nervöse Beklommenheit versetzten, und war angenehm überrascht, daß sie sich mit einer geradezu ungewöhnlichen Vertraulichkeit an Sophie anschloß und sie immer wieder aufforderte, nach Pernwald zu kommen, zu bleiben, dabei zu sein.
Sophie durchschaute Helenes plötzliche Herzlichkeit. Aber das die Braut ängstlich vermied, mit dem Bräutigam allein zu sein, war Antons Problem und nicht das ihre. Sie hatte den Nutzen davon und nahm die Gelegenheit wahr, Ferdinand einzukreisen.
Obwohl sie ihn beinahe täglich sah, war sie seiner keineswegs sicher. Unter den Gästen aus der Nachbarschaft, die Anton voll unermüdlicher Aktivität zu Bootsfahrten, Picknicks und Gesellschaftsspielen einlud, waren auch junge Mädchen – sämtlich hübscher und jünger als sie. Und jedes dieser hübschen Mädchen sah Ferdinand mit seinen dunklen frechen Augen so an, daß es Sophie heiß und kalt überlief. Um ihn eifersüchtig zu machen, versuchte sie, mit Otto zu flirten. Weder Ferdinand noch Otti bemerkten es. Das war peinlich genug für Sophie, aber am peinlichsten war ihr die kühle Höflichkeit Florians, der einsilbig blieb, so sehr sie sich auch bemühte, amüsante Konversation zu machen.
Florian fand sich durch die ständige Anwesenheit der Dobranys auf das empfindlichste gestört. Er fühlte sich nicht wohl in seiner Haut und kam sich vor wie ein Fremder im eigenen Haus.
Die Regelung der finanziellen Angelegenheiten überließ er Max Fiedler, der schon in der ersten Viertelstunde seines Ge-

sprächs mit Anton Dobrany erkannte, daß Anton zwar kein so großer Herr, aber ein ebenso jämmerlicher Geschäftsmann wie Florian war. Es war Anton peinlich, über Geld zu sprechen. Er sagte zu allem ja und Max hatte für Antons Entgegenkommen eine fast mitleidige Geringschätzung. Diese Geringschätzung für den reichen Dobrany verstärkte sich, als Max Sophie kennenlernte. Die drahtige kleine Person verfügte über einen außerordentlichen kaufmännischen Verstand. Sophies schmale blaue Augen blitzten, wenn er von Pachtverträgen und Vermögensanlagen erzählte, ihre Bemerkungen waren klug, ihre Auffassung erstaunlich. Sie war anders als die anderen jungen Mädchen, und sie gefiel ihm besser als die anderen.
Sophie ihrerseits war überrascht, als sie sich dabei ertappte, daß sie oft an Max Fiedler dachte. Er hatte keinen Titel, kein Adelsprädikat, keinen gesellschaftlichen Rang, aber er war anregend intelligent; und sie unterhielt sich gern mit ihm, um so mehr, als sie in seinen gescheiten Augen eine schmeichelhafte Anerkennung sah, die sie angenehm berührte.

Außer Sophie bemerkte niemand, daß Helene sich in trotziger Verzweiflung immer mehr einkapselte. Weil sie sich mit keinem Menschen aussprechen konnte, liefen ihre Gedanken ständig im Kreis, und der Mittelpunkt dieses Kreises war Hektor. Sie war in Hektor verliebt gewesen, aber mit ihrem Unglück wuchs diese Verliebtheit zur Leidenschaft. Hektor hatte sie so sehr gebeten, ihn nicht zu vergessen und ihm nach Wien zu schreiben, »postlagernd Redoutensaal« – das war der Ballsaal, in dem er sie zum ersten Mal geküßt hatte. Sie hatte nicht wirklich daran gedacht, ihm zu schreiben. Es schickte sich nicht, daß ein junges Mädchen heimlich mit einem Mann korrespondierte. Nun aber durchbrach sie die Schranken von Anstand und Sitte und genoß die freudige Rebellion, mit der sie den verbotenen Brief schrieb. Dennoch brachte sie es doch nicht über sich, den Mann, den sie liebte, zu duzen.
»Es ist viel geschehen in diesem Sommer«, schrieb sie, »und ich weiß nicht, ob wir uns im Herbst sehen können. Wenn Sie, so wie Sie beabsichtigen, am 18. August, zu Kaisers Geburstag, in Ischl sein werden, hoffe ich, Sie um zwei Uhr nachmittags

auf der Esplanade bei den drei Weiden zu treffen.« Um ihre Hoffnung zu bekräftigen, unterschrieb sie: »Auf Wiedersehen. H.«

Nachdem sie den Brief eigenhändig zur Post gebracht hatte, fühlte sie sich beschwingt. Hektor würde kommen, sie würde ihn sehen. Der optimistische Ausblick rötete ihre Wangen und ließ ihre Augen leuchten. Anton wertete ihr Aussehen als Ausdruck des Entzückens, als er ihr Stunden später den Verlobungsring überreichte. Der von Brillanten umgebene große Rubin gefiel Helene tatsächlich. Es tat ihr beinahe leid, daß sie ihn nicht lange würde tragen können.

Ferdinand taxierte den Ring mit einem anerkennenden Pfiff und pumpte Anton noch am gleichen Abend um eine runde Summe an. Erfreut, dem künftigen Schwager gefällig sein zu können, gab Anton mit leichten Händen.

Es war ein Tropfen auf einen heißen Stein. Ferdinand hatte Sorgen. Im Herbst waren wieder Wechsel fällig. Es würde keine Schwierigkeiten geben, sie zu prolongieren, wenn er sich mit Sophie verlobte, statt bei Papa zu Kreuz zu kriechen, und wenn der freigebige Dobrany sein Schwager werden würde.

Ferdinand hörte es daher nicht gern, daß sich Helene unter vier Augen erbittert über Anton ausließ. »Weißt du, wofür er sich am meisten interessiert?« fragte sie. »Für Vögel. Fünfzig Vogelkäfige hat er. Meisen, Finken, Zeisige, und alle studiert er. Aber besonders Kanarienvögel. Es gibt Pariser, Holländer und Harzer hat er mir erklärt. Er will einen orangefarbenen Harzer züchten. Die Vögel hüpfen von einer Stange auf die andere, machen piep-piep, und das beobachtet er.« Helene tippte sich an die Stirn und spottete mit ungewohnter Bösartigkeit: »Piep-piep.«

Sie erwartete, daß ihr Bruder in ihren Spott einstimmen würde; das Gegenteil war der Fall. Ferdinand wies sie unwirsch zurecht: »Jeder Mann hat Eigenheiten. Du machst dir zuviel Illusionen. Oder hast du vielleicht einen anderen im Kopf?«

Helene unterdrückte das Geständnis, das ihr schon auf den Lippen lag. Wie gern hätte sie über Hektor gesprochen, aber sie fürchtete Ferdinands Klatschsucht. Wenn sie ihm ihre Gefühle anvertraute, riskierte sie, daß er bei der ersten Gelegenheit, um

der Pointe willen, eine Indiskretion beging. »Ich mag den Dobrany halt nicht. Wirklich nicht«, sagte sie und erschrak über den drohenden Ausdruck in Ferdinands Augen, als er sie anfuhr: »Stör mir meine Kreise nicht.«
Es fiel Helene immer schwerer, ihre anerzogene freundliche Höflichkeit nicht zu verlieren. Je öfter sie Anton sah, um so weniger wollte sie ihn sehen. Sie konnte über seine Witze nicht lachen, sich an seiner Betriebsamkeit nicht freuen. Seine Vertraulichkeit war ihr unangenehm, seine zärtliche Annäherung unerträglich. Wenn er ihre Hände an die Lippen zog, sie auf die Stirn küßte oder ihre Wangen streichelte, mußte sie sich beherrschen, ihn nicht anzufahren. Sie wartete verbissen auf den 18. August, auf das Wiedersehen mit Hektor und auf das Ende dieses Sommers, der für sie eine makabre Komödie war.

XIII.

Es regnete in Strömen. Feine Nebelschwaden hingen bis tief in die Wälder herab, und der See war so grau wie der Himmel. Als Anton Dobrany zum Frühstück in die Diele des Toffenhauses kam, wartete Sophie schon auf ihn. Sie stand beim Kachelofen, in dem die Holzscheite knackten und wärmte sich die Hände.
»Du bist schon auf? Bei diesem Sauwetter?« fragte er und klingelte. Das Stubenmädchen brachte Tee, Toast und Ham-and-eggs. Englisch zu frühstücken war jetzt Mode, und Sophie befolgte jede neue Mode mit religiöser Inbrunst. Anton hätte viel lieber Milchkaffee und Gugelhupf gehabt, aber Sophie ignorierte solche rückständigen Wünsche. Anton dachte: Wenn ich mit Helene verheiratet bin, eß' ich jeden Morgen Kuchen und trink' Kaffee mit Schlagobers. Er rührte lustlos in seinem Tee.
»Ich hab' mit dir zu sprechen«, sagte Sophie, verschränkte die Arme und lehnte sich mit dem Rücken an den Ofen.
Unterhaltungen mit seiner Schwester schätzte Anton nicht

sehr, schon gar nicht auf nüchternen Magen. Er versuchte abzulenken: »Das ist ein Schnürlregen! Seit drei Tagen gießt es ohne Pause. Und kalt ist es geworden! Man könnt' meinen, der Sommer ist vorbei.«

»Wenn du mit deinen meteorologischen Betrachtungen zu Ende bist, wirst du die Liebenswürdigkeit haben, mir zuzuhören. In einer Woche ist Kaisers Geburstag. Danach ist die Saison vorüber. Die Pernwalds reisen ab und wir reisen ab. Aber ich will noch vorher eine bestimmte Angelegenheit geregelt haben.«

Anton schob den Teller fort. Der Schinken war zu fett. Er dachte an den mageren und doch saftigen Prager Schinken, und das Wasser lief ihm im Mund zusammen. »Mach es kurz«, sagte er uninteressiert. »Ich hab' Helene versprochen, sie mit dem Auto abzuholen.«

»Du wirst schlimmstenfalls etwas später um sie balzen«, stichelte Sophie.«

»Du brauchst dich nicht über mich lustig zu machen«, antwortete Anton gereizt. »Wenn du Ferdinand siehst, verdrehst du die Augen wie eine Katze, die Baldrian riecht.«

»Du hast mich nicht zu Wort kommen lassen«, sagte Sophie kühl. »Ich wollte dir mitteilen, daß ich Ferdinand heiraten will.«

»Was?« Anton fuhr hoch. »Hat er sich erklärt?«

Sophie schüttelte den Kopf. »Noch nicht. Aber ich glaube er wird es tun. Noch bevor unser Urlaub zu Ende ist.«

Anton ereiferte sich. »Ferdinand ist kein Mann zum Heiraten. Er ist leichtsinnig. Ein Spieler. Ein Schuldenmacher. Da hab' ich persönlich Erfahrungen gemacht. Ich muß dir abraten.«

»Ich habe dich weder nach deinen persönlichen Erfahrungen, noch um Rat gefragt. Ich bin zwar verliebt, aber nicht blöd. Ferdinand ist nicht schwer zu durchschauen. Ich glaube seine Fehler zu kennen, aber auch die Vorteile, die mir eine Verbindung mit ihm bringen würde. Er sieht blendend aus, er ist aus guter Familie. Sein Onkel Poldo ist Adjutant des Erzherzogs Leopold Salvator. Durch seine Protektion können wir auch jetzt Kaisers Geburstag im Park der Kaiservilla im Kreis ausgewählter Gratulanten feiern. Ich werde als Ferdinands Frau in

Wien leben, als Baronin Pernwald in der besten Gesellschaft verkehren, vielleicht sogar bei Hof. Ferdinand ist ein Luxus, aber ich bin reich genug, mir diesen Luxus leisten zu können.«

»Du sprichst über die Ehe wie über ein Geschäft – als hättest du es nötig, dich zu verkaufen.«

»Mein lieber Bruder«, sagte Sophie mild, »du siehst die Sache falsch. Ich will mich nicht verkaufen – ich will kaufen. Ich weiß, daß ich nicht hübsch bin. Widersprich mir nicht aus Höflichkeit. Ich habe Augen im Kopf und einen Spiegel an der Wand. Ich bin fünfundzwanzig. Ein spätes Mädchen. Aber ich habe Geld. Genug Geld, um einen Mann zu bekommen. Ich will nicht irgendeinen. Ich will den glänzendsten. Wenn schon, denn schon. Ich weiß, daß Ferdinand mich nicht liebt. Er liebt niemanden außer sich selbst. Aber er findet mich originell, amüsant, und er ist fasziniert von meinem Geld.«

»Wozu erzählst du mir das alles?« Anton wünschte das Gespräch zu beenden. Er stand auf: »Ich habe dir meinen Standpunkt dargelegt und du mir den deinen. Was soll ich noch sagen?«

»Du sollst gar nichts sagen. Setz dich wieder und hör mir zu.« Sophie trat an den Tisch und schob sich einen Stuhl zurecht. »Wenn Ferdinand mich fragt, werde ich Ja sagen und ihn dann an dich verweisen. Als den älteren Bruder einer Vaterlosen. Als Familienoberhaupt. Und jetzt kommt das, worauf ich von Anfang an hinauswollte. Nenn ihm ein Viertel meines Vermögens als Mitgift. Gib ihm das Gefühl, eine wirklich gute Partie zu machen. Aber bezüglich meines restlichen Vermögens bestehst du für mich auf Gütertrennung. Ich will die alleinige Verfügungsgewalt darüber behalten. Zieh, wenn der Ehekontrakt aufgesetzt werden soll, auf jeden Fall Max Fiedler hinzu. Er versteht sich auf hieb- und stichfeste Verträge.« Sophie lächelte plötzlich. »Du siehst, ich renne zwar mit offenen Augen in mein Unglück, aber ich sichere mich ab. Ohne eigenes Kapital gehe ich das Risiko dieser Ehe nicht ein.«

XIV.

Am 18. August war der vom Landregen blankgewaschene Himmel wieder strahlend blau, die Sonne leuchtete: Kaiserwetter zu Kaisers Geburstag. In Ischl, der Sommerresidenz Franz Josefs I., waren alle Gebäude beflaggt. Schwarz-gelbe Fahnen schwangen sacht im leichten Wind, die Fenster der Häuser waren mit Blumengirlanden geschmückt, und die Kirchenglocken jubelten schon am frühen Vormittag zur Feier des Tages.

In den Straßen der kleinen Stadt drängten sich freudig die Untertanen Seiner Apostolischen Majestät. Die Damen in duftigen, farbigen Kleidern mit großen Blumenhüten, spielerisch die zierlichen Sonnenschirme drehend, kokettierten mit Bekannten und Fremden. Die Kinder steckten in starren Festtagskleidern wie Puppen und bezogen Kopfstücke und dazu Ermahnungen, sich nicht schmutzig zu machen. Die hellen Sommeranzüge der Zivilisten wirkten schlicht gegen die Farbenpracht der hellblauen Hosen der Infanteristen, der roten Aufschläge der Dragoner, der kaffeebraunen Röcke der Artilleristen und der wehenden Helmbüsche der Leibgarde. Die Menge wogte und schob und wurde geschoben, wie nach einer unhörbaren Melodie.

Der gepolsterte Landauer, in dem Ferdinand, Helene, Anton und Sophie in Ischl einfuhren, kam nur langsam vorwärts. Die Füchse tänzelten und verdrehten nervös die Augen. Auf dem Bock, neben dem Kutscher, saß der alte Kaspar in der Livree der Pernwaldschen Jäger mit verklärtem Gesicht: Er würde seinen Kaiser sehen.

Das festliche Gewühl interessierte Anton nur am Rande; er konnte die Blicke kaum von Helene wenden. Sie trug ein zartgelbes Kleid und – in einer Anwandlung seltener Selbstironie – einen Hut mit künstlichen Mimosen. In ihren dunklen Augen blitzten goldene Lichter, und ihr sehnsüchtiger Mund lächelte erwartungsvoll. Sie dachte nur: Ich werde Hektor sehen.

Auf Sophie hatte der Geburstag des Kaisers eine günstige Wirkung. Die Hochstimmung, in der sie sich befand, glättete die Fältchen in ihrem Gesicht, und der sonst so spöttische Mund

war entspannt. Ihr weißes, apfelgrün besticktes Kleid bauschte sich gefällig über ihrer Brust und täuschte Formen vor.
Es müßte jeden Tag Kaisers Geburstag sein, dachte Ferdinand trocken, dann könnte man Sophie beinahe als hübsch bezeichnen. Er thronte, in seiner Paradeuniform glänzend wie ein Halbgott, auf dem Vordersitz und war sich des Eindrucks, den er machte, bewußt. Er fing die Blicke der Frauen auf wie leichte Bälle, spielte ein wenig mit ihnen und gab sie zurück.
Der Pernwaldsche Landauer hielt an der Promenade. Das Kurorchester im girlandenbekränzten Pavillon spielte klingende Märsche. Die Melodien gingen den Zuhörern ins Blut und in die Beine. Tataram tataram tataramtamtam – die Musik schmetterte jetzt den Radetzkymarsch. Es war eine Lust zu leben. Die Frauen wiegten die Köpfe im Takt, die Männer fühlten sich als Helden.
Ferdinand sprang federnd aus dem Wagen, schob Kaspar, der am Schlag stand, zur Seite und half Sophie und Helene beim Aussteigen. Tataram tataram tataramtamtam – auch Anton wiegte sich im Takt. Dralle Blumenfrauen boten ihre Sträuße an, Rosen, Astern, Dahlien, üppige, duftende Farbenbündel. Sophie sagte begeistert: »Sieh doch, Ferdinand, diese herrlichen Blumen.«
Ferdinand klopfte Anton gönnerhaft auf die Schulter: »Hol unseren Damen Blumen.«
»Aber mit dem größten Vergnügen!« Anton drängte sich eifrig durch die Menge und kam mit dicken Sträußen zurück. Rosa Rosen für Sophie, gelbe für Helene. »Schau, Lenerl, Teerosen. Unsere Rosen. Erinnerst du dich noch?«
Helene erinnerte sich nicht, aber sie nickte manierlich und roch an den Blumen. »Sie duften kaum«, sagte sie. »Es ist zu heiß, und sie haben kein Wasser!«
»Soll ich dir andere holen?« bot sich Anton an.
»Laß doch, es ist nicht so wichtig«, sagte sie und dachte nur daran, wie langsam doch die Zeit verging.
»Gehen wir jetzt zur Kaiser-Villa?« fragte Sophie.
»Allerhöchste Eisenbahn. Onkel Poldo hat gesagt, um zwölf zeigt sich der Kaiser auf dem Balkon. Wenn wir einen guten Platz haben wollen, müssen wir uns eilen.«

»Bitt' schön, Herr Baron . . .« begann Kaspar hoffnungsvoll. Ferdinand unterbrach ihn: »Du fährst zum Hotel Post und wartest dort auf uns.«
»Sehr wohl«, sagte Kaspar und wünschte Ferdinand zum Teufel. Er würde den Kaiser also nicht sehen. Er fühlte sich erschöpft vor Enttäuschung. Der Herr Baron Florian hätte ihn mitgenommen, aber der war in Pernwald geblieben. Der junge Herr dagegen . . . der Schlag soll ihn treffen! dachte Kaspar giftig und setzte in demütiger Selbsterkenntnis hinzu: mich trifft er wahrscheinlich früher.

Am schmiedeeisernen Tor des Kaiserparks meldete sich Ferdinand beim Kommandanten der Wache. Das Aviso Onkel Poldos wirkte. Zu beiden Seiten der breiten, sanft ansteigenden Allee, die zur Kaiservilla hinaufführte, standen alle zehn Meter Wachen, die dem Dragoner-Leutnant und seiner Begleitung die Ehrenbezeigung erwiesen.
Auf dem Rondell vor dem schlichten, einstöckigen Bau mit dem Gemsen-Relief unter dem Giebel drängten sich die Privilegierten, die das greise Geburtstagskind aus der Nähe sehen durften. Die Sommerresidenz Seiner Majestät war ein bescheidener Herrensitz, den der Kaiser selbst die »Villa« nannte. Er liebte das einfache Leben in Ischl. Und um ihm zu gefallen und um ihn zu ehren, liebten seine Untertanen es auch. Wer es sich leisten konnte, siedelte sich für den Sommer in Ischl und Umgebung an.
Die Luft auf dem Platz neben dem plätschernden Springbrunnen war erfüllt vom Geräusch der ehrfürchtig gedämpften Stimmen, dem Gesang der Amseln und dem Heugeruch der abgemähten Wiesen. Die Sonne stand hoch, die Fahnen winkten im Wind. Pünktlich begannen die Mittagsglocken zu dröhnen, pünktlich flogen die Glastüren auf, und auf den breiten Balkon trat der Kaiser im weißen Uniformrock und einem mächtig grünen Federbusch über dem Hut.
Der Kaiser lächelte das Lächeln, das er anlegte wie eine Uniform. Das Volk erwartete von ihm, daß er bei festlichen Anlässen lächelte. Sein Geburtstag war ein festlicher Anlaß, also lächelte er, hob die Hand, wie um zu winken, winkte nicht, son-

dern drehte den Kopf langsam von rechts nach links, von links nach rechts. Sein schlohweißer Backenbart zitterte ein wenig. Die Sonne beleuchtete den Kaiser: eine silberweiße Figur, stand er gerade und still und lächelte.
Die Damen versanken in Knickse, die Offiziere salutierten, die Herren zogen den Hut. Es war eine stumme Huldigung.
Helene vergaß Hektor für einen Augenblick; das Herz schlug ihr bis zum Hals. Ihr war zumute, als sähen die Augen des Kaisers, die so blau waren, als ob der Himmel durchschiene, sie an. Sie nahm den allerhöchsten Blick als ein gutes Omen.
Sophie hatte vor Aufregung rote Flecken auf den Wangen. Der Kaiser sah aus wie auf den Bildern, die an allen Wänden hingen: aufrecht, edel, vom Schicksal hart geprüft, doch ungebeugt. Wie schlank und jugendlich er war! Er schien unsterblich zu sein. Nun drehte der Kaiser den Kopf und – nein, es war kein Zweifel – er sah sie an. Es war wie ein Gruß. Sophie verschluckte sich beinahe. Einer der mächtigsten Männer dieser Welt grüßte sie. Sie stieß Anton ihren spitzen Ellbogen in die Seite.
Auch Anton war beeindruckt. Das war ein erhebendes Schauspiel, so etwas sah man nur einmal im Leben. Fesch war er, der Kaiser, alle Achtung ... Mit seinen 82 Jahren elastisch wie ein Jüngling. Disziplin, Zucht und Ordnung waren kein leerer Wahn. Franz Josef war eben nicht nur Kaiser, sondern auch Soldat und als solcher ein glänzendes Vorbild. Die grünen Federn auf seinem Hut waren sicher Papageifedern. Mindestens fünfzig Stück. Ein Jammer. Als passionierter Ornithologe dachte man eben an all die schönen Vögel, die sterben mußten, weil hunderttausend Hüte mit ihren Federn verziert werden mußten. Na ja, es war halt die Etikette, die Mode. Der Kaiser konnte sicher nichts dafür, der hatte an andere Sachen zu denken als an Papageien. An das Wohl seiner Völker. Wie furchtlos und gütig er blickte!
Anton gefiel die Vorstellung, daß die Augen seines Kaisers auf ihm ruhten und er wünschte ihm aus ganzer Seele noch ein gutes, langes Leben.
Ferdinand taten die Füße weh. Die Lackstiefel drückten, das Warten und Stehen in der Sonne hatten ihn durstig gemacht.

Der alte Kaiser auf dem Balkon, der sich nicht das geringste Anzeichen von Müdigkeit gestattete, sah, obwohl er lächelte, wie versteinert aus. Für Ferdinand waren die Augen Seiner Majestät hart und blau wie Glasmurmeln. Er bewegte die schmerzenden Zehen. Hunger hatte er auch. Er dachte an den Imbiß bei Zauner, der berühmten Konditorei, und schmeckte die getrüffelte Gansleber und den Champagner schon auf der Zunge. Gottseidank, der Kaiser verließ den Balkon. Es wurde auch Zeit, sonst waren womöglich schon alle Tische besetzt.
Was der Kaiser fürs Gemüt, war Zauner für den Gaumen. Die k. u. k. Konditorei war gedrängt voll, aber Ferdinand konnte sich großtun: für einen Pernwald gab es immer einen Tisch, einen Ecktisch sogar, und Champagner stand schon im Eiskübel bereit. Herr Zauner persönlich empfing Ferdinand und Helene und machte sich eine Ehre daraus, die »jungen Herrschaften« eigenhändig zu bedienen.
Helene konnte keinen Bissen herunterbringen. Während die anderen sich an Gansleber delektierten, Champagner tranken und nachher Schokoladestollen und flaumige Cremetorten bestellten, verfolgte sie fiebernd die Zeiger der Wanduhr. Sie hatte sich die Notlüge genau zurechtgelegt. Kurz vor zwei Uhr stand sie auf. »Laßt euch nicht stören«, sagte sie. »Bitte, bleibt sitzen. Ich hab' schreckliche Migräne. Ich laß' mir von der Toilettefrau ein Kopfwehpulver geben und lege ein nasses Tuch auf die Stirn. Ich bin bald wieder zurück.«
Ferdinand blickte ihr nach und dachte bei sich, daß seine Schwester, so bezaubernd sie auch aussah, zum Abgewöhnen hysterisch war. Anton tat ihm beinahe leid; dennoch animierte er ihn, noch eine Flasche Champagner zu bestellen. Sophie war selig. Mit einem Mal war sie mitten im großen Leben, umgeben von Fürsten und Grafen, eleganten Frauen und feschen Offizieren. Ferdinand war der fescheste. Sie hob ihm ihr Glas entgegen. Ferdinand lächelte ihr bedeutsam zu. Sophie wurde vor Glück verlegen und sagte zu Anton: »Iß nicht soviel Torte. Du wirst zu dick.«
Anton überhörte die Bosheit, zog den Bauch ein und genehmigte sich noch ein Stück Dobos-Torte. Zauners Köstlichkeiten mochte widerstehen, wer konnte – er konnte es nicht.

Helene eilte durch die enge menschenleere Gasse, die zur Traun hinunterführte. Je näher sie der Esplanade kam, desto langsamer wurden ihre Schritte. Sie versuchte sich zurechtzulegen, was sie Hektor sagen wollte. In der Phantasie hatte sie dieses Rendezvouz hundertmal erlebt, doch in ihren Wachträumen hatte sie nicht viel sagen müssen. Hektor hatte gesagt, was sie zu hören wünschte, er hatte sie in die Arme genommen und alles war gut gewesen. Doch nun wurde die Begegnung Wirklichkeit, und sie mußte sprechen. Wie sollte sie ihm alles erklären, ohne sich etwas zu vergeben? Wie sollte sie ihn dazu bringen, ihr einen Antrag zu machen? Er hatte ihr oft zugeflüstert, daß er sie liebte. Hatte er an Heirat gedacht? Sie wußte so wenig von ihm, sie wußte nur, daß sie ihn liebte. Sie dachte nicht an die Geldsorgen ihres Vaters, sie dachte nur daran, wie sie Hektor zu verstehen geben konnte, daß sie mit ihm geben wollte bis ans Ende der Welt.
Die Vorstellung eines romantischen Lebens zu zweit gab ihr neuen Mut. Sie trat entschlossen auf die Esplanade hinaus. Dort bei den Weiden stand Hektor. Wie in ihrer Phantasie stand er da, den Hut in der Hand, und wartete auf sie. Ihr Herz begann wie rasend zu schlagen, als sie auf ihn zuging. Auch er kam ihr entgegen. Sie trafen sich auf halbem Weg.
»Wie schön, daß Sie gekommen sind«, sagte Hektor. Seine Stimme streichelte Helene, und der zärtliche Druck seiner Hand machte sie beinahe schwindlig. »So lange hab' ich Sie nicht gesehen!« Hektor ließ seine Stimme melodisch klingen. »Die Trennung war grausam lang.«
Helene seufzte glücklich. Er hatte sie vermißt. »Schrecklich lang«, sagte sie und versank in seinen Augen.
Hektor war entzückt. Sie war noch reizender, als er sie in Erinnerung gehabt hatte. So verliebt, so willig. Ihre Lippen waren halb geöffnet, als erwartete sie seinen Kuß. Er trat dichter an sie heran und murmelte: »Schaun Sie mich nicht so an, sonst verlier' ich den Kopf und küsse Sie am hellichten Tag – vor allen Leuten.«
Bis jetzt lief alles so, wie in ihren Wunschträumen. Helene hob ihm ihr Gesicht entgegen. »Küssen Sie mich doch«, flüsterte sie.

Ihre Unbeherrschtheit ernüchterte Hektor. Diese jungen Mädchen in ihrem glühenden Frühlingserwachen konnten einen in des Teufels Küche bringen. Er schob Helene ein wenig von sich ab und fragte förmlich: »Sie haben in Ihrem Brief Neuigkeiten angedeutet, die Sie mir erzählen wollten. Ich bin neugierig.«
Die Uhr der Ischler Kirche schlug ein Viertel nach zwei. Helene erwachte aus ihrer Verzauberung und erschrak. Ihr blieb nicht mehr viel Zeit, sie mußte zurück. »Mein Vater will ...« sie zögerte und fügte dann hinzu: »Ich soll heiraten.«
Hektor hatte nie an Heirat gedacht. Doch, daß ein anderer dieses begehrenswerte Geschöpf zur Frau bekommen sollte, entflammte seine Eifersucht. Sein Besitz-Instinkt wurde wach. Er brauchte nur die Hand auszustrecken, und sie gehörte ihm. Er erinnerte sich an den Kuß im Wintergarten des Redoutensaals und an das leidenschaftliche Temperament, das sich hinter diesem sanften Äußeren verbarg. »Lieben Sie den Mann, den Sie heiraten sollen?« drängte er.
Helene errötete und sagte leise: »Ich liebe Sie.«
Einen Augenblick lang war es zwischen ihnen so still, als hätten beide aufgehört zu atmen. Dann sagte Hektor ungestüm: »Niemand darf Sie mir wegnehmen. Ich werde alles tun. Ich werde ...« Weil er nicht wußte, was er Helene versprechen sollte, stockte er und suchte nach den richtigen Worten zum Abschied. »Wir sehen uns in Wien. Bald. Dann wird alles gut.« Er zog ihre Hand an die Lippen und flüsterte: »Ich liebe Sie, Helene.«

Der Landauer rollte glatt und weich, die Pferde schienen die Chaussee mit ihren Hufen zu streicheln. Das Licht des Nachmittags war golden und seidig, in den Feldern zu beiden Seiten der Straße zirpten die Grillen und die Lerchen sangen. Sophie hatte den Hut abgenommen und hob ihr Gesicht in den leichten Fahrtwind. Ferdinand beobachtete sie und dachte daran, daß der Sommer zu Ende ging und sein Antrag fällig war. Er hatte sich für ein Wohlleben entschieden, das von der Familie unabhängig war. Worauf sollte er noch warten? Anton saß mit geschlossenen Augen zurückgelehnt, die Hände über dem Magen gefaltet. Das Völlegefühl machte ihm zu schaffen. Helene schwebte, seit sie Hektor getroffen hatte, in einem Zustand der Euphorie. Sie genoß den Duft des reifen Sommers, hörte die Grillen und die Lerchen und fand, daß das Leben schön sei und sie keinen Grund habe, es sich schwer zu machen.

Im Ischler-Tal lagen schon blaue Schatten. Der Himmel war hoch und hell über den dunklen Bäumen.
»Paradiesisch!« rief Sophie affektiert aus. »Und wie herrlich es hier duftet.«
»Das sind die Zyklamen.« Helene wies zu einer Lichtung hinüber. »Dort am Waldrand unter den Bäumen ist alles rosa-violett von Zyklamen.«
»Laßt uns welche pflücken, zur Erinnerung an diesen schönen Tag!« schlug Sophie vor.
»Mit dem größten Vergnügen, liebe Schwägerin.«
Daß Ferdinand sie »liebe Schwägerin« nannte, verdarb Sophie beinah die Laune. Es war an der Zeit, daß er dieses Katz-und-Maus-Spiel aufgab. Wenn sie erst wieder in Prag war und er in Wien, konnte die Entfernung all ihre Hoffnungen zunichte machen.
Ferdinand befahl dem Kutscher, zu halten. Kaspar kletterte steifbeinig vom Bock, um den Schlag zu öffnen. Sie stiegen aus.
»Ferdinand und ich gehen nach rechts und ihr . . .« – Sophie stieß ihren Bruder aufmunternd an –, ». . . ihr geht nach links. Mal sehen, wer den größeren Strauß bringt.«
Helene pflückte eifrig. Der Duft der Zyklamen ließ sie daran denken, daß der Herbst kam. In Wien werde ich Hektor wiedersehen und dann, dachte sie, wird alles gut.
Anton betrachtete sie liebevoll. Sie war so anmutig. Jede ihrer Bewegungen war so graziös. Wie sie sich neigte, wie sie sich bückte . . . Er trat jäh auf sie zu. »Laß mich«, sagte sie unbeherrscht, »du zerdrückst die Zyklamen.«
Anton war nicht gekränkt. Helene war spröde, das war reizvoll. Er würde sie schon noch kirre machen.
Sophie ging zielbewußt in den Wald hinein. Sie suchte keine Zyklamen, sie suchte eine Stelle, wo Ferdinand und sie nicht gesehen werden konnten. Er folgte ihr amüsiert. So gingen wir

schon einmal durch den Wald, erinnerte er sich, und damals wollte Sophie das gleiche wie heute. Sie soll es haben. Er packte sie, hob sie zu sich hoch und küßte sie brutal.
»Aber« – Sophie war atemlos. »Für einen Schwager bist du recht stürmisch.«
»Ach was, Schwager«, sagte Ferdinand beinahe grob. »Willst du meine . . .?«
»Ja«, sagte Sophie eilig: »Ja, das will ich.«
»Dann bin ich also der Deine.« Ferdinand lachte und küßte sie auf die Nasenspitze.
Heute ist mein Glückstag, dachte Sophie überwältigt. Erst der Kaiser, und dann Ferdinand. Diesen 18. August vergesse ich nie.

XV.

Auch für Florian war dieser 18. August ein besonderer Tag. Er befahl den leichten Kutschierwagen und sagte sich, daß er doch schon recht bequem werde; aber das Reiten ermüdete ihn – und er wollte nicht müde sein, wenn er sich von Mirza verabschiedete. Denn damit war der Sommer für ihn zu Ende.
Mirza empfing Florian in einem tiefausgeschnittenen, blaugeblümten Hauskleid, die nackten Füße steckten in zierlichen Pantoffeln. »Komm schnell herein«, sagte sie zur Begrüßung. »Ich habe die Jalousien heruntergelassen.«
Im Schlafzimmer war es angenehm kühl und schummrig.
»Willst du was trinken?« fragte Mirza. »Eisgekühlte Zitronenlimonade oder Wein? Was magst?«
»Dich«, murmelte Florian und küßte sie.
Sie lachte leise. »Ich hab's gern, wenn du mich so küßt und so fest hältst und ich dich spür.«
»Und heut ist's wieder einmal ein Abschied«, sagte Florian ernst.
Sie fuhr ihm liebevoll durch die Haare. »Geh, was bist denn so sentimental? Es ist ja kein Abschied für immer.«
»Es fällt mir schwer, dich so lange nicht sehen zu können. Im-

mer schwerer fällt's mir von Mal zu Mal, weil ich mir immer öfter denk, wer weiß, was nächstes Jahr ist.« Florian lächelte: »Ich werd' halt alt.«

»Du und alt! So was Dummes!« Mirza war entrüstet. »So, wie du mich liebst und glücklich machst! Wie kannst denn dann vom Alter reden. Außerdem ist das uncharmant. Ich werd' auch nicht jünger.«

»Du . . .« Florian setzte sich und zog sie auf seinen Schoß. »Du bist immer gleich. Deine Augen sind jung, deine Haut ist jung, dein Gemüt ist jung, um dich macht die Zeit einen Bogen.«

»Das hast du lieb gesagt.« Mirza legte ihm die Arme um den Hals. »Und wenn du nicht alt bist und ich mich nicht ändere, dann ändert sich auch zwischen uns nichts. Schau, wir sind halt eine Sommerliebe. Das ist doch auch was Schönes. Wenn ich an den Sommer denk', dann denk' ich an dich. Die ganzen langen grauen Wintermonate freu' ich mich auf die Sonne und auf dich. Und wenn zu Ostern die Schneeglöckchen herauskommen und die Primeln und die Veilchen, dann fang ich an, am Kalender die Tag abzustreichen und freu mich mit jedem Tag. Was meinst – wenn wir zwölf Monate zusammen wären, würden wir uns nicht so freuen.«

»Und wenn du dich in einen anderen verliebst?«

»Was hast denn?« Mirza richtete sich auf. »Ich denk' ja auch nicht dran, daß du einer anderen den Hof machen könntest, geschweige denn mehr.« Sie hielt ihm ein Glas an die Lippen. »Da, trink einen Wein, daß du ein bissl fröhlicher wirst. Es wär schad, wenn wir den letzten Nachmittag verraunzen.«

»Du hast recht. Verzeih. Es wär schad.« Florian nippte. Er hatte Mirza seine Krankheit verschwiegen, sie wußte nichts von den strikten Verboten der Ärzte. Er streichelte ihren Arm: »Es drückt mich so. Die Trennung von dir, und was alles auf mich zukommt.«

»Was kommt denn alles auf dich zu?« Mirza trank sein Glas aus und schenkte nach.

»Die Dobranys.« Florian seufzte. »Aber was red' ich. Du weißt es ja. Sie kommen nicht auf mich zu, sie sind schon da. Ich hab' mich oft genug beklagt, und es wird immer schlimmer für mich. Mit viel Geld und wenig Takt breiten sie sich aus wie eine Nesselflechte. Der Anton ist soweit ein ganz netter Kerl, aber diese Sophie! Überall steckt sie ihre spitze Nase hinein, alles will sie haben. Und was sie nicht umsonst haben kann, will sie kaufen.«

Mirza lächelte: »Die Sophie liegt auf der Lauer wie eine hungrige Katze vor dem Mäuseloch. Die möcht' den Ferdinand und Pernwald fressen.«

»Ich weiß.« Florian nickte. »Dabei muß ich noch froh sein, wenn sich der Ferdinand von ihr fressen läßt. Dann hat er wenigstens ausgesorgt. Aus dem wird nichts. Er taugt nur zum Tachinieren, zum Faulenzen und zum Geldausgeben. Und das könnte er bei der Sophie.«

»Misch dich nicht ein.« Mirza spitzte die Lippen und küßte Florian aufs Ohr. »Ferdinand ist großjährig. Für den bist du nicht mehr verantwortlich. Wie geht's denn mit deinem Sorgenkind Helene?«

»Frag lieber nicht. Wenn ich an das Gesicht denk, das sie den ganzen Tag macht. Ich fürchte, sie hat das Naturell ihrer Mutter geerbt. So ernst. So freudlos.«

Mirza widersprach: »Helene ist nicht freudlos. Darüber haben wir uns doch schon unterhalten. Vor ein paar Wochen war sie bei mir und hat mir erzählt von den Bällen in Wien, und wieviel sie getanzt hat und wie schön es war. Du hättest sie sehen sollen. Ihre Augen haben geleuchtet, das ganze Mädl hat gestrahlt und sich nicht genug tun können in detaillierten Schilderungen. Damals hab' ich mir schon gedacht, und ich habe es dir auch gesagt, die schwärmt nicht von den Bällen allein, da steckt ein Mann dahinter. Ich glaube nach wie vor, die Helene ist verliebt, aber leider nicht in den Anton.«

»Ach, du lieber Gott!« Florian fühlte sich belästigt. »Ich soll also ein schlechtes Gewissen haben?«

Mirza beugte sich ihm zu: »Gar nichts mußt du haben. Nicht so ernst nehmen sollst du das. Eine schwärmerische Verliebtheit ist nichts Seriöses. Der Anton wird sie bald kuriert haben.«

Florian hob fragend die Augenbrauen.

Mirza kicherte: »Ich will damit sagen, es ist ein großer Unterschied, ob man einen Mann im Bett hat oder im Kopf.«

Mit zärtlicher Sorgfalt begann sie, Florians Weste aufzuknöpfen und an seinem Hemd zu nesteln. Er fühlte ihre kühlen Finger an seiner Haut und vergaß Helene sofort. Kraft stieg in ihm hoch, seine Muskeln spannten sich und er nahm Mirza in die Arme. Sie küßte ihn lange und mit Genuß, dann flüsterte sie: »Ob man liebt, weiß man erst, wenn man alles vom andern weiß. Wenn man auch seinen Körper liebt, seine Haut, seinen Geruch und seine Berührung.«

XVI.

September in Wien: die Herbstsaison hatte begonnen. Der Kaiser residierte wieder in der Hofburg und die Stadt füllte sich mit seinen Untertanen, die gleichzeitig mit ihm ihren Sommerurlaub beendet hatten. Über die breite Ringstraße rollten die gummibereiften Kutschen, die mit zwei Pferden bespannten Fiaker und die bescheideneren Einspänner. Die Sonne schien schon etwas blasser, feine silberne Altweibersommerfäden schwebten durch die Luft. Die dicken, stacheligen Kugeln der Kastanienbäume zu beiden Seiten der Ringstraße platzten auf und ließen ihre braunglänzenden Früchte fallen. Die Damen zeigten sich in ihren neuen Herbstmodellen auf dem Korso, vom Graben über die Kärntnerstraße bis zur Oper und zurück, und erwiderten mit huldvollem Nicken den Gruß der vorüberziehenden Kavaliere. In den Kaffeehäusern berichteten die Herren mit eifrigen roten Gesichtern im Verschwörerton von ihren Eroberungen, die sie während des Sommers gemacht hatten, zu Lande, zu Wasser und in den Bergen. Unter den Torbögen der Paläste verwehrten wieder die livrierten Türhüter mit ihren vergoldeten Stäben Unbefugten den Eintritt.
Vor dem Pernwaldschen Palais stand kein Türhüter. Florian hatte es nicht lange in Wien ausgehalten. Helene, die, für ihn unverständlich, von »zu Tode betrübt« zu »himmelhoch jauchzend« gewechselt hatte, ging ihm auf die Nerven. Und je weniger er Ferdinand, der ihn ohne weitere Erklärung von sei-

ner Verlobung mit Sophie Dobrany in Kenntnis gesetzt hatte, sah, desto lieber war es ihm. Am allermeisten drückte die Trennung von Mirza auf sein Herz. Er hatte neue Pillen verordnet bekommen, um das Herzflattern zu dämpfen; sie machten ihn zwar müde, doch sie hoben seine Stimmung nicht. Die drückenden Geldsorgen waren von ihm genommen, und er hatte geglaubt, daß ihn nun das Leben wieder freuen würde. Es freute ihn nicht. Er war unruhig und gereizt. Die Einladung des Grafen Ansfeld zur Jagd auf einen kapitalen Sechzehnender kam ihm gelegen. Er quartierte Helene bei Mathilde ein und reiste mit Kaspar und Hexe in die Steiermark.

Helene zog gerne zu Mathilde. Sie liebte und bewunderte ihren Vater sehr, aber seine Gegenwart schüchterte sie ein. Bei Mathilde war das anders. Obwohl sie fast neun Jahre älter war und eine fünfjährige Tochter hatte, gab sie sich viel jünger, als Helene sich fühlte. Sie lebte auf der leichten Seite des Lebens, für sie zählte kein Gestern und kein Morgen, sie genoß das Heute, und Helene beneidete sie darum.

Mathilde Kroneck hatte eine tadellose Figur und rassige Beine. Ihr Dekolleté war berühmt. Sie war nicht schön, aber sie galt als »absolut fesch« und war tonangebend durch den Schick, mit dem sie die sogenannten Accessoires verwendete. Man trug die Straußenfederboa so elegant-leger wie die Kroneck, die Farbe der Schuhe abgestimmt auf die Tönung der Boa oder so kontrastierend, daß es »malerisch« wirkte. Man kopierte ihre Kleider, ihre – »ohlala« – durchbrochenen Seidenstrümpfe und ihre gewagten Hüte. Mathilde galt als emanzipierte Frau aus guter Familie, wohlhabend, immer gut gelaunt, und nie als Spielverderberin. Sie hatte einen um fünfzehn Jahre älteren Mann, der nur die Arbeit kannte und kein Vergnügen. Man nahm es ihr daher nicht übel, daß sie sich von Freunden ihres Mannes auf ihren Ausfahrten und Ausritten begleiten ließ und diese Freunde in ihrer Loge in der Oper oder im Burgtheater empfing. Und was sie sonst noch mit ihnen tat – »honny soit qui mal y pense«.

Doktor Stefan Kroneck liebte Mathilde. Wenn er auch nicht immer zuhörte, was sie sagte, so war doch ihre lebhafte, heitere Stimme eine angenehme Geräuschkulisse. Für ihn war sie genau die richtige Frau, selbständig, voll Schwung und guter Laune, bei Tag und bei Nacht. Sein Liebes- und Eheleben befriedigte ihn völlig. Er wäre nie auf die Idee gekommen, daß er Mathildes animierte Stimmung oft anderen Männern verdankte.

Helene konnte es kaum erwarten, mit Mathilde ungestört allein zu sein. Sie war angefüllt mit Gefühlen, Hoffnungen und Problemen; sie mußte Mathilde zu ihrer Mitwisserin machen und sich alles von der Seele reden. Endlich, am zweiten Abend, saßen sie allein in Mathildes Boudoir. Die Stehlampe mit dem roten Seidenschirm verbreitete ein schmeichelndes Licht; Lora, der Kakadu, schaukelte auf seiner Stange, und auf Mathildes Schoß lag ihr Mops Raffael und schnarchte asthmatisch. Während Helene noch überlegte, wie sie mit der Tür ins Haus fallen sollte, lieferte ihr Mathilde ungewollt das Stichwort. »Du schaust sehr gut aus, Lentscherl. So stellt man sich eine glückliche Braut vor.«

»Ich bin keine glückliche Braut«, platzte Helene heraus. »Ich werde Anton nicht heiraten. Ich hab' ihn nicht lieb.«

»Das ist kein Grund, ihn nicht zu heiraten«, sagte Mathilde ungerührt. »Ich habe Stefan auch nicht geliebt, als ich ›Ja‹ sagte, und heute leben wir ausgezeichnet miteinander. Man gewöhnt sich in der Ehe an die Ehe.«

»Aber ich liebe einen anderen«, trumpfte Helene auf.

Mathilde wurde neugierig: »Wen denn?«

Helene machte eine wirkungsvolle Pause, dann sagte sie stolz: »Hektor Papadopolos.«

»Den Apollo mit den Schlafzimmeraugen?« Mathilde war amüsiert. »Der ist auch zum Verlieben . . .« Sie wurde ernst: »Aber nicht zum Heiraten. Den schlag dir fürs erste mal aus dem Kopf, der ist was für später.«

»Mach dich über mich nicht lustig«, sagte Helene energisch, »ich meine es ernst. Ich liebe Hektor, und er liebt mich. Wir haben uns in Ischl ausgesprochen. Und hier . . .« – sie kramte aus ihrer Tasche einen zerlesenen Brief hervor –». . . er hat mir geschrieben. Kaum daß ich in Wien bin, schreibt er schon. Postlagernd. Er will mich sehen, übermorgen im Volksgarten,

beim Theseustempel. Ich weiß, er wird mich fragen, und ich weiß auch, daß ich ihn heiraten will und werde.«
Mathilde war sich nicht im klaren, ob sie Helene von der heiteren Seite nehmen oder sich über sie ärgern sollte. »Geh, du bist ja narrisch« sagte sie begütigend. »Hektor ist ein hübscher Windbeutel, der nichts ist und nichts hat; sowas heiratet man doch nicht. Anton hingegen ist eine einmalige Partie. Eine Traumpartie. Der ist der Richtige für dich, bei dem bist du gut aufgehoben. Du wirst schon sehen ...« Sie zitierte: »Bei Geld und Gut wächst Liebesglut.«
Helene warf den Kopf zurück. Sie schwieg trotzig.
Mathilde begann sich nun doch zu ärgern: »Außerdem mußt du an die Familie denken. An den Papa, an seine Geldsorgen. Und an Pernwald.«
»Ich will an mich denken. Nur an mich.« Helenes Stimme wurde schrill. »Wieso maßt ihr euch alle an, zu wissen, was für mich gut und richtig ist? Es ist mein Leben, und ich hab' ein Recht auf ein glückliches Leben. Ich will Hektor heiraten, und wenn Papa es nicht erlaubt, dann brenn' ich mit Hektor durch.«
Mathilde sah die hysterischen Augen Helenes, ihre verkrampften Finger, die roten Flecken auf ihren Wangen und erkannte, daß es sinnlos war, das Gespräch fortzusetzen. Helene war keiner Vernunft zugänglich. Sie war von einer Leidenschaft besessen, um die Mathilde sie fast beneidete. So zu lieben, mußte schön sein und gefährlich. Aber bei dem tierischen Ernst, den Helene an den Tag legte, mußte die Gefahr zur Katastrophe führen. Es war ein wahrer Segen, daß Papa, ohne etwas davon zu ahnen, in der Steiermark jagte. Für sein Herz konnten solche Aufregungen den Tod bedeuten. Und das alles für diesen verpatzten Apoll mit den Schmachtaugen. Hektor war kein unbeschriebenes Blatt in der Wiener Gesellschaft. Mathilde wußte, daß er – aus Eitelkeit und immer auf Wirkung bedacht – jeder halbwegs hübschen Frau den Hof machte. Bisher hatte er sich auf verheiratete Frauen spezialisiert. Solange mit leichten Händen und leichtem Herzen um Liebe gespielt wurde, war Mathilde eine begeisterte Mitspielerin. Aber wenn ein junges und unerfahrenes Mädchen, das noch dazu ihre Schwester war,

mit leeren Worten und Talmischwüren aus der Bahn geworfen werden sollte, nein, da spielte sie nicht mit. Mathilde mußte sich beherrschen, um nicht energisch den Kopf zu schütteln. Sie wußte bereits, was sie zu tun hatte. Es war wirklich ein Segen, daß Papa nicht in Wien war, das erleichterte ihr Vorhaben.

XVII.

Helene war auf eine große dramatische Szene vorbereitet gewesen, bereit, um ihr Glück mit allen Mitteln zu kämpfen. Doch plötzlich hatte Mathilde abgewinkt. Beinahe uninteressiert hatte sie erklärt: »Gut, mein Kind. Triff deinen Hektor und hör dir an, was er zu sagen hat. Dann reden wir weiter.« Mathilde hatte ihr liebevoll eine gute Nacht gewünscht und sie mit ihrer aufgestauten Dramatik einfach sitzen lassen. Helene traute der plötzlichen Nachgiebigkeit ihrer Schwester nicht. Oder war es doch möglich, daß sie Mathilde von der Größe ihres Gefühls und der Festigkeit ihres Willens überzeugt hatte? Mit ihr als Rückhalt habe ich schon halb gewonnen, dachte sie und schlief beruhigt ein.
Beim Frühstück war Mathilde wie immer. Mit keinem Wort erwähnte sie Hektor; Helene fand keine Gelegenheit, über ihre Herzensangelegenheiten zu sprechen. Sie schwatzte munter bei Butterkipferl, Honig und Kaffee über Gott und die Welt, und auch nachher, beim Ankleiden, lief ihr Mundwerk wie geschmiert. »Wie gefällt dir mein neues Kleid?« fragte sie und strich sich über die enggeschnürte Taille.
Helene ließ sich ablenken: »Sehr gut. Die Farbe steht dir großartig.«
»Nicht wahr?« Mathilde setzte den großen Hut mit der schattierten Straußenfeder auf. »Taubenblau ist meine Erfindung. Wirst sehen, in zwei Wochen tragen alle meine Freundinnen Taubenblau als Herbstfarbe.« Zufrieden steckte sie die lange Hutnadel fest.
»Wo gehst du denn so zeitig hin?« fragte Helene.

Mathilde legte den Finger an die Lippen. »Das soll niemand wissen. Es handelt sich um eine Überraschung für Stefan. Ich laß mich für ihn porträtieren, in dem bernsteinfarbenen Abendkleid mit der Goldspitze, das er so liebt. Jeden zweiten Vormittag hab' ich eine Sitzung. Der Maler ist ein aufstrebendes Genie. Das Bild wird eine Sensation.« Sie unterbrach sich: »Du gehst inzwischen mit der Kleinen und Mademoiselle Yvette spazieren oder in den Park. Zum Mittagessen bin ich wieder zurück.«
Mathilde ließ sich tätsächlich für ihren Mann porträtieren – in dem bernsteingelben Gewand, das er an ihr so mochte. Aber daß sie, bevor oder nachdem sie das Abendkleid an- beziehungsweise auszog, Liebe mit dem Maler machte – diese für sie so angenehme Beigabe der Überraschung für ihren Mann – ging außer den Künstler und sein Modell, niemand etwas an. An diesem Morgen allerdings würde das aufstrebende Genie umsonst auf sie warten müssen. Zuerst die Pflicht, dann das Vergnügen. Mathilde wußte, was sie ihrer Familie schuldig war. Sie ging auf kürzestem Weg zu Onkel Poldos Wohnung.

XVIII.

Poldo von Pernwald mochte seinen Bruder Florian nicht besonders. Seit frühester Jugend hatte er ihn beneidet, erst darum, daß er älter war und dann, daß er beliebter war und besser aussah. Dieser Neid hatte sich zu einem richtigen Minderwertigkeitsgefühl entwickelt. In Florians Gegenwart kam sich Poldo unansehnlich vor. Auch durch seine Karriere, auf die er so stolz war, hatte sich Florian nie beeindrucken lassen. Obwohl, wer es bei Hof zu etwas bringen wollte, im höchsten Maße diplomatisch und geschmeidig sein mußte. Die Konkurrenz der Hocharistokratie war zu groß. Ein schlichter Baron konnte sich nur durchsetzen, wenn er begabter und gescheiter war als die Herren mit den Grafen- und Fürstentiteln. Auch das hatte Florian nicht anerkannt. Für ihn waren die »Hofschranzen« – er zählte auch die Adjutanten der Erzherzöge dazu – nur

»Hampelmänner« und »Ja-Sager«. Diese Ansicht Florians hatte dazu geführt, daß Poldo seinen Bruder kaum noch sah. Mit den Jahren hatte sich Poldos Aversion sogar noch vertieft. Florian war vier Jahre älter, aber sein Haar war dunkel und voll, seine Gestalt schlank und elastisch. Poldos Haare wurden grau, und es bedurfte immer mehr künstlicher Drapierung, die beginnende Glatze zu überdecken. Auch Poldo saß der Uniformrock untadelig knapp um die Hüften, aber das Mieder, das er tragen mußte, um eine gute Figur zu machen, drückte schmerzhaft auf den Magen. Florian war für seine selbstverständliche Eleganz bekannt, während Poldo jede seiner Gesten streng kontrollieren mußte, um den gewünschten Eindruck zu erzielen. In seinen Augen war es ungerecht, daß ein Zivilist so gut aussah wie Florian.

Poldo machte Florians Kinder nicht für ihren Vater verantwortlich. Da er unverheiratet geblieben war, waren sie die einzigen, die letzten Pernwalds. Er sah sie zwar nur zu Weihnachten und zu den Geburtstagen, aber sie gefielen ihm. Helene war eine Schönheit, Ferdinand ein Leutnant wie aus dem Bilderbuch – daß er öfter über die Stränge schlug, konnte man seiner Jugend zugute halten. Der Liebling Poldos aber war Mathilde. Sie war nicht hübsch, aber es schien ihr nichts auszumachen. Sie hatte eben Haltung – *tenue*, wie er es affektiert nannte.

Poldo nahm gerade sein kleines Gulasch, das obligate Gabelfrühstück, zu sich, als der Offiziersbursch stramm »die gnädige Frau von Kroneck« anmeldete. Sofort schob er den Teller beiseite, trank noch einen Schluck Bier, tupfte sich mit der Serviette den Schaum aus dem Schnurrbart und knöpfte, während er ihr entgegenging, den unbequem engen Uniformrock über dem Magen zu.

»Verzeih, Onkel Poldo, daß ich dich so formlos überfalle.« Mathilde hielt ihm die Wange für seinen üblichen in die Luft gehauchten Begrüßungskuß hin. »Aber ich hab' mir gedacht, vor zehn Uhr treff' ich dich noch an. Dein Erzherzog ist gottlob kein Frühaufsteher.«

»Eine halbe Stunde hab' ich mit Vergnügen für dich Zeit. Komm mit in die Bibliothek. Du gestattest doch, daß ich meine ›RECREO‹ rauche, während wir plaudern.« Er zündete die lange, dünne Zigarre umständlich an und komplimentierte Mathilde zu der Sitzgarnitur. »Was führt dich zu mir?«

Mathilde lächelte: »Da heute weder Weihnachten noch Geburtstag ist, wirst du dir schon denken, daß es sich um eine wichtige Angelegenheit handelt.« Sie wurde ernst. »Die Angelegenheit ist nicht nur wichtig, sie ist durchaus unerfreulich. Ich brauche dringend deinen Rat und deine Hilfe.«

Poldo streifte die Asche ab. Die Zigarre schmeckte ihm nicht mehr. »Handelt es sich um deinen Vater?« fragte er steif.

»Nein. Weder um Papa, noch um Ferdinand. Diesmal ist es Helene.«

»Die kleine, sanfte Helene?« Poldo schüttelte ungläubig den Kopf.

»Helene ist weder klein noch sanft. Sie ist verrückt. Sie ist im Begriff, einen Skandal heraufzubeschwören, der für uns alle, auch für dich, ruinös sein kann.«

»Einen Skandal?« Poldo nahm im Sitzen militärische Haltung an. »In meiner Stellung darf es keinen Familienskandal geben.«

»Eben darum bin ich hier. Papa ist auf der Jagd. Mit Ferdinand kann ich nicht reden, er fordert den griechischen Apoll zum Duell, und der Skandal ist da. Nur du kannst helfen.« Sie schmeichelte: »Mit deinem Einfluß und deiner Diplomatie kannst du die Sache in Ordnung bringen.«

»Ich kann nicht folgen«, sagte Poldo zurückhaltend. »Vielleicht drückst du dich etwas klarer aus. Wer ist Apoll? Warum soll Ferdinand in fordern? Und was hat Helene mit alledem zu tun?«

Mathilde berichtete, knapp und klar, ohne zu beschönigen. Poldo stand auf. Nervös schritt er die Länge des Teppichs auf und ab. Er hatte Sodbrennen, wie immer, wenn er sich ärgerte.

»Man müßte den griechischen Botschafter veranlassen, sich Papadopolos vorzuknöpfen. So quasi ein Wink von oben«, sagte Mathilde vorsichtig. »Wenn man Papadopolos klarmacht, wie heiß das Eisen ist, das er anfaßt, wird er sich nicht die Karriere verpatzen. Wegen einer oberflächlichen Amour! Das beste wär, er würde versetzt werden.«

»Wie stellst du dir das vor?« unterbrach Poldo sie ärgerlich. »Ich kann dem griechischen Botschafter nicht in Personalfragen dreinreden. Aber ein Wink von oben, das ist die Idee. Ich werde sehen, was sich machen läßt.«
»Die Zeit drängt, Helene ist komplett hysterisch. Sie macht die größten Dummheiten, wenn nicht rasch ein Riegel vorgeschoben wird.« Mathilde verabschiedete sich. »Ich dank' dir, Onkel Poldo. Für mich ist die Geschichte ebenso peinlich, wie für dich. Schließlich hab' ich die Verantwortung für Helene, solange sie bei mir wohnt.«

XIX.

Seine Exzellenz Theodor Xantakis, der Königlich griechische Botschafter, starrte mißmutig aus dem Fenster seines Arbeitszimmers. Ein böiger Wind peitschte den Regen an die Scheiben, das grüne Kuppeldach des Belvedere schimmerte wie Jade. Dieses Wien hatte ein mörderisches Klima. Gestern noch hatte die Sonne so mild wie in seiner Heimat geschienen, und heute fror er wie ein Pintscher. Seine Laune verbesserte sich nicht, als ihm der Diener die Visitenkarte Poldo von Pernwalds überbrachte.
Der Botschafter erinnerte sich flüchtig, den Adjutanten seiner Kaiserlich-Königlichen Hoheit, des Erzherzogs Leopold Salvator, anläßlich eines Empfangs in der Hofburg kennengelernt zu haben, aber er war sich nicht im klaren, welchen Einfluß dieser Baron Pernwald bei Hof hatte. Ärgerlich rieb er sich die klammen Finger und schnauzte den Diener an: »Ich lasse bitten.«
Nachdem die üblichen Begrüßungsfloskeln ausgetauscht waren, begann Poldo: »Ich komme in einer delikaten Angelegenheit, die äußerste Diskretion erfordert.« Er nahm dem Botschafter gegenüber Platz und lehnte die angebotene Erfrischung dankend ab. Die harzigen Weine und süßen Schnäpse Griechenlands waren nicht nach seinem Geschmack. Er fuhr fort. »Ich muß Sie bitten, Exzellenz, meine Vorsprache als privaten Besuch zu betrachten, wenn ich auch betonen möchte,

daß ich den ausdrücklichen Wunsch eines Mitglieds des allerhöchsten Kaiserhauses überbringe.«
Der Botschafter hatte keine Ahnung, worauf dieser so unösterreichisch steife Baron hinauswollte, und murmelte dümmlich: »Selbstverständlich, selbstverständlich.«
Poldo räusperte sich: »Einer der Herren Ihrer Botschaft belästigt eine junge Dame. Um präzise zu sein – es handelt sich um meine Nichte, Baronesse von Pernwald, und um Herrn Papadopolos. Meine Nichte ist verlobt, aber Herr Papadopolos nimmt das nicht zur Kenntnis, verfolgt sie auf Schritt und Tritt, er drängt sich ihr auf, er spricht sie an, er schreibt ihr und bringt sie durch sein Verhalten in peinliche Situationen. Seine Zudringlichkeit kompromittiert meine Nichte. Das ist Seiner Kaiserlichen Hoheit zu Ohren gekommen. Seine Kaiserliche Hoheit hat mich beordert, bei Ihnen vorzusprechen, um einen Eklat zu vermeiden. Es wäre wünschenswert, wenn Herr Papadopolos zur Räson gebracht werden könnte, damit diese leidige Angelegenheit aus der Welt geschafft wird.«
»Sie sehen mich bestürzt über das Benehmen meines Attachés«, sagte der Botschafter. Er beherrschte seine Verstimmung routiniert. »Ich darf Ihnen versichern, daß ich sofort die notwendigen Schritte unternehmen werde.«
»Ich danke, Exzellenz.« Poldo erhob sich und verbeugte sich knapp.« Seine Kaiserliche Hoheit wird Ihr diskretes Verständnis zu schätzen wissen.«

Dem Botschafter war es völlig gleichgültig, ob Papadopolos zudringlich gewesen war oder nicht, ob das Mädchen ihn tatsächlich abgewiesen oder ihn gar ermutigt hatte. In dem Augenblick, in dem er von Oben für schuldig befunden wurde, war er schuldig. Je länger der Botschafter über den Fall nachdachte, desto verdrießlicher wurde er. Er war nicht überzeugt, daß es sich wirklich um einen persönlichen Wunsch des Erzherzogs handelte. Der Baron war der Onkel des Mädchens. Der Verdacht lag nahe, daß der Erzherzog nur vorgeschoben worden war, um dem Wunsch der Familie Pernwald den nötigen Nachdruck zu verleihen.
Aber wie dem auch war, es handelte sich schließlich um eine

für ihn wie für sein Königreich bedeutungslose Affäre. Ein Attaché war so gut wie der andere. Wenn Papadopolos nicht parierte, würde er ihn versetzen lassen; auf jeden Fall sicherte er sich das Wohlwollen des Erzherzogs.
Hektor Papadopolos verbeugte sich beflissen. Seine Exzellenz maß ihn von oben bis unten. Er schätzte den Attaché nicht sonderlich. Papadopolos war auf dem Parkett der Wiener Salons eifriger als im Amt und verließ sich mehr auf seine schönen Augen als auf sein Können.
»Es ist mir bekannt, daß Sie viel in der Gesellschaft herumkommen«, begann der Botschafter. »Kennen Sie auch die Baronesse Pernwald?«
Hektor zögerte, dann sagte er: »Ich habe die Ehre, die Baronesse flüchtig zu kennen.« Daß ihn der Botschafter nicht in der vertrauten Muttersprache anredete, sondern sein hartes Deutsch sprach, vergrößerte sein Unbehagen.
»Ich weiß nicht, was Sie als flüchtig bezeichnen. Ihr Betragen der Baronesse gegenüber hat Befremden erregt.«
»Ich habe mir nichts zuschulden kommen lassen, Exzellenz«, wehrte Hektor ab. »Ich habe mich in keiner Weise engagiert. Oberflächliche Konversation mit einer jungen Dame widerspricht weder dem Anstand noch dem Reglement.«
»Da Sie selbst von Reglement sprechen, muß ich Sie nicht daran erinnern, daß Sie im diplomatischen Dienst stehen. Ich will mich nicht in ihr Privatleben mischen, Papadopolos, aber in der Wiener Gesellschaft gelten Sie nicht als Privatmann, sondern als Vertreter unseres geliebten Vaterlandes. Ihr Benehmen hat untadelig zu sein.«
»Exzellenz!« Hektors Stirne rötete sich. »Ich glaube nicht, daß mein Betragen Anlaß zur Beschwerde geben kann.«
»So, Sie glauben nicht? Sie glauben falsch.« Der Botschafter klopfte rhythmisch mit dem Bleistift auf die Schreibtischplatte, um seinen Worten Nachdruck zu verleihen. »Ihr Benehmen hat den Unwillen eines Mitglieds des Kaiserhauses ausgelöst. So etwas war noch nicht da. Sind Sie sich der Tragweite dieses Falles bewußt? Sie schweigen. Sie stehen da mit rotem Kopf, stumm wie ein Fisch. Die Tragweite scheint Ihnen zu dämmern.«

Der Botschafter warf den Bleistift auf die Tischplatte. Es war genug. Er hatte Papadopolos die Leviten gelesen, nun wurde er freundlicher: »Ich habe selbstverständlich versucht, das Ganze zu einem Mißverständnis zu verniedlichen. Ich rate Ihnen aber in Ihrem eigenen Interesse, vermeiden Sie jegliche – wie sagten Sie doch? – Konversation mit der Baronesse. Jegliche, auch noch so zufällige Begegnung. Wenn Sie noch einmal unliebsam auffallen, kann ich nichts mehr für Sie tun. Dann haben Sie einen schwarzen Punkt und werden versetzt. Das wäre schade. Mit ein bißchen Diplomatie lebt es sich doch sehr angenehm in Wien.«

XX.

Zu ihrem eigenen Erstaunen war Helene weder aufgeregt noch schuldbewußt, als sie zu ihrem heimlichen Rendezvous ging. Sie hatte es nicht nötig gehabt, zu lügen oder sich heimlich aus dem Haus zu stehlen. Mathilde hatte so getan, als sähe und hörte sie nichts. Helene war einfach gegangen, als wäre es etwas ganz Alltägliches, daß sie sich ohne Begleitung am späten Nachmittag mit einem Mann traf.
Es war ein kühler, blasser Herbsttag, der Wind wehte aus dem Osten vom Marchfeld her, und das erste welke Laub raschelte unter ihren Schritten. Helene zog den Schleier dichter vors Gesicht, als sie den Volksgarten betrat. Sogar das Wetter ist für uns, dachte sie glücklich. Die Gartenwege waren leer. Nur ein unwilliges Dienstmädchen zerrte einen Dackel an der Leine von Baum zu Baum. Aufgeplusterte Spatzen saßen im Windschatten der Säulen des Theseustempels; sie stoben davon, als Helene näher kam. Sie wußte, sie war zu früh, aber das Warten auf Hektor verlängerte ihre Vorfreude. Sie stellte sich vor, wie er eilig auf sie zukommen, sie in die Arme nehmen und sie küssen würde. Sie schlug den Schleier hoch und befestigte ihn an der Hutnadel. In längstens einer Viertelstunde entschied sich ihr Schicksal. Sie war ganz sicher, daß er kam, um für immer bei ihr zu bleiben. Die Frage war nur, ob sie bei Papa um ihr

Glück kämpfen sollte oder einfach mit Hektor durchgehen. Die Idee einer romantischen Flucht gefiel ihr. Wenn sie und Hektor in Liebe vereint waren, mußte auch Papa vor dieser vollzogenen Tatsache kapitulieren.
Der Wind zerzauste ihr die sorgfältig gebrannten Stirnlöckchen, sie begann zu frösteln. Sie ging zur windgeschützten Rückseite des Tempels und kramte ihre Uhr aus dem Ridikül. Schon zehn Minuten über die Zeit. Was Hektor wohl sagen würde, wenn sie ihm zu verstehen gab, daß sie mit ihm auf und davon gehen wollte. Sie konnten nach Baden fahren oder auf den Semmering. In einer Woche kam Papa von der Jagd zurück, sie hatten eine ganze lange Woche Zeit. Helene erschrak: wie kurz war eine Woche! Es mußte doch soviel geschehen, in dieser Woche! Sie hatte Angst vor der eigenen Courage. Wo nur Hektor blieb? Wenn er kam, würde sie sich sofort sicherer fühlen. Sie hatte sich so hübsch gemacht, in dem neuen silbergrauen Complet, aber wenn er nicht bald kam, würde sie eine rote Nase haben und blasse kalte Lippen. Sie wartete schon zwanzig Minuten. Bei allen Entschuldigungen, die sie sich zurechtlegte – jetzt mußte er kommen! Sie umrundete den Theseustempel, aber in welche Richtung sie auch schaute, die Parkwege waren und blieben leer.
Es begann zu dunkeln. Die abendliche Feuchtigkeit kroch Helene zwischen Kleider und Haut. Warum kam er nicht? Er konnte das Treffen nicht vergessen haben. Das war unmöglich. Aber vielleicht hatte er den Tag verwechselt? Oder die Stunde? Wo sollte sie ihn suchen? Sie zwang sich zur Ruhe und überlegte.
Aus seinen Erzählungen wußte sie, daß er fast täglich zwischen sechs und sieben im Rauchsalon der Konditorei Demel einen Sherry trank. In dieser Ungewißheit konnte sie nicht nach Hause gehen. Lieber nahm sie einen Krach mit Mathilde in Kauf, weil sie allein zu Demel gegangen war. Sie war sich ganz sicher, es konnte nur ein Irrtum vorliegen.

Als Helene die Eingangstür zur k. u. k. Hofkonditorei Demel öffnete, schlug ihr eine warme, aromatische Luft entgegen. Es roch appetitlich nach Kaffee, Zimt und Schokolade. Helene

sah sich rasch um. Zu ihrer Erleichterung entdeckte sie keine Bekannten. An ihren angestammten runden Marmortischen saßen würdige alte Hofräte mit gepflegten weißen Backenbärten. Sie sahen alle aus, als seien sie Brüder des Kaisers. Geschnürte Matronen, von harten Fischbeinmiedern zu stattlicher Haltung gezwungen, tranken mit gezierten Gesten Kakao. Elegante junge Frauen saßen kichernd und tuschelnd beisammen. Sie fanden kaum Zeit, an den Bäckereien zu knabbern, so ungeheuer viel hatten sie einander zu erzählen. Aus dem abgesonderten Rauchsalon, in dem die Herren Portwein und Sherry tranken, politisierten und sich deftige Witze erzählten, drang manchmal lautes Gelächter.
Die Serviererin Paula, die seit eh und je sämtliche Mitglieder der Familie Pernwald bediente, kam auf Helene zu, knickste und küßte ihr die Hand.
Die Serviererinnen in schwarzen Taftkleidern mit kleinen weißen Schürzen und Rüschenhäubchen sprachen mit den Kunden prinzipiell nur in der dritten Person.
»Suchen Baronesse jemanden?« fragte Paula.
Helene log: »Meine Schwester, sie müßte schon da sein.«
Paula knickste abermals: »Hab' die gnädige Frau von Kroneck noch nicht gesehen.«
Helene überlegte. Paula mußte sie loswerden, um einen Blick in den Rauchsalon werfen zu können.
»Darf ich etwas bringen?« drängte Paula servil.
»Pralinen«, sagte Helene schnell. »Ein halbes Kilo, Nougat und Marzipanfüllung, gemischt.«
Während Paula hinter der Theke mit einer Pinzette sorgsam eine Praline neben die andere in eine Holzschachtel bettete, tat Helene so, als begutachtete sie die zur Schau gestellten Bäckereien, und pirschte sich zur Tür des Rauchsalons. Mit dem Ellenbogen drückte sie die Klinke nieder, mit dem Fuß half sie nach, bis die Tür sich einen Spalt breit öffnete. Die meisten der im Rauchsalon anwesenden Herren kannte sie; auch Onkel Poldo war da. Gottlob saß er mit dem Rücken zu ihr. Aber Hektor war nicht zu sehen.
Helenes Hände zitterten vor Enttäuschung, als sie das Päckchen ,mit den Pralinen von Paula entgegennahm. Was war mit

Hektor geschehen? Vielleicht war er krank? Sicher, so mußte es sein, er war krank und hatte hohes Fieber. Im Aufruhr ihrer Gedanken und Ängste, gab sie Paula zuviel Trinkgeld und wandte sich eilig zum Gehen.
Da öffnete sich die Eingangstür und Hektor betrat schwungvoll das Lokal. Helene blieb wie erstarrt stehen. Auch Hektor, der sie erblickt hatte, erstarrte mitten in der Bewegung. Ihre Augen trafen sich. Seltsam, Hektor sah so betroffen aus, so unangenehm berührt. Er grüßte nicht, seine dunklen Augen gaben ihr nicht das kleinste Zeichen. Er blickte durch sie hindurch, als sei sie eine Fremde, drehte sich um und trat wieder auf die Straße hinaus.
Wie taktvoll er ist, dachte Helene. Er begrüßt mich nicht, um mich nicht zu kompromittieren. Er war so betreten, weil er sich im Datum vertan hat. Sicher wartete er draußen, um ihr alles zu erklären.
Aber draußen auf der Straße wartete niemand auf sie. Warum war Hektor fort? Was hatte das zu bedeuten? Alle unterdrückten Zweifel stiegen wieder in ihr auf. Einer plötzlichen Eingebung folgend, wandte sie sich nach links und hastete an schimmernden Schaufenstern vorbei, an Hunden und Laternenpfählen, an Passanten und Polizisten. Vorn an der Ecke Graben-Bognergasse sah sie einen hellen weichen Filzhut, wie ihn Hektor immer trug. Wenn er es war, wenn sie ihn erreichte, würde sich alles aufklären. Sie beeilte sich, so sehr sie konnte. Der enge Rock behinderte sie beim raschen Gehen.
Jetzt sah sie Hektor ganz deutlich. Es gab keinen Zweifel mehr, er stand an der Ecke und zündete sich eben eine Zigarette an. Die Gaslaternen flammten auf. Gut, dann würde auch er sie sehen können. Sie hob den Arm und winkte. Laut zu rufen, war undenkbar; schon daß sie winkte, war ein Fauxpas. Wieder schwenkte sie den Arm. Er drehte den Kopf. Jetzt hatte er sie gesehen. Doch sein Gesicht zeigte wieder den seltsam verlegenen Ausdruck, seine Augen blickten ausdruckslos und fremd. Mit einer raschen Bewegung wandte er sich ab und lief vor ihr davon in eine schmale Seitengasse.
Helene blieb stehen, als hätte alle Kraft sie verlassen. Die Ernüchterung würgte sie in der Kehle. Das war kein Mißver-

ständnis, das bedurfte keiner Erklärung. Hektor wollte sie nicht sehen, er zeigte es nur allzu deutlich. Er hatte sie versetzt, und sie rannte ihm nach. Wie beschämend das war, wie demütigend. Das Selbstmitleid trieb ihr die Tränen in die Augen. Er wollte sie los sein. Für ihn war sie nur eine unverbindliche Liebelei gewesen, ein Zeitvertreib. Jetzt, da sie mit einem anderen verlobt war, wollte er sich nicht die Finger verbrennen und ließ sie fallen. Warum hatte er in Ischl gesagt, daß er sie liebe, wenn er nun, ein paar Wochen später, vor ihr davonlief? Sie hatte mit ihm gehen wollen bis ans Ende der Welt. Ein nervöses Zittern überlief sie. Ihr war kalt, und sie war unglücklich. Alles war zu Ende, noch bevor es begonnen hatte. Sie fühlte sich zu elend, um den langen Weg zu Fuß nach Hause zu gehen, und hielt einen vorüberfahrenden leeren Fiaker an. Sie gab dem Kutscher Mathildes Adresse. Theresianumsgasse 8, und ließ sich in die Wagenpolster sinken. Wie gut es wäre, weinen zu können. Sie konnte es nicht. Das Seidenpapier, in dem die Bonbonschachtel eingepackt war, raschelte. Wenn Mathilde sie fragen sollte, wo sie gewesen war, konnte sie ihr die Süßigkeiten als Mitbringsel überreichen. Helene schluchzte auf. Nie wieder würde sie Nougat und Marzipan essen können, ohne an Hektor zu denken.

Am nächsten Morgen erschien ihr der ganze Vorfall nicht mehr so tragisch. Sie wurde den Gedanken nicht los, daß etwas geschehen sein mußte, das er ihr nicht sagen konnte oder wollte. Deshalb war er ihr ausgewichen. Mit seinen Gefühlen konnte das nichts zu tun haben. Und wenn er ihr geschrieben hatte? Sie war plötzlich ganz sicher, daß es so war, daß ein Brief für sie unter »Redoutensaal« bei der Post liegen würde.

Es dauerte zwei Tage, bis Helene Gelegenheit fand, allein zum Postamt zu gehen. Daß der Beamte ihr tatsächlich einen Brief überreichte, konnte nur die Bestätigung dafür sein, daß ihre Vermutung zutraf. Sie kam sich sehr erwachsen und beherrscht vor, als sie den Brief ungeöffnet in ihre Tasche steckte und erst in ihrem Zimmer las. Hektor schrieb nur wenige, eilige Zeilen. Wie gehetzt taumelten die Buchstaben dem Rand des Briefbogens zu: »Sie werden mein Verhalten nicht verstehen, aber ich darf hoffen, daß Sie mir verzeihen werden. Ich muß einen Sonderurlaub antreten und fahre für sechs Wochen nach Hause, nach Athen. Bewahren Sie mir in der Zwischenzeit eine freundliche Erinnerung. H.«

Helene wollte sich nicht eingestehen, daß sie enttäuscht war. Warum schrieb Hektor so geheimnisvoll? So undurchsichtig? Sie war so klug wie vorher. Aber sechs Wochen konnte man warten, wenn man dann ein Leben lang zusammenblieb. Sie kramte ihren Taschenkalender heraus und zählte sechs Wochen ab. Gegen Ende November war Hektor wieder zurück. Sie umrandete die Tage der letzten Novemberwoche auf dem Kalenderblatt mit einen Bleistift. Sechs Wochen lang Geduld, Beherrschung und Haltung. Sie hätte am liebsten den Kalender wütend zu Boden geworfen, mit den Füßen gestampft und geweint. Einen Augenblick sehnte sie sich danach, von Mathilde bemuttert zu werden, ja, sie sehnte sich nach Florians väterlicher Hilflosigkeit, mit der er jeden ihrer Ausbrüche durch ein Geschenk zu beschwichtigen versucht hatte. Es war schwerer, als sie gedacht hatte, die Eischale abzustreifen und erwachsen zu sein.

XXI.

Auch für Ferdinand hatte die Herbstsaison mit einer Enttäuschung begonnen. Vor der Abreise zur Jagd hatte sein Vater es strikt abgelehnt, seine Apanage zu erhöhen oder ihm Geld vorzustrecken. Die schroffe Absage hatte Ferdinand mundtot gemacht. Er hatte es nicht gewagt, einzugestehen, daß mehrere Wechsel fällig wurden. Die Dobranys waren in Prag. Er mußte sich eine Geldquelle erschließen, um die Zeitspanne zu überbrücken, bis die Geschwister zur Familie gehörten und das Geld nicht auf der Straße, sondern in den Betten lag. Er beriet sich mit Otti Gerig.

»Ich würd' dir gern aushelfen«, sagte Otti, »aber du weißt ja, bei mir ist immer schon am Ersten der Letzte. Ich hab' überhaupt kein Geld und kann auch im Moment keins auftreiben. Aber ich werd' den Wucherer Nagel mobilisieren. Da es sich

um größere Beträge handelt, ist er sicher an dem Geschäft interessiert. Mit Kleingeld gibt er sich nicht ab.«
Otti bestellte den Geldverleiher in das Absteigquartier, das er gemeinsam mit Ferdinand und zwei anderen Regimentskameraden bei der Hofratswitwe Neugebauer am Petersplatz gemietet hatte. Sie benützten die sturmfreie Bude, die aus zwei geräumigen, von der übrigen Wohnung separierten Zimmern bestand, turnusweise und zahlten eine beachtliche Miete dafür, daß Frau Neugebauer die Zimmer in Ordnung hielt und die Dragoner-Offiziere sie nie zu Gesicht bekamen.
Moritz Nagel suchte und fand seine Klientel nur in den besten Kreisen. Die jungen Lebemänner von Rang und Namen besaßen nur wenig Geldverstand. Ob zehn Prozent, ob zwanzig oder dreißig Prozent Zinsen, war ihnen gleich. Sie wollten die Moneten sofort. Der Gedanke an die Rückzahlung beschwerte sie nicht. Das Risiko für Nagel war gering, denn wenn die Schuldner nicht zahlten, zahlten letzten Endes die Familien, um einen Skandal zu vermeiden.
Zur festgesetzten Stunde erschien Herr Nagel in der Wohnung am Petersplatz. Ferdinand musterte den Wucherer. Man sah ihm seine Profession nicht an: er wirkte vertrauenerweckend. Der randlose Zwicker auf der Nase verlieh ihm das Aussehen eines biederen Archivars. Er war unauffällig, aber gediegen gekleidet, sein krauser Bart war adrett gestutzt.
»Sie sind mir von Herrn Leutnant Gerig empfohlen«, begann Ferdinand und bot ihm mit einer Handbewegung Platz an.
Moritz Nagel setzte sich, taxierte mit flinken Augen die Einrichtung des Zimmers, die Teppiche, Ferdinands modisch-eleganten Zivilanzug, den Wappenring am kleinen Finger, verschränkte wohlig die Hände im Schoß und kam gleich zur Sache: »Um welchen Betrag handelt es sich, Herr Baron?«
Ferdinand zählte auf: »Da sind einmal drei Wechsel über je tausend Kronen, fällig am Ersten. Weiter unbezahlte Rechnungen in der Höhe von ungefähr eintausendfünfhundert Kronen.«
Moritz Nagel zog ein schwarzes Notizbuch aus der Rocktasche und fragte, während er schrieb: »Das sind 4500 Kronen. Wer bürgt für den Betrag?«

»Mein Name«, erwiderte Ferdinand hochmütig.
»Wer kennt nicht die Familie von Pernwald«, sagte Nagel scheinheilig, »eine alte Familie, vornehm und gediegen. Aber ich benötige doch einen oder zwei Bürgen. Vielleicht der Herr Papa ...«
»Unmöglich«, unterbrach ihn Ferdinand schroff. »Ich möchte meinen Vater vor meiner Heirat nicht mit einer solchen Lappalie belästigen.«
Nagel schielte über seinen Zwicker zu Ferdinand hoch: »Darf ich mir erlauben, Herr Baron nach dem Namen der Dame zu fragen, die Herr Baron zu ehelichen gedenkt.«
»Fräulein von Dobrany«, erklärte Ferdinand kurz.
»Seife?«
»Jawohl, Seife«, bestätigte Ferdinand gereizt.
»Darf ich mir erlauben, zu der freudigen Verbindung zu gratulieren, Herr Baron! So eine Verlobung ist etwas Schönes. Der Name Dobrany hat einen goldenen Klang.« Nagel sagte aufgeräumt: »Verlassen der Herr Baron sich nur auf den braven Nagel. Ich übernehme die Wechsel, begleiche die Schulden und ...« – er leckte an der Bleistiftspitze – »... und vielleicht benötigen der Herr Baron außerdem noch Bares?«
Ferdinand wurde gut gelaunt: »Sie machen mir das Leben leicht.«
Nagel nickte: »Zufriedene Kunden sind treue Kunden. Herr Baron nennt nur die Summe, und der Nagel kommt gelaufen mit dem Geld.«
»Tausend Kronen«, sagte Ferdinand mutig.
Nagel malte sorgfältig die Nullen hinter die Zahl in seinem schwarzen Buch. »Morgen liegt das Geld auf dem Tisch«, verkündete er und fügte lauernd hinzu: »Der Prozentsatz ist wie üblich.«
Ferdinand fragte nicht nach der Höhe der Prozente. Moritz Nagel hatte es auch nicht erwartet. Er notierte: »dreißig Prozent« und steckte zufrieden sein Notizbuch ein.

Auch Ferdinand war zufrieden. Endlich einmal nicht mehr jede Krone umdrehen müssen. Keine Moralpredigten von Papa. Niemand, der seine Ausgaben kontrollierte und kritisierte.

Das verdankte er Sophie. Er dachte zynisch: wenn er sie nicht sehen mußte und Nutznießer ihres Namens sein konnte, war sie eine begehrenswerte Braut.

Das Geld lief Ferdinand wie Wasser durch die Finger. Es war eine Lust, so zu leben. Der Dienst war zwar langweilig, aber leicht. Der Rekrutendrill, das Exerzieren zu nachtschlafender Zeit, wenn die Morgenkühle die Finger klamm machte und der Atem der Pferde wie kleine Wolken um die Nüstern schwebte – das alles war ungeheuer lästig. Aber sein Vorgesetzter, Rittmeister Pongraz, war ihm, dem Neffen Poldo Pernwalds, wohlgesinnt und drückte abwechselnd ein Auge oder beide Augen zu. Die Kaserne war gottlob nicht weit von Wien entfernt. Mit guten Pferden konnte man die Fahrt in anderthalb Stunden schaffen, und Ferdinand zahlte dafür, daß er die besten Pferde hatte.

In Wien übernahm Otti Gerig, wie Ferdinand, Protektionskind des Rittmeisters, das Programm der Vergnügungen. Die rassigsten Weiber, der teuerste Champagner, Pferderennen in der Krieau, Pflanz und Tanz auf ganzer Linie. In kurzer Zeit waren die tausend Kronen verpulvert, doch der brave Nagel kam gelaufen und brachte Nachschub. Ferdinand unterschrieb die Schuldscheine, ohne nachzurechnen. Die Zeit drängte. Sophie bombardierte ihn von Prag aus mit verliebten Briefen. Sein Junggesellen-Dasein war begrenzt.

Das Leben war lebenswert für Ferdinand! Bis ihn eines Tages ein körperliches Unbehagen zwang, das lebenswerte Leben hintan zu stellen und im verschwiegenen Zivil einen bestens empfohlenen Arzt aufzusuchen.

Als Otto Gerig am Abend dieses Tages in dem gemeinsamen Absteigquartier erschien, um Ferdinand zu einer »tollen fête« zu animieren, fand er den Kameraden in Weltuntergangsstimmung vor.

»Was hast denn?« fragte Otti verwundert: »Ein Gesicht machst – wie das Elend persönlich.«

»Du kannst leicht witzig sein«, sagte Ferdinand aggressiv, »aber ich hab' die Bescherung. Angesteckt hab' ich mich.«

»Was? Einen Kavaliersschnupfen hast du?« Otti kicherte: »Einen Tripper? Von der feurigen Marika?«

Ferdinand reagierte unwirsch: »Von der oder von einer anderen ist wurscht – ich hab' ihn, und das ist kein Vergnügen.«
»Du willst bei allem ein Vergnügen haben«, frozzelte Otti, »auf jeden Fall ist das ein solides Hochzeitsgeschenk für die Sophie.«
Ferdinand winkte ab: »Bis zur Hochzeit bin ich längst ausgeheilt.«
»Das glaubst du nur«, grinste Otti. «Mir hat der berühmte Professor Finger gesagt: jeder Tripper heilt, nur der erste nicht.«

XXII.

Florian kam weder erholt noch entspannt von der Jagd zurück. Die Pirschgänge hatten ihn über Gebühr angestrengt. Atemnot hatte ihn schwindlig gemacht. Seine Füße waren geschwollen, die Schuhe wogen zentnerschwer. Natürlich hatte er getrunken, zuviel getrunken sogar, teils um das Vernichtungs- und Angstgefühl zu betäuben, teils um die dummen Witze und Anspielungen der Jagdkumpane über seine Abstinenz zu unterbinden. Selbst, daß er den kapitalen Sechzehnender geschossen hatte, gab ihm nur einen flüchtigen Triumph.
Die Nächte, die er in der Steiermark erlebt hatte, wünschte Florian seinem Todfeind nicht. Er hatte es nicht wahrhaben wollen, daß er schwerkrank war; er hatte Vogel-Strauß-Politik betrieben und sich selbst und seine Umgebung zu täuschen versucht. Und nun hatte sein Herz ihm den Selbstbetrug quittiert und ihn gezwungen, den Tatsachen ins Auge zu sehen. Wie lange es noch gehen mochte mit ihm, war abzusehen. Er wollte nicht als alter Tattergreis dahinvegetieren, mit feuchten Kompressen auf der Brust und Nytroglyzerin unter der Zunge. Er zog es vor, mit fliegenden Fahnen unterzugehen. Sein Entschluß stand fest. Helene und Ferdinand waren durch die Millionen der Dobranys abgesichert. Mathilde hatte seinen Leichtsinn geerbt, sie würde seine Handlungsweise am ehesten begreifen, und wenn sie nicht verstand – *tant pis.* Wenn er sich die Radieschen von unten betrachtete, störte ihn

schlechte Nachrede auch nicht mehr. Er würde die Wälder verkaufen, Mirza reinen Wein einschenken und das Geld mit ihr verjubeln. Es hatte für ihn keinen Sinn mehr, sich einen grauen, kalten Winter lang auf den Sommer zu freuen, den er möglicherweise nicht mehr erleben würde. In Nizza blühten schon im Februar die Bäume, man konnte im Freien sitzen und atmen, ohne Beklemmung atmen. Fangfrische Austern wurden in großen Körben am Strand verkauft, und ins Casino nach Monte Carlo war es ein Katzensprung. Er konnte nur gewinnen, selbst wenn er verlor.

Florian wurde in seinem Entschluß noch bestärkt, als er in Wien eintraf. Der Nebel hing wie eine Glocke über der Stadt, die Schornsteine der Häuser qualmten, feiner Nieselregen überzog die Straßen mit einem dünnen Schmutzfilm. Im Palais Pernwald war es kalt, der Hausbesorger hatte auch diesmal wieder zu spät begonnen, die Kachelöfen zu heizen. Florian wäre am liebsten gleich weitergefahren, nach Pernwald. Auf dem Land war es zu jeder Jahreszeit schön. Jetzt brannten die Kartoffelfeuer auf den abgeernteten Feldern, im Kamin in der Halle prasselten von morgens bis abends die Buchenscheite. Aber noch war er nicht frei, zu tun, was ihm beliebte, noch hatte er Vaterpflichten. Unangenehme Vaterpflichten, dachte er, als er Helene wiedersah. Sie war blaß und mager geworden, hatte Schatten um die Augen und war einsilbiger denn je.

Ihr Anblick belastete Florians Gewissen, er wich einem Gespräch mit ihr aus und beschloß, Mathilde auszuforschen.

Mathilde, die Helene mit einem erleichterten Aufatmen im Palais Pernwald abgeliefert hatte, erschrak beim Anblick des Vaters. Er sah müde aus, seine Lippen waren bläulich gefärbt, sein von Sonne und Wind getöntes Gesicht wirkte unter der Bräune fahl. Sie winkte daher auch energisch ab, als Florian versuchte, sie auszuhorchen.

»Es ist nichts geschehen«, sagte sie. »Kein Grund zur Besorgnis, Papa. Du kennst doch unsere kleine Helene. Sie macht wieder einmal sich und den anderen das Leben schwer. Zum Glück habe ich alle Dummheiten, die sie spinnt, vereiteln können. Nein, frag mich nicht weiter, Papa. Belaste dich nicht mit diesen dummen Hirngespinsten.« Sie überlegte kurz, ob

sie Onkel Poldo erwähnen sollte, und entschied dann, es zu lassen. »Glaub mir, Papa«, fuhr sie fort. »Es ist alles in bester Ordnung.« Sie schränkte ein: »Für den Moment. Ich bitte dich dringend, in unser aller Interesse, setze den Hochzeitstermin so früh als möglich an. Schreib dem Dobrany, er soll nach Wien kommen, so bald es geht. Wenn Helene seine Frau ist, sind wir die Verantwortung los. Dann soll er auf sie aufpassen.
An Florians Schläfen schwollen die Adern. »Ich wünsche zu wissen, was vorgefallen ist«, polterte er. »Du ergehst dich in Andeutungen, um mich zu beruhigen, und regst mich damit auf. Wenn du von Helene und möglichen Dummheiten sprichst, dann meinst du, daß sie eine Affäre hat oder haben wird. Wer ist der Mann? Was hat sie getan? Wenn sie sich etwas hat zu schulden kommen lassen, wenn sie es gewagt hat, unseren guten Namen und ihren Ruf aufs Spiel zu setzen, dann . . .« Kurzatmig geworden, brach er ab und rang nach Luft.
Mathilde versuchte, den Wutausbruch im Keim zu ersticken. »Sei doch nicht so dramatisch, Papa,« begütigte sie. »Zugegeben, die Helene hat eine Amour im Kopf. Aber nichts Ernstes. Das geht vorbei wie Windpocken, und es bleiben nicht einmal Narben zurück. Ich habe dafür gesorgt, daß der fragliche Mann zur Räson gebracht wurde. Der ist fürs erste von der Bildfläche verschwunden. Trotzdem wiederhole ich meine Bitte. Der Dobrany muß her, und geheiratet muß werden. Mit dem Ring am Finger sieht alles anders aus.«
Florian fuhr sich mit der Hand zwischen Hemdkragen und Hals und lockerte die Krawatte. Er atmete wieder leichter und lehnte sich im Sessel zurück. Er liebkoste Mathilde mit den Blicken. Sie war lange nicht so hübsch wie Helene, war nie so verwöhnt und verzärtelt worden – und gerade sie hatte nie Schwierigkeiten gemacht, war immer anpassungsfähig, gut gelaunt und vernünftig. Er zwinkerte ihr zu: »Ich danke dir, mein Kind,« sagte er warm. »Du hast sicher alles viel besser arrangiert, als ich es mit meinem . . .« – er lächelte – ». . . dramatischen Talent hätte tun können. Ich mache mir zuviel Sorgen. Gebe den Dingen zu viel Gewicht.« Er klopfte sich auf die Brust. »Ich hab ein gutes Herz, Mathilde, auch wenn es schlecht ist.«

XXIII.

Anton Dobrany erschien im Palais Pernwald mit drei Vogelkäfigen, berstend vor fröhlicher Energie. Daß Helene seine laute, freudige Begrüßung reserviert über sich ergehen ließ, fiel ihm nicht auf. »Schau, was ich dir mitgebracht hab'«, sagte er strahlend, nachdem er die Widerstrebende ausgiebig umarmt hatte. »Die schönsten Canaries der Monarchie.« Er stellte einen Käfig nach dem anderen vor Helene auf den Tisch: »Sie sind mein ganzer Stolz. Schau dir die feurigen Augen, den vollkommenen Körperbau und den dunklen Goldton des dichten Gefieders an. Sie haben auch Gold in der Kehle, wart nur, bis sie singen, so was Schönes hört man selten.« Helene betrachtete verständnislos die kleinen gelben Vögel, die verschüchtert in ihren Käfigen hockten.
»Ich darf sie nicht im Hotel lassen«, erklärte Anton. »Aber ich weiß sie bei dir, mein Liebling, gut aufgehoben.«
»Wie geht es Sophie?« fragte Helene.
»Sie läßt schön grüßen und kommt ein bissl später. Sie hat so viel Gepäck mit, daß sie und ihre Zofe noch immer beim Kofferzählen sind. Ich hab' im Hotel alles stehen und liegen lassen. Mich hat die Sehnsucht getrieben, ich mußt gleich zu dir. So lange hab' ich dich nicht gesehen.« Er machte Anstalten, sie wieder zu umarmen.
Helene ergriff die Tischglocke, klingelte und sagte dem eintretenden Diener Johann: »Benachrichtigen Sie bitte meinen Vater, daß Herr von Dobrany angekommen ist.«
»No? Was bist du so förmlich?« Anton lachte. »Herr von Dobrany? Dein Bräutigam bin ich. Der glückliche Anton.« Er ging mit ausgestreckten Armen dem eintretenden Florian entgegen.
»Schwiegerpapa! Wie ich mich freue, dich wiederzusehn.«
Florian lächelte schmerzlich und befreite seine Hand aus Antons zupackendem Griff. »Hast du eine gute Reise gehabt?« fragte er und massierte die gequetschten Finger. »Bist du zufrieden mit dem Hotel?«
Anton nickte nachdrücklich: »Das Sacher ist ein nobles, kultiviertes Hotel. Trotzdem zähle ich die Tage, bis ich mit He-

lene im eigenen Heim leben werde. Gleich morgen werd' ich einen Agenten beauftragen, ein Haus für uns zu suchen.«
»Setzen wir uns doch«, sagte Florian und wies auf die Fauteuils, die im Erker standen. »Ich habe euch einen Vorschlag zu machen.« Er beobachtete mißbilligend, daß Helene seine Ankündigung unbeachtet ließ. »Das obere Stockwerk und das Dachgeschoß sind unbewohnt. Es sind sechs Zimmer mit Nebenräumen, und unterm Dach sind noch drei Zimmer. Ihr könntet euch einrichten, wie es euch gefällt, völlig unabhängig von mir hier unten. Ich bin auch nicht mehr lange da ...« Er fing den plötzlich wachen, erschrockenen Blick Helenes auf und schwächte ab: »Ich meine, ich werde viel auf Reisen sein. Und auf dem Land in Pernwald. Ferdinand hat fürs erste nicht die Absicht, hier zu wohnen. Er übt die Pflicht der Zärtlichkeit, wie er Familienbeziehungen nennt, lieber aus der Entfernung aus. Es wäre schade, wenn das Haus leerstünde.«
»Was für eine großartige Idee, Papa«, fiel ihm Anton ins Wort. »Helene bleibt in ihrer vertrauten Umgebung, und mir gefällt es sowieso überall, wo sie ist. No, was sagst du dazu, Lenerl? Wie gut der Papa zu uns ist.«
Da Helene überzeugt war, daß sie Anton nicht heiraten werde, war ihr die theoretische Wahl der ehelichen Wohnung gleichgültig; aber Florians Bemerkung hatte sie aus ihrer Passivität gerüttelt. Wie egoistisch sie doch war! Sie dachte nur an sich und hatte gar nicht bemerkt, wie schlecht der Papa aussah. Jetzt, da das helle Licht des Nachmittags voll auf sein Gesicht fiel, sah sie die dunklen Ränder unter den Augen und die blutleeren Lippen. Und plötzlich bedrückte es sie, daß sie ihm Aufregungen, Sorgen und Enttäuschungen bereiten mußte. In ihrer Gefühlsaufwallung empfand sie auch plötzlich Mitleid für Anton. Warum konnte sie ihn nicht lieben? Er war so nett, so aufmerksam. Es war ihr schrecklich, daß sie auch ihn verletzen und kränken mußte. Sie sah ihn an – und dann sah sie wieder seine breiten, kurzfingrigen Hände, mit denen er aufgeregt gestikulierte, hörte seine tönende Stimme, und ihr Mitleid erkaltete jäh. Warum mußte er ausgerechnet sie heiraten wollen? Warum konnte er nicht nur ein guter Freund sein? Er komplizierte ihr Leben mit seiner unangebrachten Leidenschaft. Sie

schob alle unerfreulichen Zukunftsgedanken von sich fort. Es kam darauf an, daß sie die Nerven behielt, bis Hektor wieder zurück war. Ohne es selbst zu merken, hatte sie bestätigend mit dem Kopf genickt.

Anton, der sich begeistert die Einrichtung der zukünftigen Wohnung ausgemalt hatte, unterbrach seinen Redeschwall und fragte: »Du nickst? Es ist dir also recht?«

Helene, die keine Ahnung hatte, worüber gesprochen worden war, versuchte sich darüber hinwegzuschwindeln: »Ob es mir recht ist?«

»No ja.« Anton wiederholte gutmütig: »Ob es dir recht ist, daß ich meine Vögel in zwei Zimmer unters Dach tu! Ich nehm eh nur meine Lieblinge mit. Die anderen bleiben einstweilen in Prag. Aber meine Lieblinge sind immerhin dreißig an der Zahl.«

»Dreißig?« rief Helene aus und starrte Anton an.

»Dreißig«, bestätigte er stolz. »Die meisten sind Singvögel. Die schmettern um die Wette, daß einem die Ohren klingen. Dann hab' ich noch ein paar Exoten und Sittiche und eine zahme Eule. Ein liebes Tier – und so zutraulich.«

Florian versuchte, von den Vögeln abzulenken: »Ich freue mich, daß euch mein Vorschlag gefällt. Ihr könnt euch ganz nach Geschmack einrichten.« Er sprach Anton an: »Geh dann mit Helene hinauf und sieh dich um. Ich könnte mir vorstellen, daß ihr neue Tapeten wollt, helle Vorhänge, freundliche Farben. Eine Küche ist oben, die kann man ausbauen, aber ihr werdet sicher ein Badezimmer wollen. Das kommt jetzt sehr in Mode.«

»Gleich morgen bestell ich die Handwerker«, sagte Anton eifrig. »Ich möcht uns so rasch als möglich etablieren.«

Der alte Kaspar öffnete die Flügeltür. Hexe drängte sich an ihm vorbei, beschnüffelte Anton flüchtig, lief schwanzwedelnd auf Florian zu und legte sich mit einem glücklichen Seufzen zu seinen Füßen nieder.

Kaspar meldete: »Fräulein von Dobrany.«

»Ich lasse bitten«, sagte Florian. »Und Kaspar, schick den Johann zu meiner Tochter, Frau von Kroneck. Ich laß sagen, die Herrschaften Dobrany sind angekommen. Sie möcht' doch herüberkommen, wenn es ihr konveniert.«

Sophie trippelte in den Salon und sah sich kurz um. Was sie sah, gefiel ihr. Mit einem zufriedenen Lächeln begrüßte sie zuerst Helene: »Du siehst nicht gut aus. Hast du abgenommen?«
Sie wandte sich Florian zu. Unter seinem abschätzenden Blick verkrampfte sie sich und sagte schmeichelnd: »Nun ist die Familie endlich wieder beisammen, Papa.«
Florian war unempfindlich für ihren Versuch, gutes Wetter zu machen. Er betrachtet die zukünftige Mutter der zukünftigen Pernwalds kritisch. Trotz der eleganten cognacfarbenen Toilette, dem mit schmeichelnden Schleiern drapierten Hut und den hochhackigen Knöpfstiefeln wirkte Sophie wie eine als Dame verkleidete Halbwüchsige. Hoffentlich kann sie Kinder kriegen, überlegte er und vermied es, Sophie väterlich auf die Stirne zu küssen. Er tätschelte flüchtig ihren Arm und fragte mit unbeirrbarer Höflichkeit: »Hat dich die Reise ermüdet?«
»Ich bin wie gerädert«, erklärte Sophie hochtrabend, und da die Anteilnahme ausblieb, fragte sie: »Wann kommt Ferdinand?«
»Morgen.« Florian zuckte die Achsel. »Der Dienst, die Pflicht. Ferdinand ist kein Privatmann.«
»Sooo.« Sophie zog das O verdießlich in die Länge. »Er ist dienstlich abgehalten? Das ist natürlich sehr enttäuschend für mich. Ich hab' ihm doch extra telegraphiert.«
Anton versuchte zu begütigen: »Morgen ist doch auch noch ein Tag.«
»Wie gut, daß du mich aufklärst«, schnappte Sophie bissig. »Darauf wäre ich von selbst nie gekommen.«
Anton bekam einen roten Kopf. Er tat Helene wieder leid, und sie mischte sich ein. »Möchtet ihr nicht eine Erfrischung?« fragte sie und griff nach der Tischglocke.
»Gern«, sagte Anton dankbar. In seinem Blick lag soviel Liebe und Vertrauen, daß Helene ein Schuldgefühl empfand. Wenn Hektor nicht wäre, dachte sie – lieben könnt' ich Anton zwar nie, aber ich glaube, ich könnte mich an ihn gewöhnen.
Florian konnte sich einer gewissen Schadenfreude nicht erwehren. Ferdinand bekam also eine sekkante, nörgelnde Nervensäge zur Frau, die ihm den so bedenkenlos erstrebten Reichtum gewiß bei jeder Gelegenheit versauern würde.

Nach dem Tee erschien Mathilde. Nicht ihr Familiensinn hatte sie getrieben, die neuen Verwandten gleich zu begrüßen, sondern die Neugierde. Sie hatte Anton wohl schon in Gesellschaft getroffen und ihn als blonden, kräftigen Naturburschen in Erinnerung; aber nun wollte sie ihn als Schwager unter die Lupe nehmen. Sophie kannte sie nicht, sie hatte nur den Klatsch gehört, der über sie umlief, und war begierig, daß unansehnliche, magere Mädchen kennenzulernen, das den rücksichtslosen Ferdinand heiraten wollte.
So stolz Mathilde auch auf das Aussehen ihres Bruders war, war sie doch der Meinung, daß Ferdinand für jedes weibliche Wesen ein Unglück war, und daß jede Frau, die dieses schöne Ungeheuer auf zwei Beinen liebte, ehrliches Mitgefühl verdiente.
Mathilde trug ein neues Kleid, ein französisches Modell aus mattbraunem Velour mit gewagt tiefem Ausschnitt, und einen kleinen verrückten Hut, der ihr ausgezeichnet stand. Sie konnte mit der Wirkung ihres Auftritts zufrieden sein. Antons bewundernde Blicke streichelten sie geradezu, und auf Sophies Gesicht las sie jenen Neid, der für Frauen das schönste Kompliment ist. Ihr Triumph wurde kurzfristig durch ihren Mops gestört, der an der Leine zerrte und wütend zu Hexe hinüberbellte, die den Mops hoheitsvoll ignorierte. Sie wandte sich an Kaspar, der sie angemeldet hatte: »Bitte, bring Hexe hinaus. Raffael ist kurzatmig und sehr empfindlich. Wenn er sich so aufregen muß, bekommt er wieder Asthma.«
Dann ging sie auf Sophie zu, umarmte sie und hauchte zwei Küsse rechts und links an ihren Wangen vorbei. »Ich freue mich sehr, meine Liebe«, sagte sie freundlich und dachte: Leider ist es wahr, was über sie gesagt wird. Sie bemerkte den scharfen Zug um Sophies Mund, sah die flinken zynischen Augen, und ihr Mitgefühl verringerte sich. Die läßt sich nicht die Butter vom Brot nehmen, dachte sie, da hat Ferdinand eine ebenbürtige Gegnerin gefunden.
Für Anton nahm Mathilde sich mehr Zeit. Sie streckte ihm beide Hände entgegen: »Mein lieber Schwager! Wir sagen gleich ›du‹. Willkommen in unserer Familie!«
Anton ergriff ihre Hände, aber anstatt ihr die Hände zu küssen,

zog er Mathilde an sich und küßte sie herzhaft auf die Wange.
Mathilde gefiel sein fester, zupackender Griff, seine spontane Herzlichkeit, sein offenes Gesicht und seine fröhlichen Augen. Das war ein Mann nach ihrem Geschmack. Potent, jung und unkompliziert. Wenn er nicht der Bräutigam ihrer Schwester wäre, würde sie versuchen, ihn zu erobern. Aber Familienmitglieder waren tabu. Schade, dachte Mathilde sehr schade. Helene schätzt das sicher nicht, was sie an ihm bekommt. Die hängt bestimmt noch immer an dem verpatzten Apollo mit den Schmachtlocken, der mit ihr mehr über Liebe redete, als Liebe machte. Wirklich, sehr schade.
Anton war ehrlich begeistert von Mathilde. Eine prachtvolle Person. Temperamentvoll, natürlich, fesch. Einen Augenblick lang bedauerte er, daß Helene nicht wie Mathilde war. Doch dann, wie bei einem Unrecht ertappt, blickte er zu Helene hinüber. Sie saß neben ihrem Vater und zündete soeben die Kerzen auf dem Tisch an. Das gelbe Licht gab ihrer Haut einen Elfenbeinton, die dichten Wimpern lagen wie Fächer über den Wangen. Sie schien seinen Blick zu spüren und schaute auf. Die dunklen Augen, fast zu groß in dem zarten Gesicht, waren schwermütig und geheimnisvoll. Und wie immer erfüllte Anton jäh die kaum zu beherrschende Begierde, diesen zarten Körper in den Armen zu halten und zu besitzen. Er preßte die Knie zusammen und rutschte unruhig auf seinem Sitz. Nein, Frauen wie Mathilde waren ideale Partnerinnen für einen lustigen Nachmittag im Bett. Helene dagegen war etwas Besonderes. Sie war die große Leidenschaft. Die Liebe seines Lebens.

XXIV.

Als Ferdinand am nächsten Tag mit einem Blumenstrauß in der Hand das Hotel Sacher betrat, sah er sich jener Wirklichkeit gegenüber, die er in den vergangenen Wochen so erfolgreich verdrängt hatte. Er hatte die Verschwendung sorglos ge-

nossen, hatte jeder egoistischen Laune nachgegeben, sich jeden Wunsch erfüllt und an seine Braut, die Voraussetzung dieses Goldregens, nicht gedacht.
Sophie erwartete ihn im Foyer mit einem besitzergreifenden Blick. Ferdinand überfiel die jähe Erkenntnis, daß sie nun gekommen war, um ihre Rechte geltend zu machen. Er zwang sich zu einem charmanten Lächeln und überreichte ihr das Blumenbukett.
Sophie war hingerissen. Wie gut er aussah, und wie er sich über das Wiedersehen freute! »Ich habe immer an dich gedacht«, flüsterte sie. »Hast du mich auch vermißt?«
»Natürlich«, sagte Ferdinand.
»Jetzt trennen wir uns nicht mehr«, betonte Sophie und fragte: »Hast du dir Urlaub genommen?«
»Ich hab' mich für ein paar Tage freimachen können.«
»Nur für ein paar Tage«. Sophie verzog die Lippen. »Ich habe soviel vor. Du mußt mir Wien zeigen. Ich will in die Oper gehen und ins Burgtheater. Und ausgehn will ich, in Gesellschaft will ich gehen. Als deine Braut stehen mir alle Türen offen. Werden schon Bälle veranstaltet? Ich will auf einen Ball bei Hof gehen, in die Hofburg oder nach Schönbrunn.«
»Ich will – und ich will – und ich will . . .« rauschte es in Ferdinands Ohren. Das muß ich ihr gleich abgewöhnen, dachte er und sagte hart: »Du gehörst erst dazu, wenn du meine Frau bist. Als Baronin Pernwald wird dich die Wiener Gesellschaft akzeptieren.«
Sophie schoß das Blut in die Wangen.
Ferdinand lächelte: »Es tut mir leid, daß ich dir nicht alle Wünsche erfüllen kann. Das große Leben, wie du es nennst, hat strenge Spielregeln. Es ist besser, du lernst sie von mir als von den anderen. Die sind schadenfroh, während ich dir Enttäuschungen ersparen möchte. Du mußt dir bei deinen hochfliegenden Plänen darüber im klaren sein, daß Geld allein nicht gilt. Auf die Abstammung kommt es an. Auf den Namen. Du mußt dich gedulden, bis du den Namen Pernwald trägst.«

Was Anton tat, tat er gründlich. Er engagierte einen Innenarchitekten, ein Heer von Handwerkern trampelte durch das

Haus. Ständig waren irgendwo Fenster oder Türen offen, ständig zog es, von früh bis abends wurde gehämmert, gestemmt, gebohrt und gesägt. Geschäftsleute gaben sich die Türe in die Hand, sie legten Muster von Stoffen, Tapeten und Edelhölzern vor. Teppiche wurden zur Ansicht ausgebreitet, der penetrante Geruch von Leim und Farbe zog durch alle Räume. Da es sich um das Palais Pernwald handelte, zeigte Helene Interesse für den Umbau und die Ausstattung der oberen Etage. Aber als Anton ihr eifrig erklärte, daß er die Trennwand der beiden zum Garten hin liegenden Zimmer entfernen lassen wollte, um ein großes, luftiges Schlafzimmer zu haben, kam ihr ihre Situation schreckhaft zum Bewußtsein, und sie verkroch sich in sich selbst. Sie war feige und schwach. Bei dem Gedanken, Anton oder gar ihrem Vater die Wahrheit zu sagen, brach ihr der Angstschweiß aus. Sie schloß sich in ihrem Zimmer ein, versteckte das Gesicht in den Händen und redete sich gut zu. »Ich will jetzt nicht darüber nachdenken«, murmelte sie. »Ich kann nicht. Es wird eine Lösung gefunden werden. Ich muß warten, bis Hektor zurückkommt. Er wird wissen, was wir tun sollen.« Es war Helene bisher immer gelungen, ihre kleinen Probleme zu verdrängen, durch verstockte Passivität Entscheidungen zu ihren Gunsten zu ändern. Aber nun war es ein ernstes, ein erwachsenes Problem, und es dämmerte ihr, daß sie mit ihrem Kinderglauben an ein Wunder auf der Strecke bleiben würde. War Hektor energisch genug, um mit einem Streich den Gordischen Knoten zu durchschlagen? Was sie von ihm wußte, ließ eher auf das Gegenteil schließen. Helene erkannte klar, daß niemand ihr helfen konnte, wenn sie sich nicht selbst half. Nur wenn sie die Initiative ergriff, nur wenn sie ihren ganzen Willen einsetzte, hatte sie die Chance, das zu erreichen, was ihr als Lebensglück vorschwebte. Nur wenn sie unbeirrbar ihren Weg ging, würden alle anderen ihren Entschluß letzten Endes anerkennen müssen.

Seit ihrer Ankunft in Wien hielt Sophie sich auf Trab. Sie stopfte ihre Tage voll mit Einkäufen, mit Museumsbesuchen, mit Theater und Konzerten, nur um möglichst wenig Muße zu haben, in sich hineinzuhorchen. Sie wehrte sich mit allen

Kräften gegen die immer größer werdende Enttäuschung, doch ihr logisches Denken vernichtete jeden Ansatz zum Selbstbetrug. Woran lag es, daß niemand sie richtig mochte? Sie wollte lieben und geliebt werden: aber wenn sie Gefühle zeigte, wurden sie nicht gewertet, und wenn sie Gefühle forderte, wurde sie mit einem Minimum abgespeist. Sie war mit den besten Vorsätzen und ausgesuchten Geschenken aus Prag gekommen, um die Familie zu erobern – aber die Pernwalds verschanzten sich hinter einer Mauer wohlerzogener Konversation, hinter höflichem Interesse und wohltemperiertem Charme und ließen sie außerhalb der Mauer vergeblich nach Wertschätzung hungern. Was konnte sie dafür, daß sie so reizlos war! Sie versuchte die Natur zu korrigieren, so gut es ging. Sie ließ bei den besten Schneiderinnen arbeiten, um Fehlendes zu ersetzen, sie trug halsbrecherisch hohe Stöckel, um Zentimeter zu gewinnen, ja sie schminkte sich sogar heimlich, aber niemand schien einen günstigen Effekt zu bemerken. Mathilde mit ihrem Schick konnte tragen, was sie wollte, die »Ahs« und »Ohs« der Bewunderung nahmen kein Ende. Helene konnte einen ganzen Nachmittag lang den Mund nicht aufmachen, und doch war sie immer der Mittelpunkt. Nur wenn Sophie boshaft wurde und um sich biß, wurde man auf sie aufmerksam. Dann erntete sie Lacher, aber gewiß keine Sympathie. Ferdinand vermied es geschickt und ausdauernd, mit ihr allein zu sein. Es verbitterte sie, daß sie ihm nichts Stichhaltiges vorwerfen konnte. Wenn sie ihn sah, war er verbindlich und unpersönlich liebenswürdig, aber sie fühlte seine unterdrückte Unrast; er wollte fort, fort von ihr, fort von der Familie – nur, um in sein ureigenstes Privatleben zurückzukehren, von dem sie nichts wußte und an dem er ihr keinen Anteil zugestand. Die Eifersucht verbrannte sie beinahe. Wo war er, wenn er nicht bei ihr war? Wo verbrachte er seine Nächte? Welcher Frau gab er, wonach sie gierte? Sie hatte sich bewußt entschlossen, Ferdinand mit ihrem Geld zu ködern, aber sie hatte insgeheim gehofft, daß ihre sinnliche Verzückung ihn mitreißen, daß auch für ihn aus anfänglicher Liebelei mehr werden würde. Aber es wurde weniger. Wenn sie sich doch nur beraten könnte! Aber niemand schenkte ihr soviel Beachtung, daß sie

ihren gekränkten Stolz und ihre armselige Eitelkeit überwinden und um menschliche Hilfe bitten konnte. Mathilde behandelte sie mit routinierter Freundlichkeit und Helene war wie die Prinzessin im gläsernen Turm: man konnte sie sehen, mit ihr sprechen, erreichen konnte man sie nie. Wie gern hätte Sophie sich Florian anvertraut – aber der schüchterte sie am meisten ein. Er schien stets zu wissen, was sie dachte und fühlte, aber er ließ sie nie an sich heran. Vor seinem kühl abschätzenden Blick kam sie sich noch kleiner und häßlicher vor, als sie war. Und Ferdinand ließ sie beinahe schadenfroh im eigenen Saft schmoren. In den glücklichen Wochen des vergangenen Sommers war er animiert und lustig gewesen, galant und voll triebhafter Zärtlichkeit. Je länger sie in Wien waren, desto kühler wurde er. War er ihrer zu sicher? Bereute er sein Versprechen? Hatte er vielleicht vor, sie so weit zu bringen, daß sie von sich aus die Verlobung löste? Dieser Blamage würde sie sich nie aussetzen. Wie konnte sie weiterleben, wenn alle Leute hinter ihrem Rücken wisperten: »Mit all ihrem vielen Geld hat sie ihren Bräutigam nicht halten können – sitzen hat er sie lassen, obwohl sie so reich ist.«
Immer wenn Sophie an diesem Punkt ihrer selbstquälerischen Gedanken angelangt war, ballte sie die Fäuste. Sie mußte Ferdinand heiraten. Sie mußte, sie mußte! Sie wollte ihn als Mann und Ehemann: sie wollte Baronin Pernwald werden. Wenn sie erst verheiratet war, konnten ihr alle den Buckel hinunterrutschen. Sie würde die Mutter einer neuen Generation werden. Durch sie würde diese alte Familie fortbestehen. Mit ihrem Geld und durch ihre Kinder konnte sie die Pernwalds regieren.

Der sich selbst überlassene Anton verstand wieder einmal das Gehabe der Pernwalds nicht. Florian kümmerte sich nicht um die Umgestaltung des oberen Stockwerks, er floh vor dem Lärm und den unangenehmen Gerüchen und verbrachte den größten Teil seiner Zeit im Club oder im Caféhaus. Auch Helene ließ sich nicht blicken, sie lag mit einer fiebrigen Indisposition zu Bett. So hatte Anton niemand, mit dem er über seine Pläne sprechen konnte; auch Sophie hörte ihm nicht zu. Sie

rannte mit unermüdlicher Energie hinter Ferdinand her oder kaufte ebenso energisch die Modegeschäfte Wiens leer. Mathilde erbarmte sich Antons. Sie war die einzige in der Familie, die für Anton echte Sympathie empfand. Sie sah voraus, daß er in der Ehe den kürzeren ziehen würde, früher oder später. Mathilde mochte ihre kleine schöne Schwester, aber sie machte sich nichts vor: Helene war eine Mimose mit Nagelschuhen, und wo sie mit ihrem zarten, eigennützigen Fuß hintrat, wuchs lange Zeit kein Gras mehr.
So selbstlos, wie Mathilde vorgab, waren ihre Gespräche mit Anton nicht. Sie genoß seine Bewunderung, kokettierte ein bißchen mit ihm, und die leichten sinnlichen Schwingungen zwischen ihnen bereiteten ihr ein bedauerndes Vergnügen, das ihre Phantasie anregte.
Mathilde kümmerte sich zunächst mehr um Anton als um die Ausstattung der Räume, doch als sie sah, daß er einen katastrophal neureichen Geschmack hatte, nahm sie ihm vorsichtig, ohne daß er es recht bemerkte, die Entscheidungen aus den Händen. Sie bestimmte die Farbe der Tapeten und Vorhänge, sie entschied über die Einrichtung der Zimmer und erreichte, daß Anton schließlich entzückt ausrief:
»Das wird eine Traumwohnung. In der werd' ich mich immer wohl fühlen.«

XXV.

Ferdinand war durch Sophies Bedürfnis, sich an ihn und an die Familie anzuschließen, durch ihre stolz zur Schau gestellte Dazugehörigkeit gelangweilt bis in die Knochen. Hätte ihn nicht die strikte und schmerzhafte Behandlung seines Kavaliersschnupfens daran gehindert, so wäre er ausgebrochen, um sich in den Armen und zwischen den Schenkeln animierender Mädchen von der gepflegten Langeweile zu erholen. Er klagte Otti Gerig sein Leid. Otti, der Ferdinands schlechte Laune respektierte, verkniff sich eine boshafte Bemerkung und zeigte sich als verständnisvoller Freund: »Gewöhn' Sophie möglichst

bald daran, daß du wenig Zeit hast und sie die Abende ohne dich verbringen muß«, riet er. »Wie man es haben will, so muß man es sich von Anfang an einrichten. Bis ihr verheiratet sein werdet, hat Sophie dann schon begriffen, daß eine Frau ins Haus gehört und ein Mann unter die Leut'.«
Ferdinand beherzigte Ottis Rat und erfand Ausrede um Ausrede. Zu lügen hatte ihm noch nie Schwierigkeiten bereitet. Leichtzüngig und geistesgegenwärtig improvisierte er Erklärungen: der Dienst, die Vorgesetzten, die Kameraden. Er log aalglatt mit treuherzigem Gesicht; Sophies erfolgloses Aufbegehren und ihre Enttäuschung gewährten ihm zusätzlich Schadenfreude. Er bedauerte nur, daß er »Wein und Weib« entsagen mußte. Welches Vergnügen konnte ihm als Ersatz dafür die prickelnde Lust verschaffen, den allesvergessenden Rausch? Wieder half Otti. »Versuch einmal dein Glück im Spiel«, schlug Otti vor. »Weißt du, was das für ein Gefühl ist? Die glatten, launischen Karten zwischen den Fingern zu spüren, mit ihnen zu bluffen oder zu triumphieren? Das treibt dir das Blut schneller durch die Adern. Das fordert Nerven und Mut, Kraft und Beherrschung. Das Glück zu manipulieren, es zu zwingen, das ist eine Leidenschaft, da können die Weiber gar nicht konkurrieren.«

Der Jockey-Club war der exklusivste Club der kaiserlich-königlichen Monarchie. Nur Auserwählte konnten Aufnahme finden. Name und Stellung allein genügten nicht. Es bedurfte zweier auserlesener Bürgen, um in diesen heiligen Hallen des allerhöchsten Snobismus akzeptiert zu werden. Der Club war ursprünglich als Vereinigung adliger Rennstallbesitzer gegründet worden, und als mit dem wachsenden Wohlstand der Gründerjahre sich immer mehr Bürgerliche den feudalen Luxus eigener Rennställe leisteten, sorgte der Clubvorstand durch strenge Statuten dafür, daß man unter sich blieb.
Florian von Pernwald war Mitglied des Jockey-Clubs; auch Ferdinand hatte nach seiner Großjährigkeit die strenge Siebung bestanden. Auch Otti war aufgenommen worden – dafür hatte Fürst Kalinsky gesorgt. Obwohl Otti sich überhaupt nicht für den Rennsport interessierte, war er ein eifriger Besu-

cher des elegantesten Treffpunkts der männlichen Welt. Während man in den Empfangsräumen Billard und Schach spielte, Zeitungen las, über Rennquoten, Blutauffrischung und Zuchtergebnisse diskutierte, wurde in eigens dafür eingerichteten Spielsalons gejeut: Préference, Bakkarat und das neuerdings aus Amerika importierte Poker.

Poker war ein Spiel, das den natürlichen Anlagen Ferdinands entsprach. Er konnte heucheln und täuschen, und seine Verstellungskunst brachte ihm statt Tadel Anerkennung und Gewinn. Das sprichwörtliche Glück der Anfänger war auch ihm hold, er wagte hohe Einsätze, und hohe Gewinne bestätigten seinen Wagemut. Wozu brauchte er Moritz Nagel, der Zinsen berechnete und Schuldscheine ausschrieb, wenn er die besseren Karten hatte oder wenn er geschickter bluffte? Einhundert Kronen, zweihundert, dreihundert Kronen, welche Bedeutung hatte Geld, solange die gehorsamen Karten dem Befehl seiner mischenden Finger folgten?

Wann immer er in den Club kam, gewann Ferdinand. Seine Erfolgssträhne vergrämte die Mitspieler. Er wartete bald vergeblich auf ein »Spielchen« – bis eines Abends Graf Nicky Seleky im Jockey-Club auftauchte.

Seleky war schon in der Kadettenschule mit Ferdinand verfeindet gewesen. Ferdinand hatte ihn stets wegen seines schmächtigen Körperbaus und seiner schwächlichen, leicht gebogenen Beine gehänselt. Seleky hatte seinen pubertären Haß auch als Erwachsener nicht vergessen. Jahrelang hatte er Ferdinand aus den Augen verloren; doch als er von seinem sagenhaften Kartenglück hörte, beschloß er spontan, ihm die erlittene Niedertracht heimzuzahlen. Er setzte sich am Spieltisch Ferdinand gegenüber.

»Wie wär's mit einem Spiel zu zweit?« fragte er.

»Der kleine Nicky! Servus«, Ferdinand grinste, »du hast dich gar nicht verändert.« Er mischte und teilte Seleky die Karten zu. Ferdinand gewann und verlor. Seleky gewann und verlor. Es war eine gemäßigte Partie, die Gegner tasteten einander ab. Doch dann zog das Spiel an, die Einsätze wurden höher und Ferdinand fühlte die erregende Anspannung seiner Nerven im ganzen Körper.

Seleky schob ein Häufchen Spielmarken in die Mitte des Tisches. »Zweihundert Kronen«, sagte er.
Ferdinand taxierte sein Blatt. »Die zweihundert Kronen und noch zweihundert«, erwiderte er.
Seleky sah seine Karten kaum an: »Ich verdopple.«
Ferdinand steigerte weiter: »Die achthundert und noch achthundert.«
Seleky legt die Karten verdeckt vor sich auf das grüne Tuch des Tisches. »Die sechzehnhundert und noch tausend«, sagte er.
Ferdinand überlegte kurz. Die krummbeinige Mißgeburt bluffte. Er lächelte: »Gut. Zweitausendsechshundert und tausend.«
Seleky streichelte mit seinen blassen Fingern die Rückseite der Karten. »Ich verdopple«, näselte er.
Ferdinand biß die Zähne zusammen. Siebentausendzweihundert Kronen. Verflucht. Aber dieses Schwein sollte nicht triumphieren. »Siebentausendzweihundert und tausend«, steigerte er.
Seleky verzog kaum den Mund. »Verdopple.«
Vierzehntausendvierhundert Kronen! Auf Ferdinands Stirn perlten Schweißtropfen. Soviel konnte er von Nagel nicht bekommen, dazu stand er bei dem Wucherer schon zu hoch in der Kreide. Aber wer sagte, daß er verlor? Poker war das Spiel der besseren Nerven. Er hatte die besseren. Er räusperte sich: Vierzehntausendvierhundert und noch tausend.«
Seleky nickte zufrieden: »Ich verdopple.«
Ferdinand legte die Karten nieder und beherrschte nur mühsam das Zittern, das in seinem Innern aufstieg. Er sah sich hilfesuchend um und begegnete dem entsetzten Blick Ottis. »Pardon«, sagte er mühsam. »Ich möchte das Spiel kurz unterbrechen. Ich muß mich vergewissern, daß ich über diese Summe verfügen kann. Diese Pause gestehst du mir doch zu, Nicky? Unter Kameraden?«
Seleky genoß die Situation. Er lächelte dünnlippig: »Ich gestehe dir gerne eine Pause zu. Das gibt mir die Gelegenheit, etwas zu trinken.« Er winkte einem Lakaien: »Champagner. Trinkst du ein Glas mit, Ferry? Du siehst so echauffiert aus.«
»Danke. Entschuldige mich einen Augenblick.« Ferdinand stand auf und nahm Otti beiseite.

Otti kam ihm zuvor. »Ich kann dir nicht helfen, so gern ich möcht'. Du bist ja verrückt, um ein solches Vermögen zu spielen. Dich kann nur einer retten, dein Vater. Ich hol' ihn. Ich erzähl' ihm alles und bring' ihn her. Wenn ich ihn antreffe.«
Wenn er ihn antraf – wenn Otti den Vater zu Hause antraf ... Und wenn er ihn nicht fand? Was dann? Blamiert. Ruiniert. Entehrt. Spielschulden waren Ehrenschulden. Ferdinand rauchte hastig eine Zigarette nach der anderen. Er wartete schon eine Ewigkeit. Er sah auf die Uhr. Waren erst fünfzehn Minuten seit Ottis Aufbruch vergangen?
Seleky saß entspannt zurückgelehnt in seinem Sessel und hielt Ferdinand ein Glas entgegen. »Das wird dich abkühlen«, sagte er. »Trink, und sei nicht so nervös. Wir haben ja Zeit.«
Ferdinand hätte in das spöttische Gesicht schlagen mögen, aber er griff nach dem Glas und trank den Champagner auf einen Zug.
Die Affäre hatte wie ein Lauffeuer im Club die Runde gemacht. Immer mehr neugierige Gesichter erschienen in der offenen Tür des Spielsalons, es wurde geflüstert und gewispert, sensationslüsterne, hämische Blicke wurde getauscht, es gab Kopfschütteln und andere Zeichen der Erregung.
Seleky betrachtete interessiert seine polierten Fingernägel, als ginge ihn das Ganze nichts an. Die verhängnisvollen Karten lagen verdeckt auf dem Tisch, und in ihrer glänzenden roten Rückseite spiegelten sich die Lichter der Deckenbeleuchtung.
Nicht einmal Sophie würde ihn haben wollen, wenn der Skandal nicht vermieden wurde, überlegte Ferdinand. Nicht einmal diese kleine Neureiche. Wenn nicht ein Wunder, in Gestalt seines Vaters eintrat, war er verloren.
Florian betrat den Jockey-Club mit betonter Gelassenheit. Er ließ sich weder die Empörung, die seit Ottis hastigem Bericht in ihm kochte, anmerken, noch die nervöse Eile, die ihn angetrieben hatte. Nachdem ein Diener ihm Überzieher, Zylinder und Handschuhe abgenommen hatte, blieb er vor einem Spiegel stehen, um die Perlenkrawattennadel gerade zu stecken. Dann ging er gemächlich durch die Empfangsräume, nach allen Seiten freundlich grüßend, direkt in das Spielzimmer.

Seleky sprang bei seinem Eintritt auf und verbeugte sich steif.
»Grüß dich, mein Lieber.« Florian winkte ihm leutselig zu. »Behalt doch Platz.« Er wandte sich an seinen Sohn. »Brauchst mir nichts zu erzählen, Ferry. Ich bin informiert.« Er trat an den Tisch, deutete auf die Karten und fragte Seleky: »Du gestattest?«
Wieder verbeugte sich Seleky und schnarrte: »Selbstverständlich.«
Florian nahm die Karten auf, fächerte sie und betrachtete sie eingehend. Er schmunzelte, warf Ferdinand einen anerkennenden Blick zu und nickte. »Du hast doch nichts dagegen, Nicky, daß ich die Partie für meinen Sohn übernehme?« fragte er.
»Aber ...« In die Enge getrieben, stotterte Seleky: »Selbstverständlich nicht.«
»Wie hoch war der letzte Einsatz?« erkundigte sich Florian beiläufig.
»Dreißigtausendachthundert Kronen.« Ferdinands Stimme klang heiser.
»Dreißigtausendachthundert! Soso ...« Florian überlegte.
Rings um ihn war es still geworden. Nur vereinzelt war ein tiefer Atemzug zu hören.
»Also die Dreißigtausendachthundert«, sagte Florian bedächtig, »und noch einmal dreißigtausendachthundert.«
Seleky starrte Florian an, griff nach seinen Karten, sichtete sie und starrte wieder Florian an. Sein Gesicht schien zu schrumpfen, die Nase wurde blaß und spitz. »Noch einmal dreißigtausendachthundert?« Die Stimme versagte ihm. Er warf die Karten mit einer unbeherrschten Bewegung auf den Tisch und sagte mühsam: »Ich passe.«
»Oh, das tut mir leid.« Florians Faust umklammerte die Karten seines Sohnes so fest, daß die Fingerknöchel weiß hervortraten. »Mach dir nichts draus, Nicky. Auf Revanche.«
Stimmengewirr erhob sich, Otti drängte sich durch die Umstehenden, sein Gesicht war rot und er gluckste, wie ein Kind, das Schluckauf hat.
Florian stand auf und schlug dem wie betäubt neben ihm ste-

henden Ferdinand auf die Schulter. »Begleite mich«, sagte er. »Otti wird so nett sein, das Geld für dich von Nicky zu übernehmen.«
Im Nebenzimmer preßte Florian die Hand auf die linke Brustseite. »Mach die Tür zu«, befahl er. Ferdinand gehorchte und ging auf Florian zu. »Ich weiß nicht, wie ich dir danken soll, Papa. Du hast mich gerettet. Statt Kopf und Kragen zu verlieren, hab' ich ein kleines Vermögen gewonnen. Über dreißigtausend Kronen. Das werd' ich dir nie vergessen.«
»Komm mir nicht mit diesen verlogenen Floskeln«, brauste Florian auf. »Ich lehne es ab, mir über diesen indiskutablen Vorfall auch nur ein Wort anzuhören.« Er hielt die Karten dicht vor Ferdinands Gesicht. »Ich will dir nur eines sagen: wenn du noch einmal mit einem solchen Saublatt weiterspielst, hau ich dir, so alt du bist, rechts und links ein paar hinter die Ohren.«
Die Tür öffnete sich und Otti kam, noch immer aufgeregt, ins Zimmer. »Verzeiht die Störung, aber ich bring' die Bankanweisung von Nicky. Der arme Teufel sah aus wie ein lebender Leichnam, als er die Bankanweisung ausschrieb. Dem einen sein Leid ist halt dem anderen seine Freud.« Er wollte Ferdinand das Papier überreichen, doch Florian nahm es ihm aus der Hand, faltete es sorgsam und steckte es in die Brusttasche. »Mit dem Geld werde ich die übrigen Schulden meines Sohnes bezahlen«, sagte er »und mit dem Rest werd' ich mir eine Freude machen.« Er sah den fassungslosen Gesichtsausdruck Ferdinands und lächelte bös: »So ist das, mein Lieber. Wer nicht spielen kann, kann auch nicht gewinnen.«

XXVI.

Mit zunehmenden Jahren hatte Florian immer mehr das Vergnügen an großen Gesellschaften verloren. Diese »Almauftriebe« mit ihrem geistlosen Gewäsch waren langweilig und anstrengend. Man mußte mit allen reden und konnte es im Grunde nicht mit einem, man sah vor lauter Leuten keinen Menschen. So hatte er sich lange Zeit hinter seiner Witwerschaft verschanzt und, statt selbst einzuladen, sich einladen lassen. Doch nun hatte er gute Gründe, eine Ausnahme seiner Regel zu machen. Die Doppelverlobung seiner Kinder und Helenes baldige Hochzeit waren der offizielle Anlaß. Aber es gab noch zwei private Ereignisse, die ihm wert schienen, begossen zu werden. Einmal hatte er für seine Wälder, deren Verkauf er Max Fiedler übergeben hatte, einen besseren Preis bekommen, als selbst Fiedler erwartet hatte; daß die Wälder in den Besitz der kaiserlichen Familie übergingen und somit bestens gehegt und gepflegt werden würden, war ihm ein angenehmer Trost. Und zum andern hatte Mirza, der er seine Krankheit gestanden und seine Sehnsüchte geschrieben hatte, in einem liebevollen Brief seine Wünsche erfüllt. Wie sie ihre Angelegenheit mit dem Fürsten Kalinsky regelte, stand nicht einmal zwischen den Zeilen, aber das war Florian auch herzlich egal. Hauptsache war, daß sie ihn im März in Monte Carlo treffen und dann mit ihm reisen wollte, wohin es ihm beliebte.

Zuguterletzt erlaubte ihm der Rest des Spielgewinns, mit leichter Hand großzügig zu sein und, ohne nachträglich die Ausgaben bedauern zu müssen, der *Hautevolée* zu beweisen, daß die Pernwalds noch immer verstanden, Feste zu feiern. Dreißig Einladungen wurden ausgeschickt und angenommen. Die Köchin Rosine und vier Diener wurden aus Pernwald nach Wien beordert; Wirtschafterin Frau Berta drillte die Aushilfsküchenmädchen. Die großen Gesellschaftsräume des Palais wurden auf Hochglanz gebracht und zur Dekoration Wagenladungen mit Blumen angefahren. Es wurde ein großer Abend, und Florian war in großer Form. Er war lebhaft, unterhaltend, witzig; sein Charme wirkte sogar auf Sophie, der zum erstenmal dämmerte, daß Ferdinand seine Anziehungskraft von seinem Vater geerbt hatte. Auch Poldo Pernwald hatte die Einladung angenommen. Seine Neugier war stärker gewesen als sein Snobismus. Wenn auch die Verbindung mit diesen Seifenmillionären eine Mesalliance war, wollte er sich die Dobranys doch einmal anschauen. Er begutachtete zuerst Anton und fand ihn zu kräftig, zu strotzend. Der Mann hatte keine Klasse, keine Rasse. Hoffentlich konnte Helene da ausgleichend wirken. Aber Sophie gefiel ihm. Poldo hatte eine Schwäche für

unhübsche Frauen. In ihrer Gegenwart kam er sich schlanker und größer vor, gutaussehend und bedeutend.
Sophie hatte Mathildes Rat beherzigt und trug ein blaues Abendkleid von Paquin, das ihren hellen Augen etwas von seiner Farbe abgab. Sie hatte heimlich Puder und Rouge aufgelegt. Es war zwar ungehörig, sich wie eine Halbweltdame zu schminken, aber der Zweck heiligte die Mittel. Für sie war Poldo weniger der Onkel des Bräutigams als der Adjutant des Erzherzogs, und deshalb schenkte sie ihm die anerkennende Aufmerksamkeit, nach der er gierte.
Helene sah hinreißend aus in ihrem perlgrauen Kleid mit dem feinen Schleier, der Dekolleté und Arme verhüllte. Der einzige Farbfleck war der große Rubinring; er wirkte fast zu schwer für ihre Hand.
Mathilde war mit ihrem Mann gekommen. Ihm zuliebe hatte sie das bernsteinfarbene Kleid mit der Goldspitze angezogen, in dem sie sich hatte porträtieren lassen. Sie fühlte die knisternde Seide gern auf ihrer Haut, sie vermittelte ihr wohltuende Erinnerungen.
Das Diner war ein voller Erfolg. Die Köchin Rosine hatte sich selber übertroffen. Das Lachsmousse zerging auf der Zunge, die mit Maronen und Äpfeln gefüllten Kapaune waren erinnerungswürdig, die flaumigen Salzburger Nockerln mit einem Überguß von mit Himbeermark geschlagener Sahne streichelten die übersättigten Mägen. Von Weinen hatten die Pernwalds schon immer was verstanden. Sowohl der Chablis als auch der rote Saint Laurent waren exquisit. Und als zum Abschluß Champagner eingeschenkt wurde, klopfte Florian an sein Glas und erhob sich.
»Ihr braucht nicht zu erschrecken«, sagte er heiter. »Ich selbst bin kein Freund von Tischreden, daher will ich mich in eurem und auch in meinem Interesse kurz fassen. Wie ihr wißt, hat meine Tochter Helene Anton von Dobrany ihr Jawort gegeben. Aber auch mein Sohn Ferdinand hat die Frau fürs Leben gefunden – Sophie von Dobrany. Ich finde den ungewöhnlichen Fall, daß sich Geschwister übers Kreuz verloben, einer besonderen Feier wert. Diese Tatsache bedeutet nicht nur eine Verbrüderung im wahrsten Sinn des Wortes, sie garantiert auch einen

starken Zusammenhalt der Familie. Ich bitte euch, mit mir die Gläser zu erheben und anzustoßen auf ein glückliches Schicksal dieser vier verliebten, verschwägerten, verbrüderten jungen Menschen.«
Florian wartete den Applaus ab, dann fuhr er fort: »Ich darf euch noch ein freudiges Ereignis ankündigen. Es ist im allgemeinen Sitte, daß Verlobten ein Jahr Zeit gegeben wird, sich selbst und den Partner zu prüfen, ehe sie sich für immer aneinander binden. Doch ein Jahr ist lang und Ungeduld ist ein Vorrecht der Jugend. Wer im Herzen jung geblieben ist, wird Verständnis dafür haben, daß auf die Erfüllung eines heiß ersehnten Wunsches warten zu müssen, Tantalusqualen gleichkommt. Ich selbst bin ein ungeduldiger Mensch, und warten zu können gehört nicht zu meinen Tugenden. Deshalb verstehe ich die Sehnsucht meiner Kinder, die Wartezeit auf ein erträgliches Maß abzukürzen. Damen haben immer den Vortritt. Daher darf ich euch zuerst das Datum der Hochzeit von Helene und Anton ankündigen. Sie wird am 12. März stattfinden. Trinkt mit mir auf das Glück des jungen Paares.«
Inmitten des freudigen Stimmengewirrs, das sich erhob, den singenden Tönen der Gläser, die aneinander klangen, und den Glück- und Segenswünschen, die ihr von allen Richtungen her über den Tisch zugerufen wurden, saß Helene wie erstarrt. Sie hatte die Lösung ihres Problems vor sich hergeschoben, im guten Glauben, noch viel Zeit zu haben, und in der Hoffnung, daß die vergehende Zeit das ihre zu einer Lösung beitragen würde. Nun war sie wie durch einen Schnitt dieser Hoffnung beraubt. Sie sah Antons frohes Gesicht ihr zugewendet, sie sah Mathildes besserwissendes Lächeln, Ferdinands mokantes Grinsen, und ihr wurde heiß vor Empörung und Wut. Alle hatten es gewußt, nur sie nicht. Man verfügte über sie wie über ein lebloses Ding. Wie eine Spielzeugpuppe wurde sie weggegeben. Antons Lippen auf ihren Wangen waren der Auftakt zu einer allgemeinen Küsserei. Sie hielt sich still und ließ sich küssen, rechte Wange, linke Wange, linke Wange, rechte Wange, die dazugehörigen Sprüche von »alles Gute, alles Schöne« von »gratuliere« und »jung gefreit, hat nie gereut« rauschten an ihren Ohren vorbei, während ihr die Rage das Blut in die Wangen trieb.

Poldo, der sie gerade mit gespitztem Mund küßte, mißdeutete ihr glühendes Gesicht. Wie sie sich freut, dachte er verwundert. Sie scheint diesen Seifenprotz zu lieben.
Florian beobachtete Helene von weitem. Ihr Gesichtsausdruck verhieß nichts Gutes. Er kannte diese starre Ruhe vor dem Sturm und gab Mathilde einen Wink. »Unser Mimoserl wird bald explodieren«, flüsterte er, hob die Stimme und rief: »Gehen wir hinüber in den Salon!«
Die Diener öffneten die Flügeltüren, und ein kleines Orchester, das in einer Ecke unter Palmen postiert war, intonierte einen Walzer.
Die Musik weckte Helene aus ihrer Erstarrung. Sie wandte sich ab und ging steif aus dem Speisesaal. Auf dem Gang begann sie zu laufen. Sie hetzte die wenigen Stufen, die in den Zwischenstock führten, hinauf und schmetterte die Tür ihres Zimmers hinter sich ins Schloß. Ihr Körper wurde wie von einem Krampf geschüttelt, ihre Lippen zitterten. Sie sah sich in dem großen Spiegel, der über ihrem Toilettentisch hing und erkannte ihr Kleid, aber kaum ihr Gesicht. Es war verzerrt, die Lippen zu einem bösen Strich zusammengekniffen, die Augen hart vor Zorn. Sie sah entsetztlich aus und sie fühlte sich auch entsetzlich. Mit einem Ruck riß sie sich den Rubinring vom Finger und warf ihn ins Zimmer. Eine Zerstörungswut überfiel sie. Mit beiden Händen ergriff sie die Blumenvase mit Antons obligaten Teerosen und schleuderte sie zu Boden.
»Bravo«, sagte Mathilde, die ihr gefolgt war, und drückte die Türe hinter sich ins Schloß. »Bravo. Die Vase war scheußlich.« Sie wies auf die Tischplatte und lachte: »Um diese kitschige Porzellankatze wäre es auch nicht schade.«
»Lach nur! Ihr alle lacht nur über mich!« Helenes Stimme wurde hoch und spitz, sie schrie beinahe. »Aber euch wird das Lachen vergehen. Ich gehe wieder hinunter und mache einen Skandal. Vor allen Gästen, vor allen werde ich verkünden, daß ich ihn nicht heirate. Ich heirate Anton nicht.« Sie stampfte mit dem Fuß auf. »Ich lasse mich nicht zwingen. Ich ...«
Unsicher geworden brach sie ab. Ihr Geschrei zeigte keine Wirkung auf Mathilde. Im Gegenteil. Mathilde trat beiseite und gab die Tür frei.

»Ich lasse mich nicht zwingen«, wiederholte Helene, doch ihre Stimme schwankte schon unter dem Druck der aufsteigenden Tränen. Sie wandte sich ab und schluchzte.
»Eh du gehst, höre mir gut zu«, sagte Mathilde ungerührt. »Ich bin schon seit langem dagegen, daß du wie die Prinzessin auf der Erbse lebst, daß du gegen alle Sorgen und Probleme, gegen jedwede Belastung abgeschirmt wirst. Aber Papa sagt immer: sie ist ja noch ein Kind. Jawohl, du bist ein Kind, ein dummes, wehleidiges, eigensinniges Kind, das glaubt, der Nabel der Welt zu sein. Wenn es nur dein Leben wäre, das du dir verdirbst, würde ich mich nicht einmischen. Aber ich sehe nicht schweigend zu, wenn du Papas Leben in Gefahr bringst, wenn du Pernwald ruinierst und wenn du den Glanz und das Ansehen unseres Namens zugrunderichtest.«
Helene hatte aufgehört zu weinen. Mathildes Worte trafen sie wie Schläge.
»Papa ist krank, viel kränker, als du ahnst«, fuhr Mathilde fort. »Jedes Jahr, das er noch bei uns ist, ist ein Geschenk. Dazu kommt, daß er drückende Geldsorgen hat, falls dir das Wort ›Geld‹ ein Begriff ist. Im vergangenen Frühjahr war Papa am Ende. Er wußte, daß er Pernwald nicht würde halten können, daß er und wir den Besitz, unsere Heimat verlieren würden. Da kam Anton, um ihn um deine Hand zu bitten. Papa handelte nach besten Wissen und Gewissen. Du bist versorgt und gesichert, Pernwald bleibt der Familie erhalten. Er nahm Antons Anerbieten zu helfen an, denn alles bleibt ja in der Familie. Wenn du damals gleich deinen Standpunkt klargemacht und dezidiert ›nein‹ gesagt hättest, hätte Papa wahrscheinlich anders entschieden. Aber du bist ja zu feig, den geraden Weg zu gehen. Du läßt die Dinge laufen, als ob alles dich nichts anginge. Ich will keine Lanze für Anton brechen, aber er besitzt Eigenschaften, die dir abgehen: Herzenstakt und Güte. Er kann geben, während du nur nehmen kannst. Wie der Elefant im Porzellanladen willst du rücksichtslos Gefühle, Hoffnungen und Zufriedenheit zertrampeln. Deine Luftschlösser, deine Phantastereien, die jeglicher Realität entbehren, sind dir wichtiger, als das Schicksal der Menschen, die das Unglück haben, dich zu lieben. Aber du sollst wissen, was du tust.« Mathilde

atmete tief ein und straffte die Schultern: »Und nun geh. Ich hindere dich nicht. Geh und mach deinen Skandal. Mach deinem Vater Schande, Kummer und Sorgen. Was tut's? Er hat lange genug gelebt. Schlag Anton seine Liebe um die Ohren. Warum auch nicht, wer liebt, ist selber dran schuld.« Sie brach ab, sah die erstarrt dastehende Helene an und zuckte die Achseln. Dann drehte sie sich jäh um, ging aus dem Zimmer und ließ die Tür hinter sich offen.

XXVII.

Auch die kalte Nachtluft brachte Helene nicht zur Besinnung. Das Blut pulste schneller durch ihre Adern, ihre Haut glühte. Sie hatte in Eile einen Mantel angezogen, einen Schal um den Kopf geschlungen, und war fluchtartig davongestürzt, ohne zu denken, ohne zu wissen, wohin. Sie hatte nur fort gewollt, fort von diesen Menschen, die alle gegen sie waren. Keiner hatte Verständnis für sie, niemand war auf ihrer Seite, sie war ganz allein.
Ein trockenes Schluchzen stieß Helene. Sie ging, so schnell es der enge Humpelrock erlaubte, an der Mauer des Gußhausgartens entlang, die Favoritenstraße hinunter. Wohin konnte sie flüchten? Wo sich verkriechen? Sie hatte keine Handtasche, kein Geld bei sich. In dem dünnen Nebel verblasste das gelbe Licht der Gaskandelaber. Die kahlen Äste der Bäume jenseits der Mauer knackten. Helene bekam Seitenstechen und blieb stehen. Sie fürchtete sich. Noch nie in ihrem Leben hatte sie sich so allein gefühlt, schutzlos in der Nacht auf der Straße. Was sollte sie nur tun? Zurückgehen? Sie konnte nicht zurück, nicht jetzt, nicht gleich. Das Fest war wahrscheinlich noch im vollen Gange. Sicher hatte noch niemand von den Gästen bemerkt, daß sie davongelaufen war. Vielleicht Mathilde? Wie ungerecht Mathilde gewesen war, wie böse. Nie würde sie vergessen, was ihre Schwester ihr vorgeworfen hatte. O Gott, mit wem konnte sie sich aussprechen, sich erleichtern, wer würde sie verstehen? Hektor? – Ja, Hektor! Er würde begreifen, daß

ihre Liebe ihr mehr bedeutete als Pflicht und Familie. Es war unmöglich, daß sie jetzt in der Nacht allein in seine Wohnung ging. Sie wußte nicht einmal, ob er schon wieder in Wien war, aber der Wunsch, ihn zu sehen, war stärker als alles andere. Sie wollte von ihm hören, daß er sie liebte und daß er sie nie vergessen würde.

Es war noch nicht zehn Uhr abends, das Haustor war noch nicht gesperrt. Hinter den Milchglasscheiben der Portierwohnung brannte Licht. »Kragner« stand auf dem Namensschild an der Tür. Es roch nach Kohl und Malzkaffee. Helene drehte den Kopf zur Seite und ging auf Zehenspitzen an der Hausbesorgerwohnung vorbei. Obwohl sie noch nie bei Hektor gewesen war, kannte sie seine Behausung – er hatte sie ihr beschrieben. Seine Junggesellenbleibe, Maderstraße 1, lag im vierten Stock; von seinem Wohnzimmer aus konnte er über die Grünanlagen hinweg die Karlskirche sehen. Die Treppen waren steil, vier Stockwerk hoch. Helene war außer Atem, als sie vor seiner Wohnungstür stand. Seine Visitenkarte war mit Reißzwecken an die Türfüllung genagelt.
Helene zögerte. Ihr Herz schlug so laut, daß sie meinte, es sei im ganzen Stiegenhaus zu hören. Es war ungeheuerlich, was sie vorhatte. Wenn ihr nächtlicher Besuch herauskam, würde Papa sie verstoßen, enterben, sie in ein Kloster stecken. Doch dann dachte sie, daß sie, wenn sie nun umkehrte, Hektor nie wieder sehen würde, und sie legte den Finger auf die Klingel. Der dünne Ton verhallte scheppernd. Nichts rührte sich. War Hektor am Ende nicht zu Hause? Oder schlief er schon? Die Vorstellung, daß er im Schlafrock und Pantoffeln öffnen könnte, war ihr so peinlich, daß sie sich zum Gehen wandte. Da hörte sie Schritte, die vorgelegte Sicherheitskette klirrte und Hektor öffnete die Tür. Er erschrak, als er sie sah und stammelte: »Sie? Was bedeutet das! Ist etwas geschehn?«
Helene drängte sich an ihm vorbei ins Vorzimmer und flüsterte: »Schließen Sie die Tür. Es darf mich niemand sehen.«
Die Gegenwart Hektors machte sie sicher. Sie streifte den Schal ab und ordnete mit den Fingern ihre Frisur. Wie liebenswert er war! Er stand noch immer besorgt und verwirrt an der

Tür. »Ich wollte Sie nur noch einmal sehen«, sagte sie und lächelte. Dann fiel ihr ein, daß der Grund ihres Besuches ein trauriger war und ihr Lächeln erstarb.
Hektor fing sich langsam wieder. Kaum war er wieder in Wien, rückte ihm diese überspannte Person nachts auf die Bude. Es war nicht auszudenken, was passierte, wenn ihr unpassender Besuch publik wurde. Er bereute längst, daß er sich hatte hinreißen lassen, ihr den Kopf zu verdrehen. »Ich liebe Sie« – das sagte sich so leicht, wenn ein Mädchen so hübsch war wie sie, so hingebend, so bereit. Das war doch nicht seriös gemeint, das war allenfalls der verliebte Seufzer einer augenblicklichen Laune. Und auch ein Kuß war keine bindende Verpflichtung, ein Kuß war eine Huldigung, die Frauen erwarteten und herausforderten. Wenn man sie nicht küßte, waren sie beleidigt, küßte man sie, bedeutete das sofort große Liebe für immer und ewig. Was das betraf, waren fast alle gleich. Wie Helene ihn nur ansah, so schmelzend und willig! Eine Sekunde lang schoß Hektor durch den Kopf, daß er nur ihre Hand zu ergreifen, sie an sich zu ziehen brauchte – und schon wäre sie mit ihm im Bett. Das wollte sie wahrscheinlich auch, und dann hatte er die Bescherung. Günstigsten Falles mußte er sie dann heiraten – oh nein, in diese Falle ließ er sich nicht locken. Er mußte sie ohne große Szene so schnell als möglich aus der Wohnung bugsieren und das konnte ihm nur gelingen, wenn er den Ehrenmann spielte.
Hektor trat näher an Helene heran und wiederholte besorgt: »Ist etwas geschehen?«
Helene überhörte die Frage, sah ihm tief in die Augen und fragte: »Lieben Sie mich?«
»Aber natürlich. Sie wissen doch, ich verehre Sie.« Als er ihre leichte Enttäuschung bemerkte, verbesserte er: »Ich bete Sie an.«
»Ich mußte Sie ganz einfach noch einmal sehen«, sagte sie. »Sie sollen wissen, daß ich Sie liebe und nie vergessen werde.«
Hektor fühlte sich erleichtert. Ihre Worte ließen auf Abschied schließen. »Sie sind erregt, sie zittern ja«, sagte er weich. »Sie müssen sich beruhigen.«

»Ich muß Ihnen erklären, warum ich Sie nicht wiedersehen kann«, sagte Helene. »Sie dürfen nicht glauben, daß ich mit Ihren Gefühlen nur gespielt habe. Aber ...«
Hektor wurde wider Willen neugierig. »Legen Sie ab. Ich werde Ihr Vertrauen respektieren.« Er half ihr routiniert aus dem Mantel.
Die Wohnung war möbliert gemietet. Hektor hatte versucht, die geschmacklose Unpersönlichkeit durch ein paar Teppiche, Bilder und Ziergegenstände zu mildern. Helene bemerkte den unzureichenden Versuch nicht. Sie roch das Aroma seiner türkischen Zigaretten, den Duft seines Juchten-Rasierwassers, sie sah in dem mild verschleierten Licht der Stehlampe nur die Konturen des Zimmers und nicht die Billigkeit der möblierten Behausung.
»Darf ich Ihnen ein Glas Wein anbieten?« fragte Hektor und wies auf einen Sessel.
Das warme Licht der Lampe gab ihrer Haut einen leuchtenden Schmelz, ihre langen Wimpern zeichneten feine Schatten auf ihre Wangen. Sie ist bezaubernd, dachte Hektor rückfällig. Warum also eigentlich nicht? Die plötzliche Erkenntnis, daß er allein mit ihr in seinem Zimmer war, abgeschirmt in dem intimen Lichtkreis von der Außenwelt, ließ ihm das Blut schneller durch die Adern fließen.
»Danke«, sagte Helene. »Ich möchte nichts. Sie wissen, daß mein Vater mich verlobt hat. Ich wollte diesen Mann nicht heiraten. Wirklich nicht. Aber seit heute abend weiß ich, daß ich ihn heiraten muß. Mein Vater steckt in Geldschwierigkeiten. Es würde ihn ruinieren, wenn ich nicht heirate. Ich habe das alles nicht gewußt, aber jetzt, da ich alles weiß, muß ich das Opfer bringen. Ich habe Rücksichten zu nehmen, auf meine Familie, auf Pernwald.« Tränen liefen über ihre Wangen. »Ich wollte nur noch einmal hören, daß Sie mich lieben und daß Sie mich nicht vergessen werden und daß Sie mich verstehen.«
Hektor war ernüchtert. Eine verkrachte Adelige! Ohne Geld war sie nur eine unter vielen. Warum belästigte sie ihn mit internen Familienangelegenheiten? Was stellte sie sich vor? Er selber hatte nichts, und sie hatte anscheinend so wenig wie er.

Der Hunger heiratet den Durst. Er sagte reserviert: »Baronesse, Sie weihen mich in Dinge ein, die ich nicht wissen darf. Ihr Herr Vater ist ein sehr vernünftiger Mann, der an Ihr Wohlergehen und an das Wohlergehen der Familie denkt.«
Helenes Wangen röteten sich: »Oh, Hektor! Sie sind so gut. So anständig. Sie wollen es mir leichter machen, indem Sie vorgeben, die Entscheidung meines Vaters gutzuheißen. Aber bedenken Sie! Wir müssen uns trennen, für immer trennen!«
»Allerdings«, sagte Hektor. »Wir werden uns nie wieder unter vier Augen sehen.«
»Ist das alles, was Sie zu sagen haben?« drängte Helene. »Sie lieben mich doch. Haben Sie nicht daran gedacht, haben Sie nie gehofft, daß wir beide eines Tages für immer zusammen . . .«
»Nein!« Hektor schüttelte den Kopf. »Daran hab ich nie gedacht. Daran habe ich gar nicht denken können. Ich stehe erst am Beginn meiner Laufbahn. Ich kann mir keine feste Bindung leisten.«
Helene saß still. Sie hatte das Gefühl, plötzlich gelähmt zu sein; sie fror und zog mühsam die Schlultern hoch. »Sie haben mich nie geliebt«, flüsterte sie.
Hektor wollte für einen guten Abgang sorgen: »Sie tun mir unrecht, Baronesse. Ich war in Sie verliebt. Wer könnte Ihnen widerstehen, der das Glück hat, mit Ihnen tanzen zu dürfen, Sie in den Armen halten zu dürfen. Nein wirklich, ich war sehr verliebt in Sie.«
Helene hörte kaum, was er sagte. Er log, so wie er sie immer belogen hatte. Nun, da er wußte, daß sie keine gute Partie war, kein Geld mitbrachte, bagatellisierte er seine Geständnisse zu einer belanglosen Schwärmerei, zu einer Ballsaison-Affäre.
Die innere Kälte, die Helene hatte frösteln lassen, breitete sich in ihrem ganzen Körper aus. Ihr Kopf war kalt, ihre Hände und Füße waren kalt. Sie wandte Hektor ihr Gesicht zu und sah ihn, wie durch ein umgekehrtes Fernrohr, ganz weit entfernt.
»Meinen Mantel«, sagte sie und ihre Stimme klang ihr selbst fremd in den Ohren, »ich möchte gehen.«
»Ich besorge Ihnen einen Wagen. Ich kann nicht zulassen, daß Sie zu so später Stunde zu Fuß nach Hause gehen.« Hektor beobachtete sie von der Seite. Diese steinerne Ruhe, die erlo-

schenen Augen waren ihm unheimlich. Sie war exaltiert genug, um eine Dummheit zu begehen. Er sagte: »Selbstverständlich begleite ich Sie nach Hause. Sie haben mir Ihr Vertrauen geschenkt. Ich bin ein Ehrenmann und werde mich Ihres Vertrauens würdig zeigen.«

Mathilde unterdrückte eine aufsteigende Panik, als sie Helenes Verschwinden entdeckte. Fürs erste galt es den Schein zu wahren. Weder Papa noch die Gäste durften etwas bemerken. Sie beschwichtigte Anton, dem die Abwesenheit seiner Braut auffiel: »Helene hat plötzlich Kopfschmerzen bekommen, du weißt doch, wie anfällig sie ist. Sie ist auf ihrem Zimmer. Bald wird sie sich besser fühlen.«

Wer immer sie nach Helene fragte, erhielt die gleiche Auskunft. Endlich bekam sie in dem Gewühl Ferdinand zu fassen und zog ihn beiseite.

»Helene ist davongelaufen«, flüsterte sie hastig. »Ich bitte dich, Ferry, geh sie suchen. Es pressiert. Sie kann nicht weit sein. Beeil dich, bevor ein Malheur passiert. Es ist auch in deinem Interesse.«

Ferdinand kannte Mathilde gut genug, um zu wissen, daß sie nicht grundlos Aufruhr machte. Wenn sie sagte, es pressiert, dann pressierte es wirklich. Ferdinand zog wütend den Mantel über, griff nach dem Tschako und verließ das Haus. Vor dem Portal blieb er stehen. Der Nebel war dichter geworden, es war feucht und kalt, und die Straße war, so weit er sehen konnte, menschenleer. Wie Mathilde sich das dachte, wenn sie sagte: Such' Helene. Wo sollte er suchen? War sie nach rechts oder nach links gegangen? Er konnte doch nicht bei diesem Wetter, wo man nicht einmal einen Hund vor die Tür jagte, ganz Wien nach ihr abklappern.

Anders als Mathilde, machte sich Ferdinand keine Sorgen. Helene kam bald zurück, bei diesem Wetter, allein in der Nacht rannte die dumme Gans nicht weit. Aber wenn sie nicht rechtzeitig wiederkam? Anton war gewiß ein gutmütiger Trottel, aber auch Gutmütigkeit hatte Grenzen. Wenn Anton genug davon hatte und ausstieg? Sophie war schließlich seine Schwester. Ferdinand sah vor seinem geistigen Auge die Dobranyschen Millionen aus seinem Leben rollen, und die Hand juckte ihn. Wenn er könnte, wie er wollte – er würde Helene eigenhändig diese egoistischen Eskapaden aus dem Kopf schlagen. Das Haustor hinter ihm öffnete und schloß sich wieder. Ferdinand wandte sich um. Otti, ebenfalls im Mantel, kam eilig auf ihn zu. »Mathilde hat mich alarmiert«, sagte er. »Das ist eine schöne Geschichte. Arsch und Friedrich. Ja, sag du mir, was hat sich die Helene gedacht? Wo kann sie denn sein?«

»Ich bitt' dich, stell' mir keine Gretchenfragen«, antwortete Ferdinand ungeduldig. »Unternimm lieber was.«

»Schön, gehn wir sie halt suchen«, sagte Otti gutmütig und zog die Handschuhe über. »Ich geh nach links, Richtung Innere Stadt. Weiter als bis zur Oper traut sich die Helene sowieso nicht. Sie wird den Strichdamen auf der Kärtnerstraße keine Konkurrenz machen wollen.« Er lachte albern: »Alsdann! Weidmannsheil, Kamerad.«

In dem milchigen Nebel verschwamm Ottis Gestalt schon nach ein paar Sekunden, auch das Echo seiner Tritte war bald verstummt. Ferdinand zündete sich eine Zigarette an und ging unschlüssig ein paar Schritte nach rechts. Er hielt es immer noch für sinnvoller, in der Nähe des Palais zu bleiben, anstatt planlos straßauf – straßab zu suchen. Er ging bis zur nächsten Ecke. Nichts zu sehen. Es mochte eine halbe bis dreiviertel Stunde her sein, seit Helene verschwunden war. Wenn sie nicht bald auftauchte, war ein saftiger Eklat nicht zu vermeiden. Ferdinands zornige Finger zerbrachen die Zigarette. Er ließ sie fallen und bearbeitete sie mit dem Absatz, als wäre der Glimmstengel an allem schuld. Er wollte es nicht wahrhaben, daß nun auch er anfing, sich Sorgen zu machen. Langsam ging er auf der anderen Straßenseite zurück, bis zur Höhe des Portals, und sah zu den hellerleuchteten Fenstern hinauf. Wie lange würde es noch dauern, bis die Gäste der Pernwalds zusammen mit dem Abschiedstrunk einen Familienskandal serviert bekamen? Ferdinands Füße wurden kalt. Steifbeinig wie ein alter Mann überquerte er die Straße und lehnte sich an eine Säule des Portals. Er betrachtete die beiden Karyatiden, die den Sims über dem Portal hochstemmten. Ihre muskelbepackten Körper, die von der Hüfte ab aus den Säulen hochwuchsen, glänzten vor Nässe.

Das lustlose Klappern von Hufen im Zusammenklang mit dem hölzernen Ächzen der Wagenräder auf dem Pflaster ließ Ferdinand aufhorchen. Ein gewöhnlicher Fiaker. Ein Privatwagen hätte Gummireifen an den Rädern gehabt. Ferdinand trat tiefer in den Schatten der Säulen zurück. Der Fiaker hielt. Ein Herr stieg aus. Er trug keinen Hut, sein dichtes, gewelltes Haar bedeckte den Kopf wie eine Pelzkappe. Ferdinand kniff die Augen zusammen. Den kannte er doch. War das nicht dieser Grieche, der den vorigen Winter dauernd um Helene herumscharwenzelt hatte? Wie hieß er doch gleich? Er hatte so einen komischen Hundenamen, Ajax oder Hektor. Der Grieche streckte die Hand aus, um einer Dame beim Aussteigen behilflich zu sein. Noch ehe Helene in der Türöffnung des Fiakers erschien, erkannte Ferdinand sie und begriff: eines paßte plötzlich zum anderen. Dieser Gigolo also! Ferdinand sog die Luft mit einem leise zischenden Geräusch durch die Zähne.
Helene mißachtete die Hand Hektors. Ohne ihn eines Blickes zu würdigen, stieg sie aus und ging wie eine Schlafwandlerin vorbei ins Haus. Als Hektor sich umdrehte, um wieder in den Wagen zu klettern, trat Ferdinand vor. Seine Sporen klirrten kriegerisch, als er Hektor hart an der Schulter packte. Hektor fuhr herum. »Sie werden mir Rechenschaft geben«, schnarrte Ferdinand.
Hektors Nasenflügel blähten sich, wie die eines verschreckten Tiers in der Falle. »Wofür?« stammelte er.
Ferdinand würdigte ihn keiner Antwort und hob die Hand. Der Schlag mit dem Handschuh ins Gesicht war eine symbolische Geste: eine Beleidigung, die nur durch ein Duell geahndet werden konnte. Ferdinand hielt sich nicht an Symbolik. Er schlug zu. Sein Rehlederhandschuh zeichnete eine rote Strieme auf Hektors Wange. Ferdinand ließ den Handschuh achtlos auf das Pflaster fallen und lächelte böse: »Ich bin Baron Pernwald und erwarte Ihre Sekundanten.«
Wieder klirrten seine Sporen, als er Helene ins Haus folgte.

XXVIII.

Zum zweiten Mal an diesem Abend ging Mathilde in Helenes Zimmer. Obwohl sie sich erleichtert fühlte, überwog das Gefühl des Mitleids die Erleichterung. Helenes rasche Rückkehr schloß ein glückliches Liebeserlebnis aus. Die arme Kleine! Als Schwester war Mathilde das Ende dieser Affäre mehr als recht, als Frau hätte sie Helene neidlos eine Nacht in den Armen des Geliebten gegönnt. Die erste Liebe war doch die schönste, mit ihrem Glauben an ein Wunder und dem Übermaß an Gefühl. Später verflachten die Empfindungen, wurden illusionsloser und mehr auf Genuß bedacht. Mathilde ertappte sich dabei, daß sie vor sich hinlächelte. Sie dachte an ihre erste Liebe, die groß und kurz gewesen war. Stefan, ihr Mann, hatte es nicht bemerkt, daß sie, ein Jahr nach ihrer Eheschließung, ein paar Wochen lang im siebenten Himmel gelebt hatte. Für ihn war der Maler aus München nur ein flüchtiger Bekannter gewesen, dem er ein Bild abgekauft hatte. Für Mathilde war er der Prinz aus dem Märchen.

Mathilde war den Malern im allgemeinen treu geblieben, doch nie wieder hatte sie einen von ihnen so überwältigt geliebt wie den ersten. Während sie die Hand auf die Klinke der Tür zu Helenes Zimmer legte, wünschte sie ihr aus vollem Herzen eine große Liebe. An Anton dachte sie dabei nicht.

Helene lag flach auf dem Bett. Ihre Frisur hatte sich gelöst, die herabfallenden dunklen Haare umrahmten ihr Gesicht und ließen es rührend schmal und schutzbedürftig aussehen. Ihre Augen waren starr auf die Zimmerdecke gerichtet, als ob sie sich mit ihrem Blick am Plafond festhalten wollte. Mathilde sah sofort, daß das kein hysterischer Anfall war, sondern völlige Apathie. Sie setzte sich an den Bettrand, ergriff Helenes schlaffe Hand und begann sie zu streicheln. Helene reagierte nicht.

»Mein armes Kind«, sagte Mathilde weich. »Ich weiß, das tut weh. Es tut so weh, daß man anfänglich glaubt, man stirbt daran. Aber man muß damit leben, und das macht es noch viel schwerer.«

Ein zitternder Atemzug hob Helenes Brust. Wenn ich sie nur

zum Weinen bringen könnte, dachte Mathilde und sagte: »Du hast geglaubt, wir alle sind gegen dich. Das war nicht so. Wir wollten dir nur Schmerz ersparen. Das war falsch. Jeder muß seine eigenen Erfahrungen machen. Nur wer weiß, wie weh Liebe tun kann, lernt die Liebe zu schätzen. Wir alle lieben dich, Lenerl. Jeder von uns auf seine Art.«

Helenes Finger schlossen sich plötzlich fest um Mathildes Hand. Endlich, dachte Mathilde, endlich lockert sie sich. »Niemand weiß, daß du fort warst«, sagte sie, »nur ich und . . .« Sie brach ab und verschwieg Ferdinands Mitwisserschaft. »Papa hat nichts bemerkt und Anton auch nicht.« Sie fuhr fort. »Es ist, als wäre nichts geschehn. Und es ist auch, Gott sei Dank, nichts geschehn.«

Helene drehte den Kopf zur Wand und schluchzte leise. »Weine nur«, sagte Mathilde. »Wein dich aus, das wird dir gut tun. Glaub mir, alles Schlechte hat sein Gutes. Es ist gut, daß du deinen Irrtum rechtzeitig erkannt hast, bevor ein irreparabler Schaden entstanden wäre. Du wirst Anton jetzt mit anderen Augen sehen, denn du hast gelernt, daß geliebt zu werden, keine Selbstverständlichkeit ist, sondern ein Geschenk.«

Helene begann schluchzend zu weinen. Es klang, als könne sie nie wieder aufhören.

XXIX.

Der geschlossene Wagen, in dem Ferdinand und seine beiden Sekundanten, Otti und Cary Weikersheim, ein anderer Regimentskamerad, saßen, rollte die Prater-Hauptallee entlang. Die drei waren in Zivil. Das war zwar verboten, aber auch Duelle waren verboten, und ein Mißgeschick ließ sich leichter vertuschen, wenn es sich scheinbar um Zivilisten handelte. Es war kurz vor sieben Uhr morgens, das graue Licht wurde langsam heller. Die Bäume waren bereift, die dünne Eisschicht, die das Pflaster bedeckte, splitterte unter den Rädern. Die beiden Gäule hoben ihre Schwänze und ließen wie auf Kommando einer nach dem anderen, runde, dampfende Äpfel fallen. Otti rutschte nervös auf seinem Sitz hin und her. Er wiederholte nun schon zum dritten Mal: »Ich bitt' dich, Ferry, schieß den Griechen nicht über den Haufen. Er ist Zivilist, Ausländer, Diplomat. Wenn da was Ernstliches passiert, gibt das einen enormen Tumult. Nicht einmal Onkel Poldo kann dich dann retten.«

Ferdinand zündete an seiner halbgerauchten Zigarette die nächste an, öffnete das Wagenfenster, warf den Stummel hinaus und sagte ironisch: »Du redest die ganze Zeit nur von dem Griechen. Denk doch auch an mich. Mir kann ja auch etwas passieren.«

»Geh, hör auf«, wehrte Otti ab. »Was soll dir schon passieren. Du bist der beste Schütze des Regiments. Wie oft wird der Grieche schon in seinem Leben eine Pistole in der Hand gehabt haben? Ich glaub, der trifft nicht einmal den Arsch eines Elefanten auf zehn Schritt Distanz.«

Cary Weikersheim schwieg. Er fühlte sich nicht wohl in seiner Haut. Selbstredend hatte er einem Kameraden den Freundschaftsdienst nicht abschlagen können. Aber er hatte sich zur Kriegsschule gemeldet. Im Januar war die erste allgemeine Prüfung, von der abhing, ob er zum Vorexamen im Februar zugelassen wurde. Wenn dieses Duell ruchbar wurde, wenn herauskam, daß er mit im Spiel gewesen war, dann war es um seine Karriere geschehen. Seine Gutmütigkeit ärgerte ihn. Was gingen ihn schließlich die Weibergeschichten der anderen an? Während er mißmutig sah, wie der Wagen von der Hauptallee abbog, an der Kapelle »Maria im Grünen« vorbeifuhr, nahm er sich selbst das Versprechen ab, daß er sich, wenn er ungeschoren aus der Sache herauskäme, nie wieder zu einem solchen »Freundschaftsdienst« hergeben würde.

Der Wagen hielt bei der Prater-Au. Genau in ihrer Mitte lag ein Tümpel, im Volksmund »Mückenloch« geheißen.

»Jesus«, sagte Otti und klemmte sich den Pistolenkasten unter den Arm, »die sind schon da. Bis jetzt hab' ich immer noch gehofft, der Grieche ist zu feig und drückt sich.«

Hektor stand mit seinen beiden Sekundanten, Freunden von der italienischen Botschaft, bei einer Baumgruppe und unterhielt sich gestikulierend mit ihnen in lautem Italienisch.

»Fesch«, sagte Otti geringschätzig. »Die Katzelmacher.« Er benützte den abfälligen Ausdruck der Wiener für die Italiener. »Na, fangen wir an, daß wir fertig werden. Und bitte, Ferry, denk an meine Worte, tu ihm nicht weh.«
Auch der Arzt war schon da, Herr Doktor Zerner. Er übte seine Praxis in der Leopoldstadt aus, einem, dem Prater nahegelegenen ehemaligen Randbezirk von Wien, und machte seine Assistenz bei Duellen von der Höhe des angebotenen Honorars abhängig. Baron Pernwald hatte sich nicht lumpen lassen, und so war Doktor Zerner freudig bereit, seines Amtes zu walten. Ferdinand zündete noch eine letzte Zigarette an, nahm den Zylinder ab und entledigte sich seines Stadtpelzes.
Die vier Sekundanten überprüften die Pistolen, die Distanz wurde abgeschritten. Hektor, dem die Pistole als erstem in die Hand gedrückt wurde, fühlte das kalte Metall fremd und beängstigend zwischen den Fingern. Es ist gleich vorüber, sagte er sich. Ich werde an ihm vorbeischießen, er wird an mir vorbeischießen, und damit ist dieser leidige Ehrenhandel ausgestanden. Ich werde um meine Versetzung einkommen. Und nie wieder, so wahr mir Gott helfe, werde ich mit einem jungen Mädel über etwas anderes reden als über das Wetter.
Ferdinand betrachtete die Gegend, als ginge ihn das Ganze nichts an. Er blies den Rauch, vermischt mit seinem Atem, als grauen Hauch vor sich hin und dachte: ein Glück, daß Sophie von nichts weiß. Sie würde sofort verlangen, daß ich meinen Abschied nehme. Aber warum auch nicht? Eigentlich habe ich die Nase voll von diesem öden Dienst, dem sturen Reglement, dem Kasernenhofdrill. Wenn ich Sophie schon heirate, will ich was davon haben. Ich will mein eigener Herr sein, reisen, fremde Länder sehen.
»Also, meine Herren«, rief Doktor Zerner gutgelaunt. »Auf die Plätze!« Er zählte: »Eins – Zwei . . . Bei »Drei« drückte Hektor ab. Ferdinand glaubte, die Kugel dicht an seinem Ohr vorbeizischen zu hören. »Scheißkerl«, murmelte er, zielte und schoß. Hektor schrie auf, ließ die Pistole fallen, griff sich mit beiden Händen an den Unterleib und brach zusammen.
»Ferry!« Otti kam mit blassem Gesicht auf Ferdinand zu. »Du hat ihn ja doch getroffen!«

»Beruhige dich«, sagte Ferdinand blasiert. »Er wird es überleben. Ich habe ihm nur einen kleinen Denkzettel verpaßt und auf seine Hoden gezielt. Um präzise zu sein, auf den linken. Der Lump wird nicht so bald wieder einer Dame zu nahe treten.«

XXX.

Im Frühjahr 1914 ging Florian über den äußeren Burghof in Wien. Der Flieder stand in voller Blüte, die ganze Stadt war in eine Duftwolke gehüllt. An solchen Tagen gefiel ihm Wien. Es ging kein Wind, der Staub vor sich herwirbelte, und in den noch hellgrün belaubten Ästen der Bäume pfiffen die Amseln. Florian schmunzelte, mit sich und der Umwelt zufrieden, und widerstand der Versuchung, der Blumenfrau am Michaelerplatz einen Buschen Flieder abzukaufen. Daß ihm alles gefiel, lag vielleicht auch daran, daß er in letzter Zeit so wenig in Wien gewesen war. Seltenheit erhöht den Wert. Florian hatte, wie er meinte, allen Grund, sich wohl zu fühlen. Er hatte im vergangenen Jahr richtig gedacht und richtig gehandelt. Der Erfolg bestätigte das. Helene hatte klein beigegeben und Anton geheiratet. Sie war keine strahlende Braut gewesen und auch jetzt, als jungverheiratete Frau, machte sie nicht gerade einen glücklichen Eindruck, aber sie klagte nicht, und er fragte nicht. Ferdinands törichtes Duell war ohne böse Folgen geblieben. Der Grieche hatte bei der unvermeidlichen Untersuchung zu Protokoll gegeben, sich selbst beim Reinigen seiner Waffe verletzt zu haben. Niemand hatte diese Version geglaubt, aber dem Amtsschimmel war Genüge getan. Wo kein Kläger – da kein Richter. Daß Ferdinand trotz des günstigen Ausgangs dann doch um seinen Abschied eingekommen war, war Florian nicht recht gewesen. Als Offizier hatte sein Sohn Pflichten gehabt, Verantwortung getragen und als kleines Rad in einem großen Getriebe doch seine Funktion erfüllt. Jetzt tat er gar nichts, er reiste, und Sophie zahlte alles. Natürlich hatte sie Ferdinands Entschluß, sich ins Privatleben zurückzuziehen, begeistert aufgenommen, weil sie ihn dadurch, wie sie glaubte, völlig unter Kontrolle bekam. Wie lange ihre Nerven allerdings den teuren Nichtstuer aushalten würden – diese Frage stand für Florian auf einem anderen Blatt. Vor einem Jahr hatten sie in Prag geheiratet.

Sophie hatte es sich nicht nehmen lassen, ihre Eroberung der Prager Gesellschaft vorzuführen, und seither war das junge Paar auf Reisen. Bunte Ansichtskarten mit nichtssagenden Grüßen kamen aus Paris, Rom und London, aus Kairo und Konstantinopel.

Florian blieb vor dem Schaufenster eines Herrenmodengeschäfts stehen und kokettierte mit einer für ihn zu jugendlichen Krawatte. Warum sollte er sie eigentlich nicht kaufen? Das Zusammenleben mit Mirza hatte ihn für die anderen sichtbar und für ihn spürbar verjüngt. Bei der letzten Routineuntersuchung hatte ihn der Arzt gelobt: »Ich bin zufrieden mit Ihrem Zustand, Baron Pernwald. Sie halten sich brav an meine Verordnungen, und deshalb geht es Ihnen gut.« Florian hatte ihn reden lassen und sich sein Teil gedacht. Er hatte sich überhaupt nicht gehalten, er hatte geliebt, getrunken und gegessen. Sogar zu rauchen hatte er wieder angefangen, ein exquisites Essen wurde durch eine edle Zigarre noch gekrönt. Es ging ihm gut, weil er mit Mirza glücklich war. Monatelang war er Tag und Nacht mit ihr zusammen gewesen und nach jedem Tag und jeder Nacht liebte er sie mehr. Mirza war für ihn die beste Medizin. Er fürchtete sich nicht mehr vor seinem baldigen Ende, er wollte leben, mit ihr und für sie leben. Erst in den letzten Wochen hatte sich sein Herz wieder unangenehm bemerkbar gemacht; doch gerade das war für Florian ein schlagender Beweis seiner Theorie. Mirza war nach Aussig gefahren, und er fühlte sich allein und verloren. Die Nitroglyzerinpillen hatten die Krämpfe im Keim erstickt und gelöst, aber wenn er Mirza hatte, brauchte er keine Pillen. Aus Fehlern mußte man lernen, und daher hatte er sich entschlossen, Mirza zu heiraten. Ein zweites Mal bekam er keinen Korb, das wußte er. Sollten die Kinder protestieren, sollten die Leute sich die Mäuler zerreißen, er wollte mit Mirza zusammen alt werden, und nichts und niemand sollte ihn davon abhalten.

Als Florian das Café Fenstergucker betrat, saß Mathilde schon in einer Fensternische. Daß sie auf ihn wartete, war ihm peinlich. Nur die bunte, auffallende Krawatte, die er dann doch gekauft hatte und von der er, seit er das Päckchen in der Hand trug, wußte, daß er sie nie umbinden würde, war schuld an seiner Verspätung. Während er an dem Thron der Sitzkassiererin, die die Rechnungen der Kellner bonierte, vorbeiging, fiel ihm auf, daß Mathilde nicht so gut aussah wie sonst. Sie war wie immer blendend angezogen, doch ihr Gesicht hatte einen gespannten Ausdruck, und ihre Finger, die eine Eiswaffel zerbröselten, verrieten ihre Unruhe.
»Ich bitte um Entschuldigung«, sagte Florian und setzte sich Mathilde gegenüber, »aber ich werde halt kindisch. Ich hab mir eine flotte Krawatte gekauft, die gar nicht zu mir paßt.« Er schob das Päckchen Mathilde zu. »Bring sie Stefan mit. Ihm wird sie gut stehen.«
»Ach ja, Stefan . . .«, sagte Mathilde uninteressiert und beachtete das kleine Paket nicht.
Florian wurde hellhörig: »Du sagst das so komisch. Ist etwas los mit deinem Mann?«
»Nein, nein«, wehrte Mathilde ab. »Mit Stefan ist alles in Ordnung.«
»Das klingt, als ob bei dir nicht alles in Ordnung wäre?«
»Ach, Papa«, sagte Mathilde gedehnt, und ihr Tonfall erinnerte Florian plötzlich an die Stimme, die sie als kleines Mädchen gehabt hatte, wenn sie unglücklich gewesen war.
»Wir haben immer offen und frei miteinander reden können«, drängte Florian. »Also sag schon, was ist los?«
Mathilde verzog den Mund: »Alles ist in Ordnung und nix ist in Ordnung. Ich hab' mich verliebt.«
Florian lachte auf: »Das ist bei dir doch beinahe ein Dauerzustand! Ich hab schon gedacht, daß weiß Gott was passiert ist.«
Mathilde reagierte unwillig: »Ich bitte dich, Papa, lach nicht. Diesmal ist es seriös. Ich möcht' am liebsten auf und davongehn. Alles zurücklassen und mich nicht mehr umdrehen.«
Florian wurde schlagartig ernst. Die Sorgen mit Kindern waren eine Wurst ohne Ende, einmal die Töchter, das andre mal der Sohn. Er seufzte.

Der Kellner dienerte neben ihm: »Verehrung, Herr Baron. Was darf ich bringen?«
»Einen Cognac«, befahl Florian. »In einem Schwenker und nicht zu kalt.« Er wandte sich wieder Mathilde zu: »Davonzugehen ist sehr verlockend. Aber du hast einen Mann und, vor allen Dingen, du hast ein Kind.«
»Das weiß ich, Papa«, sagte Mathilde heftig. »Und ich weiß auch alles, was du mir noch sagen wirst. Daß ich bald dreißig werde und zu alt bin, um solche Wünsche zu haben. Aber um gar keine Wünsche mehr zu haben, bin ich noch zu jung.«
Florian nahm das Glas, das der Kellner ihm servierte, in beide Hände und schwenkte den Cognac langsam im Kreis. »Hat Stefan etwas bemerkt?« fragte er.
Mathilde schüttelte den Kopf: »Was bemerkt Stefan denn überhaupt? Tagsüber brütet er über seinen Akten und abends bringt er noch welche mit nach Haus. Und Charlotte mit ihren fünf Jahren ist heute schon wie ihr Vater. Still, zurückhaltend, immer mit sich selbst beschäftigt. Sie haben beide nicht den leisesten Funken Charme. Ich weiß nicht, ob sie mich überhaupt vermissen würden.«
»Ich dachte immer, deine Ehe ist gut«, sagte Florian betreten.
»Natürlich ist sie gut. Stefan ist der ideale Ehemann. Immer höflich. Er erfüllt mir jeden Wunsch, läßt mir jede Freiheit. Was immer ich tue, ist ihm recht, was immer ich sage, findet er richtig. Ich habe keinen Grund, mich über ihn zu beklagen, aber alle Gründe, mich zu langweilen.«
Florian ließ einen Schluck Cognac über die Zunge gleiten. »Und der andere?« forschte er.
»Der andere ist ein Künstler, launenhaft, schwierig, immer voll neuer Ideen. Er wechselt seine Persönlichkeit von einem Augenblick zum nächsten. Aber immer ist er mitreißend, amüsant, gescheit und beredt. Er wird eine große Karriere machen, und ich möchte durch ihn heraus aus diesem bürgerlichen Trott.«
Florian beugte sich vor. »Wer ist es denn?« flüsterte er neugierig.
Mathilde zog sich zurück: »Das sage ich dir nicht. Du könntest

ihm begegnen und es wäre für dich nur belastend, zu wissen, daß – nun daß er es ist.«
»Du ahnst gar nicht, wie gut ich dich verstehe.« Florian trank sein Glas leer und fuhr sich mit dem Taschentuch über die Lippen. »Aber Gefühl und Vernunft passen selten unter einen Hut. Nehmen wir an, du setzt dich darüber hinweg. Das lustige Künstlerleben hört auf lustig zu sein, wenn der Erfolg ausbleibt. Erfolg hängt nicht von Talent allein ab. Die größten Künstler haben zu ihren Lebzeiten gehungert, mußten Konzessionen machen oder sich für Dienste bezahlen lassen, die mit ihrer Kunst nicht mehr viel zu tun hatten. Glaube mir, Mathilde, es ist besser, die Muse eines Künstlers zu sein als seine Frau.«
»Du hast recht, mit jedem Wort hast du recht«, sagte Mathilde resigniert und streichelte leicht über seinen Handrücken. »Ich danke dir, Papa. Es war gut, mit dir zu sprechen. Aber nun vergiß, was ich gesagt habe. In meinem Leben wird sich nichts ändern. Eine heimliche Muse zu sein, ist auch etwas Schönes.« Ihre Mundwinkel bogen sich abwärts.
Sie tat Florian leid. »Komm doch über den Sommer nach Pernwald«, sagte er spontan. »Wir sollten öfter miteinander reden. Auch ich habe meine . . .« Probleme – wollte er sagen, aber Mathilde hörte nicht mehr zu. Sie straffte sich und setzte ihr Lächeln wie eine Maske auf: »Kuhstall und Tannenduft sind für mich keine Erholung. Ich möchte an den Lido oder nach Ostende, wo was los ist.«
Florian schluckte das Geständnis seiner Eheabsichten hinunter. Kinder sind egoistisch, dachte er. Daß Eltern auch Menschen sind, die Idee kommt ihnen gar nicht. »Schade«, sagte er leichthin. »Dann werden wir uns also erst im Herbst wiedersehn. »Er klopfte mit dem Wappenring an sein Glas, rief: »Zahlen«, und stand auf. »Ich wünsche dir einen vergnügten Sommer.« Mathilde nestelte an ihrer Ansteckblume. »Auch ich wünsche dir einen angenehmen Sommer und viel Vergnügen«, antwortete sie höflich.
Worauf du dich verlassen kannst, dachte Florian und gab dem Kellner ein respektables Trinkgeld.

XXXI.

Während Poldo Pernwald bei seinem Bruder zu Besuch war, trank Josef Marik, sein Offiziersbursche, in der Küche des Palais Pernwald Kaffee mit Rum. Frau Berta, die Wirtschafterin, war zwar nicht mehr die Jüngste, aber den Marik sah sie gern. Der wußte immer interessante Geschichten über hohe und höchste Herrschaften zu erzählen, und Diskretion war für ihn ein unbekanntes Fremdwort. Frau Bertas Sympathie äußerte sich in der Güte des Kaffees und in der doppelten Ration Rum. Sie hätte ihm gern mehr gegeben als Rum und Kaffee, doch leider war sie für ihn kein weibliches Wesen mehr, sondern nur Publikum. Sie saß neben ihm an dem Küchentisch, ihr schwerer Busen lastete auf den verschränkten Armen, und sie fragte: »Ist das auch wahr?«

»Wenn ich es Ihnen sag', ist es wahr.« Marik genoß seine Wichtigkeit. »Die Reise des Erzherzog-Thronfolgers und seiner Gattin nach Sarajevo zu den Manövern ist beschlossene Sache. Bis jetzt inoffiziell natürlich. Aber ...« Marik machte eine wirkungsvolle Pause und kippte den Rum auf einen Zug. »Aber auf dieser Reise liegt ein Fluch.«

»Ein Fluch?« fragte Frau Berta, und ein wohliger Schauer überlief sie.

»Jawohl, ein Fluch oder ein böses Vorzeichen, wie man es halt nennen will.« Marik rückte den Stuhl näher an den Tisch und griff unaufgefordert nach der Rumflasche. »Also, passen Sie auf«, sagte er und schenkte sich nach. »Schloß Konopitsch, das ist der Lieblingsaufenthalt des Thronfolgerpaares, wird vergrößert. Ein Zubau oder Anbau, wie man es halt nennen will. Bei den Bauarbeiten hat ein Mauerstück ein Fenster im zweiten Stock durchschlagen und hat wie eine Kugel das Bild der Frau Herzogin, das auf dem Schreibtisch gestanden hat, getroffen. Total kaputt ist das Bild. Ganz zertrümmert ist die Frau Herzogin. Na, wenn das kein böses Vorzeichen ist.« Marik senkte die Stimme zu einem unheilschwangeren Flüstern: »Das bedeutet nämlich, daß die Herzogin die Reise nach Bosnien nicht überleben wird.«

Frau Bertas Eltern stammten aus Ungarn. Der Thronfolger

Franz Ferdinand war, wie man sagte, nicht ungarnfreundlich. Frau Berta fühlte sich als Ungarnstämmling und machte kein Hehl aus ihrer Abneigung gegen den Thronfolger. Daher erschütterte sie das »Todesurteil« der Herzogin nicht sonderlich. »Das kommt davon«, sagte sie und nickte mit dem Kopf, als hätte sie es vorausgeahnt. »Auf dieser Ehe liegt eben kein Segen. Die unebenbürtige Heirat war, ist und bleibt eine Schande. Eine Hofdame, eine ganz gewöhnliche Gräfin hat der Franz Ferdinand . . .«, sie ließ Titel und Respekt beiseite, um ihre Mißbilligung hörbar zu dokumentieren, »zur linken Hand hat er sie geheiratet. Morganatisch nennt man das. Unserm lieben, guten Kaiser hat der Franz Ferdinand so einen Kummer angetan. Da ist ja direkt die legitime Nachfolge auf dem uradeligen Thron gefährdet. Es ist eine Schande.«
Marik, der verhindern wollte, daß Frau Berta abschweifte, fiel ein: »Also, wenn Sie mich fragen . . .«
»Es fragt Sie aber niemand.« Kaspar, der die Küche ungehört betreten hatte, unterbrach das Gespräch. »Ich frag' Sie nicht und die Frau Berta auch nicht. Die gibt mir jetzt einen Kaffee.«
Frau Berta erhob sich ächzend. Dieser alte Knacker kam immer dann, wenn sie gerade im schönsten Plaudern war und spielte sich auf, als wär er der Herr persönlich. Und der Baron Florian war immer auf seiner Seite.
»Habe die Ehre, Herr Kaspar.« Marik machte Kaspar Platz und meldete: »Der Herr Oberst ist beim Herrn Baron oben.«
»Ich bin ja nicht blind«, murrte Kaspar und rührte in seiner Tasse um. »Der Kutschierwagen vom Herrn Oberst steht großmächtig in der Einfahrt!« Er hätte liebend gern nach dem Grund dieses so seltenen Besuchs gefragt, aber zu fragen, war unter seiner Würde. »Geben Sie mir noch einen Zucker«, schnauzte er Frau Berta an. »Und ein Kipfel zum Kaffee. Ich hab die Koffer fertig gepackt. Da braucht der Mensch eine Stärkung.«
»Also morgen fahren Sie schon aufs Land, nach Pernwald?« fragte Marik. Kaspar brockte das Gepäck in den Kaffee. »So hat der Herr Baron disponiert«, sagte er arrogant.
Die Klingel schrillte: »Jesses, Maria!« Frau Berta zuckte zu-

sammen, daß ihre Leibesfülle wabbelte. »Ich kann mich an die neumodischen Sachen nicht gewöhnen. Elektrizität. Da drükken sie oben auf einen Knopf, und hier unten schellt's wie bei der Feuerwehr.«
»Sie sind aber schreckhaft«, sagte Kaspar bissig. »Sie sollten mehr essen. Gute Nerven brauchen Fett.« Er stand auf und zog die Livree zurecht. »Auf Wiedersehen, Herr Marik. Einen schönen Sommer zu wünschen.« Kaspar winkte leutselig mit der Hand und schritt würdevoll aus der Küche.

Im kleinen Salon saß Florian Poldo gegenüber. Er war ebenso erstaunt wie Kaspar über den plötzlichen Besuch seines Bruders, der sich das ganze Jahr über so rar machte. Poldo sah aus, als hätte er Sorgen. Aber was für Sorgen konnten das schon sein? Poldo ließ ihn nicht lange im unklaren. »Du warst so viel und so lange fort, Florian. Ich glaube, ich hab' dich seit Helenes Hochzeit nicht mehr gesehen.« Er lächelte spitz: »Ich weiß nicht, ob dir dein Privatleben Zeit läßt, dich über die kritische Situation zu informieren, in der sich unser Land und somit wir alle befinden.«
Florian dachte an Mirza und daran, daß er sie Poldo, wenn er ihn das nächste Mal, im Herbst oder Winter, wiedersah, schon als neue Schwägerin präsentieren konnte. Florian freute sich schon auf das verblüffte Gesicht, das sein Bruder dann machen würde. Sicher war Mirza in Poldos Augen eine Mesalliance, der unebenbürtige Johannestrieb eines alten Trottels. Von wegen alter Trottel. Noch nie in seinem Leben war er so gescheit wie jetzt gewesen. Endlich lebte er wie er wollte und wie es ihm gut tat. Seine erste Ehe war zwar durchaus standesgemäß gewesen, aber wahrhaftig nicht erfreulich.
»Ich bin nicht gekommen, um den Teufel an die Wand zu malen«, fuhr Poldo fort, »aber es wäre Leichtsinn, Vogel-Strauß-Politik zu treiben. Es gärt an allen Ecken und Enden der Monarchie. Seit dem ersten und zweiten Balkankrieg ist der Südosten aufgewühlt und seine Reflexbewegungen ziehen uns in Mitleidenschaft. Die bevorstehende Reise des Erzherzog – Thronfolgers und seiner Gemahlin – ich bitte dich, diese Information vertraulich zu behandeln, denn offiziell ist noch

nichts verlautbart –, also wie gesagt, diese Reise ist eine eminent gefährliche Sache. Ein Funke genügt, und das Pulverfaß fliegt in die Luft.«

Wenn er sich doch nicht immer in Gemeinplätzen ausdrücken wollte, dachte Florian irritiert. Dann sagte er: »Du erzählst mir nicht viel Neues, mein Lieber. Wenn ich mich auch hauptsächlich meinem Privatleben widme, wie du taktvoll angedeutet hast, so lese ich doch Zeitungen, höre Meinungen, bilde mir mein Urteil. Seit Jahren sucht der Kaiser sein Heil nur mehr darin, jegliche Komplikation ängstlich zu vermeiden. Seine Regierungsentschlüsse dienen nur dazu, das Bestehende zu erhalten, so gut es eben geht. Es ist mir bekannt, daß dem Thronfolger nahestehende Kreise, vor allem die jüngeren Offiziere, die Passivität des Kaisers mißbilligen und sich einen Krieg wünschen. Einen Krieg, der natürlich siegreich beendet werden muß, um die Macht der Monarchie zu beweisen.«

»Solange der Kaiser das Schicksal seiner Völker regiert, kommt es nicht zum Krieg«, stellte Poldo hochtrabend fest.

Florian nickte. »Gott gebe ihm das ewige Leben«, sagte er trokken. »Aber er wird immerhin vierundachtzig. Du wirst mir doch zugeben, daß der Friede auf recht altersschwachen Beinen steht.«

»Der Gesundheitszustand des Kaisers ist ausgezeichnet«, wehrte Poldo ab. »Er hält die Leitung der Staatsgeschäfte fest in der Hand. Wenn die heurigen Manöver programmgemäß ablaufen, bleibt uns der Friede erhalten.«

»Wenn – das ist ein unsicheres Wort«, lächelte Florian, »aber wir wollen nicht zu schwarz sehen. Ich freue mich jedenfalls, vor meiner Abreise mit dir beisammen zu sein.«

Wider Willen erlag Poldo Florians Charme. »Wir sehen uns so selten«, sagte er beinahe verlegen. »In unserem Alter sollte man mehr Kontakt halten. Ich bin ab Juli wieder in Ischl.«

Er ist im Wesen viel älter als ich, dachte Florian. Er hat Angst vor der Pensionierung, vor der Vereinsamung. »Da werden wir uns hoffentlich oft sehen«, sagte er forciert herzlich. »Die Kinder kommen auch im Juli. Nur Mathilde nicht, die will ans Meer.«

»Wie geht es ihr denn?« erkundigte sich Poldo.

Florian erinnerte sich an sein letztes Zusammentreffen mit Mathilde und log: »Ausgezeichnet. Ihre Ehe funktioniert tadellos, sie ist eine gute Mutter. Sie hat keine Probleme.«

»Apropos Ehe und Probleme – wo steckt denn eigentlich Ferdinand mit seiner reizenden Frau?«

Florian hob erstaunt die Augenbrauen. Das war das erste Mal, daß jemand Sophie reizend nannte. »Die beiden kommen in ein paar Tagen von ihrer Reise um die halbe Welt zurück. Sie waren . . .«

Poldo unterbrach: »Ich bin nicht gut auf Ferdinand zu sprechen. Daß er den Dienst quittierte, werd' ich ihm lange nicht verzeihen. Es ist mir direkt peinlich, wenn ich gefragt werde, was er jetzt macht. Ich kann doch nicht sagen, er lebt vom Geld seiner Frau. Das ist doch skandalös.«

Florian gab Poldo im stillen recht, aber dann stellte er sich doch vor seinen Sohn: »Aber geh, er ist halt noch unausgegoren. Vergnügungssüchtig. Er muß sich die Hörner erst abstoßen. Er wird sicher eine Betätigung finden, die seinen Fähigkeiten entspricht. Dafür wird die reizende Sophie schon sorgen.«

»Na«, sagte Poldo ungläubig, »es wär schön, wenn du recht behalten würdest. Und Helene?«

»An sie hast du wohl gedacht, als du vorhin ›apropos Ehe und Probleme‹ gesagt hast? Nun, du kennst Helene. Ich glaube, sie kann gar nicht glücklich sein. Sie lebt so sehr in ihren Phantasien, daß sie von der Wirklichkeit, selbst wenn sie nicht rauh ist, zwangsläufig enttäuscht sein muß. Nach außen hin scheint alles in Ordnung zu sein. Anton trägt sie auf Händen, überschüttet sie mit Geschenken, und sie läßt es sich manierlich gefallen. Aber sie hat sich nicht geändert, sie ist so still und zurückhaltend, wie sie immer war. Da hat Anton es um vieles leichter. Er ist nicht sensibel und nicht überzüchtet. Seine gesunde Primitivität und seine Einfalt des Herzens umgeben ihn wie eine dicke Haut. Er glaubt, was man ihm sagt, und ist damit zufrieden.«

XXXII.

Anton war nicht zufrieden. In dem einen Jahr seiner Ehe hatte er viel von seiner gradlinigen Fröhlichkeit eingebüßt. Zum ersten Mal in seinem Leben war er ratlos, verwirrt und unglücklich. Er hatte das Beste gewollt und des Guten zuviel getan. Er hatte Helene mit seiner Leidenschaft und seiner Unersättlichkeit überflutet, aber es war ihm nicht gelungen, ihr zu Freude und Genuß zu verhelfen. Nacht für Nacht lag sie duldend in seinen Armen. Nie entspannte sich ihr Körper, nie reagierte sie lustvoll auf seine Liebesbeweise. Ihre Kühle hemmte ihn und spornte ihn gleichzeitig an. Es muß doch möglich sein, sie aufzutauen, sie mitzureißen, dachte er verzweifelt, aber es war scheinbar nicht möglich. Er hatte sich zweitweilig zurückgehalten, um ihr die Gelegenheit zu geben, ihrerseits eine Geste zu machen. Das kleinste Zeichen körperlicher Zärtlichkeit hätte er dankbar angenommen. Aber er hatte erkennen müssen, daß Helene, wenn überhaupt, seine Zurückhaltung erleichtert wahrnahm. Er war auf seine Virilität stolz gewesen, aber in Helenes Augen glaubte er eine verächtliche Geringschätzung zu lesen, wenn er seinen Trieben nachgab.

Tagsüber war das Zusammenleben mit Helene harmonisch. Daß sie schweigsam war, störte ihn nicht. Im Gegenteil. Da er mit der zungenfertigen Sophie aufgewachsen war, bevorzugte er stille, sanfte Frauen. Helene schwieg mit Anmut und vermittelte ihm das angenehme Gefühl, mit allem, was er sagte, recht zu haben. Sie störte ihn nie, wenn er Stunden in seinem Vogelzimmer verbrachte, sie protestierte nie, wenn er Nachmittage lang in seinem Stammcafé Billard oder Tarock spielte. Der Haushalt funktionierte reibungslos, das Essen war hervorragend, all seine kulinarischen Wünsche wurden respektiert. Helene war eine ideale »Tagesfrau«; nur vor den Nächten begann sich Anton zu fürchten. Wenn er die Intimität des Doppelbettes mit ihr teilte, den Duft ihrer Haut einatmete und, seinem Begehren nachgebend, ihre Brüste und Schenkel zu streicheln begann, schloß sie gottergeben die Augen und die schönste Stimmung war dahin. Nächtelang lag er neben ihr wach, hörte ihren gleichmäßigen leisen Atem, tastete mit den

Blicken die Konturen ihres Körpers unter der Decke ab und zermarterte sich das Hirn, wie es weitergehen sollte.
Er hatte kein Verlangen nach anderen Frauen, er wollte Helene, aber der bloße körperliche Besitz befriedigte ihn nicht, er wollte sich geliebt wissen mit Haut und Haar. In seiner Niedergeschlagenheit hatte Anton Trost im Alkohol gesucht und gefunden. Ein, zwei Cognacs vor dem Schlafengehen hatten ihm den Optimismus vermittelt, den er brauchte, um sich eine neue Niederlage zu holen. Doch bald merkte er, daß der Alkohol zwischen ihm und seinen Problemen einen mildtätigen Abstand schuf. Cognac, in kleinen Dosen über den Tag verteilt genossen, machte ihn empfindungsloser, machte den Kummer stumpfer und verlieh ihm die nötige Bettschwere, um die Nacht durchzuschlafen.
Anton war nie betrunken. Er ging in einem feinen, freundlichen Nebel durchs Leben, und da er nach jedem »Trostschluck« den Mund mit Kölnischwasser spülte oder Petersilieblätter zerkaute, um sich nicht durch eine Alkoholfahne zu verraten, wurde sein Griff zur Flasche, der bald zur Gewohnheit ausartete, von niemandem bemerkt.
An dem Tag, an dem Sophie und Ferdinand, von ihrer Reise zurück, zum ersten Mal wieder im Palais Pernwald Besuch machen sollten, brauchte Anton besonders viel »Trost«. Ihm graute vor Sophies flinken Augen und ihrer spitzen Zunge. Wie lange würde sie brauchen, um das Fiasko seiner Ehe zu durchschauen? Eine achtlose Bemerkung, eine unbedachte Antwort – und schon witterte ihre Bosheit den schwachen Punkt; und dann würde sie erbarmungslos in seiner Wunde bohren.

Sophies wegen hätte Anton nicht schon zu Mittag eine halbe Flasche Cognac konsumieren müssen. Sophie war vollauf mit ihren eigenen Problemen beschäftigt und nicht alert genug, das Dilemma Dritter zu erraten. Sie hätte nicht gewußt, wie sie ihre Bedenken formulieren sollte, wenn sie jemand gefragt hätte. Nach außen hin war alles in Ordnung. Monatelang hatten Ferdinand und sie das Reisen genossen. Nichts war gut und schön und auch teuer genug gewesen. Sie hatten fremde Länder gesehen und neue Leute kennengelernt – alles war so verlaufen, wie sie es sich erträumt hatte; und doch, es stimmte nicht ganz zwischen ihnen. Ferdinands war ein erfahrener Mann. In seinen Armen hatte sie begriffen, was es bedeutete, eine Frau zu sein. Aber während sie nach mehr und immer mehr verlangte, wurde er zurückhaltender. Ein »Männergespräch« war ihm wichtiger als ein Abend zu zweit. Sie hatte sich schon oft in ihrem einsamen Bett nach seiner Umarmung gesehnt, während er in der Hotelbar politisiert oder Karten gespielt hatte.

Seinen Wunsch nach getrennten Schlafzimmern hatte Sophie zuerst als reizvoll empfunden. Jeden Abend neu erobert zu werden, jeden Abend von neuem die Erwartung, bis sich die Verbindungstür von seinem zu ihrem Zimmer öffnete. »Die Ehe soll nicht zur Pflicht ernüchtert werden«, hatte Ferdinand gesagt. »Spontanes Verlangen hält sie jung.« Ihr spontanes Verlangen war größer als das seine. Ihre Erziehung hinderte sie daran, offen mit Ferdinand zu sprechen. Eine Frau hatte ihre Würde zu wahren und zu warten, bis sie begehrt wurde. Es war undenkbar, einzugestehen, daß sie nicht warten wollte, daß sie nach ihm verlangte, nicht nur bei Nacht, sondern auch bei Tag.

Sophie wußte, daß Ferdinand sie nicht aus Liebe geheiratet hatte; aber als Liebhaber ließ er keine Wünsche offen. Sie wehrte sich gegen den Gedanken, daß er mit jeder Frau so perfekt sein könnte. Liebte er sich selbst so sehr, daß seine Eigenliebe und seine Eitelkeit genügten, ihn zu befriedigen? Woran dachte er, während sie in seinen Armen vor Glück verging? Sie hatte schon bemerkt, daß ihm Zärtlichkeiten, die nicht zur Sache gehörten, nicht lieb waren. Dann sah er sie mit einem so fremden, distanzierenden Blick an, daß sie ihn hätte hassen können, wenn sie ihn nicht geliebt hätte.

Sie wohnten seit ihrer Rückkehr im Hotel Sacher, und als Sophie am zweiten Tag den Wunsch geäußert hatte, eine große, standesgemäße Wohnung zu suchen, hatte Ferdinand glatt abgelehnt. »Wir werden hauptsächlich in Pernwald leben, da brauchen wir keine große Wohnung in Wien«, hatte er gesagt und grinsend hinzugefügt: »Das wäre eine unnötige Ausgabe. Für die Zeit, die ich in Wien sein werde, genügt ein *pied à terre* – oder ich wohne eben im Sacher.« Sophie hatte eine scharfe

Entgegnung hinuntergeschluckt. So also stellte er sich das vor? Sie sollte auf dem Land versauern, während er in Wien ein flottes Junggesellenleben zu führen gedachte? Aber sie wollte einen Ehekrach vermeiden. Sie hatte die Erfahrung gemacht, daß Ferdinand, wenn sie böse wurde, gereizt reagierte; er ging einfach fort, und sie konnte dann an ihrem Zorn ersticken. Auch war er nachtragend und ließ sie nächtelang allein schlafen. Nur durch Diplomatie war ihr Ziel zu erreichen. Sie beauftragte heimlich einen Immobilienmakler, ihr passende Objekte zur Auswahl vorzuschlagen. Sie konnte sich Zeit lassen. Jetzt kam erst einmal der Sommer in Pernwald, und im Herbst würde man dann weitersehen.

Die Abreise der beiden jungen Paare nach Pernwald war für den 29. Juni festgesetzt. Helene und Ferdinand hatten in seltener Übereinstimmung dafür plädiert, gemeinsam zu reisen. Die Bahnfahrt war lang. Das Umsteigen und die Warterei in Attnang-Puchheim auf den Zug nach Ischl war angenehmer, wenn man sich in angenehmer Gesellschaft befand. Anton wunderte sich im stillen, warum die Reise von einem Domizil in das andere soviel Vorbereitung und Packerei erforderte, aber er war von Sophie Kummer gewohnt. Sophie reiste immer mit einer Unmenge von Koffern, Taschen und Hutschachteln. In diesem Punkt waren anscheinend alle Frauen gleich. Auch Helene packte seit Tagen mit ihrer Kammerzofe, und die Zahl der Gepäckstücke wuchs beinahe stündlich.
Der Tag vor der Abreise war ein Sonntag. Für Juni war es ungewöhnlich heiß, und Anton, der das letzte Mal in seinem »Vogelzimmer« unter dem Dach nach dem Rechten geschaut hatte, wischte sich den Schweiß von der Stirn. Er stand, unschlüssig, was zu tun sei, im Salon am Fenster und starrte unverwandt in den kleinen Garten. Die Nachmittagshitze flirrte vor seinen Augen, und der heimliche Cognac machte ihn noch heißer, als es war. Er dachte an seine gefiederten Lieblinge, die er unter Frau Bertas Obhut lassen mußte. Hoffentlich vergaß sie nicht, ihnen zweimal am Tag frisches Wasser zu geben. Die Canaris in den Käfigen links der Tür mauserten gerade, sie brauchten zerstoßene Eischalen und gehackte Dotter als Mau-

serhilfe. Die Sittiche brüteten. Wenn Frau Berta nur nicht vergaß, am Abend das Fenster zu schließen? Die Vögel verkühlten sich so leicht. Und Olga, die zahme Eule, war gewohnt, frei zu fliegen. Wie würde sie es aushalten, wochenlang im Käfig eingesperrt zu sein?
In Florians Räumen klingelte das Telefon. Es klingelte und klingelte und klingelte. Florian war schon seit drei Wochen in Pernwald, und Frau Berta brach sich lieber den Arm, ehe sie an das ihr unheimliche Telefon ging. Anton hoffte, das Telefon würde verstummen, doch die Klingel schrillte unablässig in zermürbend gleichem Ton. Niemand außer ihm schien es zu hören. Wenn der Anrufer so hartnäckig blieb, mußte etwas Außerordentliches geschehen sein. Normalerweise wurde das Telefon fast ausschließlich von Helene und Mathilde benutzt. Nur wenige Leute hatten Telefon; der fernmündliche Verkehr beschränkte sich auf ein paar »Neumodische«.
Noch immer klingelte der Apparat. Anton stieg seufzend in die Halle hinab und hob den Hörer von der Gabel.
Es rauschte und knackte in der Leitung, dann hörte er eine ferne Stimme rufen: »Hallo! Hallo!«
Anton rief ebenfalls »Hallo« und die ferne Stimme schnarrte unwillig: »Hier Poldo von Pernwald. Wer ist denn dort?«
Anton räusperte sich vor Unbehagen. Onkel Poldo. Er hatte ihn nur zweimal gesehen, einmal bei seiner Verlobung, das andere Mal bei seiner Hochzeit. Seine Erinnerung an Poldo war dunkel, er wußte nur noch, daß der Onkel sich bemerkenswert lange mit Sophie unterhalten hatte. Warum rief er an? War etwas mit Florian passiert? »Hier ist Anton«, sagte er hastig und fügte unbeholfen hinzu: »Dein Neffe Anton.«
Poldo, am anderen Ende der Leitung, hielt sich nicht mit Begrüßungsfloskeln auf, er sagte hastig: »Etwas Schreckliches ist geschehen. Es ist unfaßbar, der Thronfolger und seine Gemahling sind in Sarajevo ermordet worden. Erschossen. Beide. Eben kam die Meldung durch.« Anton fiel vor Schreck beinahe der Hörer aus der Hand.
»Hallo. Hallo, hörst du mich?« quäkte Poldos Stimme aus dem Hörer.
»Ja, ja, Onkel Poldo«, stotterte Anton, »ich bin nur . . .« er-

schrocken, wollte er sagen, und fragte dann: »Bedeutet das Krieg?«
»Das glaub' ich nicht«, näselte Poldos Stimme: »Man soll über Tote nichts Schlechtes reden, aber wer wäre bereit, Franz Ferdinand zu rächen und für ihn zu sterben? Er war, weiß Gott, nicht beliebt.«
»Ich kann es immer noch nicht fassen«, Anton schwitzte und nahm den Hörer in die andere Hand. »Und wer ist der Mörder?«
»Ein Serbe. Princip heißt er. Man hat ihn am Tatort verhaftet.«
»Diese Scheißserben, dieses Pack.« Anton wurde vor Aufregung ordinär.
»In einer Stunde werden die Extrablätter erscheinen«, sagte Poldo. »Ich wollte euch nur gleich benachrichtigen«.
»Ich bin dir sehr dankbar.« Anton verbeugte sich leicht, als könnte Onkel Poldo ihn sehen. »Wir werden selbstverständlich die Abreise verschieben. Du denkst also nicht, daß es zum Krieg kommt?«
»Ausgeschlossen«, antwortete Poldo. »Die Panikstimmung wird sich in einigen Tagen gelegt haben. Ich sitze doch an der Quelle. Ich weiß doch, was gespielt wird. Nein, nein, du kannst mir glauben: es gibt keinen Krieg.«
Es sah so aus, als sollte Onkel Poldo recht behalten. Die Wogen der Aufregung verebbten nach kurzer Zeit.
Der Kaiser, der sich schon in seiner Sommerresidenz in Ischl aufgehalten hatte, kehrte sofort nach Wien zurück und ordnete an, daß die Bestattungsfeierlichkeiten auf ein Mindestmaß des üblichen Pompes einzuschränken seien.
»Noch über das Grab hinaus trägt der Kaiser dem Thronfolger seine morganatische Ehe nach«, sagte Ferdinand. »Ich kann mir vorstellen, daß ihm bei dem plötzlichen Tod des Thronfolgerpaares ein Stein vom Herzen gefallen ist.«
»Wie kannst du nur so etwas sagen«, protestierte Helene. »Der Thronfolger war doch schließlich sein Neffe. Das Unglück muß den Kaiser furchtbar getroffen haben. Und du unterstellst ihm ein Gefühl der Erleichterung.«
Ferdinand lächelte: »Man weiß doch, daß das Verhältnis der

beiden zueinander nicht gerade sehr herzlich war. Wie Graf Paar, der die Schreckensnachricht in Ischl überbrachte, erzählt, soll der Kaiser gesagt haben: ›Entsetzlich! Der Allmächtige läßt sich nicht herausfordern. Eine höhere Gewalt hat jene Ordnung hergestellt, die ich leider nicht zu erhalten vermochte . . .‹ Nun, das heißt doch klipp und klar, daß sich der Kaiser erleichtert fühlte.«

»Was ist jetzt eigentlich?« unterbrach ihn Sophie. »Fahren wir nach Pernwald oder fahren wir nicht? Seit Tagen sitz' ich auf den gepackten Koffern. Das ist doch auf die Dauer kein Zustand.«

»Natürlich fahren wir. Alle vier, wie geplant«, stellte Ferdinand fest. »Ich laß mir doch dem gewesenen Thronfolger zuliebe nicht den Sommer verpatzen.«

»Ich weiß nicht, was ich glauben soll«, sagte Anton bedächtig. »Die Regierung fordert schwerste Sanktionen von Serbien. Wie wird Rußland auf die Demütigung seiner slawischen Brüder reagieren?«

»Herrjeh Anton, du machst Politik!« hänselte ihn Ferdinand. »Ich bin überzeugt, daß Rußland nicht reagieren wird. Die Russen wissen sehr genau, daß Deutschland im Ernstfall mit Österreich-Ungarn zusammengehen würde. Ihr werdet sehen, die Serben kriechen zu Kreuz und wir fahren übermorgen nach Pernwald.«

»Gut«, sagte Anton, der zu einem Entschluß gekommen war. »Bitte, nehmt Helene mit; ich fahr' auf einen Sprung nach Prag. Ich will auf alle Fälle meine Angelegenheiten geregelt wissen, Verfügungen treffen. Wenn es zu einem Krieg kommen sollte, muß ich mich als dienstpflichtiger Reservist bei meiner Einheit melden, und dann habe ich keine Zeit mehr für einen Umweg über Prag.« Er lächelte müde: »Ich will für Helene alles in Ordnung haben. Man weiß ja nie . . .«

Sophie mischte sich ein. »Wenn du nach Prag fährst, dann nimm Max Fiedler mit. Du bist kein geschäftliches Genie. Dich kann jedes Kind übers Ohr hauen. Nur wenn Fiedler deine Verfügungen kontrolliert und gutheißt, kann man sicher sein, daß sie auch wirklich in Ordnung sind.«

Anton beherrschte sich mühsam. Alle hielten sie ihn für einen

Idioten. Seine Schwester, sein Schwager und wahrscheinlich auch Helene. Er war der dumme Anton – nein, der dumme August. Ein dummer August mit viel Geld und wenig Verstand. Plötzlich wünschte er sich den Krieg. Dann konnte er fort und beweisen, daß er ein ganzer Kerl war. Er unterdrückte ein inneres Zittern. Er brauchte dringend einen Cognac und stand auf. »Ich werde Max Fiedler telegrafieren«, sagte er, »daß er mich in Prag treffen soll.«

XXXIII.

Florian verstand seine Umgebung nicht. Seine Kinder, seine Freunde und Bekannten, die Dienstboten und Bauern versuchten alle, weiterzuleben wie bisher – so, als ob nichts geschehen wäre. Niemand sprach vom Krieg, niemand wollte es wahrhaben, daß die Katastrophe unmittelbar bevorstand. Sie sind dumm wie Hühner, dachte Florian. Sie stecken die Köpfe in den Sand und lassen sich überraschen. War er denn der einzige, der wußte, daß der Krieg unvermeidbar war, daß es nur mehr Tage oder Wochen dauern konnte, bis dieses gute, satte Leben in Scherben ging? Ferdinand entwickelte großsprecherische Pläne. Er wollte Pferde züchten und faselte davon, im Herbst nach England zu reisen, um Zuchthengste zu kaufen. Stallungen wollte er anbauen, Hengsthöfe anlegen und die Pacht der angrenzenden Wiesen kündigen, um sie in Pferdekoppeln umzuwandeln. Sophie ließ im Park eine Kegelbahn bauen, und entwickelte eine wahre Besessenheit für diesen Sport. Stundenlang hörte Florian Holz an Holz klingen, wenn die Kugel die Kegel mitriß. Helene war mit Charlotte, Mathildes kleiner Tochter vollauf beschäftigt; sie spielte mit dem Kind, sang mit ihm und erzählte ihm selbsterdachte Märchen. Sie sollte bald ein Kind haben, überlegte Florian. Damit ich es noch erlebe.

Die qualvollen Nächte, die er beinahe schon vergessen hatte, plagten ihn von neuem. Wieder engten ihm Beklemmungs- und Angstgefühle die Brust ein, wieder saß er, hochangelehnt an die Kissen, im Bett und rang nach Luft. Auch Mirza, bei der er sich bitter beklagte, verstand ihn nicht ganz. »Du bist ein schrecklicher Pessimist, Flori«, beschwichtigte sie ihn. »Der Kaiser denkt nicht daran, einen Krieg zu entfesseln. Gut, wenn es zu einem Abbruch der diplomatischen Beziehungen zu Serbien kommen sollte, bedeutet das noch immer nicht den Konflikt. Selbst wenn eine kriegerische Auseinandersetzung stattfinden sollte, werden wir es mit Serbien allein zu tun haben. Und du prophezeist einen Weltkrieg. Wirklich, Flori, du siehst Gespenster.«

»Ich möchte dir glauben«, sagte Florian, nahm ihre Hand und küßte die Innenfläche. »Aber ob du nun recht behältst oder nicht, eines weiß ich. Wir werden heiraten, noch in diesem Sommer.«

»Aber du fragst mich ja gar nicht.« Mirza lächelte.

»Ich bitte dich nicht und ich frage dich nicht«, sagte Florian bestimmt. »Du wirst meine Frau, in guten wie in schlechten Zeiten. Ich bestelle das Aufgebot. Wir heiraten in der Dorfkirche von Steinbach. Wer weiß, wie lange man noch wird reisen können. Ich will dich immer bei mir haben. Immer. Nicht nur in Hotels und Schlafwagen.«

Mirza küßte ihn. »Was werden die Kinder dazu sagen?« fragte sie.

»Das ist mir einerlei«, sagte Florian kurzangebunden. »Kinder sind Egoisten. Eltern haben dasselbe Recht.«

Mirza zeichnete den Schwung seiner Augenbraue mit dem Finger nach. »Nun werde ich doch noch eine anständige Frau«, sagte sie nachdenklich. »Nach so viel sündiger Liebe.«

Florian umarmte sie. Er fühlte sich plötzlich so wohl, wie seit langem nicht. Sein Herz schlug stark und fest, sein Atem ging leicht und frei. »Jetzt glaub' ich es auch«, sagte er. »Es wird ein schöner Sommer werden.«

Das Wetter spielte mit. Für Florian war die Natur noch nie so friedlich gewesen wie in diesem Juli. Die Sonne schien in freundlicher Regelmäßigkeit, hie und da kam ein Gewitter, ohne Schaden anzurichten. Die Felder standen gut, das Gras der Wiesen war saftig und wie grün lackiert. Schwer hingen die Früchte in den Bäumen, und die Blumen überblühten sich beinahe. In den kobaltblauen Nächten waren die Sterne näher als

sonst, und der See klatschte in beruhigendem Rhythmus kleine Wellen an das Ufer.
Mitten in diese Idylle der Ruhe vor dem Sturm kam Anton aus Prag an. Schon Minuten bevor sein schwarzer Benz sichtbar wurde, war das Rattern und Knattern des Motors zu hören. Als das Auto dann in die Auffahrt einbog, begannen die Hunde wütend zu bellen, und die Auspuffgase überdeckten den süßen Duft des Phloxes. Anton, der in der letzten Fahrtstunde der Hitze wegen Staubmantel und Kappe abgelegt hatte, war mit dem weißen Staub der Landstraße wie gepudert. Als er versuchte, seine Kleider sauberzuklopfen, stiegen feine Staubwolken um ihn hoch und machten ihn niesen. Die allgemeine Begrüßung wurde verschoben, bis er sich gesäubert und umgezogen hatte.
Helene fand keinen Anlaß, Anton auszuweichen. Er küßte sie nur zurückhaltend auf die Wange, entschuldigte sich formell mit Reisemüdigkeit und zog sich in sein Zimmer zurück, um, wie er sagte, ein wenig zu schlafen.
Anton schlief nicht. Er saß am Fenster, hinter den quergestellten Jalousien, so daß er hinaussehen konnte, ohne gesehen zu werden. Er betrachtete die dichtbelaubten Äste der Kastanienbäume und die Schatten, die sie auf den Kiesweg zeichneten, er hörte das Summen der Bienen in den Blumen und das Dengeln der Sensen auf den Wiesen hinter den Ställen. Er trank den Cognac schlückchenweise, und schlückchenweise gewann er Abstand zu den Dingen. In Prag hatte er eine Entscheidung getroffen, die ihn von seinem bisherigen Leben abschnitt. Aber nun, da er in Pernwald am offenen Fenster saß, den herben Geruch des frischgemähten Heus in der Nase, erschien ihm sein Entschluß endgültig richtig. Die Gedanken, die ihn auf der langen, einsamen Autofahrt gequält hatten, lösten sich auf in Cognac und Heugeruch. Er hatte vor, noch bevor er mit Helene allein sein würde, Florian vor dem Abendessen um eine halbe Stunde Gehör zu bitten. Nach dem Essen folgte er ihm in den Jagdsalon, lehnte den trockenen Sherry dankend ab und ließ sich von Kaspar einen Cognac servieren. Er saß in demselben Sessel, in dem er vor zwei Jahren als Bewerber gesessen hatte, und wieder blickten hinter Florians Kopf die Ahnen der Pernwalds von der

Wand streng und hochmütig auf ihn herab. Doch die Pernwalds schüchterten ihn nicht mehr ein. Anton hob leicht sein Glas und prostete den Ahnen unmerklich zu.
»Eine Bitte um ein Gespräch unter vier Augen läßt nur selten ein erfreuliches Thema erwarten«, begann Florian nervös. »Ich darf dich daher ersuchen, gleich zur Sache zu kommen.«
»Selbstverständlich, Papa.« Anton trank sein Glas leer und sagte bestimmt: »Ich bin der festen Überzeugung, daß der Krieg unmittelbar bevorsteht. Das befristete Ultimatum, das die Regierung an Serbien gestellt hat, ist eine papierene Drohung, weiter nichts. Aber die Serben werden das Ultimatum nicht annehmen. Ich weiß, daß die Herren aus der nächsten Umgebung des Kaisers noch immer der Ansicht sind, daß man sich arrangieren wird. Mit vierundachtzig unterschreibt der Kaiser keine Kriegserklärung. Er wird unterschreiben müssen. Die Kriegspartei ist mächtig und drängt auf eine Entscheidung mit Waffengewalt. Aber ich will keinen politischen Vortrag halten, ich will lediglich zum Ausdruck bringen, daß ich den Optimismus gewisser Kreise, zu denen nebenbei gesagt auch Onkel Poldo gehört, nicht teile, nicht teilen kann.«
Anton leckte mit der Zunge über seine spröden Lippen und schielte zu seinem leeren Glas hin. Ein kräftiger Schluck hätte es ihm erleichtert, das Folgende zu sagen. Aber Florian, der ihm, die Hand über die Augen gelegt, regungslos zugehört hatte, bemerkte seinen unausgesprochenen Wunsch nicht. Anton fuhr fort: »Ich meinerseits habe die Konsequenzen gezogen und mich auf das Schlimmste vorbereitet. Falls ich mich geirrt haben sollte, um so besser für mich, für uns alle.« Er holte tief Atem und sagte: »Ich habe die Fabriken verkauft. Gegen Max Fiedlers Rat. An die Konkurrenz, die Gebrüder Schick, sie sind die zweitgrößten in der Branche. Fiedler ist ein Kaufmann, aber ich ...« Anton lächelte verlegen: »Ich bin es nicht. Ich bin nur ein Ehemann. Wenn ich einrücken muß, kann mir etwas zustoßen. Ich kann in Gefangenschaft geraten, vermißt werden oder fallen. Ich will vermeiden, daß Helene mit geschäftlichen Problemen konfrontiert wird; sie kann auch nicht für mich unterschreiben. Ich will mein Vermögen für sie so anlegen, daß sie weiter nichts zu tun hat als Koupons zu schneiden, daß sie

gesichert ist, was immer auch geschieht. Es ist alles geregelt, die Verträge sind perfekt. Ich habe nur unser Haus in Prag behalten und zwei Zinshäuser.« Antons Stimme schwankte etwas, er räusperte sich und versuchte sich in einen Scherz zu retten. »Es gibt keine Seife Marke Dobrany mehr. Die Monarchie wird sich künftig mit Schick-Seife waschen müssen.«
Florian war gerührt. Er ließ die Hand, die er über die Augen gelegt hatte, sinken und sagte leise: »Mein guter Junge . . .« Gleich darauf war er erleichtert, daß Anton ihn, wie es schien, nicht gehört hatte.
Anton war aufgestanden, hatte sich die Flasche Cognac geholt und schenkte sein Glas voll. Er trank den goldbraunen Schnaps wie ein Verdursteter, bemerkte Florians Blick und sagte: »Mein Hals war ganz ausgetrocknet. Aber da ist noch etwas, was ich dir sagen möchte.« Er zog ein versiegeltes Kuvert aus der Brusttasche und reichte es Florian über den Tisch. »Das ist eine Abschrift meines Testaments«, erklärte er. »Das Original liegt bei meinem Rechtsanwalt, Doktor Karl Mascha in Prag. Aber es mir ein gutes Gefühl, meinen letzten Willen in deinen Händen zu wissen, denn er betrifft Helene und – Pernwald.«
Florian drehte das Kuvert mit den roten Lacksiegeln zwischen den Fingern. »Mein guter Junge«, sagte er nun laut und vernehmlich, und dachte: dieser Anton macht mich noch ganz sentimental. Er verschloß das Kuvert in der Schreibtischlade. »Gib mir auch einen Cognac«, sagte er und stand auf.
Anton fühlte sich plötzlich betrunken. Florians Gesicht zerfloß ein wenig vor seinen Augen und er hatte Mühe, den Strahl aus der Flasche in das Glas zu lenken.
»Ich bin stolz auf dich«, Florian klopfte ihm auf die Schulter. »Ich weiß dein Vertrauen zu würdigen. Du benimmst dich wie ein echter . . .« Pernwald, wollte er sagen, doch Anton unterbrach mit einem eigensinnigen Kopfschütteln. »Ich benehme mich wie ein echter Dobrany«, sagte er sanft.

XXXIV.

Es war, als hätte die Ankunft Antons die Ereignisse ins Rollen gebracht. Eine allgemeine Unruhe griff um sich. Das österreichisch-ungarische Ultimatum an Serbien war am 23. Juli in Belgrad mit 48stündiger Beantwortungsfrist überreicht worden. Die Menschen duckten sich wie Tiere vor einem aufziehenden Unwetter.
Helene versuchte sich vorzustellen, was Krieg für sie bedeutete. Anton würde ins Feld müssen – aber er hatte in ihrem Leben so wenig Platz, daß er ihr nicht fehlen würde. Daß sie so fühlte und dachte, machte sie schuldbewußt und sie versuchte, sich mit einer unnützen Tätigkeit abzulenken. Ferdinand vertagte seine Zuchtpläne. Um seine eigene Nervosität zu überspielen, stritt er mit Sophie, verspottete ihre Kriegsangst und versteifte sich – gerade, weil er sie teilte – in die Behauptung, daß, wenn Serbien es auf Krieg ankommen lasse, sechs österreichisch-ungarische Armeekorps in vier Wochen das gesamte serbische Staatsgebiet besetzt und den Krieg damit beendet haben würden.
Florian, den das Gerede irritierte, pfiff nach Hexe und ging mit ihr durch die Wiesen. Auf den Feldern arbeiteten die Bauen; es kam Florian vor, als arbeiteten sie schneller als sonst, als wüßten sie, daß nicht mehr viel Zeit blieb, die Ernte einzubringen.
Die Mücken tanzten fröhliche Spiralen in der Sonne, und zu beiden Seiten seines Weges zirpten die Grillen im hohen Gras. »Keine Nachricht ist eine gute Nachricht«, dachte Florian. »Solange der Kaiser noch in Ischl ist, solange mich Poldo aus Ischl nicht verständigt, so lange kann ich noch hoffen.«
Der einzige, der gelassen und ruhig die Tage durchlebte, war Anton. Er beteiligte sich nicht an den »Für-und-Wider-Gesprächen«, er sonderte sich ab und vermied es auch, mit Helene allein zu sein. Seine Koffer packte er gar nicht erst aus. Er war bereit zu gehen. Er nahm seine Junggesellengewohnheit wieder auf und radelte mit bedächtigen Tritten am See entlang. Oft machte er Rast und nahm einen Schluck aus der Hüftflasche, lauschte den jubelnden Stimmen der Lerchen, beobachtete die

Fische, die nach den Mücken sprangen, und war der Natur dankbar. Wenn er schaute und horchte, brauchte er nicht zu denken.

Am Samstag, den 25. Juli, um sechs Uhr abends lief das Ultimatum an Serbien ab. Kurz nach sieben Uhr wußte Poldo in Ischl bereits, daß der österreichisch-ungarische Gesandte in Belgrad die serbische Antwortnote für unannehmbar erklärt und unverzüglich mit seinem Botschaftspersonal Belgrad verlassen hatte. Dennoch zögerte Poldo, einen alarmierenden Brief an Florian abzuschicken. Alle Herren, die in der Kaiser-Villa aus- und eingingen, vertraten die Ansicht, daß ein Abbruch der diplomatischen Beziehungen nicht unbedingt Krieg bedeuten müsse. Poldo wollte sich nicht blamieren. Wenn er Florian eine Hiobsbotschaft sandte und der Konflikt sich dann doch noch arrangieren ließ, würde ihm Florian seine »politische Kurzsichtigkeit« vorhalten bis ans Ende seiner Tage.

Poldo brachte auch in Erfahrung, daß der Außenminister Graf Berchtold, der in Ischl eingetroffen war, noch in der Nacht von Samstag auf Sonntag in St. Petersburg und in Rom die bündige Erklärung hatte abgeben lassen, daß die Monarchie im Konflikt mit Serbien keine wie immer gearteten Gebietserweiterungen anstrebe. Also tat Poldo das, was alle anderen Untertanen des Kaisers taten: er wartete ab.

Am 28. Juli erschien Graf Berchtold in Audienz beim Kaiser und berichtete, serbische Einheiten hätten begonnen, über die Donau hinweg Truppenteile der Österreichisch-Ungarischen Armee zu beschießen. Der Kaiser, für den die Wahrung der Ehre seiner Armee die höchste Verantwortung bedeutete, unterzeichnete das von Graf Berchtold bereits vorbereitete Manifest »An meine Völker«, das die allgemeine Mobilmachung anordnete. Am Mittwoch, dem 29. Juli, gab der Kaiser den Befehl zur Rückkehr nach Wien. Am selben Tag schrieb Poldo mit vor Aufregung unsicheren Fingern an Florian: »Der Krieg ist da. Ich verlasse noch heute Ischl. Morgen fährt seine Majestät nach Wien zurück. Die allgemeine Mobilmachung wird wohl erst heute Abend oder morgen publiziert werden. Ich ersuche dich daher vorerst um Diskretion. Gott schütze uns alle.«

Poldo übergab das versiegelte Schreiben seinem Offiziersdiener Marik mit dem Befehl, unverzüglich nach Pernwald zu reiten, den Brief abzugeben und sofort zurückzukehren.
Florian saß allein auf der Terrasse. Ferdinand und Sophie waren nach Weissenbach zur Post gefahren, um zu hören, ob der tickende Telegraphenapparat Neuigkeiten ausspuckte. Helene war mit der kleinen Charlotte und Mademoiselle Yvette spazieren gegangen, und Anton radelte wieder irgendwo durch die Gegend. Zu seinen Füßen, auf den Steinen, die noch die Hitze des Tages ausströmten, lag Hexe. Im schmelzenden Licht der sinkenden Sonne schimmerten die Fensterscheiben. Das Klappern der Pferdehufe auf der Landstraße durchbrach die friedliche Abendstille. Florian fuhr hoch. Das plötzlich einsetzende laute Pochen seines Herzens übertönte in seinen Ohren das Zirpen der Grillen. Er kniff die Augen zusammen, um in die schrägfallende Sonne zu schauen und folgte mit den Blikken dem Reiter. Hexe knurrte und erhob sich. Florian, der die Uniform erkannt hatte, stand ebenfalls auf und ging die Stufen hinunter. Der Reiter sprang ab, machte ein paar Schritte auf Florian zu, schlug die Hacken zusammen und überreichte den Brief.
»Danke, Marik«, sagte Florian. Das unwissende, schwitzende Gesicht des Offiziersburschen veranlaßte ihn zu der Bemerkung: »Gehen Sie in die Küche und lassen Sie sich etwas zu trinken geben.«
»Melde gehorsamst, Herr Baron, daß das nicht geht.« Marik schlug wieder die Hacken zusammen. »Der Herr Oberst haben befohlen, unverzügliche Rückkehr nach Ischl.«
Der Brief in Florians Hand wog mit einem Mal schwer. »Ist gut«, sagte er geistesabwesend und wiederholte: »Danke.«
Er beachtete den Burschen, der sich wieder aufs Pferd schwang, nicht weiter, erbrach das Siegel und las. Ein jäher Schwindel ließ die Schriftzüge vor seinen Augen verschwimmen. Die Erregung stieg heiß in ihm hoch, er hatte das Gefühl, daß ihm die Brust zu eng wurde. Er stützte sich haltsuchend auf die Balustrade. Sein Herz stolperte, und er atmete schnell und flach. Hexe spitzte die Ohren und begann zu bellen. Florian riß sich zusammen. So schnell es ihm nur möglich war, ging er der

Halle zu, doch auf der Schwelle mußte er sich am Türrahmen festhalten, so sehr wogte der Boden unter seinen Füßen. »Kaspar«, rief er. Seine Stimme klang ihm schwach und fremd. Mit großer Mühe wiederholte er so laut er konnte: »Kaspar.« Nach der bewältigten Anstrengung fühlte er sich besser. Er ließ den Türrahmen los, der Boden unter seinen Füßen bewegte sich nicht mehr. Vorsichtig, wie auf Glatteis, steuerte er seinen Lehnstuhl an, die wenigen Schritte trieben ihm den Schweiß auf die Stirn.
Kaspar erschien eilig in der Halle. »Der Herr Baron haben gerufen?« fragte er und setzte erschrocken hinzu: »Ist etwas passiert? Der Herr Baron sind ganz blaß.«
Florian hatte das Gefühl, als quölle ihm das Wort »Krieg« über die Zunge, er mußte schwer schlucken, um es nicht auszusprechen. »Nichts ist«, sagte er statt dessen. »Ein bißchen schwindlig war ich. Es ist so schwül. Bring mir ein Glas Wein.«
Kaspar erlaubte sich zu protestieren: »Ich bin nicht sicher, ob Wein gut ist für den Herrn Baron.«
»Aber ich bin sicher, daß es gut für mich ist«, sagte Florian barsch und schnalzte ungeduldig mit den Fingern. »Schnell, den Wein. Beeil dich.« Während er auf Kaspars Rückkehr wartete, dachte Florian: nur ich kenne hier die Wahrheit, nur ich weiß, daß der Krieg schon begonnen hat. Die anderen haben noch eine Galgenfrist von ein paar Stunden. Aber ich kann es nicht bei mir behalten, es sprengt mir die Brust.
Kaspar kam mit dem Wein und Florian trank so hastig, daß ihm ein roter Tropfen über das Kinn lief. »Schenk nach«, befahl er. Kaspar, über die Zurechtweisung gekränkt, goß wortlos nach. »Entschuldige, mein Alter«, sagte Florian, »daß ich vorhin so schroff war. Ich weiß, du meinst es gut mit mir. Laß anspannen. Den kleinen Kutschierwagen mit dem Wastl, wie immer.«
»Darf ich mitkommen, Herr Baron?« fragte Kaspar.
»Nein, Kaspar, ich fahr' allein. Ich fühl' mich schon wieder wohl.« Florian trank. »Wein ist die beste Medizin.« Er stand elastisch auf und sagte: »Also in zehn Minuten den Wagen.« Ihm war wirklich besser, nur ein wenig abgeschlagen fühlte er

sich, kein Wunder nach der Aufregung. Aber er mußte zu Mirza, ihr sagen, was er wußte; er würde erst wieder ruhig werden, wenn er bei ihr war.
Der alte Wastl kannte den Weg allein. Florian hielt die Zügel locker in der Hand, Hexe saß neben ihm auf dem Bock und hechelte. Es war noch immer schwül. Die Sonne sank schnell dem Westen entgegen und über den Schafberg her zogen dunkle Wolken auf. Die Luft stand still, nur die Stechfliegen summten angriffslustig um den Wagen. Florian wehrte mit der Hand die Fliegen ab, die Bewegung verursachte ihm einen Schweißausbruch. Er schnalzte mit der Zunge, um das Pferd anzutreiben. Doch Wastl reagierte nicht, mit hängendem Kopf trottete er die Landstraße entlang.
Der Schmerz überfiel Florian unvorbereitet heftig. Wie mit glühenden Zangen preßte er das Herz zusammen, der Brustkorb brannte, heiße, scharfe Magensäure schoß hoch und ätzte Florian die Zunge. Der Schweiß rann ihm in dicken Tropfen über den Körper, der Atem pfiff in seinen Ohren. Er ließ die Zügel fallen und grub mit zitternden Fingern nach der Pillendose in seiner Jackentasche. Der Verschluß sperrte sich, beinah hätte Florian die Dose fallen lassen. Mit letzter Kraft gelang es ihm, sie zu öffnen und sich das Nitroglyzerin in den Mund zu schieben. Gleich, jetzt gleich, wird mir besser, dachte er mühsam und lehnte sich zurück. Durch die halbgeschlossenen Lider sah er die Wiese vor sich, die rotglühenden Gesichter des Mohns und daneben die Halme, steif und still, wie angetretene Soldaten. Und plötzlich sah er Mirza. Sie kam über die Wiese, in ihrem blauen, ausgeschnittenen Hauskleid, ihre offenen Haare wippten bei jedem Schritt, ihre nackten Füße schienen den Boden kaum zu berühren. Immer näher und näher kam sie und lächelte. Ihr Lächeln streichelte sein Herz. Es wurde friedlich und ruhig.

XXXV.

Der Schock über Florians Tod überdeckte den Schock, den die Kriegserklärung auslöste, und änderte in wenigen Stunden die Atmosphäre in Pernwald. Für die Hinterbliebenen wog der überraschende Tod eines Einzelnen unendlich viel schwerer als der mögliche Tod hunderttausend Unbekannter. Noch lag das Buch, in dem er gelesen hatte, aufgeschlagen auf Florians Schreibtisch, noch fand sich ein achtlos verlorenes Taschentuch unter den Kissen seines Lehnstuhls, aber schon breitete sich eine unpersönliche Leere in den Räumen aus. Unsicher und verloren ging Helene durch die Zimmer. Es war, als müsse sie sich in einem fremden Haus zurechtfinden. Ihre Augen waren rot gerändert und verschwollen, sie war ganz ausgeweint, und doch fand sie keine Fassung. Es trieb sie von einem Gegenstand zum anderen, sie suchte den fühlbaren Kontakt mit den Dingen, die Florian gehört hatten.

Noch am Abend waren Ferdinand und Anton mit dem Auto zum Postamt gefahren und hatten Telegramme ausgeschickt, an Mathilde, an Poldo, an das Regiment, an Freunde und Bekannte. Sie hatten die Formalitäten erledigt, die erledigt werden müssen, wenn ein Mensch aus dem Leben geht. In ihrem Zwinger heulte Hexe. Ihr klagendes Jaulen erfüllte die Nacht, es drang durch die verriegelten Fensterläden, durch die geschlossenen Vorhänge und marterte die Ohren der Lauschenden.

Bei der Rückfahrt vom Postamt hatte Anton die erleuchteten Fenster von Mirzas Haus gesehen. Das Bild der hellen Fenster, die in der Dämmerung zu warten schienen, ließ ihn nicht los. Er wußte, daß seine Anwesenheit für Helene kein Trost war und bestieg nach dem Abendessen, das unberührt wieder abserviert worden war, sein Rad. Er hatte keinen besonderen Kontakt zu Mirza gehabt, aber in seiner tiefen Trauer um Florian hielt er es für seine Pflicht, sie zu verständigen. Da er nicht wußte, wie er es sagen sollte, teilte er ihr in knappen Worten mit, was geschehen war. Ihr blasses Gesicht wurde noch blasser, die Sommersprossen traten hervor. Sie machte eine hilflose Handbewegung, als versuchte sie, die Nachricht von sich

fortzuschieben. »Ich hab' Angst gehabt«, flüsterte sie. »Immer hab' ich Angst gehabt, daß es passiert. Und wenn es besonders schön war, hab' ich besonders viel Angst gehabt.«
Die Tränen liefen ihr über die Wangen in den Mund. »Weißt du denn, wie schnell die Zeit vergeht, wenn man liebt?« Sie merkte in ihrer Aufregung nicht, daß sie Anton duzte. »Zehn Jahre, fünfzehn Jahre sind wie nichts. Man will immer mehr.« Sie verzog die Lippen zu einem mißglückten Lächeln: »Man wird unbescheiden. Man will das Glück für sich pachten.« Mit einer hastigen Bewegung fuhr sie sich über die Augen und ging ans offene Fenster. »Es wird bald Herbst, und der Krieg ist da. Es ist gut, daß ich nicht mehr jung bin.« Sie wandte sich nach Anton um und streckte ihm gefaßt die Hand entgegen: »Ich danke Ihnen, daß Sie zu mir gekommen sind«, sagte sie, »und daß Sie nicht versucht haben, mich zu trösten.«

Sophie hatte sich in ihr Zimmer zurückgezogen. Florians Tod hatte sie erschüttert – nahegegangen war er ihr nicht. Warum sollte sie sich selbst etwas vormachen? Sie hatte Florian als Persönlichkeit anerkannt, geliebt hatte sie ihn nie. Der Gedanke, daß seine dunklen, hochmütigen Augen sie nicht mehr kritisch ansehen konnten, hatte beinahe etwas Erleichterndes. Helene tat ihr leid; für sie war es die erste wirkliche Begegnung mit dem Tod. Sophie war nicht sicher, ob Ferdinand ihr Mitleid brauchte. Er war ein wenig zu kühl und sachlich gewesen. Männliche Beherrschung in allen Ehren, aber echtes Gefühl, wenn es vorhanden war, hätte man doch bei aller Gefaßtheit spüren müssen. Ihrer Meinung nach hatte er mehr an das Testament als an den Toten gedacht, mehr an den Gewinn als an den Verlust.
Sophie ging an den Kleiderschrank, um nachzusehen, ob sich etwas passendes Schwarzes für den morgigen Tag fand. Ein Jahr lang Trauerkleidung. Sie seufzte. Schwarz stand ihr nicht besonders gut. Es ließ ihre Haut fahl und ihr Haar strohig erscheinen. Vielleicht würde ihre Schneiderin, die Fahrnhammer in Wien, einen Trick wissen, um die öde Trauerkleidung etwas aufzuputzen. Jettstickerei am Kragen oder schimmernde schwarze Perlen, um den Sachen Schick zu verleihen.

Dann fiel Sophie ein, daß Ferdinand Mathilde telegraphiert hatte. In ein paar Tagen würde sie angereist kommen, zur Beerdigung und zur Testamentseröffnung. Florians Testament dürfte kaum Überraschungen bringen, dachte Sophie. Soweit sie wußte, hatte Mathilde ihren Anteil am Herrenhaus bei ihrer Eheschließung ausbezahlt bekommen. Pernwald gehörte also Helene und Ferdinand, um präziser zu sein, Anton und ihr. Die Wälder hatte Florian noch schnell verkauft, so wie sie ihn gekannt hatte – Sophie merkte selbst, wie übergangslos sie bereits in der Vergangenheitsform dachte – also, wie er gewesen war, dürfte er den größten Teil des Erlöses bereits verjuxt haben. Blieb noch das Palais Pernwald in Wien, zu drei Teilen. Sophie begann zu rechnen. Wenn sie es geschickt anstellte, gelang es ihr vielleicht, Mathilde ihr Drittel abzukaufen. Mathilde war für Bargeld nur allzu empfänglich, und wenn Sophie ihr gleich ein verlockendes Angebot machte, würde sie einer schönen, runden Summe nicht widerstehen können. Dann besaß Sophie also zwei Drittel des Palais Pernwald und die Hälfte des Herrenhauses. Damit war sie dem Ziel, das sie sich gesteckt hatte, um vieles näher. An Ferdinand dachte sie dabei nicht. Wenn sie ihm genügend Taschengeld zusteckte, damit er seinen kostspieligen Spielereien frönen konnte, unterschrieb er jeden Vertrag und mischte sich nicht in ihre Hamsterpläne. Auch war anzunehmen, daß es seine Eitelkeit befriedigte, sich als Herrn über Pernwald zu betrachten, obwohl in Wirklichkeit sie die Herrin war. Dazu brauchte sie nur noch die andere Hälfte des Herrenhauses und einen Sohn. Sophie lächelte. Beides lag ohne weiteres im Bereich des Möglichen. Erst einmal ein Kind, oder zwei, dann würde sie Anton und Helene in Angriff nehmen.
Der Hund heulte noch immer und erinnerte Sophie daran, daß ihre Theorien der Praxis weit voraus eilten. Ob wohl Max Fiedler der Testamentsvollstrecker war? Wieder lächelte Sophie vor sich hin. Sie hatte ihn beinahe ein Jahr nicht gesehen, die Vorstellung, jetzt öfter mit ihm zusammenkommen zu müssen, war durchaus angenehm. Vielleicht konnte sie ihn für ihre Absichten einspannen? Sie hatte sich immer gut mit ihm verstanden. Wenn sie ihm ihre Pläne mundgerecht machte,

konnte er zu einer Stütze ihrer Unternehmungslust werden. Sie mußte vorsichtig zu Werk gehen. Fiedler hatte Florian geliebt, er durfte nicht merken, daß sie zwar äußerlich, aber nicht innerlich trauerte. Es war wirklich ungehörig. Florian lag noch nicht unter der Erde, und sie war so vergnügt. Aber, wie das Sprichwort sagte: »Wo nichts ist, hat selbst der Kaiser das Recht verloren.«
Bei dem Wort »Kaiser« mußte Sophie an die Mobilmachung denken. Wenn Ferdinand recht behielt, wurde es ein kurzer Krieg, und seine Präsenz bei der Truppe gab ihr die Frist, die sie brauchte, um alles nach Wunsch zu arrangieren. Sie wehrte sich gegen den Gedanken, daß es ein großer Krieg werden könnte. Sie wollte sich die Laune nicht verderben lassen, stand auf und begann sich zu entkleiden. Heute nacht würde Ferdinand wohl nicht zu ihr kommen, er machte sich überhaupt etwas rar in letzter Zeit. Nackt trat sie vor den Spiegel und betrachtete sich eingehend. Sie war etwas voller geworden, die Medikamente, die ihr der Frauenarzt in Wien verschrieben hatte, wirkten schon. »Wenn Sie ein paar Wochen die Pillen nehmen«, hatte er gesagt, »werden Sie bald in gesegneten Umständen sein, Frau Baronin. Wir haben nur positive Ergebnisse mit diesem Präparat.« Sophie zog ihr Nachthemd über, nahm die Haarnadeln aus der Frisur, bürstete ihr Haar, steckte sich Watte in die Ohren, um Hexes Jaulen nicht zu hören, und kroch ins Bett. Ihre Augen gingen zu der Verbindungstür hinüber. Sie schluckte Tabletten; nun mußte Ferdinand das Seine dazu tun, daß ein Pernwald zur Welt kam. Vielleicht hatte er das Seine schon getan. Sie war jedenfalls entschlossen, die Woche zu nützen, bevor er zur Truppe einrücken mußte.
Beim Frühstück saßen die beiden Ehepaare einander gegenüber. Helene, übernächtigt, die Augen vom Weinen verschwollen, Anton, der seinen Brand mit Milch zu bekämpfen suchte, und Ferdinand in wichtigtuerischer Pose neben Sophie. Sie war die einzig Ausgeruhte. Da alle anderen nur von den Speisen kosteten, beherrschte sie, um nicht aus dem Rahmen zu fallen, ihren Appetit. Hunger und Trauer paßten schlecht zusammen. Hexes Jaulen war zu einem heiseren Winseln geworden, aber auch das Wimmern drang durch die geschlossenen Fenster.

Wird denn dieser Hund niemals müde, dachte Sophie und knabberte an ihrem Toast, das ist doch nicht auszuhalten. Ferdinand schien ihre Gedanken zu erraten. »So geht das nicht weiter«, sagte er. »Hexe ist schon alt und jetzt völlig nutzlos geworden. Das Beste wird sein, ich erschieße sie.«
Anton tauchte jäh aus seinem Dusel hoch und schlug auf den Tisch, daß die vollen Tassen überschwappten. »Das wirst du nicht tun«, sagte er unbeherrscht laut. »Der Hund zeigt mehr Gefühl als du.« Da sich alle Augen erstaunt auf ihn richteten, schwächte er ab: »Ich werde Hexe übernehmen.« Er sah hilfesuchend zu Helene hin. »Ich meine, man erschießt ein Tier nicht, nur weil es treu ist. Vielleicht gewöhnt sich Hexe an mich.« Ihm wurde bewußt, daß er nicht mehr lange in Pernwald sein würde und er verbesserte sich: »An uns. Nicht wahr, Helene?«
Helene stiegen erneut die Tränen hoch. Sie nickte: »Du hast recht, Anton. Papa hätte es so gewollt. Ich werde mich um Hexe kümmern.«
»Ach du meine Güte – soviel Trara um einen alten Hund«, sagte Ferdinand ärgerlich. »Macht, was ihr wollt. Ich habe, weiß Gott, andere Sorgen.«
Sophie hüstelte.
Ferdinand sah sie mißtrauisch an. Kaschierte sie ein spöttisches Lachen oder hustete sie wirklich? Doch noch bevor er seinem sich steigernden Ärger Luft machen konnte, betrat Kaspar das Eßzimmer.
Der alte Diener trug seinen gelbstichig gewordenen, grauen Lodenanzug, eine schwarze Krawatte und derbe schwarze Schuhe. Er sah aus, wie die Bauern aussahen, wenn sie sonntags zur Kirche gingen. Seit Ferdinand denken konnte, hatte er Kaspar nie anders als in der Livree der Pernwaldschen Diener gesehen.
»Herr Baron«, begann Kaspar, »ich wollte nur melden, daß ich gehe.«
»Was heißt das, du gehst?« fuhr ihn Ferdinand an. »Soll das heißen, du sagst den Dienst auf? Das ist nicht so einfach, wie du dir das vorstellst.«
Kaspar verzog keine Miene. Er sah Ferdinand starr in die Au-

gen: »Verzeihung. Ich habe dem Herrn Baron Florian sein Leben lang treu gedient, aber ich bin kein Leibeigener. Der Herr Baron Florian ist von uns gegangen, also kann auch ich gehen.«
Ferdinand versuchte einzulenken. »Du bist rüstig und gesund. Warum bleibst du nicht auf Pernwald und tust deinen Dienst wie bisher?«
»Weil mit dem seligen Herrn Baron auch Pernwald gestorben ist.« In Kaspars Augen trat ein beinahe haßerfüllter Ausdruck. »Die Tradition, der Glanz und die Würde sind mit ihm gegangen. Der selige Herr Baron war der letzte Pernwald.«
Ferdinand brauste auf: »Ich verstehe deinen Schmerz, Kaspar, aber hüte deine Zunge.«
Kaspar schob trotzig das Kinn vor: »Ich bin ein alter Mann und habe nichts mehr als meine Erinnerungen. Die will ich mir nicht verderben lassen, durch die neue Zeit, die auch hier anbrechen wird.«
»Er hat recht«, sagte Anton laut und klar und stand auf. »Ich begreife ihn gut. Es wird nie wieder so werden, wie es war, wie es bis gestern war. Irgendwie wird es weiter gehen, aber der Schmelz ist hin.«
Er ging auf Kaspar zu und bot ihm die Hand:
»Ich dank' dir im Namen vom seligen Herrn Baron. Wo willst du denn jetzt hin?«
Kaspar blinzelte. »Zu meiner Schwester nach Ebensee. Sie ist Witwe und hat Platz für mich.« Er sagte heiser: »Wenn es recht ist, Herr von Dobrany.«
»Willst du nicht noch bis zur Beerdigung bleiben?« fragte Anton.
»Halten zu Gnaden, nein, Herr von Dobrany.« Kaspar räusperte sich. »Ich könnt's nicht ertragen, die Erde auf den Sarg poltern zu hören. Von Rechts wegen gehörte ich unter die Erde. Der Herr Baron Florian war ein Mann in den besten Jahren. Warum . . .« Kaspars Unterlippe begann zu zittern. »Das Leben ist ungerecht«, sagte er hilflos.
Anton klopfte ihm beruhigend auf die Schulter. »Komm mit hinüber in den Jagdsalon«, sagte er. »Ich will dir deinen Lohn auszahlen und dafür sorgen, daß es dir im Ausgedinge an nichts

fehlt. Helene, laß Bescheid sagen, daß angespannt wird. Die Kutsche mit den Füchsen. Der Kutscher in Gala-Livree. Kaspar soll mit allen Pernwaldschen Ehren nach Ebensee fahren.«

XXXVI.

Mathilde und ihr Mann waren Tag und Nacht gereist. Die überfüllten Züge hielten an jeder Station, um Truppentransporte passieren zu lassen. Erschöpft von der Enge des heißen Abteils, halb erstickt von dem Rauch, der in den Tunnels durch das Fenster drang, kamen die Kronecks völlig erschöpft in Attnang-Puchheim an. Anton war mit dem Benz gekommen, um sie abzuholen. Noch gab es Benzin, und er hoffte, mit dem Auto bis Wien zu kommen.

Als Mathilde Anton auf dem Perron stehen sah, brach sie in Tränen aus. Sie weinte wie ein Kind. Ganz plötzlich begannen ihre Tränen über die Wangen zu laufen, und ebenso plötzlich versiegten sie wieder. Nie fraß sie einen Kummer in sich hinein, nie beschwerte sie die Last unterdrückter Tränen. Der Tränenstrom erleichterte sie und verdünnte ihr Unglück.

Mathilde weinte noch viel in diesen Tagen. Sie weinte bei ihrem Eintritt in das Herrenhaus, das auch ihr fremd und vereinsamt vorkam, sie weinte bei dem Wiedersehen mit ihrem Kind, mit den Geschwistern und mit Mirza. Die Tränen rollten, als sie von der mühseligen Bahnfahrt erzählte, und flossen reichlich, als sie vom Krieg und seinen Auswirkungen sprach.

Stefan Kroneck verhielt sich wie immer schweigsam. Er hatte nie versucht, in das Familienleben der Pernwalds einzudringen, sich als einer der Ihren zu gebärden. Er war ein Zuschauer und kein Mitspieler, stets höflich und freundlich und ein wenig fremd. Die Pernwalds hatten sich an seine Art gewöhnt. Er war ein lieber Bekannter, der zufällig auch Mathildes Mann war. Auch bei der Testamentseröffnung hielt er sich im Hintergrund: es ging um Mathildes Erbe und nicht um das seine.

Sophie war von dem Wiedersehen mit Max Fiedler, der als Te-

stamentsvollstrecker in würdigem Schwarz aus Ischl gekommen war, gleichermaßen enttäuscht und erfreut. Enttäuscht, weil er magerer, nervöser geworden war und seine Haare sich an den Stirnecken zu lichten begannen. Erfreut, weil sie in seinen gescheiten Augen eine unverändert herzliche, anerkennende Bewunderung sah. Wie sie erwartet hatte, brachte das Testament, das Florian vor zwei Jahren bei Fiedler hinterlegt hatte, keine besonderen Überraschungen.
Die Hinterbliebenen saßen im Jagdsalon. Fiedler, der sich geweigert hatte, an Florians Schreibtisch Platz zu nehmen, hatte die Papiere auf dem kleinen Rauchtisch ausgebreitet. Während er den Text verlas und die Legate aufzählte, die an Kaspar und das andere Personal gingen, betrachtete Sophie über den leeren Schreibtisch Florians Ölbild, das letzte in der Reihe der Ahnenbilder. Es war ein lebensechtes Bild; doch war es dem Maler nicht gelungen, Florians Charme wiederzugeben. Dafür traten Stolz und Hochmut in seinem Gesicht deutlich hervor. Sophie hörte Fiedlers Stimme, der die einzelnen Punkte der Hinterlassenschaft anführte. Ihre Augen glitten über die Ahnenbilder, bis zu der alten Landkarte, die zwischen den Fenstern hing. Der ehemalige Besitz der Pernwalds war auf der Karte rot markiert, und Sophie begann sich zu ärgern. Diese großen Herren hatten wahrhaftig keinen Grund, so stolz auf ihre Erben herabzublikken. Statt zu erhalten, hatten sie verpraßt und vertan. Verglichen mit der einstigen Macht, war nur ein kümmerlicher Rest geblieben. Sophie warf dem Bild Florians einen giftigen Blick zu und schaute wieder auf die Landkarte. Es war ziemlich aussichtslos, die Forste, die Florian vor einem Jahr an die kaiserliche Familie verkauft hatte, wieder zurückzubekommen, aber vielleicht konnte man die Jagd im Weissenbachtal von den Hohenlohes zurückkaufen und die Mischwälder, die jetzt den Waldstettens gehörten. Wenn der Krieg sich ausbreiten sollte und alle Männer einrücken mußten, waren die Gutshöfe rund um Burgau sicher günstig zu haben. Sophie nagte an der Unterlippe. Ich muß Fiedler einspannen, überlegte sie. Er kennt alle Leute in der Umgebung, er soll sich umhorchen. Vielleicht gelingt es mir, ein wenig von dem gutzumachen, was die Pernwalds gesündigt haben.

Fiedler kam zum Schluß, er verlas die letzten Worte Florians an seine Kinder. Helene schluchzte. Auch Mathilde begann wieder zu weinen. Sophie rekapitulierte das Gehörte. Kein Wort über Mirza. Kein Andenken für sie. Typisch. Die Liebe eines Pernwalds hinterließ nur Narben auf der Seele. Schöne Worte und nichts dahinter. Sophie sah Ferdinand, der neben ihr saß, von der Seite an. Sein selbstgefälliges Gesicht, dem Florians so ähnlich, war ihr eine Warnung. Sie dachte daran, daß sie heute Nacht die Verbindungstür öffnen und wieder in seinen Armen liegen würde. Sie versteckte ihr Lächeln hinter dem Taschentuch. Es genügte, wenn sie bei Tag stark war und klar dachte. Nachts konnte auch sie sich Schwächen erlauben.

In der Halle ließ Ferdinand Champagner servieren, und mit einem Mal begannen alle durcheinander zu schwatzen. Belanglose Dinge wurde besprochen: die Hitze, die Trockenheit, das Wetter. Stefan Kroneck lehnte dankend den Champagner ab und bat um ein Glas Milch. Er ist ein wirklicher Fadian, dachte Ferdinand geringschätzig. Wie Mathilde mit ihm auskommt, wird mir ewig ein Rätsel bleiben. Anton trank den Champagner lustlos, er mochte das kribbelnde Zeug nicht sonderlich, aber es war immerhin besser als gar nichts. Der ungewohnte Alkohol rötete Helenes Wangen, und zu Antons Erstaunen nahm sie noch ein zweites Glas. Sie sprach eifrig auf Mathilde ein, doch Mathilde schüttelte energisch den Kopf. »Ich erlaube auf keinen Fall, daß das Kind zur Beerdigung geht«, sagte sie. »Charlotte ist viel zu klein, um zu verstehen. Ich war fast doppelt so alt, als Mama starb, und dennoch war das Begräbnis ein Schock für mich, unter dem ich lange gelitten habe.« Jäh kamen ihr wieder die Tränen. »Hoffentlich regnet es morgen. Beerdigungen bei Sonnenschein und blauem Himmel sind zu fürchterlich. Mir wird dann so erschreckend bewußt, wie schön das Leben ist – und wie kurz.« Ferdinand mischte sich ein: »Die Zeremonie wird schlicht sein und nicht lange dauern. In den Kondolenzbriefen und Telegrammen steht fast überall nur die Entschuldigung fürs Fernbleiben. Das ist der Krieg. Auch Onkel Poldo kann nicht aus Wien kommen.«

»Ich fahre morgen gleich nach der Beerdigung nach Wien«, verkündete Stefan Kroneck. »Ich werde zwar fürs erste nicht eingezogen werden. Meine Magengeschwüre. Aber ich muß in der Kanzlei nach dem rechten sehen. Meine Mitarbeiter werden schon zu ihren Kadern eingerückt sein. Ich fahre mit Mirza, sie will Otti noch sehen, bevor sein Regiment ausrückt. Mathilde kann selbstverständlich noch bleiben, wenn sie möchte.«

Mathilde hatte unvermittelt zu weinen aufgehört. Sie dachte an ihren jungen Dichter, und die plötzliche Angst, ihn nicht mehr anzutreffen, erfüllte sie mit ungeduldiger Unruhe. »Nein, nein«, sagte sie hastig. »Mademoiselle Yvette, das Kind und ich, wir fahren mit. In solchen Zeiten gehört man zusammen.«

»Wir fahren übermorgen mit dem Auto und nehmen Hexe mit.« Anton wandte sich zu Sophie um. »Wollt ihr nicht auch mitkommen, du und Ferdinand?«

»Dankend abgelehnt«, sagte Ferdinand. »Die Vorstellung, mit einem Hund zwischen den Beinen stundenlang auf holprigen Straßen durchgerüttelt zu werden, hat nichts Verlockendes. Da ziehe ich das reservierte Offiziersabteil im Zug vor.«

»Also dann«, Mathilde stand auf, »werde ich Mademoiselle beim Packen helfen.«

Sophie schloß sich ihr an. »Ich lasse die hellen Sommersachen alle da«, sagte sie im Hinausgehen. »Ich muß mir sowieso in Wien eine komplette Trauergarderobe anschaffen. Was glaubst du, Mathilde, ob die Farnhammer schon die Herbstmodelle hat?«

Ferdinand zog Florians goldene Tabatiere, die er schon in Gebrauch genommen hatte, aus der Westentasche und entnahm ihr eine Zigarette. Er bot auch Fiedler eine an und kopierte Florians Leutseligkeit, indem er sagte: »Wir sehen uns dann beim Abendessen.« Er wartete die Antwort nicht ab und forderte Stefan Kroneck auf: »Wie wär's mit einem Spielchen? Harmlose Preference. Damit die Zeit vergeht.«

Max Fiedler sah den beiden nach und dachte bitter: Der Alltag hat sie wieder. Die Fähigkeit der Menschen, schnell und nachdrücklich zu vergessen, ist erstaunlich.

Anton hatte sich schon vorher still zurückgezogen. In seinem Zimmer holte er den Cognac hervor und nahm einen langen Schluck aus der Flasche. Die Luft war heiß und stickig, er stieß die Fensterläden zurück und sah Helene, die mit Hexe den Kiesweg hinunter zum Rosengarten ging. Die schmale, schwarzgekleidete Gestalt neben dem schwarzen Hund inmitten der hellen fröhlichen Landschaft stimmte ihn sentimental. Einen Augenblick lang befiel ihn die verwirrte Vorstellung, er sei tot und dort unten ginge seine Witwe. Sein Testament fiel ihm ein, das er erst vor wenigen Tagen Florian übergeben hatte. Nun war Florian fort, und er war noch da. Ach, wenn doch nur der Abschied von Helene schon überstanden wäre!
Nachdem Sophie einmal ihre Hemmungen überwunden und die Verbindungstür von sich aus geöffnet hatte, fiel es ihr die nächsten Male immer leichter. Ferdinand hatte liebenswürdig reagiert, und sie hatte erreicht, um was es ihr zu tun war. Am Abend vor ihrer Abreise ging Sophie noch einmal zu Ferdinand hinüber. Mathildes Wunsch war in Erfüllung gegangen, es hatte den ganzen Tag geregnet, und auch jetzt noch rauschte der Regen monoton. Im Ankleidezimmer hing schon Ferdinands Uniform bereit, und Sophie streichelte im Vorübergehen den Stoff des Ärmels.
Ferdinand schloß gerade seinen kleinen Handkoffer und sah auf. »Du verwöhnst mich ja geradezu mit deinen Besuchen.«
»Es ist unser letzter Abend in Pernwald«, sagte Sophie elegisch und seufzte. »Mir fällt die Trennung schwer.«
»So, so«, brummte Ferdinand uninteressiert, öffnete den Koffer wieder und legte noch ein Reiseflakon Eau de Toilette obenauf.
Sophie setzte sich auf das Fußende des Bettes und drapierte die blauen Falten ihres Samtschlafrocks malerisch um sich. »Es ist doch kein Wunder, wenn meine Nerven angegriffen sind«, klagte sie. »Die Aufregungen der letzten Tage, der Krieg, die vielen Tränen, das alles macht mich mürbe. Aber das Schlimmst ist, daß ich mich von dir trennen muß.«
»Es wird keine lange Trennung sein«, sagte Ferdinand leichthin. »Bis Weihnachten ist der ganze Zinnober vorüber.«
Sophie war über seine Reaktion gekränkt. Konnte er ihr nicht

einmal zum Abschied sagen, daß auch er sie vermissen würde? Sie ließ nicht locker: »Ich glaube, ich kann dir etwas sagen, das uns beiden die Trennung leichter machen wird.« Sie lächelte: »Ich hoffe, wir werden ein Kind haben.«
»Ein Kind?« fragte Ferdinand überrascht.
Sophie nickte glücklich. »Ich bin noch nicht ganz sicher, aber ich habe mich schon ein paar Tage verspätet. In Wien gehe ich gleich zum Arzt, dann werden wir es wissen. Ferdinand, was sagst du dazu?«
»Du irrst dich«, antwortete Ferdinand verdrießlich. »Es ist unmöglich.«
Auch Sophie wurde gereizt. »Das ist nicht unmöglich, sondern nur natürlich«, erklärte sie. »Ich will Kinder. Und besonders will ich einen Sohn. Einen schönen, großen Sohn.«
Statt zu ihr zu kommen, entfernte sich Ferdinand. Er ging zum Tisch hinüber, zündete sich eine Zigarette an, rauchte einige tiefe, hastige Züge, dann wandte er ihr sein Gesicht zu. Zwischen seinen Brauen zeigte sich eine Falte und seine Augen waren blank und mürrisch. »Diese Wünsche kann ich dir nicht erfüllen.« sagte er hart. »Keine Kinder. Keinen Sohn.«
»Ja, aber . . .« Sophie war so verwirrt, daß sie nicht wußte, was sie sagen sollte. »Warum?« fragte sie.
»Einmal mußt du es ja erfahren. Vielleicht ist es früher besser als später.« Ferdinand verzog höhnisch den Mund. »Wie du sehr wohl weißt, bin ich durchaus ehefähig, aber zeugungsfähig bin ich nicht. Um es deutlich auszusprechen: ich kann keine Kinder zeugen.«
Sophie begriff nicht. Wie betäubt starrte sie Ferdinand an.
»Ich bin gern bereit, dir die ärztlichen Gutachten zu zeigen«, fuhr Ferdinand fort. »Ich habe natürlich mehrere eingeholt. Alle zeigen das gleiche Resultat. Nämlich eine leere Null.«
Sophie öffnete den Mund wie zu einem unhörbaren Schrei. Ihre stolzen Luftschlösser lösten sich in nichts auf. Keine Kinder. Keine Mutter der neuen Generation. Aus. Und alle würden die Schuld bei ihr suchen. So klein und unterentwickelt, sie kann keine Kinder gebären. Der arme Mann, würde es heißen. Ihre Stimme gehorchte ihr kaum, als sie fragte: »Wie ist das geschehen?«

»Ein galantes Andenken an meinen Abschied vom Junggesellendasein.« Ferdinand grinste. »*C'est le risque du métier.* Bevor du nach Wien kamst, mußte ich mich doch von all den Schönen verabschieden, denen du mich wegnahmst. Künstlerpech.«
»Betrogen und belogen . . .«, flüsterte Sophie.
Ferdinand unterbrach sie: »Ich bitte dich, werd' jetzt nicht dramatisch. Ich kann das Ganze nicht so tragisch finden. Auf Kinder kann ich verzichten. Sie kosten nur Nerven, Sorgen und Geld.« Da er sich im Unrecht fühlte, steigerte er sich in Wut. »Und falls du Pernwald ins Treffen führen willst – ich habe nicht geheiratet, um wie ein braver Stallhase Pernwald mit Nachwuchs zu bevölkern. Was in zwanzig, dreißig Jahren sein wird, ist mir völlig egal. Da kann ich nur zitieren: nach mir die Sintflut.«
Die Wut schoß in Sophie hoch wie eine rote Flamme. Mit dem letzten Rest ihrer Vernunft wußte sie, daß sie nicht zu schreien anfangen durfte. Sie konnte ihn besser treffen, wenn sie sich beherrschte. »Du bist ein Lump. Ein gesinnungsloser, egoistischer Lump. Herzlos und abgebrüht. Unfähig, jemanden zu lieben – außer dich selbst.« Ein trockenes Schluchzen schüttelte sie und sie schloß erschöpft die Augen. »Und ich wollte Kinder von dir«, sagte sie leise.
»Du kaufst dir doch alles, was du haben willst«, sagte Ferdinand scharf. »Kauf dir Kinder. Kauf dir doch einen Sohn.« Er war nicht sicher, ob Sophie ihn verstanden hatte. Sie stand auf, ging, ohne ihn eines Blickes zu würdigen, an ihm vorbei und schloß die Verbindungstür hinter sich. Er hörte das Geräusch des Schlüssels im Schloß und zuckte die Achseln. Sicher war es ein Fehler, daß er ausnahmsweise mal die Wahrheit gesagt hatte, aber geschehen war geschehen. Vielleicht war es sogar gut, wenn sie jetzt wußte, daß sie mit ihrem Geld zwar einen Mann, aber nicht das Anrecht auf Familiengründung erworben hatte. Er zerdrückte die Zigarette im Aschenbecher. Sie wird darüber hinwegkommen, dachte er, sie ist hart im Nehmen. Die Trennung würde sie aushungern. Ein paar Wochen oder Monate ohne ehelichen Beischlaf, auf den es ihr doch so ankam, und sie würde wieder in seinem Bett gefügig schnurren.

Er sah zu der versperrten Tür hinüber, und seine Augen funkelten gehässig. Er spitzte die Lippen und pfiff melodisch den Allerweltsrefrain: »Treu sein, das liegt mir nicht ...«

XXXVII.

Anton war seit Wochen im Feld, und auf den rosa Feldpostkarten, die Helene regelmäßig bekam, stand immer nur, daß es ihm gut gehe und daß er gesund sei. Die Tage glichen einander wie Regentropfen. Helene erfuhr, was es bedeutet, wirklich allein zu sein. Früher hatte sie sich gern in sich selbst eingesponnen, aber da war sie immer von Menschen umgeben gewesen, vor denen sie sich hatte absondern können. Nun, da sie niemand hatte, der ihre Launen bemerkte und darauf einging, suchte sie Anschluß. Nach dem Wirbel der letzten Zeit war die Stille, die sie im Palais Pernwald umgab, doppelt spürbar. Manchmal waren das Geräusch ihrer eigenen Schritte, wenn sie durch die Räume ging, und das Tappen von Hexes Pfoten, die ihr überallhin nachlief, die einzigen Laute, die sie hörte. Frau Berta, der Diener Johann und die Küchenmädchen waren zwar noch im Haus, aber die beiden anderen Diener und der Türsteher waren eingerückt. Auch Ferdinand war fort, und Otti war strahlend in den Krieg gezogen wie ein Tenor in der Operette. Mit roten Hosen, blauem Uniformrock, blitzendem Helm und blankgeputztem Säbel hatte er sich sporenklirrend und glücklich darüber, bei diesem siegreichen Feldzug dabeisein zu dürfen, verabschiedet.
Inzwischen hatten die k. u. k. Heeresberichte glänzende Heldentaten gemeldet, darunter eine Kavallerieattacke bei Tomaszov, bei der mehrere österreichisch-ungarische Kavallerieregimenter in bunten Uniformen mit gezücktem Säbel gegen tiefgegliederte russische Maschinengewehrstellungen Attacke geritten hatten. Bald nachdem »erhebliche Verluste unserer tapferen Kavallerie« gemeldet worden waren, trugen die Kavalleristen zur Tarnung nur noch feldgraue Uniformen und graue Kappen.

Helene wußte nicht, warum Sophie sich im letzten Moment entschlossen hatte, in Pernwald zu bleiben. Sie hatte Sophie am Morgen der Abreise nicht mehr gesehen, und Ferdinand war nicht mitteilsam gewesen. »Eine Verkühlung mit Fieber«, hatte er gesagt. »Sie will sich auskurieren, sie wird schon nachkommen.« Doch bis jetzt war Sophie nicht nachgekommen, und obwohl Helene sie jede Woche brieflich bat, nach Wien zu kommen, hatte sie jede Woche neue Ausreden und Ausflüchte gebraucht. Mathilde, die auffallend wenig Zeit für Helene hatte und sich ihrer schwesterlichen Fürsorge hauptsächlich durch telefonische Anrufe entledigte, hatte abgewinkt. »Misch dich nicht ein. Sophie ist eine erwachsene Person und weiß genau, was sie will.« Mathilde hatte Helene verschwiegen, daß sie gerade erst am eigenen Leib erfahren hatte, wie genau Sophie wußte, was sie wollte und wie zielstrebig sie ihren Willen durchsetzte.

Mathilde war in Pernwald so betrübt, so erschöpft und verstört gewesen, und Sophie hatte unablässig auf sie eingeredet. Sie hatte ihr wieder und wieder vorgekaut, daß der Drittel-Anteil am Palais Pernwald ihr nur Kosten und keinen Nutzen brächte, hatte die Erhaltung des Besitzes für die Familie vorangestellt, hatte behauptet, es sei im Sinne Florians, im Sinne der Kinder, die kommen würden, und hatte geschickt die Angel ausgelegt, an der eine verlockende Kaufsumme hing. Und während Sophie sie einkreiste und ihr den Verkauf von allen Seiten her mundgerecht zu machen suchte, hatte Mathilde plötzlich nur mehr in eine Richtung gedacht. Mit soviel eigenem Geld, über das sie niemand Rechenschaft abzulegen hatte, konnte sie sich von einer Muse in eine Mäzenin verwandeln, sie konnte ihrem jungen Genie zu einem dichterischen Durchbruch verhelfen. Sie konnte ihm ihre Liebe beweisen, indem sie seine unveröffentlichten Manuskripte publizieren ließ, und nie würde er vergessen, daß sie es gewesen war, der er Ruhm und Ansehen verdankte. Die Vorstellung hatte etwas Bestechendes; Sophie, die redete und redete, rannte bereits, ohne es zu wissen, halboffene Türen ein. Was sollte sie schließlich wirklich mit einem Drittel des Palais anfangen, überlegte Mathilde. Sie würde es nie mehr bewohnen, und die kleine Charlotte?

Dieses stille, magere Kind, bei dessen Anblick sie sich manchmal heimlich wunderte, daß es das ihre war, würde auch nie im Palais ihrer Vorfahren wohnen. Entweder würde sie einmal reich heiraten, dann konnte sie sich ihr eigenes Palais leisten, oder sie würde arm heiraten, dann konnte sie sich sowieso kein Palais leisten. Kaum hatte Mathilde ihre Zustimmung gegeben, erschien auch schon Max Fiedler mit dem vorbereiteten Vertrag. Sie hatte unterschrieben, und schon war alles endgültig gewesen.

Aber nach ihrer Ankunft in Wien hatte Mathilde ihren geliebten Dichter nur noch einmal gesehen. Er war schon in Uniform und ihr fremd. Aus einem glühenden Genie war ein staubgrauer Infanterist geworden, schäbig in seiner schlechtsitzenden Uniform und dem militärisch kurzgeschnittenen Haar. Ihr Poet war entzaubert, und Mathilde kamen die Tränen. Nicht so sehr des bevorstehenden Abschieds wegen, sondern weil sie um eine Illusion ärmer geworden war. Seit Mitte September war sie ohne Nachricht von ihm, und als sie nach ein paar Wochen die Ungewißheit nicht mehr ertrug und sich an sein Regiment wandte, erhielt sie den Bescheid, daß er seit dem 5. September als vermißt geführt wurde. Da saß sie nun mit ihrem überschwenglichen Herzen, bereit, Liebe, Geld und Ruhm zu geben, und fühlte sich um eine große Tat betrogen. Sie konnte niemanden für ihre kummervolle Enttäuschung verantwortlich machen, aber sie grollte Sophie. Die hatte sie in eine Entscheidung hineingehetzt, die sich als sinnlos erwiesen hatte.

Sophie hatte bekommen, was sie wollte, aber Mathilde war nur eine nagende Leere geblieben. Mit dem Geld, das ihr ausgezahlt worden war, wußte sie nun nichts besseres mehr anzufangen, als es ihrem Mann zur Verwaltung zu übergeben. Sie suchte sich zu betäuben, sich abzulenken. Das beste Mittel gegen schwarze Gedanken und gegen die sich verdüsternde Zeit waren Männer. Noch gab es junge, dankbare Männer. Wie lange noch? Mathilde war fast dreißig, bald würde sie eine Matrone sein mit Runzeln im Gesicht und der gleichgebliebenen ewig jungen Sehnsucht nach dem Leben. Manchmal hatte sie Gewissensbisse, daß sie sich nicht genug um Helene kümmerte, aber dann dachte sie, wie jung Helene noch war und daß sie noch Zeit hatte, zu warten. Worauf sollte Mathilde noch warten? Die lautlose Zeit begann ihr davonzulaufen, und sie mußte sich beeilen, um noch eine Weile mit ihr Schritt halten zu können.

XXXVIII.

Max Fiedler verdankte es seinem Raucherhusten, daß er bei der Musterung zurückgestellt worden war. Der Militärarzt hatte sein großes, behaartes Ohr an seine nackte Brust gelegt, ihn abgehört und abgeklopft und ihn dann befragt, ob er häufig schwitze, besonders bei Nacht, ob er Auswurf habe und ob der Schleim gelblich verfärbt sei. Max hatte alle Fragen eifrig bejaht und ungefragt noch bescheiden hinzugefügt, in den letzten Wochen an Gewicht verloren zu haben. Reden war Silber, Schweigen Gold. Max verschwieg die vierzig bis sechzig Zigaretten täglich, und daß er nie mehr Fett auf den Rippen gehabt hatte. Er gewann sechs Monate Aufschub und verließ die Musterung mit der ärztlichen Verordnung: viel frische Luft, Sonne und kräftigende Ernährung.

Bevor er ging, hatte er noch gesehen, daß der Arzt »Lungenspitzenkatarrh« auf sein Formblatt geschrieben hatte. Gut so, in sechs Monaten würde er nicht weniger husten. Max folgte der alten Weisheit: »Lieber fünf Minuten feig, als ein Leben lang tot.« Er war durch und durch Pazifist. Warum sollte er auf Menschen schießen, die er nicht kannte, die ihm persönlich nichts getan hatten, nur weil ein Vorgesetzter es ihm befahl? Wenn er nicht zuerst schoß, wurde auf ihn geschossen; also war es gesünder, zu rauchen. Er glaubte auch nicht an den Sieg der »guten Sache«, die so verschieden war wie die Seite, von der aus man sie betrachtete. Jedes Land glaubte sich im Recht auf einen gerechten Sieg. Auf der einen Seite die Russen, die Engländer, Franzosen, Belgier, Japaner, auf der anderen Seite Deutschland, Österreich-Ungarn und Italien. Dieses Kräfteverhältnis stimmte Max bedenklich. Man konnte gegen die Welt Krieg führen, aber gewinnen konnte man ihn nicht. Max hustete und schlug den Mantelkragen hoch. Es war für die Jah-

reszeit zu kühl, die Luft roch nach welkem Laub und Moder, die rostbraunen und gelben Blätter hingen nur noch lose an den Zweigen der Bäume. Max ertappte sich dabei, daß er wieder an Sophie dachte. Es schien ihr nichts auszumachen, ganz allein in Pernwald zu leben, eingeschlossen von dem schwermütigen, zähen Nebel, der wie ein tiefer, grauer Himmel über dem See lagerte.
Sophie entwickelte eine wohlorganisierte Tätigkeit. Sie hatte in den leergewordenen Ställen der von der Armee requirierten Pferde Kühe eingestellt, den Geflügelstand verdoppelt, und wo früher die Zwinger der Jagdhunde gewesen waren, hielt sie jetzt Schweine.
Stets von neuem imponierte Max der klare Verstand und die sichere Entschlußkraft Sophies. Er dachte oft und gern an sie, um so mehr, als er sie regelmäßig sah. Ein bis zweimal die Woche kam sie mit dem Kutschierwagen nach Ischl, um Einkäufe zu tätigen, und besuchte ihn in seinem Büro.
Max war stolz auf sein Büro. Früher hatte er es im Kopf gehabt und in den Notizen, die er in der Aktentasche mitschleppte. Nun hatte er zwei Räume und eine Sekretärin. Wenn ihm der Krieg nicht in die Quere gekommen wäre, hätte er sich bereits vergrößert, doch nun war es besser, abzuwarten. Wer hätte gedacht, daß Sophie eine seiner besten Kunden werden würde? In den letzten Wochen hatte er alle Hände voll zu tun gehabt, ihre Aufträge auszuführen. Der Vertrag mit Mathilde Kroneck, die Rückzahlung des auf Ferdinand entfallenden Hypothekenanteils an ihren Bruder, die Verhandlungen über den Ankauf des Gutshofes Burgau und die Vergabe der brachliegenden Fischereirechte in Pacht an den Fischer in Unterach. Sophie hatte keine leichte Hand, aber sie war nicht knauserig. Sie zahlte nicht zuviel, aber auch nicht zuwenig, und die Provisionen, die Max bei den Transaktionen verdiente, rundeten sein Bankkonto. Es bereitete ihm ein fast sinnliches Vergnügen, mit Sophie Geschäfte zu machen, in ihrer Gegenwart mit Zahlen zu balancieren und Projekte auszuarbeiten. Obwohl kaum ein privates Wort zwischen ihnen fiel, kamen sie einander näher. Ihr gemeinsamer Nenner waren richtiges Denken und folgerichtiges Handeln.

Sophie konnte weder vergeben, noch wollte sie vergessen. Verstehen und Verzeihen lag nicht in ihrem Charakter. Im Gegenteil. Je mehr sie sich ihres Schicksals als Frau bewußt wurde, desto bitterer wurde sie. Ferdinand hatte sie getroffen, wo sie am tiefsten zu verletzen war. Seine höhnische Stimme klang ihr noch immer im Ohr. »Kauf dir einen Sohn«, hatte er gesagt, »du kaufst dir doch auch sonst alles, was du haben willst.«
An diese Worte sollte er denken, so lange sie lebte und so lange er lebte. Sophie hatte versucht, sich seine Zärtlichkeit und wenn schon nicht Liebe, so doch seine Loyalität zu erkaufen. Sie hatte sich Ramsch eingehandelt. Aus diesem Schaden würde sie klug werden. Sentiments und gefühlsbedingte Hemmungen mußte sie sich abgewöhnen. Gezielt und bedacht würde sie ihm den Boden unter den Füßen wegkaufen. Alles Schlechte hatte auch sein Gutes. Der Krieg erleichterte ihr die Trennung vom »Bett«, und bis Ferdinand zurückkam, gehörte der »Tisch« schon soweit ihr, daß er bestenfalls noch daran sitzen durfte.
Sophie zweifelte nicht daran, daß Ferdinand heil und unversehrt aus dem Krieg heimkommen würde. Er hatte ein ausgeprägtes Talent, sich vor Pflicht und Verantwortung zu drükken. Mit Onkel Poldos Protektion würde er den Kanonendonner immer nur von weitem hören, und statt Schlachten zu schlagen, sich von ihnen erzählen lassen. Er war auch jetzt schon nicht mehr in der vordersten Linie, sondern drillte Rekruten in der Etappe. Das wußte Sophie aus den spärlichen Feldpostkarten, die er ihr sandte und die sie unbeantwortet ließ. Sie war sich auch bewußt, daß es für Ferdinand keine Strafe bedeutete, wenn sie ihm nicht schrieb, falls er es überhaupt bemerkte. Warum sollte sie ihm schreiben, wenn es nichts zu sagen gab? Sie hatte schon genug geredet. Nun würde sie stillschweigend handeln.
Sophie war zu gescheit, um sich selbst allen Kredit zu geben. Max Fiedler war für sie der ideale Geschäftspartner, und je mehr sie von ihm lernte, desto besser gefiel er ihr. Geld war für ihn das Mittel zum Zweck, mehr Geld zu machen. Er dachte weniger ans Ausgeben als ans Einnehmen. Daß sie reich war, schien ihn nicht so zu beeindrucken wie die Tatsache, daß sie

mit Geld arbeiten wollte, um etwas daraus zu machen. Geld war für ihn eine Ware wie jede andere, mit der er leidenschaftlich und unvoreingenommen handelte. Manchmal betrachtete ihn Sophie »privat«, ohne daß er es merkte. Der Mann hinter der Maske des Geschäftsmannes begann sie zu interessieren. Was dachte, fühlte, wünschte er, wenn er nicht an Geschäfte dachte? Er sah nicht besonders gut aus, aber er hatte helle, kluge Augen und besonders schöne Hände. Schmale langfingrige Hände, vererbt von Generationen von Leuten, die mit dem Kopf gearbeitet hatten. Sophie sah unwillkürlich auf ihre manikürten Hände. Breit im Knochenbau mit festen Seifensiederfingern, vererbt, um zuzupacken.
So viel sie wußte, lebte Max allein in der Wohnung neben seinen Büroräumen. Doch daß er allein wohnte, bedeutete noch nicht, daß er allein lebte. Was tat er in seiner freien Zeit? Gab es eine Frau, mit der er schlief? Er war immerhin ein Mann, wenn auch ein magerer. Ein altes böhmisches Sprichwort sagte: »Ein guter Hahn wird niemals fett.« Wenn sie schon neugierig war auf Dinge, die sie eigentlich nichts angingen, warum sollte sie diese Neugierde nicht befriedigen? Sie war niemandem Rechenschaft schuldig, Ferdinand am allerwenigsten.
Auf der Fahrt durch das Ischler Tal dachte Sophie nicht an ihre neugierige Anwandlung. Sie war völlig mit der Formulierung des finanziellen Problems beschäftigt, das sie Max Fiedler unterbreiten wollte. Er war ein kühler, feuchter Herbsttag, die Laubbäume standen schwarz und kahl zwischen den schwärzlichen Tannen, und das Gras auf den Lichtungen war fahlgrün verfärbt von den ersten Nachtfrösten.
Sophie kam durchgefroren in Ischl an, und Max Fiedler sagte bei der Begrüßung: »Sie haben ja eiskalte Hände. Hoffentlich haben Sie sich nicht erkältet.« Er hielt ihre starren Finger ein wenig länger als üblich in seiner warmen, trockenen Hand. »Wollen Sie nicht etwas Heißes? Tee oder Punsch?«
»Das wäre gut«, sagte Sophie, und ihre Finger trennten sich ungern von seiner Hand. »Mir ist wirklich kalt bis in die Zehenspitzen.«
»Wollen wir zum Zauner gehen und einen Tee mit Rum trinken?« schlug Max vor.

»Tee mit Rum, ja – Zauner, nein«, sagte Sophie. »Ich habe etwas Wichtiges mit Ihnen zu besprechen. Ich wünsche keine Mithörer. Beim Zauner horcht von der Bedienung angefangen das ganze Lokal mit, was wir zwei wohl miteinander zu reden haben könnten.«
»Dann werde ich in meine Wohnung hinübergehen, und uns einen Tee kochen lassen. Wenn Sie mich einen Augenblick entschuldigen. Es wird nicht lange dauern!«
»Wir wollen den Tee nicht unnötig komplizieren«, sagte Sophie entschieden. »Ich komme mit zu Ihnen und wir nehmen den Tee dort. Es ist mir in diesem speziellen Fall sogar lieb, daß wir nicht nur unter vier Augen, sondern auch unter vier Ohren miteinander reden können. Was ich Ihnen zu sagen habe, erfordert äußerste Diskretion!«
Max Fiedlers Wohnung machte auf Sophie einen sachlichen und pedantischen Eindruck. Das Mobiliar war zweckdienlich, keine Ziergegenstände, keine Blumen und Grünpflanzen. Aber an den Wänden hingen ein paar auffallend gute Bilder. Waldmüller, Rudolf von Alt, Spitzweg. Sophie betrachtete sie mit kurzen, anerkennenden Blicken.
Max respektierte Sophies Wunsch nach Diskretion. Statt dem Dienstmädchen Bescheid zu sagen, ging er selbst in die Küche und brachte das Tablett. In der Zimmerecke bullerte der Kachelofen, Sophie trank den dampfenden Tee mit Rum und begann sich wohl und belebt zu fühlen. Was sie zu sagen hatte, schien plötzlich nicht mehr so heikel zu sein, und was sie wollte, nicht schwierig. Max hüstelte. Sophie war sich nicht klar, ob es die unvermeidliche Zigarette war, ober ob er sie durch sein Husten aus ihren Gedanken wecken und zum Sprechen bringen wollte. Sie setzte die Tasse ab und sagte: »Ich will mich nicht mit einer langen Einleitung aufhalten. Zwischen uns bedarf es keiner ausführlichen Erklärungen. Ich habe mich entschlossen, keine Kriegsanleihe zu zeichnen. Das mag unpatriotisch und unzeitgemäß klingen, aber ich kann nicht aus meiner Haut. Ich weiß, mein Bruder hat den größten Teil seines Geldes in Kriegsanleihen gesteckt, aber Anton ist ein Idealist und ich bin es nicht. Ich bin Realistin. Ich kann es nicht über mich bringen, mein Geld in ein Verlustgeschäft zu inve-

stieren. Ich teile den patriotisch-pflichtgemäßen Glauben an einen glorreichen Sieg nicht. Im Gegenteil, ich fürchte, daß wir diesen Krieg mit Pauken und Trompeten verlieren werden. Die neue Zeit, die neuen Waffen, die neue Art eines unerbittlichen Kampfes sind unserer seit Generationen überlieferten Methode des ›Fortwurstelns‹ diametral entgegengesetzt. Ich kann nicht über die Grenzen unseres Reiches hinausdenken – ich will damit sagen, ich weiß nicht, wie die Deutschen sich in diesem Krieg behaupten und wie sie ihn überstehen werden. Aber ich bin leider der festen Überzeugung, daß unsere Monarchie an diesem Krieg verbluten wird. Und daß am Ende nicht viel mehr übrig bleiben wird als die Erinnerung an eine große Vergangenheit und die Erkenntnis einer Gegenwart voll Not und Elend.«

Es brachte Sophie aus dem Konzept, daß Max sie unverwandt ansah. »Machen Sie Licht«, bat sie. »Es wird schon früh dämmrig, und ich kann Ihr Gesicht nicht klar erkennen. Ob Sie mich verstehen und mir zustimmen oder ob Sie mich verurteilen.«

Max stand wortlos auf, entzündete einen zweiarmigen Leuchter und stellte ihn vor Sophie auf den Tisch. Im Licht der Kerzen glaubte sie in seinen Augen eine beinahe liebevolle Verehrung zu sehen. Sie wurde verlegen, griff nach der Tasse und trank den kaltgewordenen Tee. Er setzte sich wieder ihr gegenüber und fragte: »Was haben Sie sich vorgestellt? Wie möchten Sie ihr Geld anlegen?«

»In Schweizer Franken«, sagte Sophie entschlossen.

Spontan erhob sich Max, ging um den Tisch herum und beugte sich zu ihr. »Sie sind eine wundervolle Frau«, sagte er zärtlich und zog ihre Hand an die Lippen.

Noch nie war er Sophie so nahe gekommen. Sie sah, daß er dichte, blonde Wimpern hatte und einen feinen hellen Flaum im Nacken. Sie sah die Ader an seinem Hals pochen und sah, daß er lächelte, während er ihre Hand küßte. Ein beglückendes Gefühl von Geborgenheit und Harmonie stieg in ihr hoch. Sie gab ihrer Empfindung nach, legte ihm die Arme um den Hals und zog ihn noch näher an sich.

XXXIX.

Ein paar Wochen vor Weihnachten konnte Mathilde ihr schlechtes Gewissen nicht länger unterdrücken. Die Vorstellung, wie allein Helene sich an den langen, dunklen Winternachmittagen und Abenden in dem leeren Pernwald-Palais fühlen mußte, verdarb ihr die Freude an ihren Vergnügungen. Mathilde war ein »Weihnachtsmensch«. Für sie hatte die Adventszeit, mit Kerzenlicht und Tannenzweigen, mit Weihnachtseinkäufen und Überraschungen noch einen kindlichen Zauber. Obwohl die erste Kriegsweihnacht nur mehr gedämpfte Freude aufkommen ließ, fand Mathilde, daß es an der Zeit war, Helene aus ihrem Schneckenhaus herauszuholen. Um so mehr, seit sie wußte, daß auch Sophie über die Feiertage nicht nach Wien zu kommen gedachte. Mathilde machte sich ihren eigenen Reim auf Sophies Ausbleiben. Sicher hatte sie einen Grund, die unkontrollierbare Abgeschiedenheit in Pernwald dem Familientreiben in der Großstadt vorzuziehen. Für Mathilde war ein solcher Grund immer männlichen Geschlechts, obwohl sie sich nicht vorstellen konnte, welchen Mann Sophie in Pernwald und Umgebung kennengelernt haben mochte, der ihres Bleibens wert war. Wann immer Mathilde darüber nachdachte, kam sie nur auf Max Fiedler; doch dieser Gedanke schien zu absurd, um weitergedacht zu werden. Im großen und ganzen war es Mathilde herzlich gleichgültig, was Sophie anstellte, aber die Überlegung, daß, diesmal ihr Bruder, wenn Sophie Ferdinand wirklich Hörner aufsetzte, der geschädigte Dritte war, bereitete Mathilde wohltuende Schadenfreude.

Aber wie ihre jüngere Schwester lebte, war Mathilde nicht gleichgültig und so überfiel sie Helene mit einem gut vorbereiteten Redeschwall. »Es geht nicht an, daß du dich weiter so verkriechst«, sagte sie. »Trauerjahr hin – Trauerjahr her. Papa würde wünschen, daß du am Leben teilnimmst. Niemand mutet dir zu, daß du in Gesellschaft gehst oder die Nächte durchtanzt, aber es gibt so viel zu tun, Gutes und Nützliches zu tun, und du würdest wieder Kontakt mit Menschen finden. Freunde und Bekannte haben sich zusammengeschlossen – ich gehöre auch dazu; und wir betreuen Genesende, wir zupfen Scharpie und wickeln Verbandsbinden oder wir arbeiten im Bahnhofsdienst. Die Verwundeten sind so dankbar für jedes freundliche Wort, und die Arbeit ist nicht schwer. Schau, zum Beispiel, ich kann kein Blut sehen, also kümmere ich mich um die Genesenden. Ich gehe mit ihnen spazieren, plaudere mit ihnen, stärke ihre Moral und gebe ihnen wieder Lebensfreude. Ich verwöhne sie mit Schokolade, Näschereien und ...« Mathilde unterbrach sich. Weiter ins Detail zu gehen, wäre unklug; außerdem hatte Helene sowieso schon zustimmend genickt. »Jetzt, in der Adventszeit führen wir Sammlungen durch«, fuhr Mathilde fort. »Wir sammeln Decken, warme Sachen und kleine Geschenke für unsere tapferen Soldaten. Die alte Baronin Tattendorf hat ihren Salon ausgeräumt und ihn als Lager für die Liebesgaben zur Verfügung gestellt. Die Sachen müssen sortiert und gesichtet werden, und wir brauchen dringend Hilfskräfte. Das wäre doch was für dich, Lenerl.«

Helene zeigte nicht, wie froh sie darüber war, daß Mathilde sie aus ihrer Passivität lockte. Der schweigende Ablauf der Tage hatte sie erschöpft, und je mehr sie sich der Einsamkeit ergab, desto müder wurde sie. Auch ihre Phantasie war müde geworden, sie wußte nicht mehr, was sie sich ausmalen sollte. Da sich ihr Traum mit Hektor nicht erfüllt hatte, waren alle Wünsche so unbedeutend und gleichgültig geworden. Sie war wunschlos unglücklich. Sogar das Weinen hatte sie sich abgewöhnt. Nur manchmal erschrak sie, wenn sie nicht wußte, welcher Tag der Woche es war oder wenn ihre eigene Stimme ihr so fremd im Ohr klang, als spräche eine andere. An Anton dachte sie fast nie. Seine rosa Feldpostkarten beantwortete sie mit der gleichen gewissenhaften Sorgfalt, mit der sie im Internat ihre Hausaufgaben gemacht hatte. Ihre lächerlich kleinen Pflichten erfüllte sie peinlich genau. Sie besprach jeden Tag mit Frau Berta den Einkauf und die Speisenfolge, gab dem Personal die notwendigen Anweisungen, ging mit dem Hund spazieren, und einmal in der Woche ging sie hinunter in Florians Räume, öffnete die Fenster und sorgte dafür, daß alle Gegenstände so lagen und standen, wie sie immer gelegen und gestanden hatten. Die Zimmer waren kalt und muffig, die Luft

roch nach Staub und Mottenkugeln, und Florian war so weit fort, als hätte er nie in diesen Räumen gelebt.
Und nun bot sich die Möglichkeit, aus dieser öden Monotonie auszubrechen. Eine plötzliche, starke, ungewohnte Freude erfüllte Helene. Sie hielt den Blick gesenkt, um sich nicht zu verraten und streichelte Hexe, die neben ihr saß. Nur ihre langen schwarzen Wimpern flatterten ein wenig, als sie sagte: »Wenn Ihr mich brauchen könnt, bin ich gern dabei.«
Und wie gern, dachte Mathilde und tat, als hätte sie nichts bemerkt. Sie griff nach ihrem schwarzen Sealmuff. »Also dann«, sagte sie und stand auf. »Komm morgen so gegen vier Uhr nachmittags zu der Tattendorf. Ich mach' dich mit deinen Mitarbeitern bekannt. Du wirst sehen, wie viel es zu erledigen gibt.«
Schon um halb drei war Helene zum Fortgehen bereit. Sie hatte sorgfältig Toilette gemacht und sich zum ersten Mal seit dem Tod des Vaters wieder Stirnlöckchen gebrannt. Sie saß vor dem Spiegel und biß sich auf die Lippen, um ihren blassen Mund etwas Farbe zu geben. Die schwarzen Perlen in ihren Ohrläppchen schimmerten, und der schwarze Persianerkragen ihres Winterkostüms schmeichelte ihrer hellen Haut. Es war kindisch, daß sie sich für diesen Besuch putzte wie für ein Rendezvous, aber das gläserne Echo ihres Spiegelbildes flüsterte ihr zu, daß sie schön und viel zu jung war, um keine Wünsche mehr zu haben.
Im Vestibül der Tattendorfs hingen schon viele Mäntel, als Helene ankam. Zu ihrem Erstaunen bemerkte sie auch einige Herrenmäntel an den Garderobehaken. »Ist meine Schwester, Frau von Kroneck schon hier?« fragte sie den Diener.
»Die gnädige Frau ist mit den Herrschaften im Salon.« Der Diener öffnete die Tür.
Der ausgeräumte Salon, in dem nur an den Wänden Tische standen, beladen mit Decken, Kleidungsstücken und Paketen wirkte auf Helene wie eine Bahnhofshalle, die sie unter den Blicken der Anwesenden durchqueren mußte. Natürlich stand Mathilde am anderen Ende des Raumes, und natürlich unterhielt sie sich angeregt mit einem Mann und hatte den Eintritt Helenes nicht bemerkt.

Helene unterdrückte ihre Befangenheit und fing an, auf Mathilde zuzugehen. Auf dem teppichlosen Parkettboden klapperten ihre Absätze wie Kastagnetten, und die Distanz zu ihrer Schwester schien sich nicht verringern zu wollen. Durch das Geräusch der Schritte aufmerksam geworden, drehte sich Mathilde ihr zu, und auch der Mann neben ihr wandte sich um. Helene blieb stehen. Mitten im Zimmer blieb sie stehen, ihr Herz zuckte und begann heftig zu klopfen. Sie hörte ihren Herzschlag um vieles lauter, als sie den Hall ihrer Schritte gehört hatte, ihr war, als ob alle Anwesenden das Dröhnen ihres Herzens ebenfalls hören mußten. Der Mann an Mathildes Seite sah aus wie Hektor. Er hatte die gleichen dunklen Augen, das gleiche volle Haar und die elegante Haltung.
Man sieht, was man sehen will. Helene sah nicht, daß der Mann um vieles älter war als Hektor, daß sein Haar an den Schläfen grau war, daß ein Netz feiner roter Adern auf seinen Wangen jugendliche Frische vortäuschte und nur die stolze Haltung seines Kopfes sein massives Kinn daran hinderte, sich als gemütliches Doppelkinn auf den Hemdkragen zu stützen. Die Ähnlichkeit mit Hektor lag nur in seinen samtigen Augen unter den schweren Lidern, seiner straffen Figur und der ungezwungenen Anmut, mit der er seinen Anzug trug. Helene sah nur seine Augen. Ihre sehnsüchtige Erinnerung mischte Phantasie und Wirklichkeit, und sie ging, wie von einem unsichtbaren Faden gezogen, auf ihn zu. Sie wußte nicht, daß ihre Lippen zu einem erwartungsvollen Lächeln gebogen waren, sie hörte kaum, wie Mathilde vorstellte: »Direktor Clemens Amadei, einer unserer großzügigsten Spender.« Sie fühlte sich wie befreit, als sie ihre Hand in seine legte. Der Kontakt von Haut zu Haut verursachte ihr ein wohliges Erschrecken. Sie sah hoch, bemerkte die Überraschung in seinem Blick und umarmte Mathilde so, als umarmte sie schon ihn. Mathilde ihrerseits war ebenfalls überrascht. Von der unterschwelligen intensiven Ausstrahlung ihrer kleinen Schwester konnte selbst eine erfahrene Frau noch lernen. Mit kupplerischer Freude sagte sie: »Ich lasse euch jetzt allein. Du wirst mit Direktor Amadei viel zu tun haben, Helene. Er hat eine Fabrik. Er stellt Decken, Mäntel, Uniformen her, und hat sich als echter Weihnachts-

mann erwiesen. Du kannst die Listen seiner Gaben von ihm übernehmen und die Aufteilung mit ihm besprechen.«
Mathilde glitt sofort aus Helenes Bewußtsein. Clemens Amadei neigte sich zu ihr und sagte: »Ich habe schon viel von Ihnen gehört, gnädige Frau – trotzdem hätte man mich vorbereiten müssen!«
»Vorbereiten? Worauf?« fragte Helene.
»Man hätte mich warnen müssen, daß ich heute die vollkommene Schönheit kennenlernen werde. Sie haben einen Wehrlosen getroffen.«
Helene, die sich sonst bei jedem Kompliment scheu und irritiert in sich zurückzog, lächelte ihn glücklich an.
Clemens Amadei war beinahe vierzig. Seit fünfzehn Jahren war er mit Anna Mittermayer, der einzigen Erbin des Tuchhauses Mittermayer, verheiratet und hatte einen zwölfjährigen Sohn und eine zehnjährige Tochter. Anna Amadei, eine kühle Blondine mit einer etwas zu lang geratenen Nase und klugen, grauen Augen hatte einige Zeit gebraucht, bis sie gelernt hatte, daß es kein reines Glück war, mit einem gutaussehenden, charmanten Herzensbrecher verheiratet zu sein. Aber sie hatte nie versucht, gegen Windmühlenflügel anzukämpfen, um so weniger, als Clemens seine Liaisons taktvoll und diskret behandelte und ihr schwaches Verlangen nach ehelichem Beischlaf mit den Geburten der Kinder sehr an Bedeutung verloren hatte. Sie war eine fabelhafte Mutter. Clemens, unter dessen Leitung die Firma florierte, war großzügig mit Geld und ein höflicher, immer freundlicher Ehemann. Sie fand keinen Grund, sich zu beklagen. Seit Kriegsbeginn wohnte sie in ihrer Villa in Baden bei Wien und sah Clemens zwei bis dreimal im Monat als Wochenendgast. Deshalb saß sie auch nicht im Wohltätigkeitskomitee, und deshalb erwähnte auch Clemens, der sich völlig in seine Junggesellenrolle eingelebt hatte, nicht, daß er Frau und Kinder hatte. Und Helene dachte nur, daß sie, ohne es zu wissen, die lange, freudlose Zeit hindurch darauf gewartet hatte, diesem Mann zu begegnen. Der Eindruck, den er auf sie machte, überraschte sie. Unter seinen bewundernden Blicken schien sie sich zu verwandeln. Sie hatte das Gefühl, als ob sie zu leuchten begänne.

»Je länger ich Sie ansehe, desto schöner werden Sie«, sagte Clemens leise. »Ihre Augen strahlen und auf Ihren Haaren liegt Sternenstaub. Sie sind ein göttliches Wesen, und ich bete Sie an.«

Plötzlich hatte Helene keine Schwierigkeiten mehr, leicht und unbefangen zu sprechen. »Bevor Sie mich anbeten, geben Sie mir die Listen Ihrer Spenden und zeigen Sie mir die Aufteilung, damit ich die Schreibarbeiten erledigen kann.«

»Wozu die Eile?« Clemens Stimme liebkoste sie. »Je länger wir für die Listen brauchen, desto öfter kann ich Sie sehen. Ich muß Sie wiedersehen. Morgen schon.« Er legte seine Hand leicht auf ihren Arm.

Helene spürte seine Berührung im ganzen Körper. »Schon morgen?« fragte sie und nahm die Listen von ihm entgegen. »Ich weiß nicht, ob ich morgen schon so weit bin.«

»Ich werde mir erlauben, morgen bei Ihnen vorzusprechen, um mich zu erkundigen, wie weit Sie sind.« Clemens zog ihre Hand an die Lippen. »Aber bitte, gnädige Frau! Schreiben Sie langsam.«

Den Rest des Nachmittags durchlebte Helene wie in Trance. Sie plauderte mit der Baronin Tattendorf, lernte neue Leute kennen, traf alte Bekannte wieder und wußte doch nichts von allem, was sie sagte und hörte. Sie beantwortete manierlich die Fragen nach Antons Verbleib und als sie von ihm sprach, ertappte sie sich dabei, daß sie mit einem Mal Zuneigung und Verständnis für ihn hatte. Sie war zu glücklich, um unfreundlich an ihn zu denken. Seit sie wieder wußte, wie herrlich es war, verliebt zu sein, hatte sie mehr Verständnis für die Liebe, die Anton ihr entgegenbrachte. Außerdem war er weit fort, und die Entfernung stimmte sie milde. Wo immer sie stand und mit wem immer sie sich unterhielt, sie fühlte die Augen Clemens Amadeis, die sie begleiteten. Sie verabschiedete sich von Mathilde mit echter Herzlichkeit. Schließlich verdankte sie ihr die Bekanntschaft mit Clemens.

Mathilde strich ihr über die glühenden Wangen und bekämpfte leichten Neid. Noch einmal so jung zu sein, so jung und so dumm, dachte sie und sagte: »Du hast eine Eroberung gemacht. Den Hecht im Karpfenteich. Gratuliere.«

Und schon log Helene. Noch trennte sie ein großer Schritt von Heimlichkeiten und verbotenen Freuden, und doch begann sie schon zu lügen. »Ach was, Eroberung«, sagte sie. »Unsinn. Wir machen Listen miteinander und sonst gar nichts.«
Erst kamen Blumen, und dann kam Clemens. Er saß Helene gegenüber, der Diener servierte Kaffee und unter dem Tisch, zwischen ihren Füßen, lag Hexe als unwissendes Hindernis. Clemens sagte all den verliebten Unsinn, den Verliebte immer sagen, die alten, immer neu klingenden Schmeicheleien, und Helene lauschte seinen Worten so andächtig, als hörte sie der Weisheit letzten Schluß. Sie liebkosten einander mit Blicken und mit den Fingerspitzen, wenn sie einander Tassen und Teller reichten.
Sie sahen einander oft und immer öfter, denn Helene erfüllte Clemens Wunsch und schrieb die Listen langsam in kalligraphischer Schnörkelschrift. Kaum hatte sie ein paar Bogen fertig, brachte Clemens neue Listen, und sie genossen aufs neue die qualvollen Wonnen, zu zweit allein zu sein, ohne ihrer Leidenschaft nachzugeben. Es war nur noch eine Frage der Zeit und der Gelegenheit.
Zwei Wochen nachdem Clemens sie zum ersten Mal besucht hatte, besuchte Helene ihn in seiner Junggesellenwohnung. Es erschien ihr ganz selbstverständlich, daß sie seine Geliebte wurde. Nachher war sie erstaunt. Sie hatte in ihrem Übermaß an Glück und Gefühl erwartet, eine vollkommen veränderte Frau zu sein, aber nachdem sie sich wieder angezogen hatte und vor dem Spiegel ihren Hut aufsetzte, sah sie ihr Gesicht von gestern.
Als sie erfuhr, daß Clemens Frau und Kinder hatte, war sie bereits so sehr in ihre Liebe verstrickt, daß es ihm leicht wurde, sie zu beschwichtigen. Er beteuerte, was verheiratete Männer in solchen Situationen immer beteuern. »Meine Frau und ich leben nebeneinander her. Uns verbindet nichts mehr. Nur die Kinder halten uns noch zusammen.« Er wickelte zärtlich eine Strähne ihres offenen Haars um den Finger. »Du bist die einzige Frau, die ich liebe, die ich je geliebt habe und je lieben werde«, sagte er und küßte sie. Zum ersten Mal seit langem dachte Helene wieder an Anton. Wie konnte sie Clemens Vorwürfe

machen? Er hatte eine Ehefrau, sie einen Ehemann. Und doch waren sie und Clemens allein auf der Welt, nur ihre Liebe, nur die gemeinsamen Stunden zählten.

XL.

Kurz nach Weihnachten wußte Sophie, daß sie in anderen Umständen war. Nicht nur, daß ihre Tage schon zweimal ausgeblieben waren, ihr wurde auch jeden Morgen nach dem Frühstück übel, außerdem entwickelte sie eine abnormale Gier nach sauren Gurken, Heringen und Speisesoda. Um Gewißheit zu bekommen, fuhr sie nach Salzburg, zu einem fremden Arzt, der nichts von ihr und Ferdinand wußte und daher auch nicht nachrechnen konnte, wann sie mit Ferdinand das letzte Mal beisammen gewesen war. Der Arzt untersuchte sie gründlich und stellte die Fragen, die Sophie erwartet hatte. Während er sich die Hände wusch, sah er sie wohlwollend über den Rand seiner Nickelbrille an. »Der Herr Gemahl ist eingerückt?« fragte er. Sophie bejahte. »Und wann, gnädige Frau hatten Sie den letzten ehelichen Verkehr?«

Sophie brauchte nicht nachzudenken. Ende Oktober hatte sie ihr Verhältnis mit Max Fiedler begonnen. »So gegen Ende Oktober«, sagte sie.

Der Arzt nickte zufrieden. »Das deckt sich mit meiner Diagnose. Sie sind im dritten Monat, gnädige Frau.«

Sophie lächelte. Max und sie hatten wahrlich keine Zeit verloren.

Der Arzt mißdeutete ihr Lächeln. »Da wird sich der Herr Gemahl aber freuen«, sagte er.

»Das glaube ich auch«, antwortete Sophie, und ihr Lächeln vertiefte sich.

Auf der Rückfahrt in dem dahinzuckelnden Personenzug, hatte Sophie Muße, zu überlegen. Über das Datum der Geburt des Kindes mußten die Familie und die übrigen Leute im Unklaren gelassen werden. Nur Ferdinand konnte es besser wissen und Ferdinand würde an seinem Wissen eher ersticken, als

es auszusprechen, dafür wollte sie sorgen. Der Gedanke, daß sie im Sommer ein Kind haben würde, beglückte sie. Und die Vorstellung, was für ein Gesicht Ferdinand machen würde, wenn er von ihrem Zustand erfuhr, beglückte sie doppelt. »Wenn du ein Kind willst, mußt du es dir eben kaufen«, hatte er gesagt. Sie brauchte sich ihr Kind nicht zu kaufen, sie bekam es auf die angenehme, natürliche Art und Weise. Sie hegte keinerlei Zweifel, daß es ein Sohn werden würde. Ein schöner, kräftiger Sohn. Nie in ihrem Leben hatte sie sich, die morgendliche Übelkeit ausgenommen, so wohl gefühlt wie jetzt. Sie hatte zwar in Max Fiedlers Armen nicht den überwältigenden Rausch empfunden, der sie in Ferdinands Umarmung wehrlos gemacht hatte, aber dafür liebte Max sie mit ehrlicher Dankbarkeit, und in seinen Augen war sie begehrenswert und anziehend. Auch hatte sie durch die liebevolle Gleichmäßigkeit seiner Gefühle viel von ihrer Aggressivität verloren. Sie war ziemlich sicher, daß noch niemand Verdacht geschöpft hatte und hinter ihrem häufigen Zusammensein mit Max andere als rein geschäftliche Gründe vermutete. Max war taktvoll. Er drängte sich nicht auf, er versprach sich nie in Anwesenheit Dritter in der Anrede, keine Geste, kein Blick verriet unziemliche Intimität. Obwohl sie Max nicht liebte, war sie glücklich mit ihm. Und daß er der Vater des kommenden Pernwald war, befriedigte sie. Blutauffrischung in Form ihrer Intelligenz und seines Verstandes konnten der Familie nicht schaden.
Sophie hauchte auf die beschlagene Fensterscheibe des Abteils und sah hinaus in die leicht verschneite Landschaft. Der Zug näherte sich der Ischler Station. Sie überlegte, ob sie den Umweg über Max' Büro machen sollte, um ihm von seiner Vaterschaft zu erzählen, doch sie entschied sich dagegen. Die letzte halbe Stunde im Zug hatte sie ihren Heißhunger nur mühsam bekämpft. Sie wollte auf schnellstem Weg nach Haus, nach Pernwald, um einen marinierten Attersee-Aal mit Essiggurken zu essen und als Dessert einen großen, gehäuften Löffel Speisesoda.
Ferdinand hatte vom Krieg mehr als genug. Zuerst hatten ihm die Kosaken in Galizien das Pferd unter dem Sattel weggeschossen. Statt als strahlender Held zu siegen, war er tagelang

im Regen mit nassen Füßen und schmerzenden Waden durch Schlamm und Morast gestapft, hatte im Freien genächtigt und feuchtes Kommißbrot gegessen, bis er endlich in einem Lazarett seinen peinigenden Blasenkatarrh auskurieren konnte. Noch aus dem harten, nach Karbol riechenden Feldbett hatte er an Onkel Poldo geschrieben, seinen angegriffenen Gesundheitszustand ins Treffen geführt und auf seine ausbildnerischen Fähigkeiten hingewiesen.
Onkel Poldos Einfluß hatte funktioniert, er war als Rekonvaleszent in die Etappe abkommandiert worden und hatte in Budweis Zivilisten zu Soldaten dressiert und feldtauglich abgerichtet. Der Dienst war straff und langweilig, das Städtchen provinziell und öd, die Kameraden bunt zusammengewürfelt und harmlos. Im Offizierskasino wurden patriotische Reden geführt und einförmige Mahlzeiten serviert. Glücksspiele wie Poker und Würfel entsprachen nach der Auffassung des Kommandanten, Oberst Horvath, nicht dem Ernst der Zeit, und so wetteiferten die Offiziere miteinander, gegen den Herrn Oberst im Domino zu verlieren. Der einzige Lichtblick war das Bordell von Tante Tina. In den mit brüchigem rotem Plüsch ausgestatteten Räumen des Etablissements, in denen es nach billigem Parfüm, abgestandenem Rauch und schalem Sekt roch, suchte Ferdinand Ablenkung und fand sie nicht. Die halbnackten, weißfleischigen Mädchen, müde vom Dienst für die Verteidiger des Vaterlandes, aber willig, deren Wünsche zu erfüllen, bereiteten ihm Potenzschwierigkeiten. Nur mit geschlossenen Augen und äußerster Konzentration konnte er sich und den abgestumpften Mädchen beweisen, daß ein Offizier seiner Majestät immer und überall seinen Mann stellte.
Das Erscheinen der fünfzehnjährigen Josefine Ptak in dem Bordell glich einer Sensation. Natürlich war die Minderjährige offiziell nicht als Animierdame, sondern als Hausmädchen eingestellt worden, aber bei so guten Kunden, wie Ferdinand es war, hielt Tante Tina die Hand auf und ließ mit sich reden. Die kleine Josefine war ein molliges, hübsches Mädchen, die Tochter einer Waschfrau, und ihre Mutter hatte sie auf die Straße gesetzt, weil Josefine sich mit allen Männern und Burschen der Nachbarschaft herumgetrieben hatte. Josefine hatte noch acht

jüngere Geschwister, und die Waschfrau war froh, die unnütze Esserin losgeworden zu sein. Bei Tante Tina war Josefine an der richtigen Adresse, sie konnte ihre »Naturbegabung« ausleben und bekam dafür noch satt zu essen, billige Kleidchen und wertlose Geschenke. Gleich am ersten Abend erkaufte sich Ferdinand das ergötzliche Recht einer Nacht mit diesem kleinen, geilen Luder.

Ein paar Tage später bekam er hohes Fieber, einen schweren Katarrh und rote, entzündete Augen. Er wurde ins Lazarett eingeliefert. Nach weiteren fünf Tagen zeigten sich blaßrote Flecken im Gesicht, hinter den Ohren und am Hals, die sich schnell über den ganzen Körper ausbreiteten und zu größeren Flächen zusammenflossen. Der Regimentsarzt konstatierte verblüfft Masern, die einzige Kinderkrankheit, die Ferdinand nicht gehabt hatte. Es wurde viel und herzlich über Ferdinand gelacht, und das Gelächter wurde homerisch, als durchsickerte, daß die kleine Josefine, ebenfalls rotgetupft, von Tante Tina Knall und Fall aus dem Haus gejagt worden war. Ferdinands Kameraden glucksten vor Vergnügen, wenn sie sich scheinheilig nach seinem Befinden erkundigten und sorgten dafür, daß die köstliche Geschichte weit über die Grenzen ihrer Garnison die Runde machte. Auch Otti erfuhr von Ferdinands Kinderkrankheit und schrieb einen heiteren Brief an seine Mutter nach Aussig. Mirza schrieb kichernd an Mathilde, und Mathilde konnte es nicht über sich bringen, diesen amüsanten Fall bei sich zu behalten. Ferdinand lag im verdunkelten Krankenzimmer, seine juckende Haut begann sich zu schuppen, und er erstickte beinahe an einer Wut, die er an niemandem auslassen konnte. Der einzige Trost war der Genesungsurlaub, auf den er Anspruch haben würde, nachdem er aus der Isolierstation entlassen worden war.

Die Ehefrau erfährt es immer als letzte, aber letzten Endes erfuhr auch Sophie von der »Heldentat« ihres lieben Mannes. Sie lachte nicht, aber sie ärgerte sich auch nicht. Ferdinand manövrierte sich genau in die Position, in der sie ihn haben wollte. Als sie seine Nachricht erhielt, daß er nach langer schwerer Krankheit auf Urlaub nach Wien kommen würde, warf sie die Feldpostkarte unbeantwortet in den Papierkorb. Sie hatte Zeit, sie konnte warten. Wenn der Prophet nicht zum Berg kam, kam der Berg unweigerlich zum Propheten.

Und Ferdinand kam. Zuerst nach Wien. Die Sehkraft seines rechten Auges hatte gelitten, er trug ein Monokel, und selbst seine Gegner mußten zugeben, daß ihm das Monokel ausgezeichnet zu Gesicht stand. Trotzdem fühlte sich Ferdinand von seinem Auftritt in Wien enttäuscht. Mathilde empfing ihn mit süffisanter Ironie, die ganz veränderte, aufgeblühte Helene zeigte erstaunlich wenig Interesse an den Schilderungen seiner Leiden, und Sophie war stillschweigend nicht erschienen.

Obwohl in Wien vom Krieg nicht viel zu spüren war, hatte sich das Leben in der Stadt sehr verändert. Alle Freunde und Kameraden Ferdinands waren eingerückt, gefallen oder verwundet, und manchmal war es ihm fast peinlich, daß er seinen Urlaub gewöhnlichen Krankheiten verdankte. Die anderen, auch seine Schwestern, hatten plötzlich so viel zu tun. Sie betreuten und organisierten, sie pflegten und planten und zollten Ferdinand nicht die Aufmerksamkeit, die er als selbstverständlich vorausgesetzt hatte. Die Zivilisten saßen in den Kaffeehäusern und diskutierten ausschließlich und nur über den Krieg, gaben sich patriotisch oder skeptisch, sprachen von Verlusten und Toten, stärkten sich gegenseitig mit Hoffnung und verschwiegen einander ihre ängstlichen Gefühle. Ferdinand mied die Kaffeehäuser und die langweiligen Gespräche. Mit den Frauen war auch nicht viel los. Die Damen der Gesellschaft trugen alle das gleiche wichtigtuerische Diakonissenlächeln wie eine Einheitsmaske im Gesicht und waren so eintönig wohltätig. Den feschen Halbweltdamen gegenüber hatte Ferdinand doch viel von seinem Schneid eingebüßt. Er hatte verfluchtes Pech gehabt, erst Tripper und dann Masern. Wenn er an das Gesetz der Serie dachte, verging ihm die Lust, mit einer neuen anzubandeln. Blieb eigentlich nur Sophie. Sie schmollte scheinbar noch immer. Vielleicht war es ganz komisch, sie in Pernwald zu überraschen, sich mit ihr zu versöhnen und sich in ihrer Anhimmelung zu sonnen.

Sophie erwartete Ferdinand in der Halle, neben dem brennenden Kamin. Sie hatte ein großes, weites Umschlagtuch um die Schultern gelegt, um ihren nun schon sichtbar rundlicher werdenden Leib fürs erste zu kaschieren. Monokelblitzend und sporenklirrend betrat Ferdinand die Halle und fühlte sich zu seinem Erstaunen sofort ein wenig unsicher. Weder schmollte Sophie, noch zeigte sie Freude. Sie begrüßte ihn mit gelassener Höflichkeit wie einen guten Bekannten und nicht wie einen aus dem Felde heimkehrenden Ehemann. Sie hat sich verändert, dachte Ferdinand, in ihrer Einstellung zu mir und auch in ihrem Aussehen. Während Sophie Tee und Glühwein servieren ließ, betrachtete Ferdinand sie eingehend. Sie sah erstaunlich wohl aus, ihre Gesichtszüge waren weicher geworden und ihre Figur weiblicher.

Auch Sophie betrachtete Ferdinand. Wo war die leidenschaftliche Verwirrung geblieben, die sie früher immer in seiner Nähe überkommen hatte? Zur Begrüßung hatte er sie auf die Wange geküßt, aber die Berührung seiner Lippen auf ihrer Haut hatte sie weder erregt noch entflammt. Sie empfand weder Zorn, noch Haß, noch Liebe. Alles was geblieben war, war eine fast nachsichtige Gleichgültigkeit. Sie ließ ihn schwadronieren und beobachtete, wie er versuchte, Eindruck auf sie zu machen, wie er seine schönen, dunklen Augen funkeln ließ und seinen Charme strapazierte. Seine vielsagende Anspielung, er wünsche sich ein frühes Diner, damit er einen ungestörten langen Abend mit ihr genießen könne, brachte sie ebensowenig aus ihrer souveränen Ruhe wie seine Komplimente. Ich bin wirklich immun gegen ihn geworden, dachte sie. Er ist bereits eine Episode in meinem Leben, er weiß es nur noch nicht.

Nach dem Essen ließ Ferdinand Champagner in ihr Boudoir bringen, schloß hinter dem Diener die Tür und füllte augenzwinkernd die Gläser. Er trat auf Sophie, die neben dem Ofen stehen geblieben war, zu, reichte ihr ein Glas und fragte: »Worauf sollen wir trinken?«

»Auf Pernwald«, antwortete Sophie und hob ihr Glas. Das Umschlagtuch glitt von ihren Schultern zu Boden.

»Donnerwetter«, sagte Ferdinand. »Jetzt sehe ich es erst deutlich. Du hast ganz schön zugenommen. Du hast direkt einen kleinen Bauch bekommen.«

Sophie setzte sich. »Ich weiß. Es ist ganz natürlich, daß ich zugenommen habe. Ich bekomme ein Kind.«

Ferdinand stellte das Glas hart auf den Tisch. »Wenn das ein Witz sein soll, dann ist es ein geschmackloser Witz. Dieses leidige Thema haben wir bei unserem letzten Zusammensein abgehandelt. Du weißt, ich kann keine Kinder bekommen.«
»Aber ich«, sagte Sophie.
Zwischen Ferdinands Brauen zeigte sich eine böse Falte. »Deine Taktlosigkeit geht zu weit. Was soll das alberne Geschwätz? Von mir bekommst du kein Kind.«
»Das habe ich auch nicht behauptet.« Sophie lächelte: »Ich habe lediglich gesagt, ich bekomme ein Kind.«
Ferdinand hielt den Kopf schief, als ob er nicht richtig verstanden hätte.
»Du hast mich richtig verstanden«, fuhr Sophie fort. »Wenn ich dich zitieren darf – du sagtest mir im August, ich solle mir ein Kind kaufen. Das hatte ich nicht nötig. Ich habe es geschenkt bekommen. Ich bin im dritten Monat.«
Ferdinand tastete nach einem Stuhl und setzte sich. »Es ist ungeheuerlich«, flüsterte er und wiederholte: »Es ist ungeheuerlich. Ich war über ein halbes Jahr fort und du wagst mir ins Gesicht zu sagen, daß du im dritten Monat schwanger bist.« Er war blaß geworden und seine Stimme gehorchte ihm kaum: »Wer war es? Wer ist der elende Verführer?«
»Ach, Ferdinand, nun werde bitte nicht theatralisch.« Sophie trank einen Schluck und sagte freundlich: »Zu deiner Beruhigung – ich bin weder vergewaltigt noch verführt worden. Wenn jemand verführt hat, dann war ich es. Und den Namen des Mannes werde ich dir nie sagen. Du möchtest wohl wieder ein Duell veranstalten, um deinen Widersacher an einer heiklen Stelle zu treffen? Nein, mein Lieber, die Zeit deiner grausamen Lausbubenstreiche ist vorüber. Du mußt lernen, Tatsachen zu akzeptieren und dich mit ihnen zu arrangieren.«
Ferdinand lief rot an. »Konsequenzen werde ich ziehen«, schrie er.
»Da bin ich aber neugierig«, sagte Sophie unbeeindruckt.
Ferdinand sprang auf und ballte die Fäuste: »Auf der Stelle verläßt du mein Haus! Auf der Stelle! Hast du mich verstanden?«
Sophie nickte und blieb sitzen.

»Ich muß wohl noch deutlicher werden«, tobte Ferdinand. »Ich befehle, daß du auf der Stelle mein Haus verläßt.«
»Ich kann dein Haus nicht verlassen«, sagte Sophie höflich, »denn es ist nicht dein Haus.«
»Was soll das heißen?« Ferdinand verschluckte sich beinahe. »Pernwald gehört mir und ich verbiete dir . . .«
Sophie unterbrach: »Du erlaubst, daß ich dich korrigiere. Pernwald gehört zu fünfzig Prozent meinem Bruder und zu fünfzig Prozent mir.«
»Dummes Geschwätz«, Ferdinand wischte ihren Einwand mit einer heftigen Handbewegung fort. »Pernwald gehört Helene und ihrem Mann und mir. Da ich dich nicht mehr als meine Frau betrachte, gehört es zur Hälfte mir allein.«
Sophie schüttelte den Kopf. »Das ist ein Irrtum. Du hast recht, soweit es Anton und Helene betrifft. Die haben Gütergemeinschaft. Aber ich darf dich daran erinnern, daß wir Gütertrennung vereinbart haben. Ich darf deine Erinnerung weiter auffrischen. Nach Papas Tod hat dir Max Fiedler deinen Erbanspruch an Pernwald in barem Geld ausbezahlt. In meinem baren Geld. Die Hypotheken haben Anton und ich zu gleichen Teilen übernommen und getilgt. Es wird dich freuen zu hören, daß Pernwald seit langer Zeit endlich wieder schuldenfrei ist. Nimm Einblick in das Grundbuch und du wirst bestätigt finden, daß Pernwald den Dobranys gehört. Ich darf dich weiter informieren. Ich habe Mathildes Anteil am Wiener Palais erworben. Alles, was ich mit meinem Geld bezahlt habe, gehört mir allein, und du bist bestenfalls der Nutznießer.«
Sophie machte eine Pause und trank ihr Glas leer. Dann sagte sie: »Ich würde mich an deiner Stelle beruhigen und mich wieder hinsetzen. Neue Situationen bedürfen neuer Abmachungen. Ich mache dir eine fairen Vorschlag.«
Sie faltete die Hände über ihrem Leib und lehnte sich zurück. »Wenn du dieses Kind akzeptierst, kannst du weiterleben wie bisher. Mehr noch, du kannst tun und lassen was dir gefällt, ich werde mich nicht in dein Privatleben einmischen.« Sie registrierte, daß Ferdinand sich wieder gesetzt und begonnen hatte, ihr aufmerksam zuzuhören. »Ich kann dich selbstverständlich nicht daran hindern, dich mit Getöse von mir zu trennen,

doch gebe ich dir zu bedenken, daß dein weiterer Lebensweg dann recht mühsam sein wird. Du kannst mit Geld nicht umgehen. Deine Barschaften werden nicht ausreichen, um dir eine neue Existenz zu gründen und trotzdem in deinem gewohnten Stil weiterzuleben. Ich erwarte nicht, daß du mir so ohne weiteres glaubst. Überlege dir deine Entscheidung reiflich. Besprich dich mit Max Fiedler. Er kann dir alle Verträge zur Einsicht vorlegen und wird dich sicher gut beraten. Du kannst dir Zeit nehmen, um mit dir ins reine zu kommen. Du hast ja noch eine Woche Urlaub.« Sophie konnte eine plötzliche Bosheitsanwandlung nicht unterdrücken und setzte hinzu: »Du bist hier ein gern gesehener Gast.«

Ferdinand versuchte erst gar nicht, zu schlafen. Er war so erbittert und erregt, daß er keine Ruhe finden konnte. Er trabte in seinem Zimmer auf und ab, und alles, was er Sophie hätte sagen müssen und ihr nicht gesagt hatte, kam ihm jetzt auf die Zunge. Statt ihrer beschimpfte er die Möbel und Wände, er beleidigte und drohte, er begehrte auf und stellte Repressalien in Aussicht. Doch sein heiliger Zorn verpuffte als Monolog ohne Publikum. Langsam begann Ferdinand zu begreifen, daß sein Toben und Lärmen ihm nicht um ein Jota weiterhalf, und daß er nur nehmen oder lassen konnte. Es war sein Unglück, daß er Sophie falsch eingeschätzt hatte. Er zweifelte nicht einen Augenblick daran, daß sie jedes Wort, das sie gesagt hatte, wahrmachen würde. Sie war eine kalte, harte, berechnende Kanaille, und sie saß am längeren Hebel. Wenn er einen Skandal provozierte und seine Ehe annullieren ließ – was dann? Feldtauglich war er nicht mehr, er würde also diesen Krieg in der Etappe überleben. Und dann? Wenn sich das Leben wieder normalisierte, was sollte er dann beginnen? Er konnte nichts, er hatte nichts gelernt, und Sophie hatte ihn sehr gezielt getroffen, als sie ihm prophezeite, daß seine Geldmittel nicht lange reichen würden. Reiten konnte er, damit war nicht die Butter aufs Brot zu verdienen. Er hätte Pernwald verwalten, eine Pferdezucht aufbauen können, aber Sophie zog ihm den angestammten Boden unter den Füßen weg. Und woanders neu zu beginnen und jeden Heller umdrehen zu müssen – wo blieb dann die kavaliersmäßige Freude an der Sache? In den zäh dahintropfenden Stunden der Nacht wurden Ferdinands Vorstellungen immer trostloser, immer aussichtsloser. Er sah sich arm und heruntergekommen, verachtet und verspottet. Mit seinem Selbstmitleid wuchs die Gefühlsduselei um den Besitz, der Schmerz über den Verlust von Pernwald. Er hielt es in seinem Zimmer nicht aus, nahm einen Kerzenleuchter und ging hinunter. Es war ihm, als sähe er die Schönheit der Räume zum ersten Mal. Die Harmonie der marmorverfliesten ovalen Halle mit den Stuckreliefs an den Wänden, das helle, fast silberne Gold der in Pernwaldschen Ehren verblaßten Damasttapeten des Speisesaals und die Holztäfelung im Jagdsalon, die einen warmen fast seidigen Glanz ausstrahlte.

Die Ahnenbilder blickten ihn spöttisch an. Aus dem Dunkel außerhalb des runden Lichtscheins der Kerze kamen viele kleine Erinnerungen auf ihn zu, längst verschüttet geglaubte Eindrücke der Vergangenheit, die plötzlich ungeheuer wichtig schienen. In diesem Wandschrank lag die Familienchronik, in dunkelgrünes, marokkanisches Leder gebunden mit dem in Gold geprägten Wappen der Pernwalds auf dem Buchdeckel. Wie oft hatte er als Junge, auf den Knien seines Vaters sitzend, die starren Seiten des Buches gewendet, um Namen und Jahreszahlen zu lernen. Die beiden schweren silbernen Kerzenleuchter auf Florians Schreibtisch, die auf vergoldeten Füßen standen, ein Geschenk des Vatikans an seinen Ur-Ur-Großvater, die venezianische Dose, mit Halbedelsteinen besetzt, die immer leer sein mußte, damit sich die Steine durch das Öffnen und Schließen nicht in den Fassungen lockerten. Das mächtige Petschaft, in dem ein Bär, der eine Tanne trug, eingraviert war, »Bärenwald«, später zu dem Namen Pernwald verschliffen, mit dem er manchmal die Briefe seines Vaters hatte siegeln dürfen, und in der Ecke des Zimmers lag noch das mottenzernagte Fell des ersten Fuchses, den er als Zehnjähriger geschossen und voll Stolz seinem Vater geschenkt hatte. Das alles sollte nun dem Sichbehaupten-Wollen Sophies und ihrer zähen Gier gehören? Ferdinand ging langsam weiter, von Zimmer zu Zimmer, von Gegenstand zu Gegenstand, betrachtete Bilder und Teppiche, strich mit den Fingerkuppen über die polierten Möbel, bis die niedergebrannte Kerze zu qualmen begann. Er blies sie aus, sah, daß es draußen schon zu dämmern begann, zog den Mantel über und trat ins Freie.

Die geschlossene Schneedecke war heller als der fahle Himmel, und in der regungslosen, kalten Luft standen die Kastanienbäume wie aus Blei gegossen. Er ging auf dem ausgeschaufelten Weg um das Haus, bemerkte die Erneuerung des gelben Verputzes, und daß die grünen Fensterläden der Seitentrakte frisch gestrichen worden waren. Auf den Bäumen zu beiden Seiten der Landstraße saßen die Saatkrähen wie große schwarze Früchte auf den Zweigen, und die graue Oberfläche des Sees verschmolz mit dem feinen Nebel zur Unendlichkeit.

Ferdinand stapfte hinunter in den Rosengarten. Hier lag der Schnee fußhoch zwischen den mit Stroh geschützten Stöcken, doch er ging vor bis an die Uferbalustrade, wischte den Schnee von den Steinen und lehnte sich an das Gemäuer. Es roch nach Algen und Tang. Er zündete sich eine Zigarette an und warf das Streichholz ins Wasser. Es erschien ihm mit einemmal undenkbar, Pernwald zu verlieren. Wie sah die Kehrseite der Medaille aus, wenn er klein beigab? Niemand würde je erfahren, daß Sophies Kind nicht auch das seine war. Ihr Vorschlag, ihn finanziell zu versorgen bewies, daß sie keinen Bastard großziehen wollte. Außerdem bot ihr Vorschlag ihm den Vorteil, nicht mit ihr leben und schlafen zu müssen. Als verheirateter Junggeselle hatte er keine Pflichten, niemandem gegenüber. Er konnte ungehindert kommen und gehen, er hatte den Nutzen, und Sophie blieb die Plage mit dem Kind und mit der Verwaltung des Besitzes.

Mit jedem Zug an der Zigarette wurde Ferdinand optimistischer. In seinem speziellen Fall war es klüger nachzugeben. Sophie hatte ihn an Fiedler verwiesen, hatte seine Loyalität und Objektivität hervorgehoben. Bitte. Wenn Fiedler ein Schriftstück aufsetzte, das ihm eine monatliche Apanage sicherte, und Sophie unterschrieb, war er fürs erste sogar im Vorteil und konnte abwarten, ob dieses Kind überhaupt lebend geboren wurde. Vielleicht erstickte es noch im Mutterleib an der Bosheit seiner Mutter. Und wenn es lebend das Licht der Welt

erblickte, wer konnte sagen, wie alt es wurde? Sollte das Kind aber kräftig und groß werden, hatte er noch immer die Möglichkeit, durch dieses Kind Sophie zu treffen.
Er war ja der Vater, zwar nicht vor Gott, aber vor den Menschen.

XLI.

Helene war völlig in ihr Glück eingesponnen. Was außerhalb ihrer Beziehung zu Clemens geschah, streifte ihr Bewußtsein nur am Rande. Sie war ein schönes Mädchen gewesen, doch nun war sie eine strahlend schöne Frau geworden. Ihre früher so melancholischen Augen leuchteten, ihre Haut hatte einen fast zärtlichen Schmelz. Ihre körperliche Zufriedenheit und ihre seelische Harmonie machten sie heiter und gelöst. Sie gab ihre frohe Zufriedenheit weiter an die Menschen ihrer Umgebung, sie war so reich an Gefühlen, daß sie den Überschuß verteilte wie Liebesgaben. Sie sah Clemens regelmäßig zweimal die Woche; nur die Stunden, die sie mit ihm beisammen war, zählten, den Rest der Zeit verbrachte sie in schwärmerischer Erinnerung und gespannter Vorfreude. Sie erledigte ihre bescheidenen Pflichten leicht und freudig und sah die immer grauer werdende Umwelt durch eine rosa Brille. Die Zeitungsmeldungen über gewonnene und verlorene Schlachten, die steigende Zahl an Verwundeten und Krüppeln, die die Lazarette, in denen Helene sich nützlich machte, belegten, die Kriegserklärung Italiens an Österreich-Ungarn am 23. Mai 1915 und der Beginn der Kämpfe am Isonzo, in Kärnten und Tirol – all das berührte sie nur von fern. Solange Clemens nicht einrücken mußte, solange ihr privates Glück gesichert war, stimmte alles in Helenes kleiner Welt.
Sie dachte selten an die Zukunft, sie wünschte sich nur, daß alles so bliebe. Antons Feldpostkarten beantwortete sie nett und gewissenhaft, sie machte sich sogar Sorgen, wenn einmal eine seiner regelmäßigen Nachrichten ausblieb, doch sie dachte an ihn wie an einen entfernten Freund, dem man zwar alles Gute wünscht, den man aber nicht unbedingt sehen muß. Sie hatte

Clemens' Frau kennengelernt und war ihr ein paar Mal in Gesellschaft begegnet. Ihre unterschwellige Eifersucht hatte sich angesichts der etwas verblühten, langnasigen Matrone beruhigt. Seither glaubte sie Clemens, wenn er behauptete, daß nur Gewohnheit, Anstand und die gemeinsamen Kinder ihn noch mit seiner Frau verbanden. Manchmal wünschte sie sich natürlich, als seine Ehefrau immer mit ihm und bei ihm leben zu können. Auch Clemens beteuerte stets von neuem, wie glücklich er wäre, wenn sie sich nie mehr zu trennen brauchten. Vielleicht einmal später, wenn der Krieg vorüber war und das Leben wieder in normalen Bahnen lief, vielleicht dann ... Im zwanzigsten Jahrhundert, unter modernen Menschen war eine Scheidung doch keine Katastrophe mehr. Die Vorstellung, daß sie mit Clemens Tag und Nacht zusammensein, mit ihm einschlafen und aufwachen, mit ihm reisen und erleben und alt werden könnte, überstieg beinahe ihre Einbildungskraft. Ihr Glück erzeugte Geduld. Helene war bereit zu warten, auf Clemens zu warten, solange es ihn gab und er sie liebte.

Die Nachricht Ferdinands, daß Sophie guter Hoffnung sei und er daher Vaterfreuden entgegensähe, wirkte auf Helene lange nicht so herzergreifend wie auf Mathilde. Natürlich freute sich Helene, daß ein – oder eine – Pernwald zur Welt kommen sollte, aber die sie beherrschende Liebe zu Clemens hatte die Familie und Pernwald in den Hintergrund gerückt.

Mathilde hingegen war selig. Der schreibfaule Ferdinand hatte auch ihr einen langen Brief geschrieben, in dem nur von »seinem Kind« die Rede war, was er für »sein Kind« wünschte und erhoffte und welche Pläne er mit »seinem Kind« habe.

»Wenn das Papa noch erlebt hätte«, sagte Mathilde sentimental. »Wer hätte gedacht, daß Ferdinand solche Vater-Instinkte entwickelt. Von Sophie spricht er kaum, immer nur von ›seinem Kind‹. Er erwähnt auch gar nicht, im wievielten Monat Sophie ist. Er kündigt nur die Geburt ›seines Kindes‹ für den Sommer an. Etwas unpräzise.« Sie schüttelte den Kopf: »Es ist nicht zu glauben, wie kindisch Männer werden, wenn sie ein Kind gezeugt haben.«

»Ich freu mich für und mit Sophie«, sagte Helene und griff nach ihrer Handtasche. »Sie hat es sich so gewünscht.«

»Willst du schon gehen?« fragte Mathilde. »Du bist jetzt immer so beschäftigt. Deine Besuche haben fast Seltenheitswert.«
Helene lächelte: »Du wolltest ja, daß ich mich beschäftige. Das war deine Idee. Nun bin ich ganz und gar ausgefüllt.«
Mathilde sah sie prüfend an. Helene sah so unverschämt glücklich aus, daß Mathilde eine mißgünstige Regung verspürte. »Ich finde, du solltest zu Sophie fahren. Sie ist in Pernwald ganz allein. In ihrem Zustand braucht sie jemanden, der sich um sie kümmert«, sagte sie tückisch.
Helene wehrte sich: »Ich kann jetzt nicht weg. In vier bis sechs Wochen fahre ich ohnehin. Warum fährst du nicht, wenn du glaubst, Sophie kommt nicht allein zurecht?«
Mathilde wurde energisch: »Ich habe Mann und Kind. Dich halten hier nur deine karitativen Aufgaben. Aber Familie geht vor. Es ist deine Pflicht, Sophie beizustehen. Sie ist deine doppelte Schwägerin, du bist es nicht nur Anton, sondern auch Ferdinand schuldig.« Sie trumpfte auf: »Auch Papa würde es von dir verlangen«, und da Helene nicht widersprach, endete sie: »Also abgemacht. Du fährst nächste Woche nach Pernwald. Was denkst du, wie Sophie sich freuen wird.«

Sophies Freude hielt sich in Grenzen. Helenes Ankunft erschwerte ihr das ungestörte und unkontrollierte Zusammensein mit Max Fiedler. Sie war schon recht unförmig, und die Wagenfahrten nach Ischl wurden ihr mühsam. Deshalb besuchte Max sie regelmäßig in Pernwald. Er freute sich wie verrückt auf das Kind und bestürmte sie immer wieder, doch in Wien oder wenigstens in Salzburg zu entbinden. Doch Sophie blieb fest: »Mein Sohn wird in Pernwald geboren. So wünsche ich es mir, und so geschieht es. Die Hebamme aus Steinbach ist eine erfahrene und tüchtige Person. Sie hat den meisten Kindern der Gegend in die Welt geholfen. Sie wird auch meinen Sohn ins Leben holen.« Um abzuschwächen, daß sie »meinen« statt »unseren« gesagt hatte, schmeichelte sie: »Außerdem möchte ich dich in meiner Nähe wissen. Du könntest mich nicht nach Wien begleiten, aber hier fällt deine Anwesenheit nachgerade nicht mehr auf.«

Mathilde, die Helenes Besuch avisiert hatte, hatte auch geschrieben, daß Helene jetzt so heiter und lebhaft sei und daher sicher eine anregende Gesellschaft sein würde. Sophie fand Helene weder besonders heiter noch lebhaft. Sie sah blühend aus, war aber so verträumt und in sich gekehrt, wie Sophie sie in Erinnerung hatte. Sie verbrachte viele Stunden in ihrem Zimmer und schrieb Briefe, die sie auf ihre langen Spaziergänge mit Hexe mitnahm und eigenhändig nach Weissenbach zur Post brachte. Sophie ihrerseits hatte sich gleich bei Helene entschuldigt, daß sie ihr nicht so viel Zeit widmen könne, wie sie es gerne täte. »Ich bin sehr beschäftigt mit der Verwaltung Pernwalds und den anfallenden Geschäften. Die Beschlagnahme und zentrale Verteilung des Getreides durch die Kriegsgetreideverkehrsanstalt bedeutet zusätzlichen Papierkram. Ich bin eine unerfahrene Frau und muß Fiedler dankbar sein, wenn er mir mit Rat und Tat behilflich ist. Manchmal ist es ermüdend, wenn er mich so drei- bis viermal die Woche mit Beschlag belegt, aber ich tue es für Pernwald.«
Helene bewunderte Sophie, aber sie kam sich überflüssig vor und ärgerte sich über Mathildes blinden Eifer. Wozu hatte Mathilde sie nach Pernwald gehetzt? Sophie kam ausgezeichnet zurecht, war dick und rund und fühlte sich wohl. Helene wollte nicht indiskret werden, nach ihrer Berechnung müßte das Kind bald kommen, es war Anfang Juni, aber natürlich konnte sie nicht mit Bestimmtheit wissen, wann dieses Kind gezeugt worden war. Sophie mußte es wissen, doch sie sagte immer nur »bald« und Ferdinand, der es ebenfalls wissen mußte, hatte in seinem Brief von »Sommer« gesprochen. Helene zerbrach sich nicht lange den Kopf, sie dachte hauptsächlich an Clemens und wie schwer ihr der Abschied gefallen war. Clemens war so reizend und verständnisvoll gewesen. »Wir sind immer zusammen, auch wenn wir vorübergehend getrennt sind«, hatte er gesagt. »Da ich dich heute mehr liebe als gestern, wie sehr werde ich dich lieben, wenn wir uns im Herbst wiedersehen.«

Es war wunderbar, sich so geliebt zu wissen, verliebte Briefe zu schreiben und zu empfangen, aber bis zum Herbst war noch

viel Zeit, und schon jetzt sehnte sich Helene fast schmerzlich nach Clemens, nach seiner Umarmung, nach seinem Mund, nach seinen Händen und nach seinem Körper. Sie hatte wenig Zerstreuung. Die meisten Villen am Attersee blieben in diesen Kriegszeiten geschlossen. Auch Mirza war in Aussig geblieben, und in Ischl traf sie kaum Bekannte, niemand war gekommen, da der Kaiser in diesem Sommer seine Wiener Residenz Schönbrunn nicht verlassen hatte.
Ohne Florian fühlte sich Helene fremd in Pernwald. Erst nach und nach entdeckte sie die vielen Neuerungen, die Sophie vornehmen hatte lassen. Die Milchkühe in den ehemaligen Pferdeställen, die grunzenden Schweine auf der Hundekoppel, die ewig gackernden und scharrenden Hühner und die Hähne, die beim ersten Tageslicht um die Wette krähten und Helene jeden Morgen aufweckten. Auf dem englischen Rasen zwischen Haus und Kegelbahn waren jetzt Kartoffeln und Gemüse gepflanzt, und sogar im Rosengarten wurden Küchenkräuter angebaut. Der Glanz Pernwalds verblaßte, an seine Stelle trat nüchterne Zweckmäßigkeit. Sophie hatte sicherlich recht, es war Krieg, und weder Feudalismus noch Luxus waren am Platz, aber Helene traf jede Veränderung schmerzlich. Sie wunderte sich auch im stillen darüber, daß Max Fiedler so oft nach Pernwald kam. Zu Papas Lebzeiten war er alle paar Monate einmal gekommen, nun erschien er jede Woche zwei- bis dreimal und Sophie hatte anscheinend immer viel mit ihm zu besprechen, denn die beiden verbrachten Stunden zusammen im Jagdsalon oder in Sophies Boudoir. Dabei wird Sophie schon so plump, daß es nicht mehr passend ist, Besuche zu empfangen, dachte Helene, aber wahrscheinlich ist Fiedler für Sophie eben kein Mann, sondern nur eine Art Angestellter – geschlechtslos wie ein Diener oder wie ein Kutscher: diese menschlichen Wesen, von denen erwartet wird, daß sie nicht denken und nicht fragen, nichts hören und nichts sehen, sondern nur funktionieren.
Der Juni ging seinem Ende zu, Helene fing an, nervös zu werden: das Kind kam immer noch nicht. Sophie beruhigte sie: »Kinder haben kein Uhrwerk eingebaut, manche kommen früher, manche später. Mein Sohn läßt sich eben Zeit.«

Am ersten Juli bestand Helene darauf, daß die Hebamme, Frau Gattermeier, geholt wurde und im Haus schlief. »Ich habe sonst keine ruhige Minute mehr«, erklärte sie Sophie.
»Wer bekommt das Kind eigentlich? Du oder ich?« fragte Sophie. »Wenn ich nicht nervös bin, brauchst du mich nicht nervös zu machen.«
Am späten Abend des vierten Juli setzten plötzlich die Wehen ein, Helene eilte in den Dienertrakt, weckte Frau Gattermeier und trieb sie aufgeregt zur Eile an.
»Aber, aber«, sagte Frau Gattermeier und band sich mit aufreizender Langsamkeit eine weiße Schürze um, »so schnell geht das nicht, schon gar nicht beim ersten Kind. Ich geh' jetzt in die Küche und setz' Wasser auf und koch mir einen großen Topf Kaffee. Das wird eine lange Nacht werden.«
Frau Gattermeier irrte. Drei Stunden später gebar Sophie ohne alle Komplikationen einen kräftigen, gesunden Sohn.
»Es ist direkt unvornehm, wie leicht die Frau Baronin das Kind kriegt hat«, teilte Frau Gattermeier in der Küche der Köchin Rosine mit, während sie sich den Kaffee, den sie nicht austrinken hatte können, aufwärmte. »Bei allem Respekt, aber das ist so rasch gangen wie bei einem Bauernmadl. Ich hätt' gedacht, daß feine Damen viel mehr leiden. Wo die Frau Baronin doch so schmal gebaut ist. Aber die hat das Kind außidruckt wie nix.« Sie trank die Tasse aus und schnalzte zufrieden mit der Zunge. »Ein schöner Bua ist er, der Kleine. Ein echter Pernwald. Dem Herrn Baron Ferdinand wie aus dem Gsicht geschnitten.«

Des Kriegs wegen hatte der Täufling nicht zwei männliche, sondern zwei weibliche Paten: Helene und Mathilde. Weder Anton, noch Onkel Poldo, noch Ferdinand waren abkömmlich, Otti lag mit einem Beinschuß im Lazarett, und als Helene zögernd Max Fiedler vorschlug, stieß sie auf energischen Widerspruch Mathildes.
»Deine Vorurteilslosigkeit in allen Ehren«, sagte Mathilde. Ich persönlich habe auch nichts gegen Fiedler, er ist intelligent, tüchtig und hat gute Manieren. Aber schon sein Vater und sein Großvater waren die ›Hausjuden‹ der Pernwalds. Ein ›Hausjud‹ als Pate unseres Kindes ist indiskutabel.«

Helene verteidigte ihren Vorschlag. »Max Fiedler ist katholisch«, sagte sie.
»Seit ein paar Jahren!« Mathilde machte eine wegwerfende Handbewegung: »Die paar Tropfen Taufwasser waschen nicht weg, daß er als Jude geboren ist. Vielleicht werden einmal seine Enkel, wenn er welche haben wird, als Christen gelten. Aber für unsere Generation ist Fiedler, getauft oder nicht, ein Jude und kein Pate.«
Sophie, die sich nicht eingemischt hatte, unterbrach: »Ich verstehe nicht, warum ihr Max Fiedler ins Gespräch bringt. Ich finde es sehr nett, wenn Georg seine beiden Tanten zu Patinnen bekommt.«
Mathildes Widerspruchsgeist war noch nicht besänftigt. »Warum willst du unser Kind ausgerechnet Georg nennen?« fragte sie. »Warum nicht ein Pernwaldscher Vorname? In der Familienchronik findest du Ferdinand und Leopold, Florian und Adam, Christoph und Sebastian, Mathias und Maximilian. Warum also soll unser Kind ausgerechnet Georg heißen?«
»Ich bin zwar nur eine angeheiratete Pernwald«, sagte Sophie spitz, »aber ich habe die Familienchronik besser studiert als du, Mathilde. Der Ahnherr der Pernwalds hieß Georg. Und wenn ich dich korrigieren darf, es ist nicht ›unser‹ Kind, sondern ›mein‹ Kind und mein Georg soll der erste Pernwald einer neuen Generation sein. Damit ist diese Frage erledigt. Doch mich beschäftigt noch eine andere. Ich habe in der Familienchronik unter Onkel Poldos Namen eine Eintragung gefunden. Zwei Jahre nach Poldo wurde noch ein Sohn, Mathias, geboren. Diese Eintragung wurde durchgestrichen. Was bedeutet das? Ist dieser Mathias gestorben?«
»Für uns ist er gestorben.« Mathilde reagierte ungewöhnlich scharf. «Papa hat nicht gewünscht, daß über Mathias gesprochen wird. Weder ich noch Ferdinand und Helene haben ihn jemals gesehen. Wir wissen nur von Papa, daß er Wechsel gefälscht hat und von der Familie verstoßen wurde. Ich glaube, er ist nach Mexiko ausgewandert. Oder war es Amerika? Man hat nie wieder etwas von ihm gehört. Wahrscheinlich ist er längst verdorben und gestorben – wie man so sagt.«

»Das schwarze Schaf der Familie«, murmelte Sophie und dachte an Ferdinand. Sie war entschlossen, dafür zu sorgen, daß ihr Sohn in jeder Hinsicht der erste Pernwald einer besseren Generation werden sollte.

Der kleine Georg war ein zufriedenes Kind. Er schlief und trank – zu Sophies Bedauern an den Brüsten einer Amme, denn für seinen gesunden Appetit hatte sie selbst zu wenig Milch. Er verschlief auch, satt und wohlig, die Taufzeremonie in der Dorfkirche von Steinbach. Nur als der Pfarrer ihm die Stirne mit Taufwasser netzte, schlug er die Augen auf und produzierte ein »Bäuerlein«, um gleich darauf weiterzuschlafen.
Um Mathilde und Helene gefällig zu sein, ließ ihn Sophie auf die Namen Georg Florian Christoph Maximilian taufen. Maximilian war ihr Vorschlag gewesen. Wenigstens einen Vornamen sollte ihr Sohn von seinem leiblichen Vater haben.

XLII.

Anton trank schon lange keinen Cognac mehr. Cognac war ein zu feines Getränk für den dreckigen Krieg. In Böhmen hatte er Slibowitz und Rum getrunken, in Galizien und an der russischen Front erst Wodka und dann den selbstgebrannten Fusel der Bauern aus der Gegend. Aber es war nicht wichtig, was man trank, Hauptsache, daß man trank. Mit einer verläßlichen, bauchigen Flasche in Reichweite wurde das Leben leichter und der Krieg erträglich. Überdies machte der Alkohol furchtlos. Einerlei, ob es eine wasserhelle, gelbliche oder bräunliche Flüssigkeit war, sie erzeugte eine angenehme, mutige Wärme in der Brust. Ohne sich sonderlich anzustrengen, wurde man ein Held, ein freundlicher Held in einem freundlichen Nebel.
Anton war beliebt bei den Kameraden, den Vorgesetzten und den Untergebenen. Solange er zu trinken hatte, war er freigebig und gefällig, anspruchslos und gutgelaunt, und er hatte immer zu trinken. Hungrig war er selten, ein Stück Brot genügte ihm,

wenn er die trockenen Krumen mit einem Schnaps hinunterspülen konnte. Für ein Stück Speck oder eine Wurst, für seine Fleischration konnte er immer Alkohol eintauschen, wenn es einmal keinen zu kaufen gab. Da er von Natur aus kräftig und widerstandsfähig war, merkte man ihm seine ungesunde Lebensführung nicht an. Der Leutnant der Reserve Anton von Dobrany war ein Dragoner zu Fuß geworden. Erst hatte die Futterbeschaffung für die Pferde gestockt, dann hatte es Verpflegungsschwierigkeiten bei der Truppe gegeben, ein Pferd nach dem anderen wurde geschlachtet, und die stolzen Rösser der Kavallerie waren zu Gulasch verarbeitet worden.
Anton marschierte durch Schlamm und Staub, durch Regen und Schnee, manchmal wußte er nicht, wo er war, jedes Dorf sah aus wie das andere, jede Gegend glich der anderen und auch die Menschen, die er sah, unterschieden sich nicht voneinander.
Hie und da brauchte Anton eine Frau. Die vollbusigen, schweigsamen Mädchen der Gegend waren willig. Sie hinterließen keine Namen und keine Erinnerungen und beschwerten auch seine Gedanken nicht. Anton fühlte sich in dieser männlichen Welt der Armee wohl, er gab sich, wie er war, man nahm ihn, wie er war, niemand wollte ihn besser oder anders haben. In den seltsam klaren Monaten, die ihm gegeben waren, bevor der Schnaps ihn einlullte, dachte er voll schmerzlicher Sehnsucht an Helene und fürchtete sich vor dem Wiedersehen. Er liebte sie unverändert, aber gerade weil er sie so hilflos, so völlig ausgeliefert liebte, litt er nicht so sehr unter der räumlichen Entfernung. Aus der Ferne konnte sie ihm nicht weh tun. Ihre Briefe kamen regelmäßig, es waren körperlose, getreuliche Berichte ohne Fleisch und Blut, die er emotionslos und artig beantworten konnte. Er wußte in groben Zügen, wie die Familie in der Heimat lebte, wußte von Mathildes karitativem Wirken und daß Helene im Dienst der guten Sache mitarbeitete, er erfuhr von Ferdinands Kinderkrankheit und seinem daraus resultierenden Etappenposten, und daß Sophie einen Sohn geboren hatte. All diese Mitteilungen nahm er freundlich auf, um sie gleich darauf in einer Art von Seelenschublade zu verschließen. Alles, was mit früher zusammenhing, paßte ir-

gendwie nicht mehr in sein jetziges Leben, er bewahrte die Ereignisse, von denen er erfuhr, wie Andenken auf. Dreimal schon hatte er auf den ihm zustehenden Urlaub verzichtet, doch im Frühjahr 1916 wurde sein Bataillon zum Kader zurückversetzt. Er konnte die Rückkehr in die Vergangenheit nicht mehr verschieben.

Antons Vorgesetzter, Major Mateka, war mit der Lösung zufrieden. Es wurde Zeit, daß der Dobrany vom Schnaps weg und wieder zu seiner Frau kam. Weg aus dieser trostlosen Gegend, fort von dem Kampf auf verlorenem Posten. Er ließ Anton kommen und musterte ihn. Er sah die gutmütigen, leicht verschwiemelten Augen, die trügerische Röte auf den Wangen, die Gesundheit vortäuschte, aber von kleinen geplatzten Adern herrührte, die Schminke der Trinker, und sagte: »Also, mein Lieber, ab geht's, Richtung Heimat. Sie werden zum Kader transferiert, nach Stockerau. Da sind Sie praktisch in Wien, denn die eine Stunde Fahrt ist keine Entfernung. Und außerdem bekommen Sie vor Ihrem neuen Einsatz einen Monat Urlaub. Keine Widerrede. Das ist ein Befehl.«

XLIII.

Helenes Welt geriet aus den Fugen. Sie war wieder in Wien, als sie die Nachricht erhielt, daß Anton wieder da sein sollte. Plötzlich in der bestürzenden Nähe von Stockerau, von wo er jederzeit überraschend autauchen konnte, und dann vier ganze lange Wochen Urlaub zu Hause, Tag und Nacht die Intimität der ehelichen Gemeinschaft! Helene hatte Anton leichten Herzens betrogen, denn er war so weit fort gewesen. Nun sollte er mit einemmal wieder leiblich vor ihr stehen, kein Name mehr sein, sondern ein Mann, ihr Mann. Sie konnte sich nicht vorstellen, wie sie seine Anwesenheit ertragen sollte, denn seine Anwesenheit bedeutete die Abwesenheit von Clemens.

Nicht mehr jeden Tag mit Clemens telefonieren zu können, ihn nicht mehr sehen zu können, wann immer sich die Ge-

legenheit dazu bot – das war für Helene so, als ob sie aufhören sollte zu atmen. Es war schwer, mit Clemens über Antons Kommen zu sprechen, denn Clemens war eifersüchtig. Die Möglichkeit, daß Anton seine ehelichen Rechte geltend machen würde, brachte Clemens zur Weißglut. Zum ersten Mal in der glücklichen Zeit ihrer heimlichen Liebe stritten sie. Und zum ersten Mal belog Helene Clemens. Sie schwor, daß sie getrennte Schlafzimmer haben würden, sie schwor, daß sie keinerlei körperlichen Kontakt zu Anton aufnehmen würde, und sie wußte, daß sie einen Meineid leistete. Sie fürchtete, daß sie zu feig sein würde, Anton die Wahrheit zu sagen, zu mitleidig, um ihm nach fast zwei Jahren Feldeinsatz den Stuhl vor die Schlafzimmertür zu setzen. Wenn Clemens nicht ein verheirateter Mann wäre, würde sie für ihre Liebe auf die Barrikaden gehen, aber so konnte sie Anton das Unrecht des doppelten Ehebruchs nicht eingestehen, ohne sich billig zu machen – als Liebchen eines verheirateten Mannes.
Die einzige Möglichkeit, die Helene sah, war Anton hinzuhalten, Clemens etwas vorzumachen und zu warten, daß die Zeit ablief.
Sie versuchte sich mit Mathilde auszusprechen, aber Mathilde zeigte wie gewöhnlich wenig Verständnis für, wie sie es nannte, Helenes »Spinnereien«. »Mach nicht so viel Aufhebens um das bißchen ehelichen Beischlaf«, sagte sie. »Das ist doch eine Routinesache, eine mehr oder minder lieb gewordene Gewohnheit. Mach halt die Augen zu, entspann dich und denk an was Hübsches. Eins, zwei ist die Sache vorüber, und die liebe Seele – besser gesagt der liebe Mann – hat seine Ruh'.«

Das Wiedersehen verlief anders, als Helene es erwartet hatte. Sie war bestürzt, als sie Anton sah. Sein Gesicht war hager geworden, und die slawischen Backenknochen traten stärker hervor. Seine früher so lebhaften blauen Augen waren blaß und mild geworden. Diese Milde verstärkte Helenes Schuldgefühl und machte sie unsicher. Er küßte sie zur Begrüßung auf den Mund, aber auch sein Kuß war sanft und seltsam resigniert. So lange sich Helene gegen Antons laute Unbekümmertheit und gegen seine Zudringlichkeit zur Wehr gesetzt hatte, waren ihr keine Gewissensbisse gekommen, aber nun, da er so niedergeschlagen wirkte, fühlte sie Mitleid und den Wunsch, ihm zu helfen. Er war ihr fremd, und seine Reaktionen waren ihr fremd. Er ging durch die Zimmer wie ein höflicher Gast, er war nicht heimgekehrt, sondern nur auf der Durchreise, und, was sie am meisten erstaunte, er fragte nicht nach seinen Vögeln. Seine gewohnte heitere Freundlichkeit blitzte nur kurz auf, als er von Hexe stürmisch begrüßt wurde. Er kniete auf dem Teppich und alberte mit dem alten Hund, den die Freude verjüngte.

Es fiel Anton schwer, sich in seinem früheren Leben zurechtzufinden. Helene erschien ihm verändert. Aus einem zarten, melancholischen Mädchen war eine selbstsichere Frau geworden. Sie bewegte sich auch anders, ihres Körpers viel bewußter, er war beinahe versucht, es »begehrlicher« zu nennen. Sie war ihm fremd, sie paßte nicht mehr in sein Erinnerungsbild. Sie redete auch viel mehr als früher. Ungefragt erzählte sie dies und das, sie berichtete sogar von seinen Vögeln und wie schwierig die Futterbeschaffung war. Sie war freundlicher, als sie je gewesen war, und ihre Freundlichkeit weckte Anton aus seinem Gleichmut, er war durch ihre Veränderung aufgestört. Er empfand eine leise Hoffnung, und zum ersten Mal seit langer Zeit lehnte er den Cognac, den ihm Helene aufmerksam anbot, ab und begnügte sich mit einem leichten Rotwein. Daß sich Helene am Abend mit Kreuzschmerzen und Kopfweh, den üblichen Begleiterscheinungen ihrer Tage, entschuldigte, nahm er gutgläubig hin. Er hatte so lange auf sie gewartet, er konnte noch eine Woche länger warten.

Anton wäre nie auf die Idee gekommen, daß Helene ihn betrügen könnte. Eifersucht war für ihn daher ein neues Element in seinen Gefühlen für Helene. Er hätte nicht zu sagen gewußt, wann der erste Verdacht in ihm aufdämmerte. Es waren unwesentliche Kleinigkeiten, die erst, wenn er allein in Stockerau war, in seiner Erinnerung plötzlich zu großer Bedeutsamkeit anwuchsen. Das klingelnde Telefon, in dem mit einem schroffen Klicken die Verbindung abbrach, wenn er den Hörer abhob und sich meldete, die Blumen, die er vorfand, wenn er unange-

sagt aus Stockerau kam und für die Helene überflüssig eifrige Erklärungen abgab, ihre hektische Beredsamkeit, mit der sie ihr Gehen und ihr Zuspätkommen plausibel zu machen versuchte, Nichtigkeiten, die man nicht beweisen konnte, die nicht greifbar, aber fühlbar waren.
Helenes Gesundheitszustand strafte ihr blühendes Aussehen immer wieder Lügen. Erst war ihre »monatliche Plage« von Migräne gefolgt, dann hatte sie Halsschmerzen, dann einen Magenkatarrh. Nichts Ernstliches, wie sie versicherte, nur ein stagnierendes Unbehagen, frühjahrsbedingt, das sie entschuldigend benützte, sich Anton vom Leib zu halten.
Unter der Oberfläche seiner guten Erziehung, seines Respekts vor Frauen im allgemeinen und seiner speziellen Hemmungen Helene gegenüber, begann sich in Anton Groll und Bitterkeit zu regen. So lange er angenommen hatte, daß Helene frigide sei, daß sie nicht nur keine Lust empfände, sondern Geschlechtsverkehr für sie ein peinliches Opfer bedeutet, hatte er sich um Verständnis bemüht. Er hatte sich ihre Frigidität als eine Art körperliches Gebrechen erklärt, eine Verkümmerung der Sinne. Es gab Menschen, die nicht hörten, nicht sahen, die nichts rochen, nichts schmeckten oder eben keine Lust empfinden konnten. Helene daraus einen Vorwurf zu machen, war ihm ungerecht erschienen. Nun war sein Mißtrauen geweckt. Der Gedanke, daß ihre Abneigung nur gegen ihn gerichtet war, daß sie einem anderen freudig und freiwillig geben könnte – oder sogar schon gab – worauf er ein Recht hatte, um das er betteln mußte und das ihm, wenn überhaupt, nur widerwillig gewährt werden würde, erfüllte ihn mit zornigem Trotz. Er begann wieder zu trinken. Doch jetzt vermittelte ihm der Schnaps keine Distanz zu seinen Problemen, jetzt brannte er ihm im Kopf und heizte seinen Zorn an. Er beobachtete Helene und fand in jedem Vorwand, in jeder Beschönigung, in jeder Ausrede, die sie vorbrachte, eine Bestätigung seines Verdachts. Auch in Mathildes Benehmen ihm gegenüber glaubte er Anhaltspunkte zu finden. Ihre Herzlichkeit wirkte auf ihn mitleidig, der Tonfall ihrer Stimme, wenn sie mit Helene sprach, mitwisserisch. Sie betonte ihm auffallend oft, wie einsam Helene gewesen sei und wie günstig sich ihre karitative Tätigkeit

ausgewirkt habe. Solange Anton zwischen Stockerau und Wien pendelte, schwelte seine Wut auf Sparflamme; doch als er seinen Urlaub antrat und ins Palais Pernwald einzog, entlud sich sein Zorn. Helene, von neuem Kränkeln befallen, diesmal war es eine Blasenentzündung, die mit warmen Umschlägen kuriert werden mußte, hatte ihn im Gästezimmer einquartiert. Anton sagte nichts, ging hinauf in sein Vogelzimmer und kam erst zum Abendessen wieder herunter. Er hatte getrunken, doch er machte sich nicht mehr die Mühe, den Mund mit Kölnischwasser zu spülen. Ostentativ stellte er die Cognacflasche auf den Tisch und trank mehr, als er aß. Als Helene sich zurückzog, ging er ins Gästezimmer, entkleidete sich und trank fast pedantisch die Flasche leer. Dann zog er den Schlafrock über, marschierte mit festen Schritten zur Schlafzimmertür und drückte die Klinke nieder. Er hatte erwartet, die Tür versperrt zu finden. Sie war es nicht. Unter seinem kräftigen Druck flog der Türflügel krachend gegen ein Möbelstück. Helene saß gemütlich im Bett und las. Neben ihr auf dem Nachttisch stand eine Bonbonschachtel, und sie war eben im Begriff, eine Praline in den Mund zu stecken. Erschrocken über Antons polternden Eintritt verharrte sie in der Bewegung. Der Jähzorn explodierte in Antons Kopf. Schon war er an ihrem Bett und schon packte er sie derb am Handgelenk.
Helene schrie auf: »Was ist denn?« Sie verzog das Gesicht. »Du tust mir weh!« jammerte sie, und da sie sich vor ihm fürchtete, wurde sie aggressiv.
»Du bist ja betrunken«, herrschte sie ihn an und versuchte sich frei zu machen.
»Ich bin betrunken. Sehr sogar.« Anton verstärkte seinen Griff um ihr Handgelenk, sie ließ die Praline fallen. »Aber nicht zu betrunken«, sagte er und beugte sich über sie.
Helene roch den Cognac in seinem Atem, und ihre Angst vergrößerte sich. Seine Augen glitzerten böse. »Laß mich los«, keuchte sie. »Ich fühl mich nicht wohl.« Er warf den Kopf zurück und begann zu lachen, ein lautes, brutales Lachen, wie sie es noch nie gehört hatte. Sie nützte die Gelegenheit, ihre Hand frei zu bekommen, und zog instinktiv die Bettdecke bis an den Hals hoch.

Anton hörte jäh auf zu lachen, zerrte die Bettdecke zur Seite und faßte Helene an den Schultern. Der feine Batist ihres Nachthemds riß. Anton zerfetzte den Stoff wie lästige Spinnweben und bohrte seine Finger schmerzhaft in ihr Fleisch. Unwillkürlich ballte Helene die Fäuste und versuchte ihn abzudrängen. Mit seinem ganzen Körpergewicht drückte er sie in die Kissen nieder. Sie lag unter ihm, unfähig, sich zu rühren. Sie wollte schreien, doch die Angst schnürte ihr die Kehle zu. Anton tastete nach der Lampe, stieß die Bonbonschachtel zu Boden und löschte das Licht.

Die schwarze Finsternis fiel auf Helene wie ein Stein. Anton tat ihr weh, und sie wußte nicht, wovor sie sich mehr fürchtete, vor dem körperlichen Schmerz oder vor dem fremden, wahnsinnigen Mann, der sie brutal niederzwang.

Anton versuchte nicht Helene zu küssen, er nahm sie gewaltsam wie irgendein Weibsstück. Ob er ihr weh tat oder nicht, war ihm einerlei, er wollte sie nur demütigen und erniedrigen.

Nachher stand er auf, langte schwerfällig nach seinem Schlafrock und tappte aus dem Zimmer. Er nahm sich nicht einmal die Mühe, die Türe hinter sich zu schließen.

Helene lag nackt in dem zerwühlten Bett, die Fetzen ihres Nachthemds zu einem Wulst um die Taille geknüllt, und war zu matt, um zu weinen.

XLIV.

Weder Anton noch Helene erwähnten die stürmische Szene mit einem Wort. Er benahm sich, als wäre nichts geschehen, aber Helene hatte das Fürchten gelernt und war deshalb vorsichtig und fügsam. Sie wurde rot vor Scham, wenn sie an die Nacht zurückdachte. Zum ersten Mal in ihrer Ehe hatte sie in Antons Armen etwas empfunden. Nicht die Zärtlichkeit und die beglückende Liebe, die sie bei Clemens genossen hatte, aber die wütende Angst, mit der sie versucht hatte, sich gegen Antons brutale Leidenschaft zu wehren, hatte sie lebendig gemacht und seltsam erregt. An Clemens wagte sie nicht zu denken. Nie, niemals durfte er erfahren, daß sie sich so hatte erniedrigen lassen, daß sie vergewaltigt worden war und keine Konsequenzen zog, mit Anton sprach, als ob sich nichts ereignet hatte und sogar mit einer prickelnden Unruhe überlegte, ob sich das Geschehene in der kommenden Nacht wiederholen könnte.

Anton war ehrlich erstaunt darüber, daß eine kurze Nacht genügt hatte, um seine Einstellung zu Helene zu verwandeln. Er hatte sie gedemütigt, und sie hatte sich demütigen lassen. Er hatte sie gewaltsam von ihrem hochmütigen Piedestal heruntergeholt, und sie hatte sich gefügt. Früher hatte er sich geliebt wissen wollen, und sie hatte ihn höflich verachtet. Nun hatte er ihr einmal rücksichtslos den Herrn gezeigt, und sie duckte sich. Die Verzauberung, unter der er demütig gelitten hatte, seit er Helene das erste Mal gesehen hatte, war wie eine Seifenblase zerplatzt. Zurückgeblieben war eine reizvolle Frau mit einem verlockenden Mund, einem schönen Busen und straffen Schenkeln, eine Frau, die eine große Ähnlichkeit mit der Prinzessin aus seinen Wunschträumen hatte und es doch nicht mehr war.

Auch seine eifersüchtigen Regungen hatten sich verdünnt. Irgendwie war alles unwichtiger geworden, einfacher und daher problemloser. Er würde auch in Zukunft mit ihr schlafen, ohne viel nachzudenken, er würde eine Durchschnittsehe führen und nicht mehr auf ein Wunder hoffen, das nie eintreten konnte, weil es eben keine Wunder gab.

Als Anton ihr vorschlug, seinen Urlaub in Pernwald zu verbringen, stimmte Helene bereitwillig zu. Es war ihr recht, aus Wien fortzukommen, fort von Clemens, den sie nicht sehen konnte und den sie, nach dem was vorgefallen war, auch nicht sehen wollte. Sie war überzeugt davon, daß sie sich verraten würde, wenn Clemens sie fragte – daß er sie nur anzuschauen brauchte, um zu wissen. Sie hatte es schon in der Internatsschule so gehalten: Wer nicht gesehen wird, wird auch nicht gefragt, und hatte sich, wenn sie sich unvorbereitet gefühlt hatte, hinter dem Rücken einer Mitschülerin versteckt oder

war mit einer Ausrede dem Unterricht ferngeblieben. In ein paar Wochen, wenn Anton wieder eingerückt war und sie Abstand gewonnen hatte, konnte sie Clemens mit ein paar Seufzern und ein paar Tränen täuschen. Auch würde die Wiedersehensfreude nach der unfreiwilligen Trennung seine inquisitorische Wißbegierde dämpfen. So ratterte sie mit Anton und Hexe in einem Erste-Klasse-Coupé durch den beginnenden Frühling und war überrascht, daß sie sich von Gleisschwelle zu Gleisschwelle mehr auf Pernwald zu freuen begann, auf den kleinen Georg und sogar auf Sophie.
Der Krieg hatte die Fahrtdauer verlängert; um Kohle zu sparen, dampften die Züge langsamer dahin, kamen mit Verspätung an und fuhren mit Verspätung ab. In Ischl erwartete sie der Pernwaldsche Landauer, der Kutscher überreichte Helene Schneerosen, mit »schönen Grüßen von der Frau Baronin«, und sie fuhren in dem Frühlingsabend durch das Ischler Tal.
Ein grüner Schimmer von aufbrechenden Blättern lag über der Landschaft, am Waldrand blühten Seidelbast und Palmkätzchen, und wo die Sonne ihre Kraft schon beweisen konnte, waren die Wiesen gelb und blau von Primeln und Veilchen. Hexe schniefte aufgeregt, begann zu winseln, und ihre Rute schlug abwechselnd gegen Antons und Helenes Knie. Sie rumpelten die Landstraße am See entlang, die Wälder versanken in schwärzlichem Violett und die mächtige Silhouette des Herrenhauses erwartete sie mit leuchtenden Fenstern, wie zu ihrer Begrüßung illuminiert.
Helene vergaß Clemens, sie vergaß ihre Liebes- und Eheprobleme, sie roch die vertrauten Gerüche ihrer Kindheit und war plötzlich unbeschwert glücklich, nach Hause zu kommen.
Man konnte gegen Sophie vorbringen, was man wollte, aber sie war eine gute Hausfrau und machte Gästen den Aufenthalt so angenehm wie möglich. Gerade das war es, was Anton störte. Sophie versuchte ihn und Helene in die Rolle von Gästen zu manövrieren, und genau das war Anton nicht bereit zu schlukken. Pernwald gehörte zur Hälfte ihm und Helene, also war er Mitbesitzer, Mithausherr und, wenn Sophie geglaubt hatte, in seiner Abwesenheit das Regiment übernehmen zu können, so wurde es Zeit, ihre spitze Nase in diesen Irrtum zu tunken.

Aber Anton wäre nicht Anton gewesen, wenn er nicht die fällige Aussprache immer wieder hinausgezögert hätte. Er bemerkte all die eigenmächtigen Veränderungen, die Sophie in und um Pernwald vorgenommen hatte und sie entsprachen durchaus nicht seinem Geschmack. Er sah Pernwald mit Florians Augen als Luxusbesitz und nicht als nutzbringende Landwirtschaft, aber noch bevor er mit seiner Kritik beginnen konnte, legte ihm Sophie seinen Neffen in die Arme, und der sabbernde, nach Milch und Sauberkeit riechende Säugling machte Anton mundtot. Mit Helene war nicht zu reden, sie hatte sich in eine mündchenspitzende, Piepstöne von sich gebende, säuselnde Tante verwandelt. Anton war ehrlich erfreut, als Max Fiedler zu Besuch kam. Er fand, daß Fiedler besser aussah als bei Florians Beerdigung und er sagte es ihm gleich zur Begrüßung. »Ich höre das nicht so gern«, erwiderte Fiedler. »Seit es immer schwieriger wird, Zigaretten zu bekommen, rauche ich weniger, huste weniger und nehme zu. Ich fürchte, sie werden mich bei der nächsten Musterung behalten. Jetzt, wo sich der Anfang vom Ende bereits abzuzeichnen beginnt, geht es mir noch mehr gegen die Natur, für ein Verlustgeschäft verheizt zu werden.« Er lächelte entschuldigend: »Pardon! Das hätte ich nicht sagen sollen. Sie stehen seit Kriegsbeginn in den vordersten Linien und sind, nach allem was ich gehört habe, ein Held.«

»Ich bin kein Held«, wehrte Anton ab. »Ich habe keine Phantasie. Das ist es. Wenn ich einen Befehl erhalte, führe ich ihn aus, ohne mir vorzustellen, was geschieht, wenn es gut ausgeht oder wenn es schlecht ausgeht. Ich bin ein Befehlsempfänger, der bis jetzt Glück gehabt hat, weiter nichts. Aber mich interessiert Ihre Meinung sehr. An der Front sind alle Nachrichten auf die Durchhaltemoral der Truppe frisiert.«

»Ich sage Ihnen gern meine Meinung, aber ich fürchte, Sie werden sie nicht gern hören.« Max zündete sich eine Zigarette an, zog den Rauch tief in die Lunge, hustete kurz und fuhr fort: »Die Lebensmittelknappheit in den Städten fängt an, sich bemerkbar zu machen. Hier auf dem Land ist es leichter. Außerdem kommt jetzt der Sommer, die Ernte. Es wird wenigstens Kartoffeln und Mehl geben. Aber wie wir den kommenden

Winter überstehen werden, weiß nicht einmal der allseits strapazierte Allmächtige. Die innenpolitische Lage verschlechtert sich zusehends. Das Parlament ist ausgeschaltet, die Regierung regiert mit dem ›kriegswirtschaftlichen Ermächtigungsgesetz‹ autoritär. Solange der Kaiser lebt, wird er versuchen, sich durchzuwursteln. Aber ich bitte Sie, Herr von Dobrany, Franz Josef wird im August sechsundachtzig. Es gibt keine Wunder. Ich meine, wie lange kann der Kaiser noch auf Grund seiner Erfahrung und seines Prestiges versuchen, zu retten, was zu retten ist? Und wenn er stirbt, das kann ich Ihnen sagen, dann ist er für uns, für die Monarchie, zu früh gestorben. So paradox es klingt. Denn Franz Josef möchte den Frieden noch erleben. Die nach ihm kommen, werden erst einmal versuchen, es besser zu machen, und bis sie draufkommen, daß sie es nicht besser machen können, wird alles schon rettungslos verloren sein.« Fiedler fuhr fort: »Ich frage Sie, Herr von Dobrany, wie lange werden die Vereinigten Staaten von Nordamerika dem von Deutschland mit Nachdruck betriebenen Unterseebootkrieg tatenlos zusehen? Der Eintritt der nordamerikanischen Union in den Krieg muß verhindert werden, wenn wir zu einem halbwegs annehmbaren Frieden kommen wollen. Wenn Amerika als großer Neutraler die Friedensverhandlungen leitet, haben wir noch eine Chance. Wenn nicht – good bye Europa.«

Max Fiedler verbrannte sich fast die Finger, so gierig sog er an dem letzten Rest der Kippe. Mit einem Seufzer des Bedauerns drückte er die Zigarette im Aschenbecher aus und legte die plötzlich beschäftigungslosen Hände übereinander. Er sah Antons bestürztes Gesicht und sagte: »Es tut mir leid, Herr von Dobrany. Sie wollten meine Meinung hören. Sie ist ehrlich, aber nicht schön. Darf ich eine Bitte äußern? So viel ich weiß, werden Sie an die italienische Front verlegt. Seien Sie kein phantasieloser Held mehr. Verlassen Sie sich nicht auf Ihr Glück, denken Sie ans Überleben.«

Anton empfand eine plötzliche Rührung. Fiedler war der einzige, der sich um sein Überleben sorgte. Er sagte: »Ich . . .« und wollte sagen »danke Ihnen«, doch Fiedler hatte den Kopf der Tür zugedreht und legte den Finger an die Lippen. »Ich höre die

Damen kommen«, flüsterte er. »Es ist besser, wir wechseln das Thema. Ersparen wir den Damen unsere Sorgen, so lange wir es noch können.« Als Sophie, gefolgt von Helene, den Jagdsalon betrat, sagte er: »Gerade sprechen wir von Ihrem Sohn, Baronin. Von diesem schönen, gesunden, kräftigen Kind.«
Anton wunderte sich über den unverhohlenen Stolz, der in Fiedlers Stimme mitschwang. Daß Sophie vor mütterlichem Selbstgefühl beinahe platzte, war natürlich, aber warum Fiedler so viel Interesse und Gefühl für den kleinen Georg entwikkelte, verstand Anton nicht. Gleich nach seiner Ankunft hatte Fiedler lange neben dem Kinderwagen gestanden, hatte das schlafende Kind eingehend betrachtet und dann mit Sophie ausführlich erörtert, um wie viel größer, wie viel schwerer, wie viel schöner das Kind in den letzten zehn Tagen geworden war. Für Anton sah ein kleines Kind aus wie das andere. In diesem zarten Alter hatten für ihn alle Kinder wenig Haare, wenig Zähne und meist volle Windeln. Der kleine Georg war keine Ausnahme.

XLV.

Der helle, grüne Frühling umgab Pernwald wie ein Schutz gegen die Außenwelt. Der Krieg war weit fortgerückt, die Zeitungen, die mit der Post kamen, waren zwei bis drei Tage alt und hatten viel an Aktualität verloren. Statt Geschützdonner und Schüssen hörte Anton die Stare und Amseln in den Zweigen der Kastanienbäume pfeifen, das Gackern der Hühner hinter dem Haus und das tiefe, sanfte Brummen der Kühe in den Ställen.
Sogar Sophie benahm sich friedlich. Das Kind hatte ihr äußerlich und innerlich gut getan. Sie war ausgeglichener und freundlicher geworden. Anton faßte es als eine spezielle Nettigkeit ihm gegenüber auf, daß sie Max Fiedler eingeladen hatte, als Gast ein paar Tage in Pernwald zu bleiben. Nur wenn die Rede auf Ferdinand kam, wurde sie spitz. »Es geht ihm besser, als er es verdient. Die Kinderkrankheiten hat er hinter sich. Er

sitzt sicher in der Garnison und wartet in Ruhe das Ende des Krieges ab.« Sophie schob geringschätzig die Unterlippe vor: »Ein Etappen-Held.« Helene fühlte sich bemüßigt, ihren Bruder zu verteidigen. »Er tut seine Pflicht. Denk mal, wie lange er schon nicht auf Urlaub war. Er hat seinen Sohn noch nicht einmal gesehen.«

»Seinen Sohn kennt er allerdings nicht«, sagte Sophie, »aber wenn Ferdinand kommt, wird ihm der kleine Georg schon entgegenlaufen können und schnell lernen, ›Papa‹ zu sagen. Und das wird Ferdinand dann sicher für die lange Wartezeit entschädigen.«

Helene versuchte, das Beste aus der Situation zu machen. Sie verdrängte die Gedanken an Clemens, so gut es ging. Er konnte ihr nicht nach Pernwald schreiben; auch sie schrieb ihm nicht. Sie hätte auch nicht gewußt, was sie ihm hätte schreiben sollen. Die Liebesworte, die sie früher so überschwenglich und leicht gesprochen und geschrieben hatte, kamen ihr jetzt zögernd und spröde in den Sinn. Natürlich liebte sie Clemens, aber es hatte sich doch etwas in ihrer Beziehung zu ihm geändert. Er war nicht mehr der einzige Mann in ihrem Leben. Anton war zurückgekommen und sie zog unwillkürlich Vergleiche zwischen den beiden. Sie kannte Clemens nur als Liebhaber, sie hatte oft mit ihm geschlafen, aber noch nie mit ihm gefrühstückt. Sie kannte nur seine Schokoladenseite, sie wußte nicht, ob er morgens unausstehlich war, was er zu Mittag aß und was er am Abend machte, wenn sie nicht mit ihm beisammen war. Anton war ihr vertraut. Ihn kannte sie rund um die Uhr. Sie wußte, daß er sich dreimal am Tag die Zähne putzte, die Zeitung am liebsten auf dem »stillen Örtchen« las, und daß er nie Pantoffel trug, sondern barfuß ging. Seit seinem gewaltsamen Eindringen in das eheliche Schlafzimmer hatte sie seine Männlichkeit zu respektieren gelernt. Sein demütiges Werben am Anfang ihrer Ehe hatte ihr ein überhebliches Gefühl von Bedeutung gegeben; seit er nicht mehr warb, sondern sich sein Recht ganz selbstverständlich nahm, hatte sie die Sicherheit verloren, etwas Besonderes zu sein. Sie schlief noch immer nicht gern mit ihm, aber nicht mehr so ungern wie zu Beginn ihrer Beziehung. Auch daß sie ihn belogen und betrogen hatte, machte sie unsicher. Früher hatte sie sich mit gutem Gewissen als Opfer gefühlt, jetzt war sie mit schlechtem Gewissen nur eine unter vielen Frauen, die ihre Männer betrogen, ängstlich darauf bedacht, sich keine Blöße zu geben. Sicherlich war auch ihr Allgemeinbefinden schuld daran, daß sie sich mit Vorwürfen quälte. Seit Tagen fühlte sie sich matt und zitterig, war von Kopf- und Kreuzschmerzen geplagt, kämpfte gegen ein immer wiederkehrendes Schwindelgefühl und völlige Appetitlosigkeit. Schon der Anblick des leeren Tellers verursachte ihr Übelkeit, und das gute Essen, das Sophie ihr vorsetzte, quoll in ihrem Mund zu einem kaum zu bewältigenden Ballast. Da sie Anton in Wien gleich angelogen hatte, konnte sie jetzt nicht eingestehen, daß ihre Regel ausgeblieben war, ohne sich inquisitorischen Fragen und Nachrechnungen auf dem Kalender auszusetzen. Die erste Lüge zog die folgenden wie in einem Sog hinter sich her. Helene wehrte sich verzweifelt gegen den Gedanken, schwanger zu sein. Clemens schied aus. Von Anfang an hatte er Vorsicht geübt, oder diese schrecklichen Kondome benützt. »Wir wollen nichts riskieren«, hatte er gesagt. »Du bist jung und gesund, es wäre sträflicher Leichtsinn, den lieben Gott einen guten Mann sein zu lassen und nicht aufzupassen. Außerdem gibt es nichts Gemeineres, als einem Mann ein Kuckucksei ins Nest zu legen.«

Also, wenn etwas passiert war, dann war es mit Anton passiert. Aber Helene wollte kein Kind. Schon gar nicht jetzt. Sie überlegte angestrengt, was sie an Dienstbotenklatsch belauscht hatte, an Küchengesprächen und den geheimnisvoll geflüsterten Ratschlägen der Hausmädchen in der Waschküche oder im Bügelzimmer. Heiße Kräuter, Fußbäder, den Sud von gekochten Sägespänen, zwanzigmal hintereinander von einem Tisch herunterspringen. Diese Gedanken allein waren schon eine Sünde. Aber seit sie das Verhältnis mit Clemens hatte, ging sie nicht mehr in die Kirche, nicht mehr zur Beichte. Mit den Sünden war es wie mit den Lügen. Hatte man mit einer begonnen, folgte unweigerlich die nächste, und die nächste und noch weitere. Helene, die sonst leichte Kopfschmerzen zu einem schweren Migräneanfall dramatisierte, mit kalten Kompressen auf der Stirn im verdunkelten Zimmer lag und sich bemit-

leiden und bedienen ließ, war peinlich darauf bedacht, sich ihr Unbehagen nicht anmerken zu lassen. Sie entwickelte eine ihr fremde Betriebsamkeit. Sie ging mit Anton in die Berge, bestieg den Schoberstein und wanderte auf die Hochlecken-Alm, und da sie nicht vom Tisch springen konnte, sprang sie über Felsen und Böschungen. Sie erklärte Anton, daß sie Radfahren lernen wolle und strampelte ein dutzendmal am Tag die Kiesauffahrt hinunter und wieder hinauf. Sie bewegte sich bis zur Erschöpfung und nahm jeden Abend ein heißes Bad in der provisorisch im Ankleidezimmer aufgestellten Zinkbadewanne, die in Pernwald das Badezimmer ersetzte. Ohne Erfolg. Essen zu müssen, blieb eine Qual, sie verlor an Gewicht und hatte dunkle Ringe um die Augen. Sie hatte keine Kreuzschmerzen mehr, jeder einzelne Knochen im Leib tat ihr weh, und sie klammerte sich an den Trost, daß ihr Schmerz nur ein Muskelkater war und nichts anderes. Sophie verspottete ihren plötzlichen sportlichen Ehrgeiz und Anton zeigte sich besorgt. Er ließ sie des Nachts in Ruhe, begnügte sich mit einem keuschen Gutenachtkuß, und während er friedlich neben ihr schnarchte, lag Helene lange wach und versuchte sich einzureden, daß ihre Beschwerden nur Stoffwechselstörungen seien oder überreizte Nerven. Sie hatte abgenommen, statt zu. Auch der symptomatische Heißhunger auf ausgefallene Speisen plagte sie nicht, ihr widerstand alles, mit Ausnahme von kaltem Wasser.
Antons Urlaub ging zu Ende. Einen Tag vor der Abreise nach Wien wurde Helene ohnmächtig. Sie hatte auf der Terrasse in der Sonne gesessen, und als sie aufstand, wurde sie plötzlich schwindlig, der Boden sackte ihr unter den Füßen weg, und sie fiel, ohne den Versuch zu machen, sich irgendwo festzuhalten, auf die Steinplatten der Terrasse. Der aus Steinbach geholte Dorfarzt Doktor Roither konstatierte einen Schwächeanfall. »Kein Grund zur Besorgnis, Herr von Dobrany«, sagte er. »Vielleicht war die gnädige Frau zu lang in der Sonne. Vielleicht hat sie sich in letzter Zeit überanstrengt. Absolute Ruhe und viel Schlaf, dann ist sie in ein bis zwei Wochen wieder auf dem Damm. Ich habe ihr Tropfen gegeben, sie wird die Nacht durchschlafen, und morgen schau ich wieder vorbei.«

Anton war außer sich. »Ich muß morgen nach Wien zurück«, erklärte er Sophie. »Ich kann meinen Urlaub nicht überschreiten. Aber daß ich Helene krank hier zurücklassen muß, bringt mich um den Verstand.«
»Übertreib nicht so«, sagte Sophie ungerührt. »Helene ist nicht ernstlich krank, und sie ist hier besser aufgehoben als allein in Wien. Und was deinen Verstand anbelangt, so würde ich ihn an deiner Stelle statt ihn zu verlieren, einmal benützen. Denk an das Naheliegendste. Seit einem Monat lebt ihr wieder wie Mann und Frau. In letzter Zeit war Helene verändert. Völlig appetitlos und sprunghaft nervös; sie hatte einen seltsam angespannten Gesichtsausdruck. Ich bin kein Arzt, aber mir erscheint das Natürlichste am logischsten. Ich glaube, Helene erwartet ein Kind. Sowie sie sich wohl genug fühlt, fahre ich mit ihr nach Ischl zum Medizinalrat Wiesinger, und du wirst es erleben, daß er dasselbe sagt wie ich, nämlich, daß du Vater wirst.«

Als der Medizinalrat Wiesinger Helene nach eingehender Befragung und Untersuchung eröffnete, daß sie guter Hoffnung sei, bekam sie aus lauter Verzweiflung einen Weinkrampf. Schon die Untersuchung war schrecklich gewesen. Diese entwürdigende Grätschlage auf dem Untersuchungsstuhl, die Gummihandschuhhände des strengen, alten Arztes, die gedrückt und gebohrt hatten. Gleich nach der Untersuchung hatte sie sich übergeben müssen und dann hatte sie zu weinen begonnen. Sophie und der Arzt trösteten Helene, ohne zu ahnen, was in ihr vorging. Beide glaubten wohl, sie weine, weil Anton im Krieg war und nicht bei ihr. Sie sprachen ihr Mut zu, belehrten sie, wie stolz sie sein müsse, erklärten ihr, wie stolz Anton sein würde, wie sehr die Freude auf ein Kind seine Durchhaltemoral festigen würde und machten schöne Worte ohne Ende.
Während Helene, von Schluchzen geschüttelt, ein Taschentuch nach dem anderen naßweinte, haßte und verwünschte sie den Arzt, Sophie, Anton und das Ungeborene. Dieses ungewollte, ungeliebte Kind nahm ihr ihre Hoffnungen, nahm ihr Clemens und bürdete ihr Gebundenheit und Verantwortung

auf. Sie konnte an Clemens nicht einmal mehr denken, seit sie die Gummifinger des Arztes an die Präservative erinnert hatten, die Clemens zu benützen pflegte. Der Gedanke an körperliche Liebe verursachte ihr Ekel. Sie wollte Clemens nicht wiedersehen, sie wollte überhaupt niemanden sehen, aber am allerwenigsten Anton. Die ganze Familie war glücklich, daß sie ein Kind bekam, nur sie, sie fühlte sich sterbenselend. Sophie strahlte, Mathilde schickte ein langes, freudiges Telegramm und Anton einen überschwenglichen Brief aus Italien. Niemandem wäre eingefallen, daß sie dieses Kind nicht wollte. Niemand bedauerte sie. Sie würde nun bald häßlich und plump werden, sie hatte Monate mühseligen Wartens, der Übelkeit vor sich und die Angst vor der Geburt. Schließlich war Mama nach ihrer Geburt gestorben, und Mathilde hatte gut reden, daß es ein gänzlich anders gelagerter Fall gewesen war, als Mama bei der dritten Geburt in Pernwald einer Infektion zum Opfer gefallen war, und daß bei dem Stand der modernen Medizin in einer Klinik so etwas nicht mehr vorkommen könnte.

Helene fürchtete sich vor Schmerzen, ihr graute vor Karbol- und Äthergeruch, vor Blut und klirrenden Instrumenten. Und wenn sie bei der Geburt ihres ersten Kindes starb? So jung wie sie war, mit so viel unerfüllten Wünschen und Hoffnungen! Dann hatten sich eben Mathilde und die anderen geirrt, dann war sie ein anderer tragischer Fall in der Familienchronik mit einem schwarzen Kreuz hinter ihrem Namen, so wie hinter Mamas Namen.

Niemand wußte, wie sehr Helene sich fürchtete. Alle fanden ihren Zustand natürlich und erfreulich und hielten ihr Vorträge, daß sie ihre Nerven unter Kontrolle halten müsse; jede Aufregung könne dem Kind schaden. Sie weigerte sich, nach Wien zu fahren, um das Palais für den Sommer zu versorgen, das Personal zu instruieren und zu bezahlen. Mathilde, die an Ort und Stelle war, konnte das sehr gut erledigen. Sie wollte den Sommer in Pernwald verbringen, der guten Luft und des Essens wegen und erst ab Oktober wieder in Wien sein, in der Nähe einer Klinik und der Ärzte.

Der Sommer floß an Helene vorbei wie ein Strom eintöniger Tage, und sie stand, eingekapselt in ihre Angst, am Ufer dieses Stroms. Nach außenhin fügte sie sich allen Ratschlägen und Verordnungen. Sie ging viel spazieren, trank Milch, mied die Sonne und bandagierte sich die Beine. Aber weder Sophie, noch dem kleinen Georg, noch Max Fiedler oder Mathilde gelang es, sie aufzumuntern. Die Briefe, die Clemens ihr schrieb, zerriß sie ungelesen und beantwortete sie nicht. Sie konnte sich denken, was in den Briefen stand, aber es war ihr gleichgültig geworden, was er dachte und fühlte. Alles war gleichgültig geworden. Auch als die Briefe ausblieben, war es ihr gleich; Clemens gehörte in ein anderes Leben, das abgeschlossen und vorüber war, und selbst die Erinnerung war versteinert.
Nicht einmal Ferdinands Urlaub in Pernwald freute Helene. Sie schämte sich ihres schwellenden Leibes, ihres aufgedunsenen Gesichts und ihrer glanzlosen, fettigen Haare. In ihrem Zimmer hatte sie alle Spiegel verhängt, sie wollte nicht sehen, wie sie zu einem häßlichen, dicken Weib wurde. Nur daß Mirza nun schon den zweiten Sommer in Aussig blieb, bedauerte sie. Vielleicht hätte Mirza ihre Verzweiflung verstanden, obwohl sie auch Mirza gegenüber nicht einzugestehen gewagt hätte, daß sie ihr Kind nicht wollte.
Mathilde, die ihre Tochter Charlotte bei Sophie einquartierte, wollte nicht lange in Pernwald bleiben. Da der Kaiser auch dieses Jahr seine Residenz in Schönbrunn nicht verlassen hatte, lag Ischl trotz des Sommers im Winterschlaf. Es war nichts los, es gab keinen gesellschaftlichen Verkehr, und Mathilde hatte die ländliche Langeweile satt. Auch Ferdinand hielt nichts in Pernwald. Ein paar Tage lang beobachtete er den kleinen Georg mit unbehaglicher Neugierde und machte mit Sophie betont höfliche Konversation. Helene wunderte sich flüchtig, daß die beiden sich so wenig zu sagen hatten; nicht einmal über ihr Kind fanden sie viele Worte. Dann fuhr Ferdinand mit Mathilde nach Wien, um Onkel Poldo zu treffen, und statt vor Ablauf seines Urlaubs wiederzukommen, schickte er ein Telegramm, daß er direkt nach Budweis zurückkehre. Sophie zuckte nur mit den Achseln. »Reisende soll man nicht aufhalten«, sagte sie und lud Max Fiedler für das Wochenende ein.

Es regnete viel in diesem Sommer, Helene lag viele Stunden in ihrem Zimmer, lauschte dem monotonen Rauschen, und es kam ihr vor, als weinte der Himmel für sie. Endlich, im September, wurde das Wetter besser, die Sonne schien mild auf die von Nässe gesättigten Wiesen und Wälder und Altweibersommerfäden schwebten langsam durch die Luft. Helene nahm ihre Spaziergänge wieder auf und absolvierte brav, von Hexe begleitet, ihr tägliches Pensum, blind für die Schönheit der Natur und taub für die Geräusche des Lebens. Sie weigerte sich hartnäckig, Florians Grab zu besuchen. Wie hätte sie Sophie erklären sollen, daß sie in ihren Alpträumen bereits ihren Namen unter dem Florians auf dem Grabstein eingraviert gesehen hatte?
Im Oktober begann sich Helene gegen ihren Willen besser zu fühlen. Sie bekam Appetit, das Essen schmeckte ihr und sie schlief wieder tief und fest. Sie schöpfte Hoffnung, und langsam erwachte ihr Interesse für das Kind. Wenn sie überlebte und gebar, wie sollte das Kind heißen? Anton hatte geschrieben, wenn es ein Junge würde, wünsche er sich Florian, für ein Mädchen hatte er Johanna, nach seiner Mutter, oder Antonia vorgeschlagen. Florian war Helene recht, aber die Mädchennamen verwarf sie. Wenn sie die Geburt einer Tochter überlebte, dann würde diese Tochter Elisabeth heißen, nach der schönen Kaiserin von Österreich. Sophie war natürlich für Johanna. Aber ihre Tochter war keine Dobrany, dachte Helene, auch wenn sie Dobrany heißen würde, so wie sie selbst keine Dobrany war, sondern sich ganz und gar als eine Pernwald fühlte. Außerdem, wenn sie schon ein Kind haben mußte, dann wollte sie eine Tochter und keinen Sohn. Eine schöne Tochter, die all das Glück erleben sollte, das ihr versagt geblieben war.
Sophie ließ es sich nicht nehmen, sie nach Wien zu begleiten. »Das hat gar nichts mit deinen Umständen zu tun«, beschwichtigte sie Helene. »Auch wenn du kein Kind erwarten würdest, führe ich nach Wien. Ein Jahr Trauer, ein weiteres Jahr Halbtrauer, ich kann die Farben Schwarz, Grau und Weiß nicht mehr sehn. Obwohl es immer schwieriger wird, Stoffe zu bekommen. Noch hat meine Schneiderin, die Farnhammer, ihre Reserven. Ich brauche eine komplette neue Garderobe,

und darum fahre ich für vierzehn Tage nach Wien, und wenn es dir nicht paßt, dann wohne ich eben bei Mathilde.«

Es paßte Helene, es war ihr sogar sehr angenehm, sich nicht allein in dem großen, stillen Haus einleben zu müssen. Sophie inspizierte das Palais vom Keller bis zum Dachboden und machte eine Menge Änderungsvorschläge. »Pietät in allen Ehren«, sagte sie, »aber man soll nicht übertreiben. In Papas Wohnräumen ist alles so, als ob er nur kurz fortgegangen wäre und jeden Moment zurückkommen könnte. Eine makabre Atmosphäre. Die Zimmer müssen renoviert werden. Willst du sie nicht für dich einrichten?«

Helene wehrte ab. »In Papas Zimmern würde ich mir immer wie ein Eindringling vorkommen.«

Sophie hatte diese Reaktion erwartet und nickte zufrieden: »Ich bin nicht so zart besaitet. Ich werde die Räume für Georg und mich einrichten.«

»Und für Ferdinand«, ergänzte Helene.

Sophie verzog den Mund: »Ferdinand ist zwar mein Mann, aber er ist sein eigener Herr. Er kann sein Domizil aufschlagen, wo er will.«

Wieder wunderte sich Helene. Seit Sophie das Kind hatte, schien es, als hätte sie jegliches Gefühl für Ferdinand verloren. Helene verschluckte eine Bemerkung; Sophies Gesichtsausdruck warnte sie. Wir sind alle nicht glücklich, dachte Helene. Ferdinand nicht, Anton nicht und ich schon gar nicht. Und Sophie? Sind der kleine Georg und der Besitz von Pernwald wirklich ein Ersatz für verlorene Illusionen?

Bevor Sophie wieder abreiste, begleitete sie Helene noch zu Professor Halbach, dem berühmten Frauenarzt von Wien, der schon Mathilde entbunden hatte.

»Ich bin mit Ihrem Zustand sehr zufrieden, gnädige Frau«, sagte der Professor nach der Untersuchung und blätterte in seinem Vormerkkalender. »Sie kommen bitte alle zwei Wochen zur Kontrolle. Reine Vorsichtsmaßnahme. Und ab Mitte Dezember ist ein Zimmer in meiner Klinik für Sie reserviert. Man kann es natürlich nicht auf den Tag voraussagen, aber ich bin der Meinung, Sie bekommen ein schönes Christkindl.«

XLVI.

In den letzten Oktobertagen des Jahres 1916 erkrankte Kaiser Franz Josef an einem Bronchialkatarrh. Die Nachricht schreckte seine Untertanen auf. Für die meisten war er da gewesen, so lange sie denken konnten, hatte er immer regiert, und plötzlich mehrten sich die Gerüchte, daß der Kaiser sterben würde, wie ein ganz gewöhnlicher Mensch.
Solange Franz Josef jeden Tag von Schönbrunn in die Hofburg gefahren war, mit Ministern und Generälen konferiert, Audienzen abgehalten und Spitäler besucht hatte, hatten seine Untertanen beruhigt in dem Gefühl gelebt, daß dem alten Herrn, solange er für sie arbeitete und die Verantwortung für sie trug, nichts allzu Böses passieren könne. In den achtundsechzig Jahren seiner Regierung hatte er viele Krisen überstanden, viele Schlachten verloren, viele persönliche Schicksalsschläge ertragen, aber es war immer weiter gegangen, immer hatte er das Geschick seiner Völker geleitet. Und jetzt, mitten in diesem großen Krieg, sollte er sterben?
Auch Helene war verstört. Sie hatte sich nie für Politik interessiert und nie Zeitungen gelesen, nun ließ sie sich schon zum Frühstück die Morgenzeitungen bringen und studierte die Bulletins über den Gesundheitszustand seiner Majestät. Mit dem Frühstücksgeschirr wanderten die Zeitungen hinunter in die Küche und wurden vom Personal gelesen und kommentiert. Frau Berta, die Köchin, brauchte die sich ständig verschlechternden Nachrichten nicht zu lesen, für sie war die Katastrophe schon da, und wie eine Kassandra prophezeite sie Unheil und Untergang. »Also, wenn er wirklich stirbt, unser Kaiser, dann brauchen wir nichts mehr zu hoffen. Dann sind wir verloren, wir, der Krieg und überhaupt alles«, verkündete sie und nahm dem Küchenmädchen Anni die Zeitung fort. »Da können die Zeitungsleut' schreiben, was sie wollen. Wenn wir keinen Kaiser mehr haben, dann ist es für uns alle finster. Gute Nacht.«
»Aber wieso?« erlaubte sich Anni zu fragen. »Wenn der Alte stirbt, kommt doch der junge Kaiser Karl dran.«
»Hör mir auf mit dem Kaiser Karl«, fuhr Frau Berta sie an.

»Woher soll der denn die Erfahrung nehmen? Die Weisheit? Die Routine? In den schweren Zeiten gehört ein erfahrener Staatsmann ans Ruder und nicht ein junger Hupfer. Außerdem hab' ich gehört, daß er unterm Pantoffel steht. Seine Frau, diese Italienerin, die hält doch zu den Katzelmachern. Wer weiß, wie ihn die beeinflussen wird.«

Anni ließ sich nicht einschüchtern: »Mir gefällt sie, die Zita. Sie sieht so stolz aus, so fein. Und einen lieben Sohn hat sie, den kleinen Otto. Man nennt ihn schon die Hoffnung der Völker.«

»Mit einem kleinen Kind kann man keinen Krieg gewinnen«, trumpfte Frau Berta auf. »Der Otto wird nie Kaiser, das sag' ich dir. Weil schon vorher mit dem Kaiser Karl alles in Scherben geht.« Sie wandte sich an den Diener. »Was sagen Sie, Herr Johann?«

Johann zuckte die Achseln. »Ich kenn' mich nicht so aus, wie Sie, Frau Berta. Was soll ich sagen? Ich bin schon froh, wenn ich froh bin.«

»Das sagen Sie immer und zu allem.« Frau Berta bedauerte, kein verständiges Publikum zu haben. Wenn sie an den Offiziersdiener Marik dachte – der war ein Gesprächspartner gewesen! Jetzt war sie von Ignoranten umgeben, vor denen ihre Weisheit verpuffte. Sie versuchte zu retten, was noch zu retten war. »Ihr werdet schon sehen, daß ich recht behalte«, unkte sie. »Wir gehen Zeiten entgegen, na, Servus. Wenn unser guter alter Kaiser stirbt, dann sei Gott uns allen gnädig.«

Der Kaiser starb. Nachdem sich sein Gesundheitszustand trügerisch gebessert hatte und er wieder sein Tagespensum am Schreibtisch, von krampfhaftem Husten geschüttelt, absolviert hatte, setzte erneut Fieber und Kräfteverfall ein. Am Montag, dem 20. November, kurz nach neun Uhr abends, schloß Kaiser Franz Josef die Augen. Alle Kirchenglocken begannen zu läuten, und Wien erstarrte in Trauer. Fünf Tage später wurde der Tote in feierlichem Zug, dem althergebrachten Zeremoniell entsprechend, in der Dunkelheit in die Hofburg übergeführt und in der Hofburgkapelle auf dem prunkvollen Schaubett aufgebahrt.

Tausende und Abertausende von Menschen pilgerten in die

Hofburgkapelle, um von ihrem alten Kaiser Abschied zu nehmen. Auch Helene äußerte den Wunsch, den Kaiser noch einmal zu sehen. Sie stieß auf Mathildes energische Ablehnung.
»Bist du denn verrückt?« fuhr Mathilde sie an. »Ich soll dich begleiten, um mir eine Leiche anzuschauen? Schon bei dem Gedanken werd' ich halb ohnmächtig. Ob Kaiser oder nicht, einen Toten zu sehen, ist für mich ein Schock. Den werde ich monatelang nicht los. Und du bekommst in ein paar Wochen dein erstes Kind. Da ist der Anblick eines toten alten Mannes auch nicht das Geeignete.«
Helenes Gesicht bekam den starren Ausdruck, den Mathilde als erstes Zeichen eines nervösen Ausbruchs nur zu gut kannte. »Ich will ihm die letzte Ehre erweisen«, sagte sie und ihre Stimme wurde schrill. »Ich hab' ihn einmal gesehen, an seinem Geburtstag in Ischl, ganz aus der Nähe. Seine gütigen Augen blickten mich an, und ich fühlte mich geborgen. Das war einer der glücklichen Tage in meinem Leben.«
Mathilde versuchte einzulenken: »Es ist besser, du behältst ihn so in Erinnerung statt als aufgebahrten Leichnam. Aber wenn du dich versteifst, bitte, dann geh' ich mit dir zu den Beisetzungsfeierlichkeiten. Der Trauerzug wird über die Ringstraße geführt. Im Stephansdom findet die Einsegnung statt, und von dort geht es in die Kapuzinergruft, wo der Kaiser neben der Kaiserin Elisabeth und dem Kronprinzen Rudolf beigesetzt wird. Es kommen illustre Trauergäste. Die Könige von Bayern und Sachsen, der Zar von Bulgarien und der deutsche Kronprinz, um nur die wichtigsten zu nennen. Alle gehen sie zu Fuß hinter dem Sarg her, man wird sie sich also in Ruhe anschauen können. Außerdem wird unser neuer Kaiser Karl, die Kaiserin Zita und der kleine Kronprinz Otto zu sehen sein. Du kannst Abschied nehmen, und ich bekomme die Großen unserer Welt aus der Nähe zu sehen.«

Der 30. November war ein kühler, grauer Tag, der Himmel hing tief und schwer über der Stadt. Es war Mathilde gelungen, sich für ein fürstliches Trinkgeld vom Portier des Heinrichshofs gegenüber der Oper zwei Plätze am Gehsteigrand neben einem Kandelaber reservieren zu lassen. »Der Portier«, sagte

sie, »wird heute ein reicher Mann. Er hat seine ganze Familie aufgeboten, um Plätze für die Herrschaften, die ihn geschmiert haben, zu halten. Aber wir sehen gut, und außerdem kann man sich gegen den Laternenpfahl lehnen, das erleichtert das Stehen. Hoffentlich fängt es nicht zu regnen an. Wenn alle die Schirme aufspannen, seh' ich gar nichts.«
Helene antwortete nicht. Es war ihr kalt und sie preßte die Lippen zusammen, um nicht zu verraten, daß sie ihren Wunsch dabei zu sein, bereits bereute.
Schon am frühen Nachmittag brannten die mit schwarzem Flor dekorierten Gaslaternen und von allen Häusern wehten Trauerfahnen. Eine unübersehbare Menschenmenge stand dicht gedrängt, Schulter an Schulter, Helene bekämpfte das aufsteigende Gefühl von Platzangst und zog den weiten, langen Pelzumhang dichter um ihren Körper. Mathilde grub die Hände tiefer in den Muff und raunzte: »Die Polizei übertreibt die Absperrung. Wenn sie wenigstens Maroniverkäufer durchließen. Heiße Kastanien würden nicht nur die Hände wärmen, sondern auch den Magen.«
Die atmende Menschenmauer geriet in Bewegung, die Köpfe drehten sich. Pferdegetrappel wurde hörbar. »Es geht los«, sagte eine Frau hinter Mathilde. »Das sind die Dragoner. Drei Eskadrons eröffnen den Leichenzug.«
Die Dragonerregimenter ritten im Schritt vorbei, gefolgt von den Trauerwagen des Hofstaates. Zwischen den Wagen gingen Hofreitknechte mit brennenden Laternen. Helenes Kreuz begann zu schmerzen, und sie lehnte sich schwer an den Laternenpfahl. Mathilde beachtete sie nicht, hob sich auf die Zehen und flüsterte: »Jetzt kommt der Leichenwagen. Ich seh' schon die Garden, die die Kron- und Ordensinsignien auf schwarzen Samtpolstern voraustragen.« Das Gemurmel erstarb, es wurde still, nur hie und da schluchzte jemand oder schneuzte sich. Acht Rappen zogen den offenen Leichenwagen mit der schwarzen Kaiserkrone auf dem Wagendach, flankiert von Hofpagen und Österreichisch-Ungarischen Garden.
Ein plötzlicher Schmerz zwang Helene, sich vorzubeugen. Mit beiden Händen umklammerte sie den Laternenpfahl. Der Schmerz schnitt wie ein Messer vom Rückgrat aus quer durch

ihren Leib, lief brennend hieß die Schenkel hinunter und verebbte in ihren Knien, die schwach wurden. Als sie stöhnte und die Hand hob, um sich den Schweiß aus den Augenbrauen zu wischen, war der Schmerz vergangen und sie war erstaunt, daß sie sich plötzlich so wackelig fühlte.
»Jetzt kommen die Potentaten«, sagte die Frau hinter ihr. »Der erste hinter dem Sarg ist unser neuer Kaiser Karl. Jung ist der. An den muß ich mich erst gewöhnen.«
Helene öffnete den Mund, um »Mathilde« zu sagen, aber bevor sie sprechen konnte, begann das Messer wieder zu schneiden. Diesmal schoß der Schmerz hoch, von unten nach oben und würgte ihr die Stimme ab. Sie preßte beide Hände gegen ihren Leib, als könne sie dadurch den Schmerz zurückdrängen, und krümmte sich. Sie hörte wie die Frau hinter ihr aufschrie: »Maria und Josef! Der Dame wird schlecht!« Dann fühlte sie einen harten Griff an ihrem Arm.
Mathilde schüttelte sie: »Um Gotteswillen, Helene, was ist dir denn?«
Der Schmerz wurde dumpfer und leiser, Helene richtete sich stöhnend auf. »Ich weiß nicht«, flüsterte sie. »Es tut so wahnsinnig weh.«
»Erst einmal weg von hier«, sagte Mathilde bestimmt, faßte sie um die Schultern und fing an, nach rückwärts zu drängen. »Lassen Sie uns durch, machen Sie Platz«, bat sie. Da die Umstehenden nicht reagierten, hob sie die Stimme: »Meiner Schwester ist nicht gut. Sie erwartet ein Kind.«
Das goldene Wienerherz wurde laut. »Grad jetzt, wo die Monarchen kommen, machen Sie so eine Drängerei«, schimpfte ein älterer Mann. »Wenn man ein Kind kriegt, bleibt man daheim und stört nicht andere Leute. Rücksichtslos ist so was.«
Mathilde setzte energisch den Regenschirm ein und kämpfte sich mit der stöhnenden Helene bis an die Hauswand. An der Straßenecke stand ein Polizist. »Helfen Sie uns, Herr Inspektor«, bat Mathilde. »Wir brauchen einen Wagen, meine Schwester muß in die Klinik.«
»Sie werden keinen Wagen finden, meine Damen«, sagte der Polizist. »Hier herum ist alles abgesperrt, wegen dem Leichenzug. Da müssen Sie schon bis zur Karlskirche gehen, vielleicht,

daß Sie dort einen Fiaker finden. Ich glaub's aber nicht.«
»Wie sollen wir denn in die Klinik Halbach in den achten Bezirk kommen?« fragte Mathilde verzweifelt.
»Gar nicht.« Der Polizist zuckte bedauernd die Achseln. »Solang die Trauerfeierlichkeit im Gange ist, kommen Sie nirgends durch die Absperrungen. Das Beste ist, sie gehen auf den Karlsplatz. Wenn dort ein Fiaker steht, kann er außen herum über den Gürtel fahren.« Er bahnte Mathilde und Helene eine Gasse. »Platz!« befahl er. »Platz, lassen's die Damen durch, geh'ma, geh'ma.«
Schon hundert Meter hinter dem Ring waren die Straßen menschenleer. Mathilde blieb schwer atmend stehen. »Reiß dich jetzt zusammen«, beschwor sie Helene. »Du mußt. Bis zum Karlsplatz mußt du gehen. Dann wird dir besser werden. Es war zu viel für dich. Du hast dich überanstrengt. Du mußt jetzt tapfer sein und gehn. Dann wird gar nichts geschehen.«
Helene schüttelte den Kopf. »Das ist die Strafe«, murmelte sie. »Weil ich das Kind nicht wollte, weil ich es gehaßt habe. Nun werden wir sterben, beide werden wir sterben.«
Mathilde bohrte ihre Finger in Helenes Arm. »Hör auf mit diesem Unsinn«, schrie sie, um ihre eigene Angst zu übertönen. »Du wirst nicht sterben. Du wirst gehen. Wenn es sein muß, bis nach Hause.«

Mathilde hatte keinen Wagen gefunden und Helene ins Pernwald-Palais mehr getragen als geführt. Das Haus war leer, die Dienstboten waren wegen des kaiserlichen Leichenzugs beurlaubt und standen nun sicher irgendwo gaffend auf den Straßen. Mathilde bettete Helene auf den Diwan im Salon und legte ihr eine kalte Kompresse auf die Stirn. Helene hielt die Augen geschlossen, von Zeit zu Zeit stöhnte sie auf, und ihr Körper krampfte sich zusammen. Mathilde beobachtete sie und ihre Angst verstärkte sich. Helene hatte bläuliche Schatten um die Augen und ihre Nase stach seltsam spitz und blaß aus dem Gesicht.
Mit zitternder Stimme verlangte Mathilde am Telefon die Nummer Professor Halbachs. Das Freizeichen tönte und tönte und tönte. Keine Antwort. Alle sind sie bei diesem blöden

Trauerzug, dachte Mathilde pietätlos. Das Leben steht still, nur weil der alte Kaiser das Zeitliche gesegnet hat. Was mach' ich denn, wenn das Kind wirklich kommt? Ich habe keine Ahnung, was zu tun ist. Als Charlotte geboren wurde, bekam ich einen Ätherrausch. Es ist leichter, selbst ein Kind zu bekommen, als ein Kind in die Welt zu holen.
Sie lief in den Salon zurück. Die Wehen kamen jetzt schon regelmäßig. Helene wimmerte und ächzte, das Haar klebte ihr schweißnaß in der Stirn und auf dem Kleiderstoff unter den Achseln breiteten sich dunkle Schweißflecken aus. Mathilde öffnete Helenes Kleid und versuchte, sie mit der feuchten Kompresse abzuwaschen, doch Helene stieß ihre Hände weg und begann sich von einer Seite auf die andere zu wälzen. Warum muß das Kind einen Monat zu früh kommen, dachte Mathilde weinerlich. Und warum muß ich dabei sein? Ich kann keinen Schweiß riechen, kein Blut sehen. Lieber Gott, was soll ich denn nur machen? Sie überlegte, ob sie auf die Straße laufen und einen Wagen suchen sollte, aber sie getraute sich nicht, Helene allein zu lassen. Wieder klammerte sie sich ans Telefon, wieder bekam sie keine Antwort. Sie verlangte ihre eigene Nummer, aber auch in ihrer Wohnung meldete sich niemand. Sicher war auch Stefan mit Charlotte fortgegangen, um Zeuge des »historischen Ereignisses« zu sein und das Personal hatte die Gelegenheit benützt, um »blau zu machen«. Sie sah auf die Uhr. Schon zwei Stunden waren seit dem ersten Anfall vergangen. Wie lange dauerte denn eine Geburt?
Helene begann zu schreien. Jeder Atemzug endete in einem Schrei. Einatmen – Ausschreien – in grauenhafter Gleichmäßigkeit. Habe ich auch so geschrien, überlegte Mathilde. Sie konnte sich nicht erinnern. Sie wußte nur noch, daß sie vor der Geburt Charlottes zum Mittagessen Fasan gegessen und die ersten Wehen für Bauchschmerzen gehalten hatte. Wenn Helene wenigstens etwas sagen würde, reden würde, aber diese unartikulierten Schreie waren nicht mitanzuhören. Helene gab keine Antwort, hielt die Augen entweder verkrampft geschlossen oder starrte weit aufgerissen an ihr vorbei ins Leere. Mathilde preßte die Hände an die Ohren, um die Schreie nicht zu hören und, als sie die Hände sinken ließ und Helene tatsäch-

lich zu schreien aufgehört hatte, erschrak sie doppelt. Es dämmerte schon, und sie konnte Helenes Gesicht nur mehr undeutlich erkennen. War sie ohnmächtig? Mathilde drehte das elektrische Licht an und löschte es sofort wieder, denn Helene warf den Kopf hin und her und begann zu weinen. Hastig entzündete Mathilde Kerzen und stellte den Leuchter so, daß das Licht Helene nicht behelligte. Helene weinte leise, es war mehr ein Wimmern und Mathilde wurde weich vor Mitleid. Sie streichelte Helenes Hände und log: »Gleich kommt der Arzt. Er ist schon unterwegs. Gleich wird alles gut sein.«
»Ich fürchte mich so«, flüsterte Helene. »Ich will nicht sterben.«
Mathilde drehte sich ab, um die aufsteigenden Tränen zu bekämpfen. Sie holte aus ihrem Muff ein Parfümfläschchen und betupfte sich Schläfen und Oberlippe. Dann fiel ihr ein, auch Helene zu erfrischen und sie rieb ihr Stirne, Hals und Brustansatz ein. In ihrer Aufregung verschüttete sie das meiste. Durchdringend süßlicher Parfümgeruch erfüllte das Zimmer, und statt es zu erleichtern, erschwerte der Duft das Atmen.
Seit ihrem letzten Telefonat war über eine halbe Stunde vergangen. Nun mußte das Leichenbegängnis doch schon vorüber sein, dachte Mathilde und kurbelte verzweifelt. Sie ließ sich mit der Klinik verbinden, endlich meldete sich die Stationsschwester. Mathilde überfiel sie mit einem Redeschwall. Sie verhaspelte sich und mußte den Satz von neuem beginnen. Die Schwester verstand. Ihre gleichmütige Stimme quäkte unbeteiligt aus der Hörmuschel: »Der Herr Professor ist nicht im Haus. Ohne Anweisung kann ich nichts verfügen. Bleiben Sie am Apparat, ich hole den diensthabenden Arzt.«
Es rauschte und krachte in der Leitung, dann klickte es und die Verbindung war unterbrochen. Mathilde schmetterte den Hörer wütend auf die Gabel und brach in Tränen aus. »Lieber Gott, laß sie nicht sterben«, schluchzte sie. Das Telefon begann zu klingeln. Der diensthabende Arzt der Klinik meldete sich. Mathilde segnete die Stationsschwester, von Schluchzen und Schniefen unterbrochen berichtete sie dem unbekannten Arzt.
»Ist die Fruchtblase schon geplatzt?« unterbrach er sie.

»Ich weiß es nicht«, stammelte Mathilde. »Das Kleid meiner Schwester ist feucht und klebrig. Ich weiß nicht, ob es Schweiß ist oder Wasser.«
»Packen Sie das Notwendigste zusammen. Ich schicke einen Rettungswagen.«
Es dauerte eine Stunde, bis der Rettungswagen kam. Mathilde saß bei Helene, die ihre Hände so fest umklammerte, daß Mathildes Finger anschwollen und sie sie kaum noch bewegen konnte. Helenes Lippen waren wundgebissen, manchmal schrie sie auf, dann lag sie wieder apathisch und atmete flach und schnell.
Als der Arzt endlich an der Haustür klingelte, war Mathilde am Ende ihrer Kräfte. Doch der Arzt beachtete sie nicht und drängte sie beiseite, um den Trägern mit der Bahre Platz zu machen. Er untersuchte Helene kaum und trieb die Krankenwärter zur Eile an. Während die Männer mit Helene auf der Bahre das Zimmer verließen, sagte er hastig: »Ich muß Sie bitten, mitzukommen, gnädige Frau. Ich darf Ihnen nicht verschweigen, der Zustand Ihrer Frau Schwester ist sehr ernst. Sie hat nicht mehr viel Kraft. Es ist eine Trockengeburt. Ein Achtmonatskind ist immer gefährlich. Wir werden alles tun, um die Mutter zu retten.«

Die folgenden Stunden vergaß Mathilde in ihrem Leben nicht mehr. Sie lief in dem kalten Gang der Frauenstation auf und ab, und der Schweiß rann ihr den Rücken hinunter. Sie wartete auf Professor Halbach, der am Abend gekommen war, nur ernst den Kopf geschüttelt hatte und in dem Zimmer, in dem Helene lag, verschwunden war. Die Ankunft ihres Mannes, den sie endlich telefonisch erreicht hatte, beruhigte Mathilde nicht. Stefan versuchte sie unbeholfen zu trösten: »Ich fühle mit dir. Es ist schrecklich. Sie war noch so jung.«
»Sag nicht ›war‹«, kreischte Mathilde. »Sie lebt noch. Und sie darf nicht sterben. Lieber Gott, bitte, sie darf nicht sterben.«
»Gott hört uns schon lange nicht mehr zu. Sonst würde nicht geschehen, was geschieht«, sagte Stefan leise.
»Du bist mir ein feiner Trost. Statt mir Hoffnung zu machen, redest du nur dummes Zeug. Wie spät ist es eigentlich?«

Stefan zog seine Taschenuhr.« Zehn vorbei.«
»Jetzt quält sie sich schon sieben Stunden. Wie lange kann das noch so weitergehen?« Mathilde begann von neuem zu weinen.
»Reg dich nicht so auf«, Stefan versuchte sie abzulenken. »Du siehst schon ganz elend aus.«
»So? Tu ich das?« Mathilde fischte aus dem Muff ihre Puderdose hervor und fuhr sich heftig mit der Quaste über das Gesicht. »Grauenhaft sehe ich aus, nicht elend. Grauenhaft«, jammerte sie. »Wie spät ist es?«
»Seit du mich zum letzten Mal gefragt hast, sind kaum fünf Minuten vergangen«, sagte Stefan geduldig.
Plötzlich lehnte sich Mathilde an ihn und versteckte ihr Gesicht an seiner Schulter. »Ich hab' Angst«, murmelte sie. »Ich bin so müd. Bitte, halt mich fest und laß mich nicht allein. Wie spät ist es?«

Mathilde fragte noch oft nach der Zeit. Nach Mitternacht schlief sie auf dem harten hölzernen Besuchersessel, an Stefan gelehnt, ein. Der Gang war leer, die blaue Nachtbeleuchtung brannte, hie und da huschte eine Krankenschwester vorbei und Stefans Arm wurde taub und gefühllos unter Mathildes Gewicht. Er saß starr wie eine Statue, bewachte ihren Schlaf und, je länger sie schlief, desto mehr bereitete er sich auf die schlechte Nachricht vor, die er und sie zu hören bekommen würden, wenn sich die Tür zu Helenes Zimmer öffnete.
Um zwei Uhr morgens öffnete sich diese Tür, Professor Halbach trat erschöpft auf den Gang. Stefan wollte aufstehen und rüttelte Mathilde. Professor Halbach lächelte: »Lassen Sie sie schlafen. Es ist ein Wunder geschehen. Beide leben. Mutter und Kind. Es ist eine winzige Tochter. Aber sie hat alles, was sie braucht. Vor allem einen unglaublichen Lebenswillen und eine beachtliche Energie. Wenn sie sich weiter so entwickelt, dann kann man nur gratulieren.«

Zweites Buch

I.

Am späten Nachmittag des 3. Juli 1937 saß Max Fiedler in seinem Arbeitszimmer und legte pedantisch die Dokumente und Schriftstücke zurecht, die er für die Unterredung mit Anton von Dobrany benötigte. Er hatte noch eine gute Stunde Zeit, aber es machte ihm Vergnügen, in seinem Arbeitszimmer zu sitzen und sich den Erfolg seiner Arbeit vor Augen zu führen. Er liebte den Blick aus den Fenstern in den Park, auf die dunkelgrünen, dichtbelaubten Kronen der Kastanienbäume, die ihre Schatten auf die gelbgetünchten Mauern warfen.
Schon länger als ein Jahrzehnt wohnte Max Fiedler nicht mehr in Ischl, nur sein Büro hatte er dort beibehalten, mit einem Kanzleivorsteher und vier Sekretärinnen. Er hatte außerhalb von Ischl ein großes Grundstück erworben. Die im Halbkreis stehenden Kastanienbäume hatten ihn zu dem Kauf bewogen. In dem Halbkreis hatte er sich sein Traumhaus bauen lassen, eine kleine, schönbrunnfarbene Kopie des Pernwaldschen Herrenhauses mit einer kiesbestreuten, von Phloxrabatten eingesäumten Auffahrt, einer ovalen Halle und einer Terrasse. Wenn der Adel nicht abgeschafft worden wäre, hätte er sich auch den Adel gekauft. Er hätte es sich leisten können. Die meisten Leute hatten nach dem verlorenen Krieg und in der Inflation ihr Vermögen eingebüßt, er war ein reicher Mann geworden, so wie Sophie eine reiche Frau geblieben war. Die Anlage in Schweizer Franken war für sie und für ihn goldrichtig gewesen. Sophie und er hatten gemeinsam weitergeplant und aufgebaut. Der Erfolg konnte sich sehen lassen. Längst schon gab er sich nicht mehr mit kleinen Fischen ab, seine Geschäftsbeziehungen reichten bis nach Amerika und Brasilien. Die vermögensrechtliche Besprechung, die er Anton für heute

zugesagt hatte, war eine sentimentale Gefälligkeit aus alter Freundschaft. Wie auch das Wort »vermögensrechtlich« eine gefällige Beschönigung aus alter Freundschaft war, denn Anton besaß kein Vermögen mehr. Seine Kriegsanleihen waren nach dem Zusammenbruch der Monarchie wertloses Papier gewesen und den Rest seines Geldes hatte die Inflation empfindlich verwässert. Ohne Sophie hätten Anton und seine Familie ein recht bescheidenes Leben fristen müssen. Aber Sophie, die reiche Frau Baronin, die den Musterbesitz Pernwald mit eisernem Griff verwaltete, sorgte für die Familie, die sie mit Zuckerbrot und Peitsche regierte.

Es war Max verständlich, daß der Erfolg Sophie überheblich gemacht hatte; angenehm war es ihm nicht. Oft schon war er nahe daran gewesen, seine Beziehung zu Sophie einschlafen zu lassen, aber die Tatsache, daß ihr Sohn auch sein Sohn war, hatte ihn immer wieder an Sophie gebunden. Seines Sohnes wegen hatte er nie eine andere Frau gesucht, nicht geheiratet und auf ein eigenes Familienleben verzichtet. Er war stolz auf seinen Sohn, den Baron Georg von Pernwald, für den er »der gute Onkel Max« war, und er hatte, wie er glaubte, allen Grund, stolz zu sein. Das einzige, das ihn paradoxerweise immer gestört hatte und noch immer störte, war, daß Sophie Georg als hundertfünfzigprozentigen Pernwald erzogen hatte. Er hatte erbitterte Auseinandersetzungen und böse Debatten mit ihr geführt. Aber sie war unter den gegebenen Umständen die Stärkere geblieben, und er hatte klein beigeben müssen. »Georg ist der Erbe Pernwalds, er ist der einzige Pernwald und wird als solcher erzogen«, hatte sie entschieden erklärt. »Das hast du von Anfang an gewußt und wenn es dir mit einem Mal nun nicht mehr paßt, tut es mir leid. Dann mußt du die Konsequenzen ziehen. Dann muß der ›gute Onkel Max‹ aus Georgs Leben verschwinden. Georg ist und bleibt ein Pernwald.«

Auch Max war geblieben, was er gewesen war: der Freund Sophies, der Onkel seines Sohnes. Er hatte Georg heranwachsen gesehen, hatte seine Entwicklung zu einem »echten Fiedler« mit freudigem Schreck beobachtet. Solange Georg ein Kind gewesen war, hatte jedermann die Ähnlichkeit mit Sophie hervorgehoben, die hellen Augen, das blonde Haar, den zarten

Körperbau. Aber in der Pubertät hatte sich Georg verändert. Seine kristallgrauen Augen waren sowohl in der Farbe als auch im Ausdruck die Augen von Max, seine schmalen, langfingrigen Hände waren Maxens Hände und sein Mund war dem von Max so ähnlich, daß Max sich in Eile einen Kinnbart wachsen ließ, um die so augenscheinliche Ähnlichkeit zu kaschieren.
Es war Max unverständlich, daß außer ihm niemand diese auffallende Ähnlichkeit zu bemerken schien. Aber die Wesensgleichheit wurde noch viel prägnanter. Georg schien alle Eigenschaften von Max geerbt zu haben. Er war ein ruhiges, überlegenes Kind, er versuchte, seine kleinen Probleme zu »klären«, anstatt wie andere Buben seines Alters, einfach zu fragen. Er wurde ein begeisterter Schüler; Mathematik faszinierte ihn. Er spielte mit Zahlen, wie seine Altersgenossen mit Bauklötzchen oder Zinnsoldaten spielten. Mit zehn Jahren konnte er im Kopf rechnen, wieviel Billionen Sekunden ein Jahr hat und, da ihn der Unterricht nicht ausfüllte, begann er Schach zu lernen.
Von Sophie hatte Georg die schnelle Auffassungsgabe geerbt und die außerordentliche Eigenschaft, mit raschem Blick die Fehler und Schwächen seiner Partner oder Gegner zu erfassen, um gegebenenfalls den wunden Punkt attackieren zu können. Nur eine Neigung hatte Georg weder von Sophie noch von Max geerbt: er verehrte und liebte Ferdinand. Wenn Ferdinand zu seinen seltenen, kurzen Besuchen nach Pernwald kam, wurde Georg blind und taub vor Zuneigung. Was sein Papa sagte, war richtig, was sein Papa tat, nachahmenswert. Je rarer sich Ferdinand machte, je mehr er die kindliche Zuneigung abwehrte, desto verbissener buhlte Georg um seine Anerkennung und Liebe.
Ferdinand war ein hervorragender Reiter; also lernte Georg reiten und, obwohl er ein unbegabter Reiter war und sich schwer tat, nahm er die bösesten Stürze um der Chance willen in Kauf, von seinem Papa gelobt zu werden. Der Seltenheitswert erhöhte das Interesse. Der Parasit Ferdinand, dem das Nichtstun auf Sophies Kosten blendend bekam und der sich in der Welt herumtrieb, wurde für Georg ein geheimnisumwittertes Idol. Wenn Ferdinand einmal, einer Laune nachgebend, von ir-

gendwo eine bunte Ansichtskarte schrieb, bedeutete diese Karte für Georg ein Geschenk. Daß Ferdinand ihm die Tochter Helenes, seine Nichte Elisabeth, vorzog, verlieh dem Mädchen in Georgs Augen einen Heiligenschein. Das ging sogar so weit, daß Georg versuchte, durch oder über seine Cousine Elisabeth die Liebe seines Papas zu gewinnen.

Max seufzte, griff nach der silbernen Zigarettendose auf dem Schreibtisch und zündete sich eine Zigarette an. Er rauchte noch immer so viel wie eh und je, und er hustete noch immer so stark wie eh und je; dennoch verdankte er den weißen dünnen Glimmstengeln wahrscheinlich sein Leben. Gegen Kriegsende war auch er eingezogen, doch auf Grund seines bellenden Hustens nur in der Schreibstube beschäftigt worden, während seine gefechtstauglichen Kameraden bis auf den letzten Mann an der Piavemündung fielen.

Er blies den Rauch in kunstvollen Ringen vor sich hin und dachte an Elisabeth. Er mochte sie zwar, aber er sah sie nicht gern in Verbindung mit seinem Sohn. Elisabeth von Dobrany war eine echte Pernwald. Sie war nicht so schön wie Helene, aber sie hatte den gefährlichen Charme ihres Großvaters Florian und setzte diese Macht über Menschen bedenkenlos zur Erreichung ihrer Ziele ein. Das intensive Blau ihrer Augen kontrastierte reizvoll mit ihren dunklen Haaren. Sie hatte die Angewohnheit, ihren Gesprächspartnern direkt in die Augen zu sehen. Der Wirkung ihres leuchtenden Blicks konnten sich nur die wenigsten entziehen. Georg konnte es nicht. Als Kinder waren er und Elisabeth wie Geschwister aufgewachsen. Schon als kleines Mädchen hatte Elisabeth nachdrücklich erklärt, Georg heiraten zu wollen, und auch jetzt, als großes Mädchen, hielt sie zäh an ihrer Absicht fest. Sophie und auch Helene begünstigten diesen Plan, Anton wurde wie üblich nicht gefragt, aber Max hatte schwere Bedenken. Seiner Meinung nach liebte Elisabeth den Besitz, den Reichtum und den Glanz Pernwalds mehr, als sie Georg liebte. Es lag nicht in Elisabeths Natur, die zweite Geige zu spielen. Sie wollte die »junge Baronin Pernwald« werden, und Georg war ein vertrautes und angenehmes Mittel zum Zweck. Max wünschte sich für seinen gescheiten Sohn ein besseres Los, als Pernwalds wegen mit Haut und Haar geschluckt zu werden. Wenn er die Schicksale der einzelnen Familienmitglieder überdachte, hatte das fanatische Festhalten an dem Besitz keinem Familienmitglied Gutes gebracht. Helene, die er selbst im Auftrag Florians um der Erhaltung Pernwalds willen an Anton verschachert hatte, war eine unzufriedene Frau geworden, und Anton hatte in dieser Ehe viel mehr verloren als nur sein Geld. Sophie hatte den Besitz von Pernwald teuer bezahlt, mit Enttäuschung und Haß, mit Lügen und Betrug, und Ferdinand hatte sich zu einem unseriösen, ausgehaltenen Schmarotzer entwickelt. Er selbst, als Außenseiter, als Außenstehender, der einbezogen worden war, lebte nicht das Leben, das er sich einst erhofft hatte. Er hatte keine legitime Frau, keine legitimen Kinder, keine Familie. Er durfte am Familienleben der Pernwalds mitnaschen – dazu gehörte er nicht.

Der dünne, weitentfernte Ton der Ischler Kirchturmuhr mischte sich mit dem Stundenschlag der Pendeluhr auf seinem Schreibtisch, und im selben Moment hörte Max auch schon das Geräusch des einfahrenden Autos und das Knirschen der Räder auf dem Kies. Sophies Chauffeur, der Anton brachte, war pünktlich.

Max stand auf und ging zur Tür. Er rechnete sich aus, wie lange Anton brauchte, um mit seinem steifen Knie die wenigen Treppenstufen zu bewältigen und die Halle zu durchqueren. Er öffnete die Tür genau in dem Augenblick, in dem Anton vor der Tür angelangt war.

»Wie geht es Ihnen?« sagte er zur Begrüßung und schüttelte Antons Hand. »Spüren Sie das aufziehende Gewitter in Ihrem Bein?«

»Ich spüre dieses verdammte Bein immer.« Anton lächelte flüchtig. »Dank der Nachfrage. Ob ein Gewitter kommt oder geht, ob es warm ist oder kalt, ob es feucht oder trocken ist, die Schmerzunterschiede sind minimal« Er hinkte auf den Besuchersessel zu und nahm vorsichtig Platz. »Aber ich habe mich an den Schmerz gewöhnt. Er begleitet mich seit zwanzig Jahren. Es ist seltsam, ich habe vergessen, wie es ist, unbeschwert gehen zu können. Von Radfahren ganz zu schweigen.«

Max setzte sich so, daß er das Fenster im Rücken hatte und das

Licht auf Antons Gesicht fiel. Von dem fröhlichen, lauten, robusten Anton von Dobrany, dem er vor fünfundzwanzig Jahren seine Dienste angetragen hatte, war nichts übriggeblieben. Anton war schwer geworden, teils durch die behinderte Beweglichkeit, teils durch ständigen Alkoholkonsum. Ein dichtes Netz rötlicher Adern überzog die fleischige Nase und die schlaffen Wangen. Schwere Tränensäcke lasteten unter seinen Augen. »Wenn es Ihnen recht ist, möchte ich gleich zur Sache kommen«, begann Anton. »Ich muß zum Abendessen in Pernwald zurück sein, und Sie wissen ja, wie streng Sophie auf Pünktlichkeit achtet.« Er lächelte sein kurzes Lächeln, das seinen Mund verzog, aber nie bis zu den Augen gelangte. »Also . . .«, er rückte sich zurecht, um seinem Bein eine bessere Lage zu geben, »Sie kennen meine Finanzen besser als ich. Sie haben den Verkauf der Häuser in Prag für mich durchgeführt und wissen so genau wie ich, daß so gut wie nichts mehr davon übrig ist. Alles, was ich noch besitze, ist ein Drittel des Palais Pernwald in Wien und die Hälfte des Herrenhauses mit dem Park und den Gründen, die zum Zeitpunkt von Florians Tod zum Besitz gehörten. Alles, was Sophie später zurückgekauft, respektive dazugekauft hat, ist selbstverständlich ausgenommen. Sophie liegt mir seit über einem Jahrzehnt in den Ohren, ihr meine Anteile gegen eine Leibrente oder gegen Bargeld abzutreten. Jetzt bin ich so weit. Jetzt soll sie ihren Willen haben, zumindest teilweise. Ich bin bereit, Sophie meinen Anteil am Wiener Palais gegen eine Leibrente auf den Namen meiner Frau zu überlassen. Was dagegen die Hälfte des Herrenhauses betrifft – ich will mein Besitzrecht auf meine Tochter überschreiben lassen.« Anton hob die Hände: »Elisabeth wird in wenigen Monaten großjährig. Es wäre dann ihre Sache, ob sie ihren Teil von Pernwald behalten oder verkaufen will. Selbstverständlich müßte man Sophie ein Vorkaufsrecht einräumen. Ich denke mir, daß Sophie auf meine Vorschläge eingehen wird. Sie spekuliert darauf, daß Elisabeth und Georg ein Paar werden. Dann hat sie ihr Ziel endlich erreicht. Dann hat sie den gesamten Pernwald-Besitz unter einen Hut . . .« – er lächelte – ». . . oder besser gesagt – unter eine Haube gebracht.«

Gewohnheitsmäßig hatte Max sich Notizen gemacht, nun nahm er die Brille, die er bereits zum Schreiben brauchte, ab und fragte: »Ja, aber – was bleibt Ihnen?«

»Mir?« Anton massierte seinen Oberschenkel, um die Zirkulation anzuregen. »Mir bleibt die Aussicht, den Rest meines Lebens, meinen bescheiden gewordenen Wünschen gemäß zu leben.«

Max wurde nervös. Er zündete sich eine Zigarette an und erhob sich. »Das verstehe ich nicht«, erklärte er und ging auf den Tabernakelschrank zu. »Darf ich Ihnen einen Cognac anbieten?«

»Aber gern.« Wieder lächelte Anton. »Alkohol ist gut für die Zirkulation, sagt mein Arzt.« Er nahm das gefüllte Glas von Max entgegen. »Auf meine bescheidenen Wünsche«, sagte er und leerte es.

Max schloß den Schrank und stellte die Flasche zwischen sich und Anton auf den Schreibtisch. »Welche Wünsche können Sie sich erfüllen, wenn Sie auf alles verzichten, was Sie noch haben?« fragte er.

Anton schenkte sich nach und ließ den Cognac genießerisch über die Zunge rollen. »Ich kann mir zum Beispiel den Wunsch erfüllen, zu gehn,« sagte er.

»Zu gehn?« fragte Max.

»Ja«, sagte Anton und wurde plötzlich energisch. »Ich habe meine Frau und meine Tochter versorgt, ich habe Ihnen alles gegeben, was ich war und was ich hatte. Nun bin ich frei, zu gehen.«

Vor Verblüffung ließ Max die Zigarettenasche achtlos auf die polierte Tischplatte fallen. »Soll das heißen . . .?« Er sprach die Frage nicht aus.

Anton nickte. »Das soll es heißen. Ich verlasse meine Frau und meine Tochter. Ich verlasse meine Schwester und Pernwald. Ich habe so lange darauf gewartet, daß es mir nun nicht schnell genug gehen kann.«

»Jetzt brauche ich auch einen Cognac.« Max holte sich ein Glas und schenkte auch Anton wieder ein. »Ich weiß nicht, was ich sagen soll.«

»Sagen Sie nichts«, schlug Anton freundlich vor. »Es ist ganz einfach so, daß ich nicht mehr weiter kann. Ich kann so nicht mehr weiterleben und ich will es auch nicht mehr. Ich bin nicht ganz so einfältig, wie meine Familie glaubt. Aus dem Verkauf des letzten Prager Hauses hab' ich einen Teil des Geldes für mich reserviert und investiert. Ich bin Teilhaber einer Tierhandlung in einem Außenbezirk in Wien.« Anton seufzte und hielt Max sein leeres Glas hin. »Ich will ganz offen mit Ihnen sein und werde Ihnen erzählen, wie es dazu kam. Auf einem Spaziergang hab' ich die Tierhandlung entdeckt. Es ist ein kleines Geschäft mit kleinen Tieren für kleine Leute. Singvögel, Zierfische, Schildkröten, Meerschweinchen. Mal ein Wurf Katzen, mal ein paar junge Dackel. Die Besitzerin des Ladens ist Witwe. Eine nette, gemütliche Frau in meinem Alter. Sie stammt aus Brünn. Ich kann in meiner Muttersprache mit ihr reden. Sie teilt meine Liebhabereien – Kanarienvögel, Zeisige, Finken. Erst kam ich als Kunde wieder, dann als Bekannter, dann als Freund. Sie ist so einsam wie ich. Für sie bin ich eine Art höheres Wesen. Für sie ist, was ich sage, richtig, für sie ist, was ich tue, recht. Sie stellt keine Ansprüche. Sie weiß, ich kann mich nicht scheiden lassen, aber sie sagt, es macht ihr nichts aus, wenn ich nur da bin. Sie kocht für mich böhmische Spezialitäten, Topfenpalatschinken und Buchteln. Sie sorgt für mich und sorgt sich um mich. Ich weiß nicht, wie ich es Ihnen erklären soll. Bei ihr bin ich zufrieden, fühl' ich mich zu Hause.« Anton lächelte, und plötzlich lächelten seine Augen mit: »Ich weiß, ich werde ein peinlicher Schandfleck für die Pernwalds sein. Ein Vogelhändler in der Vorstadt.«

»Ich kann Sie gut verstehn«, murmelte Max Fiedler und bekämpfte einen Anflug von Neid. Sich frei zu machen und zu gehen – diese Entscheidung zu treffen hatte er versäumt. »Weiß Ihre Frau es schon?« fragte er.

»Um Gotteswillen«, Anton wurde ernst. »Sie kennen Helene doch. Jede Debatte, jedes unangenehme Gespräch, jede Schwierigkeit zeitigt einen Tränenstrom, Nervenanfälle, Migräne und endlose Klagen. Nein, ich sage es ihr erst, wenn alles abgeschlossen und erledigt ist. Bis ich sozusagen nur mehr meinen gepackten Koffer aufzuheben brauche, um aus ihrem Leben verschwinden zu können.« Er atmete auf: »Nun noch eine Bitte an Sie, als langjährigen Freund. Beschleunigen Sie die Durchführung meiner Verfügungen, so sehr Sie können. Sprechen Sie so bald wie möglich mit Sophie. Sie wird nicht viel fragen, was mich zu diesen Entschlüssen bewogen hat. Wenn sie wieder einen Teil des Pernwaldschen Besitzes schlucken kann, und die ihr noch fehlende Hälfte des Herrenhauses in ihre begehrliche Reichweite rückt, ist ihr völlig egal, was mit ihr geschieht. Sie schweigen, weil Sie wissen, daß ich recht habe. Das ist der Vorteil, wenn man sich so lange kennt, man braucht sich gegenseitig nichts vorzumachen.«

Max räusperte sich. »Selbstverständlich werde ich mich bemühen, die Verträge so rasch als möglich unter Dach und Fach zu bringen. Aber . . .« Max überlegte, griff, um die Pause auszufüllen, nach einer neuen Zigarette, machte einen hastigen Zug und sagte: »Ich möchte einen mir bekannten Anwalt zuziehen. Den Doktor Graf in Ischl. Er ist Anwalt, Notar und Arier. Wenn er die Verträge macht und die monatlichen Zahlungen überwacht, können Sie sicher sein, daß alles in Ordnung geht. Ich für meine Person kann Ihnen das nicht garantieren. Ich bin Jude. Ich bin zwar stehend getauft, aber für Herrn Hitler und seine Rassengesetze bin ich ein echter ›Saujud‹, der ausgerottet gehört. Wie lange werd' ich hier noch arbeiten können?« Max zuckte die Achseln. »Es ist für mich keine Frage, daß der Hitler kommt. Jeden Tag kann er kommen. Kampflos, unblutig wird er Österreich kassieren und das Volk wird ihm zujubeln. Vielleicht dauert es noch ein Jahr, vielleicht noch zwei, bis er kommt. Aber er kommt, so sicher wie ich hier sitze.«

Anton legte den Kopf schief und betrachtete Max. »Ich weiß nicht genau, wie alt Sie sind«, sagte er und Max fragte sich, ob Anton ihm überhaupt zugehört hatte.

»Ich bin einundfünfzig«, fuhr Anton fort. »Ich schätze, Sie sind drei bis fünf Jahre älter als ich. Jedenfalls ein Mann in den besten Jahren. Sie sind ein Freund, und darum bitte ich Sie, verlassen Sie Ischl. Verlassen Sie Österreich. Verlassen Sie es bald. Sie haben mir seinerzeit, ehe ich an die italienische Front kam, den Rat gegeben, mich nicht auf mein Glück zu verlassen, sondern ans Überleben zu denken.« Anton klopfte auf sein Knie. »Ich hab mich gedrückt, wo ich konnte, und habe überlebt.

Zwar als Krüppel, aber doch. Man kann sich auch mit einem zerschmetterten Knie arrangieren. Darf ich Ihnen heute Ihren Rat zurückgeben? Denken Sie ans Überleben. Gehen Sie, noch bevor man Sie zum körperlichen oder seelischen Krüppel gemacht hat, solange Sie noch Erinnerungen haben, an die Sie gern denken.«
Beinahe verlegen drehte Max seinen Kopf dem Fenster zu. Anton machte sich Gedanken über sein Schicksal, während Sophie jedem Gespräch darüber beflissen auswich. Das Geräusch des näherkommenen Wagens enthob Max einer Antwort.
Anton stand schwerfällig auf. »Sophie hätte General werden sollen. Ihr militärischer Pünktlichkeitsfimmel beherrscht Familie, Gäste und Personal. Na ja! Ich danke Ihnen, Max, für das Gehör, das sie mir geschenkt haben, für die Cognacs, die Sie mir eingeschenkt haben – für alles. Wir sehen uns morgen zu Georgs Geburstag.« Er zitierte: »Das wird wieder eine schöne, rührende Familienszene«, und hinkte aus dem Zimmer.

II.

Elisabeth von Dobrany ritt langsam durch die Wiesen nach Pernwald zurück. Vor dem Pferd her liefen die beiden Spaniels, Paul und Paula, die Nachfolger der schwarzen Jagdhündin Hexe, an die sie sich kaum erinnern konnte, die aber von Georg lange betrauert worden war. Das sommerliche Gold des Nachmittags lag über den Feldern, ein leichter Wind wellte die Weizen- und Kornähren und säuselte in den Bäumen. Elisabeth legte den Kopf zurück und fühlte das helle, zärtliche Licht der Sonne auf ihrem Gesicht. Sie war allein ausgeritten, um ihr Wiedersehen mit Pernwald zu feiern. Jedesmal wenn sie wiederkam, begrüßte sie jeden Baum und jeden Strauch, die Gerüche und alles, was sie sah, das Herrenhaus und den Park, die Tiere und die Blumen. Nirgendwo war es so schön, roch es so gut, war sie so glücklich wie in Pernwald. Sie hatte Vergleichsmöglichkeiten. Tante Sophie hatte sie in den letzten Jahren oft auf Reisen mitgenommen. Sie kannte Paris und

London, die Riviera und Deauville. Sie war zu Ostern in Rom gewesen und im Herbst in Venedig, sie hatte die Baumblüte in Meran erlebt und den Winter in Sankt Moritz. Doch soweit es sie betraf, konnte sich nichts von allem, was sie gesehen hatte, mit Pernwald vergleichen. Die Hunde begannen zu kläffen und rannten mit fliegenden Ohren den Feldweg entlang. Auch die Stute Betty witterte den Stall und drängte vorwärts. Elisabeth nahm die Zügel straffer. Sie hatte ihr Pferd nach dem letzten Reitpferd ihres Großvaters benannt. Es tat ihr leid, daß sie nur das Bild im Jagdsalon kannte, sie hätte ihren Großvater, von dem Mama so viel erzählte, geliebt, so wie sie alles liebte, was Pernwald hieß.

Die Mücken drehten ihren abendlichen Reigen hoch über ihrem Kopf, und die kleinen weißen Wolken färbten sich rosa. Elisabeth verhielt ihr Pferd. Es war schon spät, aber gleich kam der Augenblick, in dem die Natur blau wurde. Bläuliche Schatten lagerten sich über die grünen Wiesen, der See wurde tiefblau, und nur die Wipfel der Tannen am Waldrand glänzten noch in der Abendsonne.

Ein andächtiges Glücksgefühl erfüllte Elisabeth. Sie gehörte zu Pernwald und Pernwald würde ihr bald gehören. Sie war dem lieben Gott und Tante Sophie dankbar. Es gab keinen Zweifel, sie würde Georg heiraten und mit ihm und durch ihn Pernwald besitzen. Mit dieser Gewißheit war sie aufgewachsen, und diese Gewißheit gab ihr Sicherheit und Zufriedenheit. Sie liebte Georg, er war ihr vertraut, sie kannte seine Regungen und seine Reaktionen, sie kannte die Liebkosungen seiner Hände und wußte, wie seine Küsse schmeckten. Sie kannte ihn in der Badehose und im Skipullover, in den ersten langen Hosen und in seinem ersten Frack. Er gehörte ganz einfach zu ihrem Leben, und er würde immer dazugehören. Das Ausschlaggebende aber war, daß Tante Sophie auf ihrer Seite stand. Natürlich hatten sich auch Mama und Papa für eine Verbindung mit Georg engagiert, aber nur Tante Sophie zählte. Wenn sie »ja« sagte, dann war es ja, und wenn sie »nein« sagte, dann blieb es beim nein.

Elisabeth trabte an. Sie mußte noch duschen und sich umziehen. Für das Familiendiner. Es war schon spät, und wehe dem,

der zu spät kam. Da kannte Tante Sophie keinen Spaß. Wenn Elisabeth es recht bedachte, kannte Tante Sophie überhaupt wenig Spaß. Sie war zwar ironisch und hatte es gern, wenn man über ihre Schlagfertigkeit auf Kosten Dritter lachte, aber gnade Gott dem, der es wagte, einen Witz oder eine hämische Bemerkung über sie selbst zu machen. Dann wurde Tante Sophie scharf und böse, und es war am klügsten, zu schweigen. Ein wahrer Segen, daß Georg gutmütiger war. Er war ebenso gescheit wie seine Mutter, doch er vermied es, Menschen zu kränken. Übrigens war sein Schweigen eindrucksvoller als jede noch so amüsante Bosheit, und er war allgemein beliebt, was man von Tante Sophie nicht behaupten konnte.
Bei den Stallungen saß Elisabeth ab und übergab ihr Pferd einem Reitknecht. Sie hörte die Hunde vor den Küchenfenstern bellen und sah hinter den Scheiben die Köchin Resi und die Küchenmädchen emsig hantieren. Sie bekämpfte die Regung, neugierig in die Töpfe zu gucken und unterdrückte ihren aufwallenden Hunger. Das Familienessen heute und die Geburtstagsfeier morgen, das würde sicher wieder ein »Triumph der Völlerei« werden.
Morgen wurde Georg dreiundzwanzig. Elisabeth überlegte; wäre es vielleicht an der Zeit, daß sie etwas dringlicher würde? In zwei Jahren machte er seinen Doktor. Warum sollte sie mit der Hochzeit noch so lange warten? Sie war ihrer Sache gewiß, sie hätte sich auch geduldig Tante Sophies Wunsch gefügt, so lange zu warten, aber im letzten halben Jahr hatte sich Georg verändert, wenn auch kaum merklich. Es drängte ihn nicht mehr so sehr wie früher in ihre Nähe, er benützte nicht mehr jede Gelegenheit, mit ihr allein zu sein, und hielt auch sonst auf Distanz. Wenn er sie vor der Familie auf die Wange küßte, berührten seine Lippen ihre Haut beunruhigend gelassen. Und wenn er ungestört mit ihr war, suchte er nicht mehr ihren Mund, sondern ihr Ohr. Er erzählte ihr ausführlich und detailliert, was er machte und dachte, ja, er begann sogar mit ihr zu politisieren.
Elisabeth konnte sich denken, was Georg verändert hatte. Wahrscheinlich hatte er jetzt eine Freundin, mit der er schlief. Elisabeth war nicht eifersüchtig. Nicht auf kleine Freundin-

nen, wie sie jeder Student hatte. Ihr war klar, daß er sich auf die Dauer nicht mit Küssen und Berührungen, mit Sehnsucht und Beschränkungen abfinden konnte.
Wie sagte Tante Mathilde immer: »Jeder Mann muß wissen, wohin mit der überschüssigen Kraft.« Sie hatte gar nichts dagegen, daß Georg wußte, wohin mit seiner überschüssigen Kraft, solange dieses Wissen nicht ihre Kreise störte. Auch sie hatte ab und zu ihre Flirts. Es streichelte das Ego, wenn man verehrt, begehrt und bewundert wurde. Gleiches Recht für beide Teile. Aber die Ablenkung durfte nicht zu weit gehen. Bis jetzt hatte sie sich an die Spielregeln eines Mädchens aus gutem Haus gehalten, an das »*tout excepté ça*«. Es war ihr nicht immer leichtgefallen, aber es war ihr auch nicht zu schwer gefallen, sie hatte gewußt, wofür sie sich beherrschte. Aber wenn die Gefahr bestand, daß Georg ihr entglitt, daß irgendeine Studentin oder Verkäuferin mehr Einfluß über ihn gewann, als Elisabeth goutieren konnte, dann war sie bereit, sich über die gesellschaftlichen Tabus unbekümmert hinwegzusetzen. Wenn Georg sie nicht verführte, dann mußte sie eben Georg verführen. Wenn es herauskam, gäbe es zwar einen Familienskandal mit viel Aufregungen und Tränen und Szenen, aber am Ende stand doch der Altar, der Ringwechsel, und sie besaß nicht nur Georg, sondern auch Pernwald. Elisabeth schob das Kinn vor, entschlossen, sich ihrem Cousin zum Geburstag zu schenken. Sie ging vorsichtig auf dem Wiesenstreifen, der die Beete gegen den Kiesweg abgrenzte, um kein Geräusch zu machen. Man konnte nicht wissen, wer auf der Terrasse saß, und sie wollte jetzt ungestört nachdenken, wie sie ihren Plan in die Tat umsetzen konnte. Sie überließ sich nur ungern dem Zufall. Sie wußte immer, was sie wollte, und bereitete sich immer auf alle Möglichkeiten vor, die dazu dienen konnten, das erwünschte Resultat zu erreichen.
Elisabeth blickte zu den Fenstern ihrer Mutter hinauf. Die Vorhänge waren zugezogen, was bedeutete, daß Mama wieder einmal mit Migräne im verdunkelten Zimmer lag. Also konnten auf der Terrasse nur Tante Sophie und Tante Mathilde sitzen. Vorsichtig lugte Elisabeth um die Hausecke. Es war so, wie sie angenommen hatte. Unter dem aufgespannten Garten-

schirm saßen die beiden Tanten einander gegenüber. Tante Mathilde wie immer ungeheuer schick, mit ihrem ewigen Lächeln um die Mundwinkel und den unruhigen Augen, die stets auf der Suche waren und das Gesuchte nie zu finden schienen.
Elisabeth machte kehrt, ging leise den Weg, den sie gekommen war, zurück und betrat das Haus durch den Dienstboteneingang.

III.

Seit Jahren führte Mathilde einen zähen, verbissenen Kampf gegen das Alter. Mit eiserner Disziplin überwachte sie sich selbst. Sie registrierte jede Runzel, jede Erschlaffung des Gewebes, jedes unerwünschte Fettpölsterchen und bekämpfte das Älterwerden mit Salben und Cremes, mit Kompressen und Tinkturen.
Um die beiden Falten, die sich von den Nasenflügeln zu den Mundwinkeln zogen, zu kaschieren, hatte sie sich angewöhnt zu lächeln. Sie lächelte, bis die Wangenmuskeln schmerzten und die Lippen steif wurden. Ihr unentwegtes Lächeln hatte ihr den Ruf eingetragen, weise und milde zu sein. Sie war weder das eine noch das andere. Mit hungrigen, bekümmerten Augen sah sie die Monate und Jahre davongehen und hatte das verzweifelte Gefühl, etwas versäumt zu haben. Sie begann Männer zu verachten, diese barbarischen Tölpel, die ein dummes junges Gesicht und pralles Fleisch in einem geschmacklosen Fähnchen höher einschätzten als Reife und kultivierte Erfahrung. Und doch wartete sie von Mann zu Mann auf ein Wunder, das den Ablauf der Zeit aufhalten würde. Sie beneidete die Jugend, ja sie neidete sogar ihrer eigenen unhübschen Tochter die glatte Haut und den festen Busen.
Das Klimakterium machte Mathilde zu schaffen. Die Wallungen, die Labilität, die depressiven Gedanken und die stets lokker sitzenden Tränen erschwerten es ihr, die Fassade zu wahren. Sie hätte sich lieber die Zunge abgebissen als irgendwem

eingestanden, wie schwer sie es mit sich hatte, wie sehr sie sich quälte. Ihrem Mann nahm sie übel, daß er ihre Schwierigkeiten nicht zu bemerken schien. Hätte er sie bemerkt, so hätte sie es ihm noch viel mehr verübelt. Hinter der Maske ihres Lächelns verschanzt, lebte sie wie hinter einer Barriere, die sie jeden Tag aufs neue trotzig zwischen sich und dem nahenden Alter errichtete.

So saß Mathilde auch jetzt auf der Terrasse und lächelte, eifrig darauf bedacht, ihr sorgfältig geschminktes Gesicht im Schatten des Gartenschirms zu halten. Sophies Anblick machte sie eher nervös. Da sie Sophie alle heiligen Zeiten einmal sah, fiel ihr deutlich auf, wie wenig ihre Schwägerin sich verändert hatte. Sophie war schon als junges Mädchen nicht hübsch gewesen, hatte schon mit fünfundzwanzig Falten um die Augen und eine Lederhaut gehabt, da konnten die Jahre nicht viel ruinieren. Was man nicht hat, kann man nicht verlieren, dachte Mathilde und unterdrückte einen Seufzer. Sophie sah eher besser aus als früher. Die grauen und weißen Strähnen hellten ihr Haar auf, und in ihren kleinen hellen Augen funkelten die boshaften Gedanken wie eh und je.

»Ferdinand kommt also nicht«, sagte Mathilde, nur um etwas zu sagen. Es war ihr ziemlich gleichgültig, ob ihr schöner Bruder die Familie mit seiner Gegenwart beehrte oder nicht. Sie empfand es als ungerecht, wie gut er aussah mit seinen melierten Schläfen, dem blitzenden Monokel und seiner jugendlichen Figur. Männer wurden mit den Jahren interessant, Frauen wurden nur alt.

»Nein. Ferdinand kommt nicht.« Sophie verschränkte die Arme. »Mir persönlich wird er nicht fehlen. Nur um Georgs willen tut es mir leid. Er hängt so sehr an seinem Papa und hat ihn beinahe ein Jahr nicht gesehen.«

»Wo steckt Ferdinand denn jetzt?« fragte Mathilde uninteressiert und öffnete ihre goldene Tabatiere. Weil sie auf so vieles hatte verzichten müssen, hatte sie sich das Rauchen angewöhnt. Es sah sehr emanzipiert und schick aus, eine Zigarette zwischen den Fingern zu halten, und außerdem war es modern.

»Was weiß ich?« Sophie machte eine wegwerfende Handbewegung die demonstrieren sollte, wie uninteressant ihr Ferdinand war. »Soviel ich weiß, war er bei Otti auf dem Gut Kalinsky.«

»Wer hätte gedacht, daß Tante Mirza den Fürsten Kalinsky doch noch heiratet«, sagte Mathilde und blies den Rauch elegant durch die Nase.

»Hast du geglaubt, Mirza schaut, nachdem Papa ihr knapp vor der Hochzeit weggestorben ist, keinen anderen Mann mehr an?« fragte Sophie. »Ich finde es durchaus vernünftig, daß sie zu guter Letzt den Kalinsky genommen hat und damit Otti wie die Made in den Speck gebettet und ihm sein Erbe gesichert hat. Otti wäre sonst auch ein Gigolo oder so ein unnützer Tagedieb geworden, wie ...« – beinahe hätte sie »wie Ferdinand« gesagt und verbesserte sich rasch: »... wie die meisten jungen Offiziere nach dem Krieg, die nichts anderes gelernt haben, als Geld auszugeben und feudal zu leben. Heutzutage kann man sich so ein Leben nur leisten, wenn man eine reiche Mutter hat.«

»Oder eine reiche Frau«, sagte Mathilde anzüglich.

Da sie finanziell von Sophie völlig unabhängig war, konnte sie sich die Freude machen, Sophie an ihrer empfindlichen Stelle zu treffen. Sophie ihrerseits kannte Mathildes wunden Punkt und wechselte das Thema: »Wie geht es denn Charlotte? Noch immer kein Ehemann in Aussicht? Sie geht doch schon auf die Dreißig zu. Sie sollte weniger studieren und sich mehr darauf konzentrieren, nicht übrig zu bleiben.«

Mathilde schlug ihre immer noch tadellos schönen Beine übereinander. »Ich kann dich beruhigen«, sagte sie süffisant. »Charlotte hat sich inoffiziell verlobt. Mit einem Engländer. Ronald Cunningham heißt er und ist ein Studienkollege. Wenn sie beide promoviert haben, wollen sie heiraten, und dann geht Charlotte mit ihm nach London. Er ist ein farbloser Bücherwurm wie sie. Die beiden passen ideal zusammen.«

»Schade, daß du die beiden nicht mitgebracht hast. Wir alle hätten das neue Familienmitglied gern kennengelernt.«

Mathilde drückte die Zigarette aus. »Die beiden sind den Sommer über in England, damit Charlotte ihre Schwiegereltern kennenlernt. Stefan hat sie begleitet. Er hängt sehr an sei-

ner Tochter. Am liebsten würde er mit ihr nach London ziehen.«
Das Gespräch langweilte sie und sie stand auf. »Die Sonne geht unter, es wird schon Abend. Wo bleiben denn die anderen? Läßt du am Ende gar Unpünktlichkeit einreißen?«
Sophie wurde einer bissigen Antwort enthoben, da Elisabeth durch die Halle auf die Terrasse kam und Mathilde ihre ganze Aufmerksamkeit ihrer Nichte zuwandte.

Elisabeth war das einzige weibliche Wesen, bei dessen Anblick Mathildes Stolz den Neid überwog. Sie sah in Elisabeth so viel Familienschönheit, daß sie die wenigen Fehler, die diese Schönheit hatte, nicht bemerkte. Sie sah, wie gutgewachsen und schlank Elisabeth war; die gleiche Figur hatte sie als junges Mädchen gehabt. Sie sah das volle, nachtfarbene Haar, das Haar Helenes, die stolze Kopfhaltung und die eleganten Bewegungen Florians und übersah, daß die leuchtenden saphirblauen Augen, wenn sich Elisabeth unbeobachtet fühlte, einen kühlen, ein wenig harten Ausdruck zeigten. Mathilde übersah auch, daß um Elisabeths lockend sinnlichen Mund ein beachtlich energischer Zug lag und daß die kleine Falte zwischen Nase und Stirn sich scharf einkerbte, wenn Elisabeth nachdachte. Mathilde empfand nur den seltsam sinnlichen Reiz, der von Elisabeth ausging. Es bereitete ihr Genugtuung, daß Blut von ihrem Blut die Männer in Aufruhr versetzen würde. Sie küßte Elisabth liebenswürdig auf beide Wangen, schmeckte geradezu kupplerisch die zarte, frische Haut, und genoß den sehr persönlichen Geruch von Heu und »*quelques fleurs*«, dem Parfüm, das sie Elisabeth geschenkt hatte. »Ich freue mich mit dir, mein Kind«, sagte sie und ihre Stimme war vor freudiger Erregung ein wenig tiefer als sonst. »Du wirst immer hübscher, und außerdem hast du Geschmack. Das blaue Kleid steht dir prächtig. Es hebt den Schmelz deines Teints und betont die Farbe deiner Augen. Blau ist für dich keine Farbe, sondern Schminke.«

IV.

Georg von Pernwald trat vor seinen Ankleidespiegel, um sein Äußeres zu begutachten. Er trug schon den Trachtensmoking für den Abend, eine grüne, bestickte Tuchjacke mit Silberknöpfen zu schwarzen Smokinghosen. Nun schlang er die himbeerrosa Krawatte, die Junggesellenkrawatte, zu einem eleganten Knoten und befestigte die goldgefaßten Hirschgrandln in dem Knoten. Er war nicht unzufrieden mit seinem Anblick, aber er war auch nicht zufrieden. Viel lieber hätte er wie sein Vater ausgesehen, oder wie Großpapa Florian, dessen lebensgroßes Bild im Jagdsalon hing; er hätte viel lieber die dunklen Augen und Haare der Pernwalds gehabt. Seine Haare waren dunkelblond oder hellbraun, eine undefinierbare Zwischenfarbe. Seine Augenfarbe war ein verwaschenes Grau. »Du hast Nebelaugen«, sagte Elisabeth. Wenn sie ihm schmeicheln wollte, nannte sie seinen Blick geheimnisvoll.
Georg sah auf die Uhr. Jeder Geburtstag glich dem vorangegangenen in eiserner Tradition. Das Familiendiner, bei dem der Tisch mit dem Galaservice, den Barocktellern mit dem breiten Goldrand, gedeckt war, die geschliffenen Kristallkelche und das schwere Silberbesteck auf dem Damasttischtuch funkelten. Jedes Jahr wurde das gleiche Festessen serviert: Klare Consommé mit Sherry, Forelle blau, Hirschkalbrücken mit Rotkohl und Preiselbeeren, und als Krönung der Köstlichkeiten Mamas berühmte Erdbeerroulade, mit frischen Walderdbeeren verziert.
Jedes Jahr zwischen Forelle und Wild versank Tante Helene in sentimentale Reminiszenzen, erzählte von den Galadiners ihrer Jugend, von dem alten Diener Kaspar, und endete mit dem Seufzer, wie sehr sich Großpapa Florian freuen würde, wenn er sehen könnte, daß sein Enkel und Erbe die Tradition auf Pernwald in seinem Sinne weiterführte. Onkel Anton, der sein Glas immer so rasch leertrank, daß die Diener sich mit dem Nachschenken beeilen mußten, hob jedes Jahr nach Tante Helenes Seufzer sein Glas und zwinkerte ihm zu, während Mama die Diener mit den Augen dirigierte, sich ärgerte, daß Tante Mathilde aus Schlankheitsgründen von den Speisen nur kostete

und Onkel Max, bevor die Erdbeerroulade aufgetragen wurde, seine Verdauungspillen schluckte, um seinen Magen auf den Ansturm von Buttercreme und Schlagrahm vorzubereiten.
So würde es auch diesmal sein und nächstes Jahr und übernächstes. In plötzlicher Rebellion fragte sich Georg, wann er einmal seinen Geburtstag so würde feiern können, wie es ihm gefiel, mit gleichaltrigen Freunden in Wien in einer Bar oder beim Heurigen. Wie lange würde ihn seine Mutter noch an der Nabelschnur halten? Doch seine Vernunft erstickte gleich darauf die Rebellion. Er war ein Pernwald, die Bedeutung eines uradligen Geschlechts lag in der Tradition, und es war seine Pflicht, die überlieferten Sitten weiter zu pflegen. Wieder sah Georg auf die Uhr. In zehn Minuten versammelte sich die ganze Familie in der Halle, die Kerzen auf der von Pistazien grün gesprenkelten Geburtstagstorte – jedes Jahr die gleiche – wurden entzündet, dann hatte er die Treppe herabzukommen, und dann wurde ein Glas Champagner auf sein Wohl geleert. Und er durfte sich nicht anmerken lassen, daß die herzlichen Glückwünsche, die noblen Geschenke, die ihn erwarteten, und der ganze liebevolle Aufwand zu seinen Ehren ihn nicht über die Enttäuschung hinwegtrösteten, daß sein Vater wieder nicht gekommen war. Bis zuletzt hatte er gehofft, daß Papa ihn mit seinem Erscheinen überraschen würde, doch der Brief, der am Vormittag gekommen war, hatte seine Hoffnung zunichte gemacht. Papa schrieb höflich und freundlich, daß wichtige Besprechungen ihn fernhielten und stellte ihm nicht einmal als Trostpflaster ein späteres Wiedersehen in Aussicht, obwohl er wissen mußte, wie sehr er ihn kränkte.
Georg liebte seinen eleganten Vater. Von Jugend an hatte er um seine Anerkennung gebuhlt, doch immer, wenn er einen Schritt vorwärtskam, rutschte er gleich darauf zwei zurück. Dabei hätte er nicht zu sagen gewußt, was es eigentlich war, daß ihn daran hinderte, seinem Vater nahezukommen. Papa war immer höflich und freundlich mit ihm, aber nie so spontan herzlich, wie er es mit Elisabeth war. Elisabeth konnte tun und lassen, was sie wollte, Papa fand sie hinreißend. Er stimmte mit seinem Vater überein, Elisabeth war hinreißend, aber warum bekam sie als Nichte die Liebe, die ihm als Sohn doch

viel eher zustand? Georg wußte, daß die Ehe seiner Eltern eine Papierehe war; aber er konnte schließlich nichts dafür, daß er seiner Mutter ähnelte. Als Halbwüchsiger hatte er viele Stunden mit einem Spiegel in der Hand vor den Ahnenbildern im Jagdsalon verbracht, hatte die Züge der Pernwalds mit den Blicken abgetastet, krampfhaft bemüht, einen Anflug von Ähnlichkeit in seinem Spiegelbild zu entdecken, aber er war immer nur auf die Familienähnlichkeit Elisabeths mit den Pernwalds gestoßen.

Für Georg war es selbstverständlich, daß er Elisabeth eines Tages heiraten würde, aber es störte ihn empfindlich, daß er von allen Seiten dazu gedrängt wurde. Er wollte heiraten und nicht geheiratet werden. Er wollte sein Studium beenden, seinen Doktor machen. Er wie Elisabeth waren jung genug, um noch ein bis zwei Jahre zu warten. Obwohl das Warten verflucht schwer war. Vor gar nicht allzu langer Zeit waren Ihre Zärtlichkeiten und ihre heimlichen Küsse kindliche Spielereien gewesen, ihre verliebten Triebe hatten sich mit Berührungen und Umarmungen begnügt; doch nun erregte Elisabeths Nähe Georg so sehr, daß er sich kaum zurückhalten konnte. Jeder Kontakt von Haut zu Haut bereitete ihm die Qual der Beherrschung, seine Wünsche verwirrten ihn und machten ihn aggressiv, nicht nur gegen Elisabeth, sondern gegen alle Menschen seiner Umgebung. In den Nächten, die er in seinem einsamen, zerwühlten Bett schlaflos lag, überwältigten ihn begehrliche Gedanken und Handlungen, deren er sich dann am hellen Morgen schämte. Er hatte begonnen, sich von Elisabeth fernzuhalten, vermied allzu häufiges und langes Alleinsein mit ihr, doch schon der verwandschaftliche Begrüßungskuß auf die Wange genügte, um sein Blut in Aufruhr zu versetzen.

Auch daß er sich in Wien eine feste Freundin zugelegt hatte, half nicht wirklich. Wenn er die kleine Trude in den Armen hielt, dachte er an Elisabeth, so betrog er eine mit der anderen und wurde mit keiner froh. Der einzige Mensch, mit dem er sich aussprechen konnte, war Onkel Max, der nicht zur Familie gehörte, aber immer für ihn Zeit hatte. Onkel Max sagte ihm nie, was er tun und lassen sollte, er hörte ihm einfach zu und gab ihm das gute Gefühl, daß er ihn, ohne viel zu fragen, verstand. Ach, wenn Papa doch nur einen kleinen Teil der Geduld und des Verständnisses von Onkel Max aufbringen würde!

V.

Der Abend begann, wie Georg es vorausgesehen hatte. In der Halle erwarteten ihn die versammelte Familie mit ihren Geschenken. Das neue Sportcabriolet von Mama, das vor der Terrasse geparkt war und das er gebührend bewunderte, die brillantenbesetzten Manschettenknöpfe für den Frack von Tante Mathilde, Schallplatten von Onkel Anton und eine schweinslederne Aktenmappe von Tante Helene. Ein goldenes Feuerzeug von Onkel Max, das zu der goldenen Tabatiere paßte, die er von ihm zu seinem einundzwanzigsten Geburtstag bekommen hatte, und ein silberner Schlüsselring für die neuen Autoschlüssel von Elisabeth. Sie flüsterte ihm zu, daß sie noch eine Überraschung für ihn hätte – aber erst, wenn sie allein wären.
Das Essen war wie immer hervorragend, Mama verstand ihre Sache, Tante Helene brachte ihren Ausflug in die Vergangenheit hinter sich und Onkel Anton lobte kennerisch den Rotwein, der das Wild begleitete. Elisabeth, auffallend schweigsam, stocherte nur in den Speisen, wogegen Onkel Max, um Ausgleich bemüht, jeden Gang speziell würdigte. Die dreiundzwanzig Kerzen, über die Tafel verteilt, brannten ruhig, und durch ihren hellen Schein hindurch betrachtete Georg den leeren Stuhl seines Vaters und spürte, wie die Mißstimmung langsam in ihn eindrang. Nichts von Papa, nur der Brief, der in seiner Brusttasche knisterte. Die rosig-cremige Roulade, bespickt mit feuchtglänzenden Walderdbeeren, wurde serviert.
Mathilde dankte. »Ich passe. Es war köstlich, liebe Sophie, wirklich köstlich, aber soviel Üppigkeit vertrage ich nicht.« Sie zündete sich eine Zigarette an, sah über Sophies beleidigte

Miene hinweg und lächelte: »Ferdinand ist also wie üblich nicht erschienen. Keine Nachricht für uns, kein Geschenk für Georg. Ich finde das kränkend für uns alle. Wenigstens für die paar Familientage im Jahr könnte er seine Bummelei unterbrechen und so tun, als gehörte er zu uns.«
Georg legte seine Gabel klirrend auf den Teller. »Verzeih, Tante Mathilde, wenn ich dich berichtige«, sagte er, und seine Mißstimmung wuchs. »Papa hat mir geschrieben und mir sein Fernbleiben erklärt. Seine politischen Interessen und damit im Zusammenhang stehende Besprechungen machen ihn unabkömmlich.« Das vorurteilsvolle Schweigen, das ihn umgab, machte Georg plötzlich wütend. »Ich verstehe, daß Papa nicht so dahinleben will wie ihr. Wir alle leben wie die drei heiligen Affen: nichts sehen, nichts hören, nichts reden. Und wenn wir reden, dann reden wir darüber, wie schön und gut und richtig es früher war. Bestenfalls raunzen wir noch darüber, daß Österreich zu einem nicht lebensfähigen Torso zusammengeschrumpft ist, daß Wien nicht mehr die Hauptstadt eines Weltreichs ist, sondern ein Wasserkopf ohne Hinterland. Wir schimpfen auf die Roten und verlangen nach einer starken Hand, die Österreich wieder aufwärts führt. Wir sagen: ›Es muß etwas geschehen‹ und beenden jede Diskussion mit ›Da kann man halt nix machen‹. Mein Vater hält den Finger an dem Pulsschlag der Zeit. Er hat erkannt, daß Österreich nur durch eine Verbrüderung mit Deutschland wieder groß und mächtig werden kann. Die Deutschen haben den Mann mit der starken Hand. Der Aufschwung, den Deutschland genommen hat, seit Adolf Hitler an der Macht ist, ist beispielhaft. Papa sucht Freunde und Gleichgesinnte in den Kreisen der Deutsch-Nationalen, um eine friedliche Vereinigung mit Deutschland zu unterstützen. Ich teile die Meinung meines Vaters. Österreich braucht Deutschland und den Führer, um wieder den Platz in der Geschichte zu erhalten, der ihm gebührt.«
Georg brach ab. Er hatte das erbitternde Gefühl, gegen eine Wand zu sprechen. Niemand schien ihm richtig zuzuhören. Onkel Anton ihm gegenüber hatte den Kopf zur Seite gewandt und starrte aus dem Fenster. Tante Mathilde neben ihm betrachtete angelegentlich die Zigarette, die sie zwischen den

Fingern drehte. Onkel Max hielt die Augen geschlossen, er sah blaß und müde aus. Auf den Wangen seiner Mutter zeichneten sich rote Flecken ab, und Tante Helene blickte so geistesabwesend vor sich hin, als hätte sie kein Wort verstanden. Nur Elisabeth sah ihn an, die kleine Falte zwischen Nase und Stirn zeichnete sich deutlich ab. Georg schob seinen Stuhl zurück und stand auf: »Entschuldigt«, sagte er knapp, »die Kerzen machen es so stickig. Ich muß an die Luft.« Das Schweigen hielt an, auch nachdem er das Zimmer verlassen hatte.

»Warum muß man ihm den Geburtstag verpatzen?« fragte Elisabeth angriffslustig. »Ihr wißt doch alle, wie verletzlich Georg ist, wenn es sich um seinen Vater handelt. Dann stürmt er blind und toll auf die Barrikaden und redet Unsinn.« Sie stand ebenfalls auf. »Du erlaubst, Tante Sophie, daß ich nach ihm sehe«, sagte sie und ging, ohne die Antwort abzuwarten, über die Terrasse in den Garten.

»So viel tönende Worte und falsche Phrasen, nur um uns mitzuteilen, daß Ferdinand ein Nazi ist«, sagte Mathilde verächtlich. »Daß ich nicht lache! Ferdinand und politische Ideale. Den interessiert doch nur, wo sein Weizen blüht. Die verlogenen Parolen von der auserwählten Herrenrasse passen ihm in den Kram. Aber daß er Georg schon dahin gebracht hat, diesen nationalsozialistischen Bockmist nachzubeten, ist mehr als bedenklich.«

»Das ist doch nur dummes Geschwätz«, sagte Sophie schroff. »Junge Leute reden viel, wenn der Tag lang ist. Heute so und morgen so.«

Max Fiedler räusperte sich. Er vermied es, Sophie anzusehen und wandte sich Anton zu. »Ich halte es für falsch, das Geschwätz junger Leute zu unterschätzen. Wir können zwar nicht aufhalten, was auf uns zukommt, aber wir müssen alles dazu tun, um zu überleben. Nur dann können wir kraft unseres Verstandes verhindern, daß Menschlichkeit und Güte, die Kultur des Herzens und die Tradition aussterben.« Jetzt sah er Sophie an: »In Georgs speziellem Fall bin ich der Meinung, er sollte so rasch als möglich dem schlechten Einfluß entzogen und veranlaßt werden, ins Ausland zu gehen. Er muß Vergleichsmöglichkeiten bekommen, erkennen, wie anderswo

Menschen denken und handeln, sich seine eigene Weltanschauung bilden, anstatt verderbliche Thesen nachzubeten, deren gefährliche Tragweite er nicht ermessen kann, weil er zu jung und zu unerfahren ist.«

VI.

Elisabeth ging die Auffahrt hinunter zum See. Es war still, ihr war, als hörte sie den Atem der Erde. Die Sterne blinzelten, und der Kiesweg schimmerte im blassen Mondlicht weiß und sauber. Der herbe Geruch des Holunder verdrängte den zarten Duft der Rosen. Elisabeth eilte über die Wiese dem Badehaus zu, als sie dort das sich rasch wiederholende Aufglühen einer Zigarette erblickte. Im Näherkommen sah sie Georg auf den Holzplanken des Steges sitzen. Sein Profil war ihr zugekehrt, sein Haar glänzte wie eine Silberkappe. Sie setzte sich wortlos neben ihn und beugte sich vor, um ihm ins Gesicht schauen zu können. Er sah aus, als hätte er innerlich geweint. »Warum läßt du dich immer wieder ärgern?« fragte sie. »Immer ist es das gleiche: sie verstehen dich nicht. Du weißt doch, wie die Alten sind. Rückständig, verbohrt in ihre vorgefaßten Meinungen. Sie ärgern sich untereinander den ganzen Tag, mischen sich ein in die Angelegenheiten des anderen und sagen sich Unerfreulichkeiten. Das nennen sie dann Familienzusammengehörigkeit. Laß sie doch. Du bist ein erwachsener Mann und kein grüner Junge mehr. Du hast das Recht auf deine eigene Meinung, auf dein eigenes Leben. Mach was du willst, laß sie platzen, aber ärgere dich nicht.«
Georg warf die Zigarette ins Wasser, sie verlöschte zischend.
»Ich habe dir noch gar nicht richtig zum Geburtstag gratuliert«, flüsterte Elisabeth, legte ihm die Arme um den Hals und küßte ihn. Ihre Zunge umschmeichelte seine Lippen. Er drängte sie zurück. »Laß das«, sagte er grob. »Ich will das nicht. Diese Herumspielerei. Ich halte es nicht aus. Wir haben vernünftig zu sein, wir müssen warten, bis wir heiraten.«
Elisabeth küßte seinen Hals unterhalb des Ohres. »Ich denke

nicht ans Heiraten. Wir sind noch so jung, das hat noch Zeit, Aber ich will nicht vernünftig sein und nicht warten. Worauf denn? Wir leben doch nicht im vorigen Jahrhundert. Ich liebe dich und du liebst mich auch. Also warum lieben wir einander nicht mit allem, was dazu gehört? Warum dieses verlogene Getue? Du gehst mit anderen Mädchen schlafen und möchtest mich, und ich verkneife mir meine Sehnsucht oder umarme in der Nacht mein Kopfkissen, anstatt dich zu umarmen.« Elisabeth küßte ihn wieder und nahm seine Lippen zwischen die Zähne.

Georg erwiderte ihren Kuß. Er fühlte, wie sie ihre Hand unter sein Jackett schob. »Es ist unmöglich«, sagte er in ihren Mund. »Nicht hier.« Er keuchte. »Nicht hier.« Elisabeth änderte ihre Taktik. »Du bist so altmodisch wie die Alten.« Sie stand auf. »Aber bitte! Wer nicht will, der hat schon. Dann gehen wir eben schwimmen.«

»Jetzt? Mitten in der Nacht?« fragte Georg verwirrt.

»Hab dich nicht so.« Elisabeth lachte. »Es ist doch nicht das erste Mal, daß wir nachts baden. Es ist warm. Niemand sieht uns. Komm schon.«

Im Badehaus war es finster. Die Luft war dumpf und roch nach harzigem Holz. Georg hörte im Dunklen das Surren eines Reißverschlusses und das Rauschen der Seide von Elisabeths Kleid. »Ich finde meine Badehose nicht«, murmelte er.

»Idiot.« Elisabeth gluckste. »Wozu brauchst du eine Badehose? Man sieht doch nichts.« Sie öffnete die schmale Tür zum See und trat auf das Trampolin. Einen Augenblick lang sah Georg die Silhouette ihres nackten Körpers gegen den hellen Himmel, dann sprang sie ab, und das Wasser klatschte über ihr zusammen. Er nestelte an seinen Hosen, ließ die Kleidungsstücke achtlos fallen und beeilte sich, ihr nachzuspringen. Das Wasser war wärmer als die Luft. Georg hielt einen scheuen Abstand zu Elisabeth, er sah nur die Umrisse ihres Kopfes und dachte unausgesetzt daran, daß sie nackt war. Nach einer kleinen Weile prustete sie: »Es fängt an, mir kalt zu werden. Ich schwimme zurück. Kommst du?« Georg beeilte sich, dicht hinter ihr zu bleiben, er wollte ihren nackten Körper noch einmal sehen, wenn sie über die Holzstufen aus dem Wasser

stieg. Sie verschwand in dem dunklen Badehaus. Er tappte ihr nach. »Ich friere«, flüsterte sie dicht neben ihm. »Gib mir ein Badetuch. Die Tücher hängen gleich neben der Tür.« Er tastete nach dem Wandhaken, sein Arm streifte sie. Ihre Haut war feucht und kühl, ihr Atem ging rasch. Er langte das Badetuch und fühlte plötzlich ihre harten, festen Brustspitzen an seiner Schulter. »Komm schon«, flüsterte sie. »Wärme mich.«
Ihr Atem strich über sein Gesicht, sie suchte seinen Mund. Er ließ das Badetuch fallen und küßte sie so heftig, daß er ihre Lippe verletzte und Blut auf der Zunge schmeckte. Sie seufzte. Ihre Hände fuhren über seine Schultern, den Rücken entlang, sie streichelten seine Lenden. Er umklammerte sie. Sie kam ihm entgegen und bot sich ihm an. Sein Hirn hörte auf zu denken, seine Erregung machte ihn zittern, er konnte sich kaum auf den Beinen halten. Er drängte Elisabeth gegen die Wand. Sie rutschte langsam zu Boden und zog ihn mit.
Nachher, als sie beide erschöpft dicht nebeneinander lagen, fragte Georg: »War es auch schön für dich?«
»Sehr.« Elisabeth legte ihren Kopf auf seine Brust. »Es hat auch gar nicht so weh getan, wie es immer heißt. Es hat ein bißchen gezerrt und gerissen, das war alles.«
»Es geht nicht immer so schnell«, sagte Georg verlegen. »Nur beim ersten Mal ist es so.«
Elisabeth kicherte und drückte ihren Mund in seine Achselhöhle. »Wie ist es denn beim zweiten Mal?« murmelte sie und ihre Finger strichen über seine Schenkel.
»Noch viel, viel schöner«, sagte Georg und bewegte unruhig seine Beine. Ihre streichelnden Finger zogen ihm das Blut aus dem Kopf.
»Viel schöner?« fragte sie und schmiegte sich an ihn.
»Du wirst sehen . . .« Georg brach mitten im Wort ab und begann rasch und stoßweise zu atmen.
»Zeig es mir«, flüsterte Elisabeth.

VII.

Ferdinand parierte das Pferd durch und saß ab. Seine Sporen hatten blutige Stellen auf dem schweißnassen Fell des Wallachs hinterlassen. »Jetzt ist er zahm, der Erlkönig«, sagte er und streifte die Handschuhe ab. »Der muckt nicht mehr auf.«

»Ich glaub's dir.« Otti grinste und fuhr sich durch die schütteren Haare. »Den hast du gebrochen, den armen Kerl. Schau ihn dir an. Wenn er nur deine Stimme hört, duckt er ängstlich den Kopf und verdreht die Augen.«

»Wenn man seinen Willen durchsetzen will, muß man den Willen des Gegners brechen. Das gilt für Menschen und Tiere.« Ferdinand klemmte sein Monokel fester ein. »Bei Menschen allerdings muß man manchmal warten können. Aber je länger man sie im Visier hat, desto deutlicher zeichnet sich die Stelle ab, an der sie sterblich sind. An der trifft man sie dann, bis ins Mark.«

»Denkst du bei deinen blutrünstigen Reden an Sophie?« frozzelte Otti. »Die erwischst du nicht. Seit dreiundzwanzig Jahren gibt die sich keine Blöße. Die kommt nicht in deine Gasse, da kannst du dich aufhängen.«

»Du irrst.« Ferdinand lächelte, und der Charme seines Lächelns bestärkte Otti in der irrigen Annahme, daß Ferdinand scherzte. »Ich werde mich nicht aufhängen, aber sie wird bald so weit sein. Die Zeit arbeitet für mich.«

Ferdinand reichte Otti die Zügel und klopfte ihm freundlich auf die Schulter. »Du entschuldigst mich, mein Alter. Ich möchte mich umziehn. Tante Mirza sieht mich gern ›wie aus dem Ei gepellt‹. Sie sagt, im Abendanzug erinnere ich sie so an Papa. Ich mach' ihr die Freud'. In ihrem Alter lebt sie sowieso nur noch von Erinnerungen.«

Er überquerte sporenklirrend den Gutshof und zündete sich eine Zigarette an. Immer wenn er an Sophie, dieses zähe Luder, dachte, fühlte er sich schadenfroh erregt. Er hatte nicht allzu lange gebraucht, um herauszufinden, wer Georgs Erzeuger war. Die ersten Jahre nach der Geburt »seines« Sohnes hatte er auf der Lauer gelegen und genau kontrolliert, mit wem Sophie

Kontakt hielt und mit wem sie verkehrte. Er hatte die Diener bestochen und war daher auf dem laufenden geblieben, selbst die Absender der Briefe waren ihm gemeldet worden. Aber weit und breit war kein Mannsbild aufzuspüren gewesen, das zur fraglichen Zeit in Frage gekommen wäre. Nur der Finanzberater Max Fiedler, der von Ferdinand anfänglich als absurd ausgeklammert worden war, kam und ging mit schöner Regelmäßigkeit. Zwei und zwei ist immer vier. Da Ferdinand nicht annehmen konnte, daß Sophie sich von einem »Vorübergehenden« oder einem »Durchreisenden« hatte schwängern lassen, begann er Fiedler unter die Lupe zu nehmen. Nach dem Krieg, während der Inflation war Fiedler ein häufiger Gast in Pernwald gewesen. Selbst einem weniger scharfen Beobachter mußte auffallen, daß außer Sophie, die ihr Geld nicht nur behalten, sondern es auch vermehrt hatte, auch Fiedler zusehends reicher geworden war. Aber das konnte immer noch auf gemeinsame finanzielle Interessen zurückzuführen sein. Doch als die Zeiten sich normalisierten und man nicht mehr angestrengt in Millionen und Billionen rechnen mußte, sondern sich wieder den Luxus gönnen konnte, Geld auszugeben, ohne an die tägliche Wertverminderung zu denken, filtrierten sich die Verdachtsmomente zu absoluter Klarheit. Es konnte kein Zufall sein, daß jedesmal, wenn Sophie verreiste, auch Max Fiedler abwesend war, daß, wenn sie in die Schweiz fuhr, Max Fiedler eine schweizerische Adresse im Büro hinterließ. Erholte sich Sophie am Meer, kam auch Fiedler sonnengebräunt von einem Urlaub am Meer zurück. Zu all dem kam noch Fiedlers Verhalten Georg gegenüber. Er hielt zwar in Ferdinands Anwesenheit Distanz zu Mutter und Kind, agierte nur als verbindlicher Berater und guter Onkel, aber den Ausdruck seiner Augen konnte er nicht immer beherrschen. Manchmal saugten sich seine Blicke förmlich an dem Buben fest. Wenn er sich unbeobachtet wähnte, lag Liebe, Stolz und Verlangen in seinem Blick. Ferdinand begriff nicht, daß außer ihm niemand dieses intensive Interesse Fiedlers zu bemerken schien. Solange Georg ein kleines Kind war, hielt sich Ferdinands Ablehnung in Grenzen. Doch als der Junge im schulpflichtigen Alter begann, ein abgöttische Zuneigung zu seinem »Papa« zu ent-

wickeln, bereitete er Ferdinand damit eine hämische Freude. »Nur was du abwehrst, wird dir wiederkommen, was du verschmähst, naht ewig schmeichelnd sich« hatte ein österreichischer Dichter – Ferdinand hatte sich den Namen nicht gemerkt – gedichtet. Ein Dichterwort, das auf seine Beziehung zu Georg zutraf. Mit der verbissenen Hartnäckigkeit Halbwüchsiger sprach Georg dauernd von seinem Papa, wollte wissen, wo er war, was er tat, und warum er so selten kam. Sophie befand sich in einer Zwickmühle, sie mußte sich schönklingende Geschichten ausdenken, einleuchtende Erklärungen und Gründe der monatelangen Abwesenheit Ferdinands erfinden, und während sie den »Papa« in die Hölle wünschte, mußte sie seine Vaterfigur mit einem Heiligenschein umgeben.
Und Ferdinand begann sein grausames Spiel. Er lockte Georg an, um ihn gleich darauf von sich zu stoßen. Er bevorzugte Elisabeth, lobte ihre Leistungen und überging die besseren Leistungen Georgs mit uninteressiertem Schweigen. Wenn ihm auffiel, daß Georg trotzte, überschüttete er ihn plötzlich mit Liebenswürdigkeiten – doch nur so lange, bis Georg sich wieder sicher fühlte. Dann ließ er ihn plötzlich wieder fallen und reiste ab, ohne dem Jungen Adieu zu sagen. Er beantwortete die kindlichen Briefe nicht, doch wenn sie ausblieben, schickte er von dem Ort, an dem er sich gerade aufhielt, unerwartet ein prächtiges Geschenk.
Ferdinand reiste viel, besonders seit er in Otti, dem die Heirat Mirzas mit seinem leiblichen Vater zu einem fürstlichen Taschengeld verholfen hatte, einen stets willigen Begleiter gefunden hatte. Als Georg in das Theresianum, das exklusivste Wiener Gymnasium, eingeschult wurde, mit den Dobranys im Palais Pernwald wohnte und auch Sophie sich öfter in Wien aufhielt, mied Ferdinand die Stadt. Allzuviel Familienglück unter einem Dach war nicht nach seinem Geschmack; außerdem entbehrte das verarmte Nachkriegs-Wien mit seinen demonstrierenden Proleten, wie er die Arbeiter und die bettelnden Arbeitslosen nannte, mit seinen bis zum Bürgerkrieg anschwellenden Unruhen, für ihn jeglichen Reizes. Wie gut, elegant und angenehm ließ es sich in anderen Städten leben – in Budapest, Paris, London oder sogar Berlin, und da Sophies Geld

bei Ferdinand keine Rolle spielte, konnte er seinen Aufenthaltsort nach Belieben ändern.
Seit der tolle Graf Kolowrat eine Safari in Afrika unternommen und damit die Löwenjagd salonfähig gemacht hatte, galt es als rasend schick und modern, den dunklen Erdteil zu ergründen. Also reisten auch Ferdinand und Otti nach Afrika. Sie trieben sich beinahe ein Jahr lang mehr in Bars und in den Schlafzimmern exotischer Schönen herum, als auf Pirschgängen in der sengenden Sonne. Doch nie vergaß Ferdinand die Nuß, die er noch zu knacken hatte. Leuchtendbunte Ansichtskarten erregten die Phantasie Georgs und Ferdinands Versprechen, ihm einen ausgestopften Strauß zu schicken, der selbstredend nie ankam, weil er nie abgeschickt worden war, heizte Georgs Schwärmerei für den fernen, märchenhaft-mystischen Papa an.
Als Ferdinand endlich wieder in Wien auftauchte, war Georg kein Kind mehr und noch kein Mann. Er war im Stimmbruch, dünn und schlaksig, mit Pickeln im Gesicht und geröteter Haut, weil er sich täglich rasierte, um den Bartwuchs anzuregen. Ferdinand war erstaunt – Georg war ihm fremd, er sah nicht einmal sich selbst ähnlich. Doch als Georg, um dem langentbehrten Vater vor Augen zu führen, wie erwachsen er in der Zwischenzeit geworden war, in die Rocktasche langte, eine Zigarettenpackung hervorholte und sich umständlich eine Zigarette anzündete, erstarrte Ferdinand. Die Hände mit den langen Daumen, den schmalen Fingern mit den gewölbten Nägeln und den sauber gerundeten Monden, diese schönen, zartgliedrigen Hände Georgs waren die Hände Max Fiedlers.
Die Erkenntnis, die Ferdinand bisher immer noch von sich gewiesen hatte, daß nämlich Georg der Sohn des Hausjuden der Pernwalds war, traf ihn wie ein Schlag. Er drehte sich brüsk um, ging in sein Zimmer und verschloß die Tür hinter sich. Der jähe Haß machte ihn beinahe ratlos. Er zwang sich, konsequent zu denken und reiste am nächsten Tag ab. Lange genug hatte er gute Miene zu bösem Spiel gemacht; jetzt war er am Ende seiner Geduld, außerdem wußte er jetzt, wie er nicht nur Max Fiedler, sondern auch Sophie und Georg vernichten konnte.

Es fiel Ferdinand nicht schwer, Kontakte zu den Nationalsozialisten anzuknüpfen. In Aussig und Prag wimmelte es von »Deutsch-Nationalen«, und Ottis Freunde bestanden zum größten Teil aus »Illegalen«.
Nachdem Ferdinand einen Zipfel des Netzes zu fassen bekommen hatte, brauchte er sich nur von Masche zu Masche weiter vorzutasten. Überall waren Gleichgesinnte zu finden, überall konnten weitere Verbindungen angeknüpft werden. Seit dem mißglückten Putsch in Österreich im Vierunddreißiger-Jahr, der Ermordung des Bundeskanzlers Dollfuß und der lauen Reaktion der übrigen Welt auf dieses blutige Verbrechen wußte Ferdinand, daß er richtig lag. Der Anschluß Österreichs war nicht aufzuhalten. Ferdinands politisches Interesse war gleich null, aber die Rassengesetze des »braunen Packs«, wie er die Nazis insgeheim selbst titulierte, sprachen ihn aus persönlichen Gründen an, sie kamen seinem Plan entgegen. Außerdem erwartete er sich mit der Hilfe der künftigen Machthaber, die Parteitreue mit führenden Positionen und klingender Münze zu lohnen pflegten, die finanzielle Lostrennung von Sophie. Er wurde vom Sympathisanten zum aktiven Parteimitglied. Er konnte es riskieren, illegal zu sein. Wer vermutete schon in dem eleganten, als reich geltenden, das Nichtstun kultivierenden Baron Pernwald einen Zwischenträger, einen Informanten, einen Spitzel? Ferdinand nützte seinen »österreichischen Charme« weidlich aus. An Sachen, die ihm zu heiß schienen, verbrannte er sich nicht die Finger; er stellte Beziehungen her, führte in unverbindlichem Plauderton verbindliche Gespräche und brachte der Partei manch kleinen Nutzen, der sich in der Endsumme zu großer Nützlichkeit summierte. Nicht einmal sein bester Freund Otti wußte von Ferdinands Tätigkeit, er taxierte das spielerische Interesse, das Ferdinand an den »neuen Herrenmenschen des tausendjährigen Reiches« zeigte, als modischen Kavaliersspor ohne Tiefgang, als flüchtiges Abwechslungsbedürfnis eines vom Wohlleben Gelangweilten.
Daß die Zeit für ihn arbeitete, stimmte Ferdinand heiter und umgänglich, nur in einem Punkt kannte er keine Toleranz. Er hielt sich von Sophie – und also auch von Georg – fern, er mied

Pernwald, die Domäne Sophies, und beschränkte sich darauf, Georg brieflich in die Richtung zu treiben, die seinen Plänen entsprach. Wohl wissend, wie sehr er ihn jedes Mal verletzte, beschenkte er Georg zu Fest- und Geburtstagen weder mit seiner Anwesenheit noch mit Präsenten, doch die geheimnisvolle Wichtigkeit, die den im Dienst an der guten Sache so beschäftigten Papa am Kommen verhinderte, machte auf Georg nachhaltigeren Eindruck als die schönsten Geschenke.

VIII.

Ein paar Tage nach Georgs Geburtstag begann es zu regnen. Der dicke, graue Regen fiel in dichten Schnüren vom Himmel und ertränkte Elisabeths Erwartungen. Im Haus konnte sie sich nicht ungestört mit Georg treffen, und im Freien war es viel zu kalt und naß für leidenschaftliche Umarmungen. Doch als sie merkte, wie sehr Georg darunter litt, daß sie kaum zusammenkommen konnten, söhnte sie sich etwas mit dem Wetter aus. Je schwieriger es für ihn war, zur Erfüllung seiner Wünsche zu gelangen, desto eher würde er sich nach einem gemeinsamen Zimmer, nach einem gemeinsamen Bett, nach ungestörten Tagen und Nächten sehnen – und das alles konnte er nur mit dem Ring am Finger haben.

Der Sommer war schlecht und blieb schlecht. Die wenigen Sonnentage, die das regnerische Wetter unterbrachen, konnten den See nicht erwärmen, das Wasser war zum Baden zu kalt. Die Waldwege verwandelten sich in Moraste, und Anfang August roch die Luft schon herbstlich nach Moder.

Die im Haus um das Kaminfeuer gedrängten Familienmitglieder begannen einander auf die Nerven zu gehen. Mathilde war schon beim Einbruch des Schlechtwetters abgereist. »Das ist kein Klima für mich«, hatte sie erklärt. »Wir hüllen uns in Wolle und Decken und sitzen frierend neben dem Ofen, während am Lido der schönste Sommer ist.«

Nach Mathildes Abreise war Sophie noch schlechterer Laune, und die Undankbarkeit Onkel Poldos war wieder Gesprächsthema. Sophie hatte Poldo vom Kriegsende bis zu seinem Ableben finanziell unterstützt, aber anstatt sich dankbar zu erweisen und Sophie zur Erbin einzusetzen, hatte er sein gesamtes Hab und Gut, das übrigens so ansehnlich war, daß er Sophies Unterstützung nicht gebraucht hätte, wenn er sich zu Lebzeiten von seiner Briefmarken- und Münzensammlung und seinen Antiquitäten getrennt hätte, Mathilde hinterlassen. Seit diesem Zeitpunkt hegte Sophie eine spitze Gehässigkeit gegen Mathilde, die noch dadurch genährt wurde, daß Mathilde die Liebedienerei der übrigen Familienmitglieder nicht mitmachte, sondern Sophie bei jeder Gelegenheit widersprach. Elisabeth, die den Großonkel Poldo kaum gekannt hatte, langweilte sich bei den wiederkäuenden Gesprächen, die zu endlosen Monologen Sophies wurden. Georg, heimlich auf Seiten seines Großonkels, an den er sich dunkel erinnerte, vertrat die stille Meinung, der letzte Wille habe nichts mit Zins und Zinseszinsen zu tun, und benütze eine Monologpause, um seinen Wunsch anzumelden, schon Mitte des Monats nach Wien zurückzukehren. Elisabeth stimmte diesem Vorschlag begeistert zu. Verregnete Ferien waren in der Nähe eines Kinos erträglicher. Und wenn das Wetter doch noch umschlagen sollte, konnte man Ausflüge in die Umgebung Wiens machen, Tennis spielen oder auf der Alten Donau segeln. Was sie in ihrem wortgewandten Plädoyer verschwieg, war die für sie ausschlaggebende Möglichkeit, in Wien ungehindert mit Georg zusammen sein zu können. Ihre Mutter war leicht zu täuschen. Georg bewohnte im Palais Pernwald die erste Etage, während die Dobranys ihre Wohnung in der zweiten Etage hatten; außerden war es kein Problem, in Wien eine sturmfreie Bude zu finden.

Letzten Endes war auch Sophie einverstanden, und die Abreisevorbereitungen begannen wie jedes Jahr mit dem üblichen Disput zwischen Elisabeth und Helene: Elisabeth wollte ihren Spaniel Paula mit nach Wien nehmen, aber ihre Mutter war dagegen. Und wie jedes Jahr beendete Sophie die Meinungsverschiedenheit, indem sie erklärte, daß es dem Hund auf dem Lande viel besser gehe und er daher zu bleiben habe, und dann wurden die Koffer gepackt.

Wie um den Pernwalds ihren Entschluß schwer zu machen, wurde das Wetter ganz plötzlich wieder schön. Am Tag vor der Abfahrt klarte der Himmel auf, die Feuchtigkeit der Wiesen verdampfte in der unerwarteten Sonne und die Blumen begannen wieder zu duften.
Die melancholische Veranlagung Helenes machte ihr jede Veränderung schwer. »Da, wo ich nicht bin, ist das Glück«, hatte Sophie einmal treffend auf sie gemünzt, und so war es auch. Wenn Helene in Wien war, sehnte sie sich nach Pernwald und umgekehrt. Nun stimmte sie der Abschied von Pernwald wieder sentimental. Sie ging hinunter in den Rosengarten und lehnte sich an die bemooste Steinmauer. Die Sonne stand schon tief, ihr Licht blendete die Augen nicht mehr und ein leichter Abendwind kräuselte die Oberfläche des Sees.
Solange Helene sich zurückerinnern konnte, hatte sie immer hier gestanden, um Abschied zu nehmen, und nie war sie froh gewesen. Nicht froh des vergangenen und nicht froh des zu erwartenden Lebens. Die Hoffnungen und Träume, die sie am Beginn ihres Weges gehegt hatte, hatten sie verlassen, unaufhaltsam, wie die Körner einer Sanduhr durch den engen Glashals zu Boden rieseln, leise und stetig. Im Rückblick erschienen ihr die wenigen glücklichen Augenblicke ihres Daseins so unwirklich, als hätte eine andere sie erlebt und sie sie nur erzählt bekommen. Ihre Erinnerung an die Romanze mit Hektor war blaß und ebenso vergilbt wie die Fotografien aus dieser Zeit, sie konnte kaum noch sein Gesicht erkennen. Ihr Feigheit Clemens gegenüber hatte sie lange bedrückt und gequält. Es bedrückte und quälte sie noch immer, daß sie es nicht über sich hatte bringen können, ihm die Wahrheit zu sagen. Zu Kriegsende war er doch noch eingezogen worden und gefallen. Gegen ihr besseres Wissen fühlte sie sich schuldig an seinem Schicksal. Sie dehnte ihr Schuldgefühl auf Anton aus und auf das ungewollte Kind, Elisabeth. Aus Reue hatte sie die Ehe weitergeführt und ertragen, aber sie hatte damit niemandem etwas Gutes getan. Weder Anton noch sich selbst. Elisabeth freilich hatte kaum darunter gelitten, sie war so lebensbejahend, so ichbezogen, daß sie die Bemühung ihrer Mutter, sich für sie aufzuopfern, kaum bemerkt hatte. Helene hatte ihre

Probleme niemandem anvertraut, sie hatte es den anderen überlassen, sie zu ahnen, aber kein Mensch ihrer Umgebung hatte je geahnt, warum sie an ihrem Leben vorbeigelebt hatte. Man hatte sie als labil, hypernervös, kränklich und schonungsbedürftig eingestuft und sie immer weiter in die Isolation getrieben.

Helene hatte durch diese Einstellung ihrer Familie wenig gewonnen, aber sich viel erspart. Alle Sorgen waren ihr möglichst ferngehalten, alle Schwierigkeiten über ihren Kopf hinweg gelöst worden. Mit den Jahren hatte Helene diesen Zustand nicht nur hingenommen, sie hatte ihn kultiviert. Anton war ein geduldiger Partner, und wenn sie ihn auch nie geliebt hatte, so war er ihr doch zur Gewohnheit geworden, er gehörte zu ihrem Leben wie der Wechsel der Jahreszeiten, wie Tag und Nacht. Nun näherte sie sich der Mitte der Vierziger und hatte endgültig resigniert. Der sachte, unwahrnehmbare Verlust an Lebenskraft beunruhigte sie nicht mehr. Vielleicht war es ihr vergönnt, friedlich in ihrem Schneckenhaus zu verdämmern. Wenn sie schon keine zufriedene Jugend gehabt hatte, so war ihr vielleicht doch ein sanftes Alter beschieden. Die Schritte, die hinter ihr erklangen, waren ihr bekannt. Sie brauchte sich nicht umzudrehen, um zu sehen, daß Anton den Weg zwischen den Rosenstöcken entlanghinkte. Er trat neben sie und stützte die Hände auf die Balustrade. »Wieder ein Sommer vorüber«, sagte Helene, ohne ihn anzusehen. »Wieder ein Zeitabschnitt vorbei. Und morgen fahren wir wieder nach Wien.«

»Ich habe bis zum letzten Augenblick gewartet.« Anton räusperte sich. »Aber nun muß ich es dir sagen. Wir fahren morgen nach Wien, aber ich komme nicht mehr mit dir nach Hause. Unsere Wege trennen sich.«

Helene wandte sich mit einem Ruck Anton zu. »Was soll das heißen?« fragte sie. »Ich verstehe nicht ...«

»Ich bitte dich, ruhig zu bleiben.« Anton sah ihr voll ins Gesicht. »Fang' nicht an zu weinen und mach keine Szene. Es wird nur überflüssig schwer und ändert doch nichts an meinem Entschluß. Ich trenne mich von dir, Helene. Nicht, weil ich nicht mehr will, sondern weil ich nicht mehr kann. Ich habe dir alles gegeben, was ich habe, mich, mein Gefühl, mein

Geld. Mir ist nichts übriggeblieben. Ich kann dir nur noch Sicherheit hinterlassen und das habe ich getan. Fiedler verwaltet deine Interessen. Du erhältst eine Leibrente aus unserem Anteil am Pernwald-Palais, und Elisabeth bekommt bei ihrer Großjährigkeit die Hälfte des Herrenhauses überschrieben. Ein Schelm, der mehr gibt, als er hat. Ich habe nur noch meine gepackten Koffer und ein paar Vogelkäfige.«

IX.

Im ersten Moment traf es Elisabeth wie ein Schlag, als ihr Helene mit versteinertem Gesicht mitteilte, daß ihr Vater die Familie für immer verlassen hatte. Welche Auswirkungen würde dieser Schritt auf ihr persönliches Schicksal haben? Doch als Elisabeth erfuhr, daß finanziell für sie und ihre Mutter gesorgt war und ihr außerdem die Hälfte des Pernwaldschen Herrenhauses und des Parks, die Hälfte des Seeufers, des Rosengartens und der Wiesen hinter dem Haus gehören würden, fand sie sich mit der veränderten Situation ab. Sie vermißte Anton selten, er hatte nie wirklich eine Rolle in ihrem Leben gespielt. Als Kind hatte sie manchmal Streitereien ihrer Eltern belauscht, hatte die Vorwürfe ihrer Mutter mitangehört und ihren Vater verachtet. Er war ein Versager, ein Mann, der Millionen verloren hatte und es zu nichts brachte – Ornithologie war ein brotloser Beruf – und der zu alledem noch ein Säufer war.

Erst als Elisabeth erwachsen wurde, fand sie heraus, daß ihr Vater sein Vermögen aus Idealismus eingebüßt hatte, daß er nicht aus Indolenz, sondern aus Resignation nicht viel sprach und daß er trank, weil er unglücklich war. Es kam ihr auch zu Bewußtsein, daß er trotz seines verpfuschten Lebens ein innerlich freundlicher Mensch geblieben war, gütig und hilfsbereit. Und nun war er auf und davon. Es war peinlich den Leuten gegenüber und unerfreulich innerhalb der Familie. Tante Sophie erregte sich in lauten Reden, sprach von einem Skandal, einer bodenlosen Rücksichtslosigkeit und sträflichem Mangel an

Takt. »Dieser Irre«, sagte sie wörtlich, »zieht zu einer ordinären Frau in die Vorstadt. Womöglich wird er in der Tierhandlung dieser Person hinter dem Ladentisch stehen und Vogelfutter und Hundekuchen verkaufen. Also, für mich ist mein Bruder gestorben, er ist ein Schandfleck, nicht nur für die Pernwalds, sondern auch für die Dobranys. Mein armer Vater würde sich im Grab umdrehn, wenn er wüßte, wie sein einziger Sohn heruntergekommen ist.«

Tante Mathilde bezeichnete den Fall als »originell», aber nur, weil sie Sophie damit bis zur Weißglut ärgerte. Anders Georg. »Ich habe Onkel Anton sehr gern gehabt, mich schmerzt der Verlust«, hatte er gemurmelt, und es hatte geklungen, als spräche er über einen Toten. Unheimlich war Helenes Verhalten. Sie jammerte nicht und beschuldigte niemand. Sie bekam keine Migräneanfälle und keine Weinkrämpfe, sie war und blieb wie versteinert. Sie erwähnte Anton nie, doch manchmal ging sie in sein nun unbewohntes Zimmer, in dem die Möbel mit Tüchern verhüllt waren und leichter Staub die Fensterscheiben trübte, oder sie stieg die Treppen hinauf unters Dach und starrte auf die Vogelkäfige, die leer an den Wänden hingen.

Mathilde zeigte sich besorgt. »Da soll sich einer auskennen«, sagte sie zu Elisabeth. »Deine Mutter benimmt sich, als hätte sie den liebsten Menschen, den besten Freund verloren, als ob die glücklichste Ehe zerbrochen wäre. Man sollte einen Arzt zu Rate ziehen.«

Es wurde kein Arzt zu Rat gezogen; Helene wies den Vorschlag schroff zurück. Da sie nichts forderte und nichts brauchte, gewöhnte sich die Familie an ihr seltsames Benehmen und ging zur Tagesordnung über.

Sophie reiste zur Traubenkur nach Meran, Mathilde verausgabte sich in ihren gesellschaftlichen Verpflichtungen und Elisabeth teilte ihr Leben zwischen Pflicht und Vergnügen.

Einerseits bereitete sie sich auf das Dolmetscherexamen in Englisch und Französisch vor, andererseits verbrachte sie jede freie Minute offiziell oder heimlich mit Georg. Er hatte ein möbliertes Zimmer in der Altstadt gemietet, in einem schmalbrüstigen Haus in der Naglergasse, in der es nach Taubenmist und Katzendreck roch. Elisabeth trug den Schlüssel zu dem vom Stiegenhaus aus betretbaren Zimmer an einer Silberkette unter der Wäsche auf der bloßen Haut, und so oft sie ihrer Mutter mitteilte, daß sie nachmittags ins Kino oder zu einer Freundin gehe, traf sie sich mit Georg in der Naglergasse. Sie war so sehr in sich verliebt, daß von dieser Liebe für Georg genug übrigblieb, und die körperliche Vereinigung machte ihr soviel Vergnügen, daß sie nicht an andere Männer und andere Möglichkeiten dachte. Georg war ihr völlig ergeben und sprach von offizieller Verlobung an ihrem einundzwanzigsten Geburtstag. Sie war also rundherum zufrieden und dachte überheblich, wie tüchtig, zielbewußt und erfolgreich sie war.

Die offizielle Verlobung von Baron Georg von Pernwald mit Fräulein Elisabeth von Dobrany wurde für den 16. Dezember 1937 angesetzt. Geprägte Anzeigen auf Büttenpapier und Einladungen waren verschickt worden, und im Palais Pernwald wurde wieder ein großes Fest vorbereitet.

Die Prunkräume sollten wieder in traditionellem Glanz erstrahlen. Sophie drillte das Heer der Aushilfsdiener, überwachte das Silberputzen, das Aufstellen der Blumendekorationen und die Arbeiten in der Küche, die auf vollen Touren liefen. Sie hatte beschlossen, ein kaltes Büfett zu arrangieren. Das kam jetzt sehr in Mode, man brauchte sich dann nicht über die Unpünktlichkeit der Gäste zu ärgern und konnte mit Köstlichkeiten prunken, die in Wien Seltenheitswert hatten. Korallenrote Hummer, mit zartgelber, locker geschlagener Mayonnaise angerichtet, Gansleberpasteten, außen appetitlich braun gebraten, innen rosig; gefüllter Truthahn und gesulzter Karpfen, Bachforellen in Weingelee; Schinken, in Burgunder gekocht; russischer Kaviar, großkörnig und grau in Eiswürfel gebettet, blasser, geräucherter Lachs mit Sahnemeerrettich, und eine lange Tafel aneinandergereihter erlesener Süßigkeiten aus braunglänzender Schokolade, aus pastellfarbenem Marzipan und Zuckerguß, schneeigem Schlagrahm und üppiger Buttercreme. Sophie wußte, wie man Feste feierte und Gäste beeindruckte. »Wer lang hat, läßt lang hängen«, sagte sie. »Alle, die kommen werden, sind von vornherein neidisch. Sie sollen wissen, warum.«

Sogar Helene ließ sich von der allgemeinen Freude mitreißen. Zum ersten Mal seit dem Sommer erhellte ein Lächeln ihr Gesicht – als sie Elisabeth den großen Rubinring überreichte, den sie zu ihrer Verlobung von Anton bekommen hatte. Doch der dunkelblaue leuchtende Saphir, den Sophie ihr schenkte, gefiel Elisabeth unvergleichlich besser. Sie streifte ihn sofort über den Finger und trug ihn stolz als »Verlobungsring«, ohne zu bedenken, daß sie ihre Mutter damit kränkte. Georg legte ihr eine schimmernde Perlenkette um den Hals. Anton schickte mit einem Dienstmann einen weißen Kanarienvogel in einem weißlackierten Käfig mit einem kurzen Brief, in dem er »der lieben Tochter« Glück wünschte.

Eisabeth fand es in der Ordnung, daß ihr Vater nicht persönlich zur Verlobungsfeier erschien; er hatte die Familie verlassen und es gab kein Zurück. Aber sie wunderte sich, wenn auch flüchtig, daß Onkel Ferdinand ihr zwar zum Geburtstag gratuliert, aber mit keinem Wort die Verlobung erwähnt hatte. Georg tröstete sich und sie, daß sein Papa die Verlobungsanzeige noch nicht zugestellt bekommen haben konnte, wenn er wieder auf Reisen war.

Der große Abend kam, und es kamen die Freunde der Familie, die Alten wie die Jungen. Die Jungen waren in der Überzahl. Mathilde erschien in Begleitung Stefans, ihrer Tochter Charlotte und des künftigen Schwiegersohns, eines knochigen, blaßhäutigen Engländers, dessen Basedow-Augen leicht verlegen in die Welt schauten. Auch Max Fiedler war geladen, der »gute Onkel Max«, der quasi – aber nur quasi – zur Familie gehörte; er wanderte still und seltsam bedrückt durch die Räume, und sein Gesichtsausdruck ließ das allgemein zur Schau getragene freudige Lächeln aus Anlaß des freudigen Ereignisses vermissen.

Elisabeth war der absolute Mittelpunkt des Festes, und nur Mathilde registrierte, daß Georg, der doch ebenfalls eine Hauptrolle hätte spielen sollen, bereits im Schatten Elisabeths stand. Nachdem sie das Brautpaar begrüßt hatte, wandte sich Mathilde von ihrer strahlend-schönen Nichte und ihrem Neffen, der in seinem schwarzen Frack schlank wie ein Ausrufzeichen hinter dem Triumph seiner Braut an ihrer Seite stand, ab und suchte in dem Gewoge der Abendkleider, der Duftwolke von Parfüm, Puder und Haarpomade ihre Schwester Helene. Sie drängte sich durch die Gäste, nickte, lächelte, grüßte, winkte Sophie zu, die unvorteilhaft in grünen Moiré gekleidet war, und entdeckte endlich Helene im Wintergarten, in dem nachher getanzt werden sollte.

Der Anblick ihrer Schwester verwirrte Mathilde ein wenig. Helene trug ein silbergraues Kleid, wie damals bei ihrer eigenen Verlobung, und sah zart und schutzbedürftig aus wie ein junges Mädchen. »Du siehst unwahrscheinlich jung aus«, sagte Mathilde beinahe mißgünstig. »Wie machst du das, Lenerl?«

»Ich denke, es ist mit mir so wie mit Dingen oder Gegenständen, die man schont, wenig beansprucht, die nützen sich auch nicht ab.« Helene lächelte sanft. »Mein ganzes Leben bin ich unter einem Glassturz gestanden. Das konserviert.«

»Also ich versteh' dich nicht«, Mathilde schlug die Hände zusammen. »Sogar an einem Abend wie heute bist du schwermütig.«

»Du irrst. Ich bin sehr froh. Elisabeths Wünsche sind in Erfüllung gegangen. Im kommenden Jahr wird sie heiraten und dann in Pernwald leben. Sie braucht mich nicht mehr. Ich war und bin überflüssig. Es ist mir nie gelungen, einen Grund für das Leben zu finden.«

X.

Sophie blieb über Weihnachten in Wien. Nach den Feiertagen fuhr sie nach Pernwald, um den Sylvesterabend mit Max Fiedler zu verbringen. Sie hatte ein schlechtes Gewissen. Gegen seinen Rat und gegen seine Meinung hatte sie die Verlobung beschleunigt, um Georg noch fester an Pernwald zu binden. Mochten die politischen Ansichten Fiedlers noch so richtig sein, Sophie war nicht gewillt, Georg ins Ausland zu schicken und die Kontrolle über ihn zu verlieren.

Während der Zug durch den grauen Wintertag ratterte, über-

legte Sophie, daß eine Situation erst gegeben sein müßte, bevor man etwas dagegen unternehmen konnte. Noch war Österreich ein unabhängiger Staat, noch sah sie keinen Grund, voreilige Entscheidungen zu treffen. Max war ein Schwarzseher, er kam jetzt in das Alter, in dem auch Männer in Panik geraten. Auch Männer machten eine Art von Klimakterium durch, auch Männern machte die Natur den Verlust der Jugend schwer. Anton, der plötzlich durchgedreht hatte und ganz und gar idiotisch versuchte, angeblich Versäumtes nachzuholen, war ein typisches Beispiel dafür. Wenn Sophie es recht bedachte, hatte sie Max in den letzten Jahren vernachlässigt. Sie war seiner so sicher gewesen, daß sie sich nicht die Mühe gemacht hatte, auf ihn einzugehen. Sie mußte aus Helenes Schaden beizeiten lernen, ehe sie selbst den Schaden hatte. Sie würde Max vorschlagen, wieder eine gemeinsame Reise zu unternehmen. Nach Ägypten zum Beispiel. Er langweilte sie zwar sehr mit seinem Gerenne in jedes Museum, mit seinen stundenlangen Kunstbetrachtungen, mit seinem »Land-und-Leute-erforschen-Wollen«, aber wenn sie sich ihm ein paar Wochen lang angenehm machte, würde er ihr wieder aus der Hand fressen.
Sophie kam völlig in ihre Gedanken versunken in Vöcklabruck an. Der Chauffeur erwartete sie weisungsgemäß an der Bahnstation. Statt mit ihm leutselig zu plaudern, beschränkte sich Sophie auf »Guten Abend, Moser. Alles in Ordnung?« Sie hörte: »Küß die Hand, Frau Baronin, alles in Ordnung«, und stieg in das Auto.
Im Wagen war es kalt, Sophie fröstelte und legte das Reiseplaid über die Knie. Der dünne Schnee, der vor Weihnachten gefallen war, war geschmolzen, die Erde war schwarz, die Bäume waren schwarz, und die Gegend, in die Sophie durch die von ihrem Hauch beschlagenen Wagenfenster hinaussah, war dunkel und feindlich. An die gelbe Sonne und den warmen Sand Ägyptens zu denken, war tröstlich. Ihr Entschluß war richtig und mußte nur noch in die Tat umgesetzt werden.
Sophie war mehr als unliebsam überrascht, bei ihrer Ankunft in Pernwald Ferdinand vorzufinden. Sie bereute, nicht mit dem Chauffeur gesprochen zu haben. Sie hätte einen Umweg über Ischl machen und Max verständigen können. Immer muß er

einem in die Suppe spucken, dachte sie mürrisch, und der Tonfall, in dem sie Ferdinand begrüßte, ließ keinen Zweifel offen, wie unwillkommen ihr seine Gegenwart war. Ferdinand überhörte ihr Mißvergnügen und ließ ihr keine Zeit, mit der veränderten Situation fertig zu werden. Er schwatzte ihr liebenswürdig die Ohren voll. Ja, er sei schon vor dem Heiligen Abend gekommen, einer romantischen Regung nachgebend, nein, er hätte sie in Wien nicht aufstören wollen, er habe ja gewußt, daß sie vor dem Jahreswechsel zu Hause erwartet wurde. Je länger Ferdinand schwatzte, desto unheimlicher wurde er Sophie. Seine Freundlichkeit, seine Rücksichtnahme konnten nur Unannehmlichkeiten nach sich ziehen. Sie unterbrach ihn schroff und direkt: »Was hast du eigentlich vor?«

»Ich habe vor, wieder einmal Gast im eigenen Haus zu sein. Immer bei Freunden oder im Hotel zu leben, wird auf die Dauer öd. Ich habe vor, Jugenderinnerungen aufzufrischen.« Er verbeugte sich galant vor Sophie. »Ich wollte meine liebe Frau wiedersehen und ihren Sohn. Übrigens habe ich Georg bereits telegrafiert. Er kommt morgen.«

»Du hast Georg herbeordert?« Sophie verstand überhaupt nichts mehr. »Kommt Elisabeth auch?«

Ferdinand zog die Augenbrauen arrogant hoch: »Die beiden sind verlobt, das habe ich zur Kenntnis nehmen müssen. Aber sie sind doch keine siamesischen Zwillinge. Georg kommt allein. Ich habe mit ihm zu reden. Außerdem paßt mir diese Verbindung nicht.«

Sophie fuhr auf: »Was paßt dir nicht? Elisabeth ist deine Nichte.«

»Eben.« Ferdinand lächelte. »Darum. Die Erfahrung hat mich gelehrt, daß die Verbindung Dobrany-Pernwald nicht gesegnet ist. Elisabeth heißt zwar Dobrany, ist aber eine echte Pernwald. Dein Sohn dagegen . . .«

Sophie zog es vor, zu schweigen. Das Thema wurde brenzlig. Sie ging zur Tür. Mit der Hand auf der Klinke sagte sie: »Bist du nur gekommen, um dich unangenehm zu machen?« Ohne Ferdinands Reaktion abzuwarten, durchquerte sie die Halle und ging zu ihrem Zimmer hinauf.

Das Treppensteigen fiel Sophie schwer. Sie fühlte sich plötzlich müde, wie ausgelaugt. Der Haß gegen Ferdinand belebte sie nicht mehr, der Kampf gegen ihn reizte sie nicht. Werd' ich denn nie zur Ruhe kommen? dachte sie. Ich fühle mich alt. Ich möchte meine Ruhe haben. Sie ertappte sich bei dem Wunsch, noch einmal jung zu sein und von vorn beginnen zu können, ohne die Pernwalds, ohne Max Fiedler. Es besser zu machen. Sie riß sich zusammen. Der bevorstehende Jahreswechsel machte sie sentimental. Wenn sie anfing, sich selbst zu bemitleiden, war sie verloren. Sie holte aus ihrem Sekretär Briefpapier, um Max Fiedler für Sylvester abzusagen, und seufzte. Wenn das neue Jahr so begann, wie das alte aufhörte – das konnte heiter werden.

Wie immer enttäuschte Ferdinand Sophie, diesmal auf unerwartete Weise. Er blieb freundlich, auch nach Georgs Ankunft; die Verlobung erwähnte er mit keinem Wort. Als Georg von sich aus das Thema anschnitt, winkte Ferdinand ab: »Alles zu seiner Zeit. Wir reden noch darüber, aber jetzt gehn wir erst einmal miteinander jagen. Vielleicht erwischen wir ein paar Fasane oder einen zarten Rehbock.«

Georg, der wieder völlig dem Charme Ferdinands erlegen war, sagte begeistert zu allem Ja und Amen. Die Anwesenheit seines Papas beglückte ihn. Nur wenn er an Elisabeth dachte, fühlte er sich nicht ganz wohl in seiner Haut. Sie wartete in Wien auf seine Nachricht, darauf, daß sie nachkommen sollte, aber Georg konnte sich nicht überwinden, die gute Laune seines Papas durch eine Frage zur ungerechten Zeit zu gefährden. So schob er das Problem Elisabeth vor sich her, erfand Entschuldigungen für sich und seinen Papa, übersah die vorwurfsvollen Blicke seiner Mutter, die sich erstaunlicherweise darauf beschränkte, mißbilligend zu blicken, statt laut zu nörgeln, und genoß mit schlechtem Gewissen, aber von ganzem Herzen, das erfreuliche Zusammensein mit Ferdinand.

Da es noch immer nicht schneite, konnte Georg mit Ferdinand in seinem Sportauto durch die Gegend flitzen. Sie fuhren auch nach Ischl hinüber, um bei Zauner Marzipanschweinchen, Knallbonbons, rote, weißgetupfte Glückspilze für den Sylvesterabend zu kaufen. Georg bedauerte flüchtig, Onkel Max nicht besuchen zu können, doch Papa hielt Onkel Max gegenüber sehr auf Distanz, hatte es immer getan, und so schob Georg Onkel Max in denselben Winkel seines schlechten Gewissens, in dem schon Elisabeth wartete.

Am 31. Dezember wurde es nicht richtig hell. Der Himmel hing schwer und grau über Pernwald, die Luft roch nach Schnee und der kühle Hauch des Frosts ließ die kahlen Bäume und Sträucher regungslos erstarren. Vormittags schlitterte Georg mit seinem Wagen über die feine Eisschicht der Landstraße zum Postamt nach Weissenbach, um ein Telegramm an Elisabeth abzuschicken. Um sie und auch sich zu beruhigen, telegrafierte er: »Im neuen Jahr und in den kommenden Jahren trennen wir uns nie wieder.« Er wollte noch hinzufügen: »Ich liebe Dich«, doch er schämte sich vor dem Schalterbeamten und setzte steif hinzu: »Alles Liebe für Dich und Tante Helene.«

Nach dem Essen zog sich Sophie zurück. Auch Ferdinand, der seit der Frühe nervös und unruhig wirkte, ging in den Jagdsalon und schloß die Türe hinter sich. Der sich selbst überlassene Georg trödelte in der Halle vor dem brennenden Kaminfeuer herum, und da er nicht durch Papa abgelenkt war, wuchsen seine Gewissensbisse. Er zog den Mantel über, holte die Hunde aus dem Zwinger und stapfte über die knirschenden Wege. Die Hunde stöberten vor ihm her, dünnen Hauch vor den Nasen. Ihr Bellen klang gedämpft, wie gefroren. Am weiten Ufer des Sees flackerten vereinzelte Lichter durch die Dämmerung. Georg war plötzlich deprimiert. Er hatte sich feig benommen, selbstsüchtig und unmännlich. Nur um sich bei Papa Liebkind zu machen, hatte er Elisabeth hingehalten, hatte er Onkel Max kein gutes Wort gegönnt. Für den Vorteil eines Augenblicks hatte er Menschen, die ihn liebten und die er liebte, enttäuscht und verraten. Georg starrte auf das bleierne, frostige Wasser des Sees und schämte sich. Noch heute würde er, Sylvester hin, Sylvester her, Elisabeth zur Sprache bringen und morgen nach Ischl fahren, um Onkel Max zu besuchen. Er dachte an das harte, unerbittliche Gesicht, das Papa bekam, wenn ihm etwas gegen den Strich ging, und fröstelte von innen her. Er fühlte sich plötzlich verwirrt und unsicher. Um diesen Zustand zu über-

winden, straffte er die Schultern, nahm sich vor, ein Mann und erwachsen zu sein – wie es schließlich seinem Alter entsprach –, und ging langsam zum Haus zurück.
Ferdinand saß schon vor dem Kamin und trank Champagner. Seine Stimmung hatte sich sichtlich wieder gebessert, er saß entspannt zurückgelehnt und winkte Georg leutselig heran. »Trink einen Schluck. Du wirst es brauchen.«
»Wieso? Jetzt schon?« Georg sah auf die Uhr. »Es ist kurz nach halb fünf. Ist das nicht ein bißchen früh?«
Ferdinand verzog geringschätzig den Mund: »Du bist ein Spießbürger. Es kommt nicht darauf an, wann man trinkt und in welcher Stimmung man trinkt, sondern was man trinkt. Dieser Champagner ist erste Klasse.«
Georg nahm das Glas, das Ferdinand ihm zuschob und setzte sich unschlüssig ihm gegenüber. War das der richtige Moment, mit Papa zu sprechen? Im Wiederschein des zuckenden Kaminfeuers glaubte Georg auf Ferdinands Gesicht einen zynischen Ausdruck zu sehen, der ihn mißtrauisch machte und ihn trotz seiner guten Vorsätze einschüchterte. Draußen war es schon dunkel geworden. Froh über den Vorwand, seiner Unruhe nachgeben zu können, stand Georg auf, ging zum Lichtschalter und drehte die Wandarme an. Er fühlte, daß die Augen Ferdinands ihm folgten, er spürte die Blicke fast körperlich in seinem Rücken. Eine plötzliche Nervosität trocknete ihm den Mund aus. Er räusperte sich und wandte sich um. Gerade als er zu sprechen beginnen wollte, kam seine Mutter die Treppe herunter und im gleichen Augenblick fing das Telefon im Jagdsalon an zu klingeln.
Ferdinand hob lauschend den Kopf und lächelte. »Willst du so gut sein und den Hörer abnehmen?« sagte er zu Sophie, als wäre Georg gar nicht anwesend. »Da ich keinen Anruf erwarte, ist es sicher für dich.«
Sophie ging wortlos in den Jagdsalon und schloß die Tür hinter sich. Das Klingeln brach ab, und außer dem Knistern der Holzscheite im Kamin war nichts zu hören.
Ferdinand schenkte sich nach und trank langsam, mit Genuß. Georg stand noch immer unbeachtet am Lichtschalter und versuchte, die in ihm aufsteigende Beklemmung unter Kon-

trolle zu bringen. Was war denn plötzlich los mit ihm? Warum wuchs die Vorahnung kommenden Unheils mit jedem Schlag seines Herzens? Die Entfernung zwischen ihm und dem Stuhl, auf dem er gesessen hatte, schien unüberbrückbar. Georg stieß sich förmlich ab und ging mit lauten Schritten, um irgendein Geräusch zu hören, zu seinem Stuhl. Er setzte sich steif, als wären seine Knochen auf dem kurzen Weg spröde geworden, und hörte sich selbst wie aus weiter Ferne sagen: »Ich muß über meine Verlobung sprechen.«

Es war ihm nicht bewußt, daß er die direkte Anrede vermied. Ferdinand stellte gleichmütig das Glas ab und sah auf die Uhr. Die Tür des Jagdsalons flog auf, Sophie stand im Türrahmen. Bevor sie noch den Mund öffnete, wußte Georg, daß sein Instinkt ihn nicht getäuscht hatte, daß etwas Entsetzliches geschehen war.

Sophies Augen lagen tief in den Höhlen, sie blickten starr und gläsern, und ihr Gesicht war so blaß, als hätte sie alles Blut verloren. »Was ist denn?« fragte Ferdinand scharf.

»Sie haben Max Fiedler zusammengeschlagen.« Sophies Stimme zitterte. »Sie haben ihn überfallen und brutal zusammengeschlagen.«

Georg sprang auf: »Wer?«

»Drei Burschen mit weißen Kniestrümpfen. Nazis. In seinem eigenen Park haben sie ihm aufgelauert und ihn beinahe umgebracht.«

Plötzlich schrie Georg. »Warum?« schrie er und ballte die Fäuste. Er hatte das noch nie getan und erschrak beinahe vor dem Haß, der in ihm hochschoß. An seiner Stirn schwoll eine Ader an, und er wiederholte: »Warum?«

»Max Fiedler ist Jude«, sagte Ferdinand ruhig und schlug die Beine übereinander. »Das gesunde Volksempfinden des deutschen Menschen hat erkannt, daß die Juden die Schädlinge der Nation sind und ausgerottet werden müssen. Das ist nur der Anfang. Fortsetzung folgt. Wenn sich die Österreicher zu ihren deutschen Brüdern bekannt haben werden, sind alle Juden und jüdisch Versippten Freiwild. In Deutschland singen sie schon: ›Wenn's Judenblut vom Messer spritzt.‹ Sie werden es bald auch hier singen.«

Georgs Fäuste öffneten sich. Eine große, grausame Leere rauschte in seinem Kopf. »Das hab' ich nicht gewußt«, murmelte er. »Bei Gott, ich hab' es nicht gewußt. Ich hab' geglaubt ...« Er schluckte und sagte leise: »Das sind Verbrecher«, und wiederholte, beinahe verwundert: »Gemeine Verbrecher sind das.«

Ferdinand warf den Kopf zurück und lachte. Sein Lachen schwoll an, es wurde zu laut, zu voluminös für den Raum und brach sich an den Wänden. »Hörst du deinen Sohn? Sophie? Hörst du, wie er spricht, was er sagt? Blut ist stärker als Wasser, stärker als Erziehung.«

Sophie klammerte sich an den Türrahmen. Sie wollte Ferdinands Namen rufen, aber es wurde nur ein heiseres Flüstern.

Ferdinand stand jäh auf. Er schleuderte das Glas in den Kamin, wo es klirrend zerbrach und das Feuer aufzischte. »Genug mit dieser Komödie«, rief er. »Dein Sohn hat sich verlobt. Er will heiraten und Kinder zeugen. Also ist er alt genug, um zu erfahren, wer ihn gezeugt hat. Ich kann und will nicht länger schweigen. Es ist meine Pflicht meiner Nichte Elisabeth gegenüber, endlich der Wahrheit die Ehre zu geben. Elisabeth muß wissen, daß sie einen Bastard heiraten will.«

»Papa!« Georg machte einen Schritt auf Ferdinand zu.

»Jawohl! Einen Bastard«, wiederholte Ferdinand. »Du bist nicht mein Sohn. Du bist kein Pernwald. Deine Mutter hat dich ebenso belogen und betrogen wie mich. Schau doch in den Spiegel! Kannst du auch nur eine entfernte Ähnlichkeit mit irgendeinem der Pernwalds entdecken? Nein! Du trägst deinen Abstammungsnachweis im Gesicht. Du bist der Sohn des Hausjuden Fiedler.«

»Das ist nicht wahr!« Georg schluchzte fast.

»So? Nicht wahr ist das?« Ferdinand packte Georg derb am Arm und zwang ihn vor den Spiegel, der dem Kamin gegenüber hing. »Diese farblosen schmalen Augen, der dünnlippige Mund, die Haarfarbe, die Schädelform. Denke dir fünfundzwanzig Jahre dazu, und du siehst diesen Saujuden Fiedler im Spiegel.«

Georg schlug die Hände vor das Gesicht.

Ferdinand riß ihm die Hände herunter und drehte ihn wie eine

Puppe in die Richtung Sophies. »Wenn du mir nicht glaubst, sieh deine Mutter an. Würde sie dastehen wie Lots Weib, starr vor Entsetzen, unfähig, ihre böse Zunge in Bewegung zu setzen, wenn ich nicht mit jedem Wort recht hätte? Willst du es schwarz auf weiß? Willst du dich mit mir einer Blutgruppenbestimmung unterziehen? Einen Test für den Vaterschaftsnachweis? Du folgst doch in allem dem Rat deiner Mutter. Frag sie, ob es dieser Beweise bedarf.«
Sophie schüttelte langsam den Kopf. Der Boden unter ihren Füßen hörte auf zu schwanken. Es war ihr, als hörte sie ein splitterndes Klingen, als ob etwas zerbrochen wäre. Sie war mit einem Mal ruhig, löste sich von dem Türrahmen und sagte beherrscht: »Georg, fahr zu . . .« Sie zögerte einen Herzschlag lang, dann fuhr sie fort: »Fahr zu deinem Vater nach Ischl. Es geht ihm sehr schlecht. Er braucht dich.«
Georg zog die Schultern hoch, wie unter einem Schlag. Dann wandte er sich um und rannte wie blind aus der Halle.
»Welch dramatische Szene«, Ferdinand griff nach einem Glas und schenkte sich Champagner nach. »Schade, daß wir kein Publikum hatten.«
Sophie trat dicht vor ihn hin. »Du gemeines . . .« Ferdinand unterbrach sie. »Ich würde an deiner Stelle sehr vorsichtig sein in der Wahl deiner Worte«, sagte er und lächelte zu ihr nieder. »Du kannst mich nicht mehr kaufen. Nicht mehr auskaufen, loskaufen, wegkaufen. Die Zeiten sind vorbei. Für tausend Jahre vorbei. Ich werd' dir noch so ungelegen werden, daß dir das eben Geschehene wie eine harmlose Plauderei vorkommen wird. Wer, glaubst du, hat veranlaßt, daß Max Fiedler das bekam, was ihm gebührt?«
»Ich will dich nie wieder sehen«, sagte Sophie leise. Ferdinand verneigte sich. »Auch diesen Wunsch werde ich dir leider nicht erfüllen können«, sagte er liebenwürdig. »Ich werde wiederkommen, mit meinen Freunden. Ich hole mir zurück, was mir zusteht. Und das Schöne ist, du wirst nichts dagegen unternehmen können. Du wirst dich nicht wehren können.« Nun riß die Erregung auch ihn mit. »Du wirst froh sein, wenn ich dir gestatte, still in meinem Schatten zu leben.« Er hob das Glas an die Lippen. »Ich trinke auf das kommende Jahr.«

XI.

Georg wußte nicht, wie er nach Ischl kam. Sein Wagen schlitterte und schlingerte. Im Scheinwerferkegel tauchten die schwarzen, frostglänzenden Stämme der Bäume auf, um gleich darauf von der Dunkelheit verschluckt zu werden. Er stand unter Schock, er fuhr automatisch, gab Gas und bremste automatisch, wie ein Ertrinkender klammerte er sich an den weißen Lichtstrahl vor ihm, mit offenem Mund nach Luft schnappend, unfähig zu denken. Als die ersten Häuser in sein Blickfeld kamen, fing er sich, verminderte das Tempo und fuhr langsam durch die engen Straßen.

Es war Abendbrotzeit, nur wenige Leute waren unterwegs. Manchmal sah Georg einen Christbaum mit brennenden Kerzen hinter einem der Fenster, und der Anblick dieser Wärme- und Lichtquellen löste in ihm ein heftiges Mitleid mit sich selbst aus. Da saßen Menschen zusammen und feierten den Abschied vom alten Jahr; sie würden um Mitternacht den Beginn des neuen feiern und keiner war so elend dran wie er. Georg dachte in seiner Not nicht an seine Mutter, nicht an Max Fiedler, nicht an Elisabeth, er dachte nur an sich selbst. Daß ihm der Boden unter den Füßen weggerissen worden war. Aus einem satten, geordneten Leben war er ausgestoßen worden, und es gab kein Zurück. Georg schluchzte auf und die Tränen rannen ihm über die Wangen. Da es im Wagen dunkel war und niemand ihn sehen konnte, weinte er hemmungslos. Das Weinen verschaffte ihm keine Erleichterung. Schon hatte er den Ortskern von Ischl passiert, schon fuhr er über die Landstraße den Hügel hinauf, auf dessen Anhöhe Fiedlers Haus stand. Aus allen Fenstern strömte Licht auf den Kiesplatz der Auffahrt. Alles sah so friedlich aus wie immer, und doch war alles in Scherben gegangen. Georg brachte den Wagen zum Stehen und wischte sich mit dem Taschentuch über das Gesicht. Jetzt dachte er wieder an Max Fiedler, und die Nervosität vor der kommenden Begegnung trieb ihm den Schweiß auf die Stirn. Kleinmütig blieb er sitzen, er wäre am liebsten umgekehrt, aber wohin sollte er? Das Öffnen der Haustür beendete sein wehleidiges Zögern. In dem hellen Rechteck erkannte er Frau

Seidler, die Haushälterin, und stieg mit zusammengebissenen Zähnen aus.

»Gott sei Dank, daß Sie da sind, Herr Baron.« Frau Seidler rang die Hände. »Die Frau Baronin hat Ihre Ankunft avisiert. Lang hat sie mit dem gnädigen Herrn telefoniert, die Frau Mama, und seitdem wartet der gnädige Herr aufgeregt auf Sie, Herr Baron.«

Erleichtert, ihr Entsetzen jemanden mitteilen zu können, schusselte Frau Seidler vor Georg her und schwatzte: »Es geht ihm schlecht, dem gnädigen Herrn. Beinah umgebracht haben sie ihn, diese Verbrecher. Diese Mörder. Die Gendarmerie war schon da, Protokoll aufnehmen und Spuren sichern. Aber finden werden sie die drei nie. Die hatten die Gesichter mit Ruß verschmiert. Der gnädige Herr hat keinen erkennen können.« Atemlos brabbelte sie weiter: »Der Arzt kommt noch einmal vorbei. Er will dem gnädigen Herrn Morphium spritzen, gegen die Schmerzen, aber der gnädige Herr hat gesagt, er muß erst mit Ihnen sprechen, ehe er sich beduseln läßt.«

Im Sog des Redeschwalls von Frau Seidler stieg Georg die Treppe hinauf. Seine Gedanken verwirrten sich immer mehr. Wenn Mama telefoniert hatte, dann wußte Onkel Max alles, was geschehen war. Onkel Max. Er dachte noch immer »Onkel Max«. Dabei war er sein leiblicher Vater. Mußte er jetzt »Vater« zu ihm sagen? Ein so fremd klingendes Wort. Viel zu fremd für die Vertrautheit mit Onkel Max. Aber wie sollte er ihn anreden? Das Wort »Papa« würde er nie wieder über die Lippen bringen. Nie wieder. Nie wieder. Georg blieb vor der Schlafzimmertüre stehen, zu kraftlos, um die Klinke niederzudrükken.

»Bitt' schön.« Frau Seidler klopfte und öffnete dienstbeflissen die Tür für Georg. »Erschrecken Sie nicht«, flüsterte sie. »Der gnädige Herr ist arg zugerichtet.«

Georg taumelte wie ein Betrunkener ins Zimmer. Als er Max Fiedler im Bett liegen sah, erschrak er, obwohl er sich auf Erschrecken vorbereitet hatte, so sehr, daß er stehen blieb.

Fiedlers Kopf war verbunden, sein rechter Arm und beide Hände waren bandagiert, sein Gesicht war von blutigen Schrammen und Kratzern verunstaltet, ein Auge, violett und dunkelblau umrandet, war fast zugeschwollen. Als Fiedler die gedunsenen, zerschlagenen Lippen verzog und zu lächeln versuchte, sah Georg, daß ihm ein Vorderzahn ausgeschlagen worden war. Georg schwankte, sank vor dem Bett in die Knie und begann zu schluchzen.

»Mein armer Junge«, sagte Fiedler mühsam.

»Warum? Warum das alles?« weinte Georg und preßte den Kopf, um nichts sehen zu müssen, dichter gegen das Bettlaken. Er roch Jod und Desinfektionsmittel, das Schluchzen schüttelte ihn.

Max hob vorsichtig die verbundene Hand und legte sie auf Georgs Haar.

»Ich geh' nicht mehr zurück. Nie mehr geh' ich zurück, Onkel Max«, murmelte Georg, stockte und hob das verweinte Gesicht. »Verzeih. Was soll ich denn zu dir sagen?«

»Sag Max und laß den Onkel weg. Nimm mich als Freund«, schlug Fiedler vor. »Aber bitte, hör auf zu weinen.«

»Ich will nicht mehr zurück nach Pernwald«, wiederholte Georg und fuhr sich mit der Hand über die Augen. »Ich will bei dir bleiben.« Zögernd, wie zur Probe, setzte er »Max« hinzu.

Max suchte behutsam eine bessere Lage in den Kissen. »Das ist anständig gedacht von dir und sehr dumm. Du bist ein Mann, Georg. Du kannst es dir nicht mehr so leicht machen und einfach alles über Bord werfen. Es hat weder Hand noch Fuß, daß du Menschen oder Rechte opferst, um die es dir nur allzubald leid sein wird. Du hast eine Mutter und eine Braut. Du hast Pflichten und Verpflichtungen. Du kannst nicht wie ein Kind auf der Flucht vor bösen Träumen einfach aus deinem bisherigen Leben stolpern.«

»Aber ich will bei dir bleiben«, repetierte Georg eigensinnig.

»Auch das ist nicht so einfach getan wie gesagt. Denn ich bleibe nicht hier, ich verlasse Ischl, ich verlasse Österreich. Was mir heute passiert ist, war nur eine Vorübung, sozusagen. Ein paar primitive Bauernlackel, aufgehußt und geschmiert, haben sich ›die Hetz‹ gemacht, mich zu verprügeln. Als ich auf der Erde lag und mich nicht mehr wehren konnte, haben sie laut gelacht. ›Du darfst ihn nicht ganz erschlagen‹, hat der eine gesagt, ›noch nicht, aber bald. Bald darfst du sie totschlagen, die

Juden, so viele du willst und darfst dir alles nehmen, was sie haben, was sie besitzen. Weil, dann sind wir die Herren.‹ Der Bursch, der das gesagt hat, hat recht. In absehbarer Zeit werden die Juden und diejenigen, die mit den Nazis nicht mitmachen, Freiwild sein. Sie werden verfolgt, eingesperrt, gefoltert und vernichtet werden. Ausmerzen, nennen das die Nazis, und sie werden jeden ausmerzem, der nicht ›Heil Hitler‹ schreit und pariert. Ich werd' mich nicht abschlachten lassen wie ein Stallhase.«

Max holte tief Atem. »Ich muß dir noch etwas sagen, mein Junge. Als ich einundzwanzig war, habe ich mich taufen lassen. Nicht aus religiösen Gründen, nein. Ich habe mich geniert, ein Jude zu sein, ich wollte etwas Besseres sein. Heute schäme ich mich, daß ich mich geschämt habe. Man muß für sich einstehen, egal, was man ist. Und darum sollst du in der ersten Rage keine Entschlüsse fassen. Überlege dir gut, wo du stehst und wofür du einstehen willst. Deine Mutter . . .«

»Ich will auch meine Mutter nicht mehr sehen«, unterbrach ihn Georg hitzig. »Sie hat mich belogen und betrogen.« Unbewußt zitierte er Ferdinand.

»Du tust deiner Mutter unrecht«, sagte Max leise. »Du bist der einzige Mensch, den sie wirklich liebt. Sie wollte immer nur das Gute für dich. Das Beste.«

»Aber warum hat sie nie ehrlich mit mir gesprochen? Warum hat sie mir nicht die Wahrheit gesagt?«

Max reagierte schroff: »Du bist zu unreif und zu jung, um die Wahrheit zu ertragen. Dein Benehmen beweist das. Du spielst dich als Richter auf, ohne zu wissen, warum deine Mutter getan hat, was sie getan hat. Glaubst du, es war leicht für sie, alles durchzukämpfen, ohne sich je eine Blöße zu geben, ohne je eine Schwäche zu zeigen? Deine Mutter ist ein wunderbare Frau, energisch und tapfer, mutig und gescheit. Aber du weißt es natürlich besser. Du brichst den Stab über sie, anstatt stolz auf sie zu sein, und dankbar dafür, daß sie versucht hat, dir ein leichteres Leben zu machen, als sie es hatte.«

»Entschuldige bitte«, sagte Georg zerknirscht. »Ich wollte dich nicht aufregen und Mama nicht willkürlich verurteilen. Ich weiß nur nicht mehr, was ich denken soll.«

Max schloß erschöpft die Augen. »Es war ein schwerer Tag für uns beide. Wir sollten die Dinge überschlafen. Es wird zwei bis drei Wochen dauern, bis ich wieder auf den Beinen bin. So lange haben wir Zeit, mit uns und für uns ins reine zu kommen. Du mußt dir klar werden, ob du wirklich die goldene Schüssel, an der du sitzt, verlassen und mit mir ins Ungewisse kommen willst. Ich habe Geld im Ausland, aber das ist nicht dasselbe, als wenn man als Inländer Geld im Ausland hat. Mein Geld in der Schweiz ist in dem Moment, in dem ich die Heimat verlasse, kein zusätzliches Vermögen mehr, sondern nur noch ein Notgroschen. Ich muß neu anfangen, und du mußt überhaupt anfangen. In einem fremden Land, in einer fremden Sprache, unter fremden Menschen. Und wir haben keine Garantie, daß wir je zurückkönnen.«

XII.

Elisabeths Unmut über das ihr unverständliche Verhalten Georgs wich einer zitternden Nervosität. Sie wußte nicht, woran sie war und was sie tun sollte. Wohl hatte Tante Sophie sie am Neujahrstag angerufen und mit einer seltsam erloschen klingenden Stimme gesagt: »Es ist etwas geschehen, dessen Tragweite noch nicht abzusehen ist. Es hat nicht direkt mit dir zu tun, aber indirekt wirst auch du in Mitleidenschaft gezogen werden. Ich kann dir im Augenblick nicht mehr sagen, ich will Georg nicht vorgreifen. Es hat keinen Sinn, daß du herkommst. Georg ist nicht in Pernwald. Er ist in einer Krise und muß erst mit sich selbst ins reine kommen, bevor er sich mit dir in Verbindung setzt.«
Zwei Tage später kam ein verworrener Brief von Georg, mit dem Poststempel aus Ischl, in dem er sie um Geduld und Nachsicht bat. »Bitte glaube mir«, hatte er geschrieben, »alles wäre viel leichter, wenn ich dich nicht so sehr lieben würde.«
Dieser Satz beruhigte Elisabeth. Eine andere Frau war nicht im Spiel, Georg liebte sie, also was konnte schon passiert sein, das sowohl Georg als auch Tante Sophie aus dem Gleichgewicht

gebracht hatte? Elisabeths Gedanken liefen im Kreis. Da sie logisch dachte, kam sie immer wieder auf Ferdinand zurück. Seit er überraschend in Pernwald aufgetaucht war, schien Sand in das Getriebe ihres vorausgeplanten Lebensablaufs geraten zu sein. Aber was konnte Onkel Ferdinand angestellt haben? Es war sinnlos, Mama zu fragen. Mama wußte nie etwas, und jede noch so vorsichtig formulierte Frage würde sie aus ihrer unaufgeklärten Ruhe scheuchen und fruchtloses Jammern und Klagen zeitigen. Elisabeth besuchte Mathilde, erzählte das wenige, das sie wußte, und fragte gerade heraus, ob Mathilde es für möglich halte, daß Ferdinand . . .

»Aber sicher«, unterbrach sie Mathilde. »Ferdinand bringt immer Ärger und Verdruß. So war er, so ist er und so wird er bleiben. Sicher hat er wieder etwas anbrennen lassen. Vielleicht hat er wieder einmal Spielschulden gemacht. Mein charmanter Bruder ist imstande, Pernwald zu verspielen, obwohl es ihm nicht gehört.«

Elisabeth behielt ihre Zweifel für sich. Sie konnte sich nicht vorstellen, daß etwas, das mit Geld zu vertuschen oder zu erledigen war, Tante Sophie derart aus der Fassung brachte. Auch Tante Mathilde wußte nichts und redete nur so daher. Daß Elisabeth keinen Anhaltspunkt fand, erhöhte ihre Nervosität. Plötzlich fiel ihr ein, daß ihr Vater als Bruder von Tante Sophie und Schwager von Onkel Ferdinand vom Anfang dieser seltsamen Ehe an dabeigewesen war. Vielleicht wußte er, was zwischen den beiden eigentlich gespielt wurde.

Seit Anton das Pernwald-Palais verlassen hatte, hatte Elisabeth nichts von ihm gehört und auch kaum mehr an ihn gedacht. Zu ihrer Verlobung hatte er ihr den Kanarienvogel geschickt, und Elisabeth kam peinlich zu Bewußtsein, daß sie sich nicht einmal bedankt hatte. Dennoch suchte sie auf dem Stadtplan den Vorort Penzing und die Ginsterweg-Gasse, in der Anton nun wohnte. Sie schwänzte den Unterricht in der Consularakademie und fuhr an einem klaren, windigen Tag hinaus an den Stadtrand, ihren Vater zu suchen und zu besuchen.

Elisabeth war noch nie in diesem Teil Wiens gewesen: in den winkligen Gassen mit dem holprigen Katzenkopfpflaster und den niedrigen, verwitterten Biedermeierhäuschen. Es war für

sie wie der Besuch in einer fremden Stadt. Die Sonne schien blaß und ohne zu wärmen, doch ihr milchiges Licht schmeichelte der Gegend und spiegelte sich in den kleinen Fensterscheiben. Das Haus 136 stand fast am Ende der Gasse, nahe am Bahndamm der Westbahn, es war einstöckig und windschief wie die anderen Häuser, doch die Fensterrahmen waren sauber gestrichen. Über dem Haustor prangte ein Schild: »Tierhandlung Maria Patuschka, Witwe, Eingang im Hof.«
Schon in der Toreinfahrt konnte Elisabeth das Zwitschern und Piepsen, das Rollen und Flöten vieler Vögel hören. Der Hof war gepflegt, in der Mitte stand ein Baum, umgeben von schmalen Blumenbeeten, und an der Hauswand entlang waren Sträucher gepflanzt. Im Sommer muß es hier hübsch sein, dachte Elisabeth verwundert und folgte dem richtungweisenden Zeigefinder einer an die Mauer gemalten Hand zu einer grüngestrichenen Tür. In dem engen Schaufenster neben der Türe war ein Aquarium mit Goldfischen ausgestellt, Zimmerefeu umrankte die Schaufensterscheibe und auf einer Stange hoch über dem Aquarium schaukelte ein Papagei.
Als Elisabeth die Tür öffnete, tönte die Türglocke ein melodisches »Ding-Dong«. Eine Sekunde lang verstummte das Zwitschern und Piepsen, um gleich darauf mit voller Lautstärke wieder einzusetzen. Das Geschäftslokal war klein, der Ladentisch befand sich dem Eingang gegenüber, an den Wänden auf Stellagen waren die Vogelkäfige angebracht und in der rechten Ecke, in einer Art vergitterter Gehschule rangelten ein paar junge Hunde unbestimmbarer Rasse miteinander. Der Mann hinter dem Ladentisch, in Hemdsärmeln und Weste, eine Latzschürze umgebunden, legte die Zeitung, die er gelesen hatte, weg, nahm die Brille ab und erhob sich. Mein Gott, das ist Papa, dachte Elisabeth und blieb störrisch mitten im Raum stehen.
Anton hatte sich in den wenigen Monaten sehr gewandelt. Sein Gesichtsausdruck war fröhlich, seine Augen blinzelten heiter über die Tränensäcke hinweg. Sogar sein Hinken glich, als er auf Elisabeth zuging, einem beschwingten Tanzschritt. »Darf ich sagen, es ist eine freudige Überraschung, daß du mich besuchen kommst?« fragte er.

Elisabeth schüttelte den Kopf. »Ich weiß nicht, was ich antworten soll, Papa.«
»Tritt erst einmal näher, schau dich um, gewöhn dich an die Umgebung. Wir haben Zeit.« Anton lächelte. »Das Schöne ist, hier draußen hat man immer Zeit für alles, auch für einander.« Er wies auf seinen Stuhl. »Willst du dich nicht setzen? Paß auf, unter dem Ladentisch steht ein Korb mit kleinen Katzen.«
Für einen Augenblick war Elisabeth abgelenkt. Voll Entzücken beugte sie sich nieder, griff in die weichen warmen Fellbündel und hob ein schwarz-weißes Kätzchen hoch. Das kleine Tier maunzte, schnupperte an ihren Fingern und rollte sich dann schnurrend auf ihrem Schoß zusammen.
»Also, wo drückt dich der Schuh?« Anton zündete sich eine Virginia an, eine der langen, dünnen Zigarren, die Kutscher, Dienstmänner und Portiers rauchten.
Der Anblick des billigen Glimmstengels brachte Elisabeth wieder auf den Boden der Tatsachen zurück. Mit einem Mal sah sie deutlich das schäbige Lokal, den ärmlichen, rotglühenden Kanonenofen, auf dessen Heizplatte ein Wassertopf brodelte, roch das Geruchspotpourri der vielen auf kleinem Raum zusammengedrängten Tiere, vermischt mit den Gulasch-, Zwiebel- und Küchendüften, die aus dem Nebenzimmer einsickerten. Sie legte die Katze in den Korb zurück, stand auf und wischte die Katzenhaare von ihrem Mantel ab. Die Tür zum Nebenzimmer öffnete sich, der Gulaschgeruch wehte vehement wie eine Böe herein. Auf der Schwelle stand eine rundliche Frau. Alles an dieser Frau war rund und weich, rosig und blond. Als sie Elisabeth sah, färbten sich ihre rosigen Wangen dunkelrot, ihre Kugelaugen richteten sich erschrocken auf Anton, sie deutete einen verlegenen Knicks an und stotterte: »Verzeihung, ich wollte nicht stören.«
»Aber Mizi, du störst doch nie«, sagte Anton freundlich. »Ich möchte dir meine Tochter vorstellen.« Und zu Elisabeth gewandt: »Frau Patuschka, meine . . .« Er suchte nach dem richtigen Wort. »Meine Hausfrau«, endete er.
Je länger Elisabeth diese Person, deren Körper sie unangenehm an eine rosa wabbelige Puddingmasse erinnerte, ansah, desto angewiderter wurde sie.

Die Frau streckte zaghaft die Hand zum Gruß aus. Elisabeth trat einen Schritt zurück und zog arrogant die Augenbrauen hoch.
Sie ist wie Florian, dachte Anton bekümmert, hochmütig und rücksichtslos.
Frau Patuschka ließ die ausgestreckte Hand verlegen sinken und ihre volle, weiche Unterlippe begann zu zittern. Anton kam ihr zu Hilfe: »Geh, Mizi. Koch uns einen guten Kaffee«, sagte er forciert heiter. »Stark, heiß und süß, wie nur du ihn kochen kannst.«
Sie nickte gehorsam und scheu wie ein Kind und verschwand.
»Du hast sie verschreckt.« Anton wandte sich Elisabeth wieder zu und zündete sich die kaltgewordene Zigarre an. »Sie ist ein seelenguter Mensch und macht sich Gewissensbisse, weil ich ihretwegen Frau und Kind verlassen habe. Sie sagt, ein Kind braucht seinen Vater immer, egal wie alt es ist.« Er sah Elisabeth an und fragte leise: »Brauchst du mich?«
»Nein«, erwiderte Elisabeth schroff. »Ich habe mich geirrt. Du kannst mir nicht raten und auch nicht helfen.«
»Du hast recht«, bestätigte Anton. »Ich kann dir nicht raten und auch nicht helfen, denn du bist mir so fremd wie ich dir.« Er betonte jedes Wort: »Du hast mich nie an dich herankommen lassen, hast dich immer gegen mich gestellt, hast mich abgetan. Du hast immer nur dein Ziel im Auge, ohne auf den Weg zu achten, der dorthin führt. Wenn du so weitermachst, wirst du einen schweren Weg gehen. Du wirst anecken und nicht nur andere verletzen, sondern auch dir selbst wehtun. Vielleicht wirst du dein Ziel erreichen, denn du bist hart im Geben und hart im Nehmen. Aber ob du dann noch genügend Gefühle haben wirst, um dich freuen zu können und glücklich zu sein . . .« Anton hob die Schultern: »Ich hoffe es für dich.«
Elisabeth hatte plötzlich das Bedürfnis, zu weinen, ihr Gesicht zu verstecken und sich gehen zu lassen. Sie unterdrückte diese Anwandlung mit aller Gewalt.
»Du brauchst dir um mich keine Sorgen zu machen«, erklärte sie patzig.
Mit dem Sinkenlassen der Schultern schien Anton kleiner zu

werden. »Jeder muß nach seiner Fasson selig werden«, sagte er resigniert.
»Allerdings, Papa.« Elisabeth ging zu der Eingangstür. »Wenn dieses Leben, das du nun führst, deine Fasson ist, dann ...« sie brach ab und vollendete den Satz höflich: »Ich wünsche dir alles Gute, Papa.«
Anton trat neben den Ladentisch und sah sie an. Die Sonnenstrahlen fielen schräg durch das enge Schaufenster und legten eine leuchtende Barriere zwischen Elisabeth und ihren Vater.
»Auf Wiedersehen«, sagte er leise.
»Adieu, Papa«, antwortete Elisabeth und drückte die Klinke nieder.
Auf dem Hof drehte sie sich noch einmal um. Sie sah durch die Scheiben, wie Anton sich bückte, die kleine schwarz-weiße Katze, die sie auf dem Schoß gehabt hatte, hochhob und zärtlich an sich drückte.

XIII.

Elisabeth begrub die Begegnung mit ihrem Vater tief in ihrer Erinnerung. Sie war sich nicht bewußt, warum sie sich so schroff und trotzig verhalten hatte, sie machte sich nicht klar, daß Eifersucht, gekränkte Eitelkeit und ein wenig Neid die unkontrollierte Reaktion ausgelöst hatten. Mit der selbstherrlichen Unduldsamkeit ihrer einundzwanzig Jahre strich sie ihren Vater ab, und da ihr der Verlust, den sie sich selbst zufügte, schmerzlich war, verhärtete sich ihre Ablehnung. Sie erwähnte ihren Vater mit keinem Wort und, wenn in der Familie die Rede auf Anton kam, preßte sie die Lippen zusammen, dachte an die widerlichen rosigen Fleischmassen der Frau, um deretwillen ihr Vater sie verlassen hatte – sie dachte in der Einzahl und vergaß, an ihre Mutter mitzudenken –, der Armeleutegeruch der kleinen Tierhandlung war ihr in der Nase geblieben und verstärkte ihren Widerwillen.
Mitten in die Verwirrung ihrer Gefühle platzte die Mitteilung,

daß Georg zwar nach Wien kommen, aber nicht im Pernwald-Palais wohnen, sondern im Hotel Sacher absteigen werde. Diese Nachricht verdrängte alle anderen Gedanken Elisabeths. Sie erkannte immer deutlicher, daß Georg sich von allem, was mit Pernwald zusammenhing, zu distanzieren wünschte. Sie überlegte nicht mehr »warum« und »wieso«, den Grund würde sie ja nun bald erfahren, aber die Vorstellung, sie sollte Georg nach Wochen der quälenden Ungewißheit und des Im-Dunkeln-Tappens in einer Hotelhalle, umgeben von störenden Menschen, wiedersehen, alarmierte sie. Das war nicht der geeignete Ort, um Gefühle zu zeigen, Entscheidungen zu treffen oder entgegenzunehmen. Der richtige Ort war das Bett. In der zärtlichen Intimität des Bettes sagten sich Dinge, die gesagt werden mußten, anders, konnten Entschlüsse umschmeichelt und Absichten liebevoll umgeändert werden. Sie deponierte bei dem Portier des Hotel Sacher einen Brief, in dem sie Georg in die Naglergasse bestellte, inspizierte das Absteigquartier, bezog das Bett frisch, heizte den Ofen auf tropische Temperatur und stellte einen Rosenstrauß auf den Tisch. Sie trug wieder den Schlüssel an der Silberkette um den Hals. Das kühle Metall auf der Haut zwischen ihren Brüsten gab ihr Zuversicht und Selbstvertrauen.

Schon eine Stunde vor der verabredeten Zeit wärmte sie das Bett, kuschelte sich in die Kissen, entschlossen, nicht nur keine Zeit zu verlieren, sondern auch das versäumte nachzuholen. Als sie seine Schritte auf der Treppe hörte, stand sie auf, zog ein neues, reizvolles Negligée aus dem Salon Farnhammer über und ging auf nackten Füßen an die Tür. In dem Moment, in dem Georg öffnen wollte, öffnete sie und legte ihm die Arme um den Hals. Sie sah noch, daß sein Gesicht schmal und mager geworden war, dann zog sie seinen Kopf zu sich herunter und küßte ihn.

Es war schon dunkel im Zimmer, und noch immer lagen sie nebeneinander. Elisabeths rechtes Bein streifte Georgs linkes. Sie fühlte sich entspannt, getröstet und geborgen. Sie wußte, woran sie war. Georgs Bericht – er hatte ihr, was geschehen war, in allen Einzelheiten geschildert – hatte sie nicht so sehr erschüttert, wie er es annahm. Was gingen schließlich die Kinder die Sünden ihrer Väter, respektive ihrer Mütter an? Wenn ihr jemand verraten würde, daß ihr Vater nicht ihr Vater sei, würde sie das nicht bis ins Mark treffen. Georg war viel schwerblütiger als sie, für ihn war es ein Schock, zu wissen, daß sein geliebter Papa nicht sein Papa war, aber deswegen blieb er, Georg, doch der, der er gewesen war. Der ganze Unterschied lag nur im Wissen um die Dinge. Georgs Reaktion der völligen Loslösung, der radikalen Durchtrennung der Nabelschnur, der stolze Verzicht auf alles, was mit »dieser Schande«, wie er es nannte, zusammenhing, erschien Elisabeth übertrieben. Doch sie hütete sich, auszusprechen, was sie dachte. Sie hing am Besitz. Etwas aufzugeben, das ihr gehörte oder worauf sie ein Recht zu haben glaubte, ein solcher Gedanke lag ihr nicht. Daß Georg auf Pernwald verzichten wollte, nahm sie daher nicht ernst. In der ersten Rage sagte sich so vieles, das sich später, wenn Zeit vergangen und Abstand gewonnen war, wieder einrenken ließ. Aber jetzt dagegen zu reden, hieße Öl ins Feuer gießen. Eigentlich tat ihr Tante Sophie viel mehr leid als Georg. Ein Kartenhaus aus Lüge und Betrug aufzubauen und über Jahrzehnte vor dem Einsturz zu bewahren, war eine Leistung, die Elisabeth imponierte. Und daß Tante Sophie es um der Erhaltung Pernwalds willen getan hatte, nahm Elisabeth für sie ein. Aber es war zu früh, mit Georg solche Argumente zu diskutieren. Räder drehen sich nur, so lange sie angetrieben werden. Wenn Georgs Gemütsbewegungen nicht weiter angekurbelt wurden, würden sie sich leerlaufen. Vielleicht war es sogar gut, wenn er erst einmal mit Onkel Max ins Ausland ging. Die Perspektive änderte sich mit der Entferung. Sie mußte nur dafür sorgen, daß er die Brücken hinter sich nicht verbrannte.

Elisabeth drehte den Kopf und küßte Georg in der Dunkelheit. Ihr Mund preßte sich auf seinen Hals, sie fühlte das rasche Pochen der Ader unter ihren Lippen und erkannte in jeh aufwallender Zärtlichkeit, daß er schwach war, rührend ratlos und schutzbedürftig. In diesem Augenblick liebte sie ihn wirklich in tiefer Verbundenheit mit mütterlicher Innigkeit und weiblicher Hingabe. Er brauchte sie. Sie war stark genug, um ihm zu helfen, für ihn zu sorgen und ihm das Rückgrat zu geben, das er von der Natur nicht mitbekommen hatte. Sie sagte: »Was immer auch geschehen ist und noch geschieht, wir beide bleiben zusammen. Ich will mit dir leben, egal wo. Ich liebe dich, alles andere zählt nicht.«

»Du willst alles aufgeben, um meinetwillen?« fragte Georg überwältigt. »Ich kann dir keine Sicherheit bieten. Ich weiß nicht, was werden wird. Ich weiß nur, daß Max und ich in ein paar Tagen in die Schweiz fahren und dann weiter nach England. Die Schweizer gewähren Fremden keine dauernde Aufenthaltsbewilligung. Die Engländer sind humaner. Aber ob wir in London bleiben können? Wir müssen ganz neu anfangen, wo immer sich eine Chance bietet.«

Elisabeth war zuversichtlich: »Ich spreche perfekt Englisch. Gemeinsam schaffen wir es. Glaube mir, wir bauen ein wunderschönes, neues Leben für uns auf. Irgendwo auf diesem Globus gibt es einen Platz für uns.«

Sie verschwieg, daß sie bereits an das Zurückkommen dachte. Wir sind beide jung, überlegte sie, während sie Georg an sich zog. Ein paar Jahre in der Fremde spielen keine Rolle. Pernwald bleibt uns und eines Tages werden wir in Pernwald leben. Wir machen nur einen Umweg.

»Ich will dich spüren. Komm zu mir«, flüsterte sie. »Ich will spüren, daß wir zusammengehören.«

XIV.

Nach Wochen völliger Apathie erwachte Sophies Selbsterhaltungstrieb. Die Lawine war niedergegangen und hatte ihre Pläne und Hoffnungen verschüttet. Nichts war zu retten gewesen, absolut nichts. Georg hatte sich kopfscheu und starrsinnig geweigert, sie zu sehen. Und Max hatte seine Partei ergriffen.

»Laß ihn seinen Kummer verkraften«, hatte er am Telefon gesagt. »Gib ihm Zeit. Er muß die Bitterkeit erst schlucken, um sie verdauen zu können.«

Sophie hatte heftig reagiert. »Du tust, als trüge ich allein die Schuld an allem. Du bist ebenso schuldig wie ich.«

»Sicher«, hatte Max sanft geantwortet und Sophie hatte aus dem Tonfall seiner Stimme gehört, daß er lächelte. »Sicher«, wiederholte er. »Ich bin gern bereit, die ganze Verantwortung zu tragen. Trotzdem will ich Georg nicht beeinflussen. Noch nicht. Ich will seinen Willen nicht brechen. Er soll zu sich selbst finden. Dann wird er auch zu dir zurückfinden.«
Max hatte leicht reden. »Geduld« und »Warten« waren schöne Worte, die sich leichthin sagten, aber Geduld zu haben und zu bewahren, ins Ungewisse zu warten, war eine schwer zu bewältigende Aufgabe.
Von Ferdinand hatte Sophie nichts mehr gehört und gesehen, aber sie machte sich nichts vor. Er würde wieder in Erscheinung treten. Wenn seine Zeit reif war, würde er seine Drohungen wahrmachen, zumindest versuchen, sie wahrzumachen. Noch nie war Sophie das Herrenhaus der Pernwalds so groß und so leer erschienen. Die Einsamkeit erdrückte sie. Drei Wochen lang den Wechselbildern ihrer Phantasie ausgeliefert zu sein, brachte Sophie beinahe um den Verstand. Das Personal ging auf Zehenspitzen vorsichtig um sie herum. Sicher wußten die Leute etwas. Wände hatten Ohren. Die Tatsache, daß der junge Herr Baron am Sylvesterabend Knall und Fall verschwunden, zu Max Fiedler gefahren und nicht mehr aufgetaucht war, mußte die Neugierde und den Tratsch anregen, ebenso wie Ferdinands plötzliche, spektakuläre Abreise. Aber zum ersten Mal in ihrem Leben war es Sophie einerlei, was die Leute sagten und dachten. Personal konnte man austauschen, Untergebene zum Schweigen bringen. Nicht zum Schweigen bringen konnte man hingegen Familienklatsch, und darum hatte Sophie darauf bestanden, daß sowohl Georg als auch Max absolutes Stillschweigen versprachen.
»Das ist das Wenigste, das ich verlangen kann«, hatte sie Max erklärt. »Noch hat Ferdinand seinen Triumph nicht an die große Glocke gehängt. Wer Zeit gewinnt, hat viel gewonnen. Wenn die Nazis wirklich in Österreich einmarschieren sollten, werden sie so viel Aufregung, Unglück und Unruhe mitbringen, daß dieser ›Familienskandal‹ im allgemeinen Wirbel untergehen wird.«
Max hatte sich für die Verschwiegenheit Georgs verbürgt und

Georg hatte sich einverstanden erklärt. Mit einer Ausnahme. Er hielt es für seine Pflicht, Elisabeth die volle Wahrheit zu sagen. Dagegen hatte Sophie nichts einzuwenden. Auf Elisabeth konnte sie sich verlassen. Elisabeth war klug, bedachtsam und überlegen. Schon oft hatte Sophie heimlich bedauert, daß sie ihrem Sohn nicht die Eigenschaften vererbt hatte, die sie an Elisabeth in so erfreulichem Maß feststellen konnte. Georg war zu weich, zu emotionell, zu gradlinig – ein romantischer Narr. Bei all seinem Verstand war er zu gutmütig, daher würde er immer Schläge beziehen, statt sie auszuteilen. Zu dem Schmerz, den Sophie die bevorstehende Trennung von Georg zufügte, kam die Sorge um ihn. Wie würde er sich draußen im Ausland behaupten? Würde Max ihm die Steine ebenso aus dem Weg räumen können, wie sie es bisher getan hatte?
Sophie hatte gar nicht erst versucht, Max den Entschluß auszureden, mit Georg ins Ungewisse zu gehen. Welche Alternative hätte sie anbieten können? Sie hatte Max eine Woche nach dem Überfall besucht, war bei seinem Anblick, obwohl sie sich vorbereitet hatte, zutiefst erschrocken gewesen und hatte begriffen, warum er fort wollte, so rasch und so weit wie möglich. Daß ihr Sohn sich nicht blicken ließ, erleichterte sie beinahe. Vor Max brauchte sie keine Rolle zu spielen, ihm konnte sie sich als das zeigen, was sie war: eine verzweifelte, enttäuschte, alternde Frau, die sich vor dem Leben zu fürchten begann.
Nachdem Georg nach Wien abgereist war, um die Paß- und Visaformalitäten zu erledigen, besuchte Sophie Max täglich. Mit einem Mal kam es ihr schwerer vor, sich von ihm zu trennen, als von ihrem Sohn. Sie saß ihm gegenüber, sah sein zerschundenes, von Blutergüssen entstelltes Gesicht und konnte die Tränen nicht länger zurückhalten. Plötzlich erkannte sie, wie wichtig seine Liebe für sie gewesen war, seine Freundschaft und Herzenswärme, die sie als selbstverständlich genommen hatte und die sie nun verlor. Erinnerungen bedrängten sie, kleine Einzelheiten aus der Vergangenheit fielen ihr ein: der kalte Winternachmittag in seinem spartanischen Büro und die heiße Teetasse, an der sie sich ihre Hände gewärmt hatte, bevor sie seine Geliebte geworden war, die heimlichen Rendezvous der ersten Zeit und die gemeinsamen Reisen nach dem

Krieg. Sie dachte an die geschäftlichen Pläne, die sie zusammen verwirklicht hatten, und an den gemeinsamen Erfolg. Sie hatten oft gestritten und sich doch immer verstanden. Ihre Erinnerungen waren auch die seinen. Und nun ließ er sie allein. Ohne Wärme, ohne die innere Ruhe, die seine Freundschaft ihr gab, ohne Sicherheit. Sie schluchzte, verschreckt wie ein Kind, das sich im Dunkeln ängstigt.

»Hör auf zu weinen, meine Liebe«, sagte Max sanft. »Das paßt nicht zu dir. Du bist stark, mutig und tapfer. Du hast der Wirklichkeit immer ins Gesicht gesehn.«

»Das sagst du so«, schluchzte Sophie. »Ich bin des ewigen Kampfes müde. Wofür soll ich noch kämpfen, wenn ihr mich verlaßt, du und Georg?«

Max sah sie an. Er sah ihr verweintes, verwelktes Gesicht mit den scharfen Falten um Nase und Mund, und vor ihm tauchte das Gesicht der jungen Sophie auf, unbeugsam und entschlossen, ihren Willen durchzusetzen. Er seufzte. Daß auch er sich von ihr trennen mußte, daß auch er sie, sein Heim, sein Geschäft, sein Land verlassen mußte, war ihr nicht zum Bewußtsein gekommen. Sie hatte die Möglichkeit, alles im Stich zu lassen und mit ihm zu gehen, niemals erwogen. Sie hatte keine Phantasie und kannte keine Furcht – er beneidete sie. »Du wirst weiterkämpfen«, sagte er. »Du mußt weiterkämpfen für etwas, das du mehr liebst als mich, sogar mehr als Georg, wenn du es auch vielleicht nicht weißt. Du wirst um und für Pernwald kämpfen, solange du atmest.«

Sophie hörte auf zu weinen. Sie putzte sich die Nase, und während sie sich hinter dem Taschentuch versteckte, dachte sie erschüttert: Max hat recht. Sie dachte an die wogenden Felder und Wiesen, an die majestätischen Wälder, an die einmalige Schönheit des Herrenhauses, an die kühlen, grünen Schatten der Kastanienbäume, sie dachte daran, daß es ausschließlich ihr Verdienst war, daß es Pernwald in seiner Größe noch gab, und ihre Lebensgeister begannen sich von neuem zu regen. »Ich weiß ja gar nicht, ob ich Pernwald behalten kann«, sagte sie stockend, um seinen Rat zu provozieren.

Max unterdrückte ein Lächeln. Die Erde hat sie wieder, dachte er und nickte. »Du wirst Pernwald behalten, wenn du dich absicherst. Niemand wird mehr beanspruchen, als er glaubt, daß ihm gebührt. Sollte Ferdinand mit seinen braunen Freunden auftauchen, und sollten diese Gauner einen Dreh gefunden haben, um sich über Gütertrennung und Eheverträge hinwegzusetzen, so wird Ferdinand doch nicht mehr fordern können, als den Teil des Besitzes, der zum Zeitpunkt der Eheschließung der Familie Pernwald gehörte. Von diesem Teil des Besitzes wurde Elisabeth bereits auf Veranlassung ihres Vaters die Hälfte, die ihrer Mutter zufiel, überschrieben. Wenn du nun Elisabeth, deiner ›doppelten Nichte‹, die andere Hälfte des Herrenhauses, des Parks, des Seegrunds und der Wiesen hinter dem Haus überschreibst – und das kannst du tun, wenn du deinen Sohn, der gegen deinen Willen ins Ausland ging, offiziell auf den Pflichtteil setzt, der aus den Liegenschaften, die du, Sophie von Pernwald, aus eigenen Mitteln im Laufe der Jahre erworben oder zurückgekauft hast, erstellt werden kann, hat Ferdinand keinerlei Handhabe gegen dich. Ich wüßte nicht, wie er seiner Nichte, einer reinblütigen Arierin, den Besitz streitig machen könnte.«

Max fuhr sich mit der Zunge über die schorfigen Lippen und griff nach einer Zigarette. »Du weißt, ich arbeite schon seit geraumer Zeit mit Doktor Alois Graf zusammen. Er war mein Mitarbeiter, er wird mein Nachfolger sein. Er ist ein braver Nazi und wird meine Kanzlei übernehmen, bevor er sie arisieren muß. Er hängt sein Mäntelchen nach dem Wind, ich nehme ihm das nicht übel, er möchte sich von dem Kuchen, der ihm angeboten wird, ein möglichst großes Stück herunterschneiden. Aber er ist kein Fanatiker, man kann mit ihm reden und ...« – Max rieb Daumen und Zeigefinger aneinander – »... er ist für einleuchtende Argumente zugänglich. Er betreut schon Helenes Leibrentenvertrag. Ihm liegt an einer reichen, angesehenen Klientel. So lange du ihn gut honorierst, wird er dir ergeben sein, einerlei, ob die Machthaber braun, rot, schwarz oder von mir aus grün gefärbt sind.«

Sophie hatte ihren Trennungsschmerz vergessen. Sie saß aufrecht in ihrem Fauteuil und ihre Augen blitzen. »Ich werde gleich morgen, eine Verabredung mit diesem Doktor Graf treffen. Je früher, desto besser. Aber ...« Das Licht in ihren Augen

erlosch. »Aber, was geschieht, wenn Elisabeth sich entschließt, Georg ins Ausland zu folgen? Junge Leute sind so impulsiv. Er ist ihr Verlobter. Vielleicht glaubt sie, es ist ihre Pflicht, ihm in guten wie in schlechten Zeiten zur Seite zu stehen. Wenn auch sie geht, was wird dann aus Pernwald?«
Max blies einen kunstvollen Rauchring durch seine Zahnlükke. Er verzog den Mund und hielt sich die Hand vor. »Ich habe mich schon so an die Lücke gewöhnt – wenn mir der Zahnarzt meinen dritten Vorderzahn einsetzt, wird mir direkt etwas fehlen«, murmelte er hinter der vorhaltenen Hand. »Was Elisabeth betrifft, halte ich es überhaupt für besser, wenn sie nicht gleich mit-, sondern wenn sie nachkommt. Georg wird seinen vollen Einsatz brauchen, um in der Fremde Fuß zu fassen. Private Ablenkungen könnten sich als hinderlich erweisen. Allerdings . . .« Max machte eine beabsichtigte Pause und warf seinen Köder aus, »Allerdings weiß ich nicht, wie man Elisabeth dazu bringen kann, erst nachzukommen, wenn Georg etabliert ist.«
Sophie schnappte den Köder. »Laß mich überlegen«, sagte sie und dachte: wenn Elisabeth bleibt, bin ich nicht so allein. »Laß mich überlegen«, wiederholte sie nachdenklich, »mir wird etwas einfallen.«
»Ich bin sicher, daß dir etwas einfällt«, bestätigte Max zufrieden und drückte seine Zigarette aus. »Es würde sich ja nicht um eine lange Wartezeit handeln, ein paar Wochen . . .« Er setzte vorsichtig hinzu: »Ein paar Monate – vielleicht ein Jahr . . .«
Sophie hörte kaum hin. Sie kalkulierte: Wenn ich Elisabeth halte, halte ich durch sie Georg; und wieder dachte sie: Ich muß Zeit gewinnen. Sie war nervlich erschöpft, erschüttert und verwirrt. Sie brauchte Ruhe und Selbstbesinnung, um die veränderte Lage – ihre veränderte Lage zu überblicken und einzuschätzen. Ihr kam erschreckend zum Bewußtsein, wie einsam sie war. Wer blieb ihr noch, wenn Max und Georg fort waren? Ihr Bruder war eine versoffene Existenz, sie hatte sich nie mit ihm verstanden. Helene war eine lebensuntüchtige Träumerin, deren weltfremde Gedanken bei der kleinsten Störung von außen wie aufgescheuchte Hühner durcheinanderliefen,

und Mathilde – Sophie wurde schlecht, wenn sie an das eingekerbte Lächeln Mathildes dachte. Eigentlich blieb nur Elisabeth, die ihre Sprache sprach und verstand, die ihre Logik begriff und der ihre Entscheidungen einleuchteten. Sophie schob das Kinn vor. Sie hatte Pernwald als Lockmittel. Es würde sich zeigen, ob Elisabeth mehr eine Dobrany war oder mehr eine Pernwald. Das war nicht eine Frage des Bluts, sondern des Verstandes. Wenn sie Elisabeth richtig einschätzte, wenn sie den Verstand der weiblichen Dobranys hatte, würde sie nach Pernwald kommen und bleiben.

Sophie erhob sich. »Morgen komm ich dich wieder besuchen«, sagte sie zu Max. »Übrigens, wann erwartest du Georg aus Wien zurück? Ich möchte ihm wenigstens Lebewohl sagen.«

Max war ebenfalls aufgestanden. Er legte behutsam den Arm um Sophies Schulter. »Georg kommt nicht mehr nach Ischl. Es ist besser so. Der Abschied hätte nur Tränen und Vorwürfe, Erklärungen und Entschuldigungen gezeitigt. Die Entfernung stimmt gnädiger, die Erinnerung verschönt. Was nicht gesagt wurde, kann nicht nachgetragen werden.«

Sophie legte mit einer kindlich-rührenden Bewegung die Hände vor die Augen und schluchzte. Max zog sie näher an sich. »Ich war immer dein ehrlichster Berater und dein bester Anwalt. Glaub mir, Sophie, du verlierst deinen Sohn nicht. Im Gegenteil, ich werde alles dazu tun, daß er dich mehr liebt, mehr respektiert und dich besser versteht, als er es heute könnte. Wir brauchen alle miteinander nur ein bißchen Abstand zu den Ereignissen.«

Da Sophie nicht aufhörte zu weinen, drehte Max den Spieß um. »Mach es mir nicht so schwer«, bat er. »Wie soll ich für Georg und mich ein neues Leben aufbauen, wenn mich die Vorstellung deines Unglücks belastet? Wie kann ich auf ein glückliches Ende hoffen, wenn du meine Hoffnung nicht teilst? Laß uns nicht destruktiv sein, Sophie, sondern konstruktiv. Nützen wir die kleine Weile, die uns beiden noch bleibt.«

XV.

Mathilde von Kroneck war immer in Eile, die sie sich angewöhnt hatte, um ihre Tage mit Nichtigkeiten vollzustopfen, mit unnötigen Beschäftigungen und erschöpfender Betriebsamkeit. In demselben Maß, in dem Männer das Interesse an ihr verloren hatten, hatte sie sich dazu gezwungen, ihr Interesse an Männern zu unterdrücken. Es war entwürdigend und lächerlich, wenn eine Frau, die ihren Zenith überschritten hatte, Jagd auf Männer machte, sich so weit erniedrigte, daß sie sich mit Liebesalmosen abspeisen ließ.
Was immer Mathilde auch getan hatte, sie hatte es mit Stil und Haltung getan und sie trat auch mit Stil und Haltung als Frau von der Bühne ab. Sie hatte nach demselben Strohhalm gegriffen, nach dem die meisten ihrer Altersgenossinen griffen: sie hatte Bridge zu spielen gelernt. Die Zahl der verblühten, unruhigen Frauen, die die Spielzimmer der Kaffeehäuser bevölkerten, ging in die Legionen. Geteiltes Leid war halbes Leid, bei den täglichen Damenpartien durch die Bridge-Partnerschaft sogar gevierteltes Leid und Mathilde fand Trost in dieser Schicksalsgemeinschaft. Sie liebte das Gefühl, die glänzenden glatten Karten in ihren noch immer schönen Händen zu halten, und bald spielte sie Bridge mit fast der gleichen Hingabe, mit der sie sich früher Männern ergeben hatte.
Mathilde hatte sich immer schon mehr für Frauen als für Männer angezogen. Männer bemerkten den raffinierten Schnitt eines Kleides, den Faltenwurf eines Rockes, die Machart einer Bluse nicht, sie schauten auf Beine, Busen, auf die Figur. Frauen schätzten die Verpackung ein, nicht so sehr den Inhalt. Da Mathilde sich nun in eine weibliche Welt begeben hatte, mehrten sich ihre Gänge zu Schneiderinnen und Modistinnen. Zweimal hintereinander einen »großen Schlemm« in demselben Kleid anzusagen, kam beinahe einem Fauxpas gleich; außerdem bereitete der Neid in den Augen ihrer Bridge-Partnerinnen Mathilde zusätzliches Vergnügen.
Das Spielzimmer ihres Stammcafés wurde Mathildes eigentliches Zuhause. Die Vormittage waren mit Friseur, Maniküre, Anproben in Haute-Couture-Salons und mit Einkäufen ausge-

füllt. Was sonst um sie her vorging, interessierte sie kaum. In den Zeitungen las sie nur die Gesellschaftskolumnen, die Theater- und Opernkritiken, um *up-to-date* zu sein und darüber sprechen zu können. Da sie ihr Frühstück im Bett einnahm, sah sie ihren Mann nur am Abend. Ihre Tochter war in England verheiratet, der Haushalt lief wie am Schnürchen, und Mathilde war im großen und ganzen zufrieden. Nur daß Stefan nach wie vor pedantisch auf Pünktlichkeit hielt, störte sie. Wenn sie um vier Uhr nachmittags zu spielen begann, sogar, wenn sie um drei Uhr begann, wie konnte sie die launischen, nur dem dominierenden Verstand gehorchenden Karten punkt halb acht aus der Hand fallen lassen, nur weil um acht die Suppe aufgetragen wurde? Wie konnte sie das Temperament ihres sonst liebeleeren Herzens drosseln, nur weil Stefan fünf Minuten nach acht den leichten Rotwein entkorkte, den zu trinken er sich angewöhnt hatte? Es erbitterte Mathilde, daß Stefan sie auf Trab hielt, daß sie sich seinetwegen immer in Eile befand, immer ein wenig zu spät war und sich jeden Abend um Ausreden für harmlose Verspätungen bemühte, die einer Ausrede gar nicht wert waren.

Am 17. Februar 1938 war Mathilde ausnahmsweise nicht in Eile. Die Karten hatten sie verwöhnt. Den ganzen Nachmittag lang hatten sie sich als treu und verläßlich erwiesen und ihr ermöglicht, vor der Zeit nach Hause zu kommen. Mathilde war daher entspannt und friedlich, als sie die Klingel ihrer Wohnungstür drückte. Ihr weißer Zwergspitz bellte durchdringend schrill, wie jeden Abend, doch an diesem Abend hörte Mathilde nur seine Wiedersehensfreude und nicht den Lärm. Lora, der Papagei, kreischte wie an jedem Abend, doch an diesem Abend dachte Mathilde sentimental, daß sie Lora seit über dreißig Jahren besaß und daß der weiße, gelbschopfige Kakadu aus ihrem Leben kaum wegzudenken war. Die Wohnung war warm und anheimelnd, in allen Vasen standen, ihrer Weisung gemäß, frische Blumen und, was das beste an diesem Abend war, Stefan hatte sich endlich einmal verspätet. Es war schon zwanzig nach acht, als er den Salon betrat, offenbar direkt aus seinem Büro kommend, denn sein Anzug war verdrückt und sein Hemdkragen verknittert. Statt sie zu begrüßen und sein

Zuspätkommen zu erklären, sagte er: »Ich habe mit dir zu reden, Mathilde. Gib dem Personal Bescheid, daß ich unter keinen Umständen gestört zu werden wünsche.«
Mathildes Mund lächelte wie immer: »Du scheinst zu vergessen, wie spät es schon ist«, sagte sie aufsässig. »Die Suppe wird kalt. Du kannst nach dem Essen mit mir reden.«
Stefan brauste auf: »Zur Hölle mit der Suppe, mit dem Essen, mit dem ganzen Getue. Ich habe mit dir zu reden, und du hast mir zuzuhören.«
Mathilde staunte. Seit wann sprach Stefan in einem solchen Ton zu ihr? Während sie an die Tür ging, um das Stubenmädchen anzuweisen, dachte sie: Wenn das vor ein oder zwei Jahren passiert wäre, hätte ich geglaubt, Stefan ist mir auf etwas draufgekommen. Aber heute ist mein Gewissen so rein wie das einer unschuldigen Jungfrau.
»Ich habe deine Weisungen weitergegeben«, stichelte sie, als sie in das Zimmer zurückkam. »Also bitte, ich höre.«
»Es ist besser, du setzt dich.«
Stefan trat an seinen Schreibtisch, holte aus seinem Aktenkoffer Papiere hervor und breitete sie auf der Tischplatte aus. »Was ich dir zu sagen habe, sagt sich nicht schnell und nicht leicht. Da du es fertiggebracht hast, die ganze Zeit hinter dem Mond zu leben, muß ich dir zuerst die Lage erklären, bevor ich zu den Konsequenzen kommen kann. Nimm zur Kenntnis was geschehen ist, damit du ermessen kannst, was geschehen wird. Bundeskanzler Schuschnigg wurde zu einem Besuch bei Hitler in Berchtesgaden nicht gebeten, sein Erscheinen wurde befohlen. Hitler hat Schuschnigg abgekanzelt wie einen Schulbuben. Hitler drohte mit dem sofortigen Einmarsch deutscher Truppen in Österreich, falls seine Forderungen – Amnestie für verhaftete Nationalsozialisten und die Ernennung von Seyß-Inquart zum Innenminister – nicht auf der Stelle erfüllt würden. Das bedeutet, daß die Nazis offiziell an die Macht kommen. Die Annexion Österreichs wird in Kürze erfolgen, der Einmarsch der deutschen Truppen steht unmittelbar bevor.«
Stefan holte schwer Atem und fuhr sich mit der Hand über die Stirn. »Ich bin als prominenter Anti-Nazi bekannt und ver-

schrien. Ich habe nie ein Hehl aus meiner Gesinnung gemacht. Ich war bei der Heimwehr und bei der Vaterländischen Front. Das allein genügt, mich einzusperren. Seit Monaten helfe ich meinen Klienten, mit ihrem Geld und Gut ins Ausland zu entkommen. Ich will dich nicht mit Details beschweren. Im Gegenteil, je weniger du von meiner Tätigkeit weißt, desto besser wird es für dich sein.« Er räusperte sich: »Ich schließe meine Kanzlei. Das heißt, ich übergebe sie einem Kollegen, bevor die Nazis sie enteignen. Ich habe meine Angelegenheiten geordnet und auch die deinen. Ich gehe nach England, zu Charlotte. Schon vor einem Jahr, als ich mit ihr drüben war, hab' ich alles in die Wege geleitet. Da ich dir ein so unbequemes, unsicheres Leben dort nicht zumuten kann, habe ich hier für dich vorgesorgt.«

Stefan suchte unter den Papieren und zog ein Schriftstück hervor: »Hier ist deine Scheidungsklage gegen mich, du brauchst nur zu unterschreiben. Ich nehme alle Schuld auf mich.«

Mathildes Mundwinkel hatten sich gesenkt. Ihr ständiges Lächeln war zerbrochen und tiefe Falten zersplitterten ihr Gesicht. Sie öffnete den Mund, aber es kam kein Laut über ihre Lippen. Stefan fuhr fort: »Die Scheidung ist eine reine Formsache. Ich bin der schuldige Teil und erkläre mich bereit, für deinen Lebensunterhalt zu sorgen. Mein in Österreich verbleibender Besitz garantiert dafür. Dein persönliches Vermögen wird von meinem Nachfolger verwaltet werden, du wirst also genug zum Zubuttern haben. Ich fürchte allerdings, du wirst dich etwas einschränken müssen. Die große Wohnung, das Personal, deine laufenden Ausgaben, das Auto mit Chauffeur – all das wirst du allein nicht schaffen. Das beste wird sein, du ziehst zu Helene ins Palais Pernwald. Dort ist genügend Platz, die Personalkosten wären halbiert, und du wirst standesgemäß leben können.«

Mathilde starrte Stefan an, als ob sie ihn vorher noch nie richtig gesehen hätte. War das zu fassen? War das zu glauben? Da saß ihr der Mann gegenüber, mit dem sie ihr Leben verbracht hatte, dem sie eine Tochter geschenkt hatte, dem sie die schönsten Jahre gegeben hatte – nein, das stimmte nicht ganz, sie hatte auch anderen davon abgegeben, aber das gehörte jetzt

nicht zur Sache –, da saß also ihr Mann und mutete ihr allen Ernstes zu, als verlassene einsame Frau zu einer anderen verlassenen, einsamen Frau, wenn es auch ihre Schwester war, zu ziehen, in ein altes düsteres Palais, in ein Mausoleum. Er mutete ihr zu, sich einzuschränken, sich plötzlich um Geld kümmern zu müssen, gemeinsam mit Helene in Gram zu versumpfen, nur mehr Erinnerungen zu haben und keine Gegenwart, keine Zukunft. Und er, Stefan würde in London neu beginnen, womöglich mit einer neuen Frau – kein Topf war so alt und so schief, daß sich nicht doch noch ein Deckel fand – er wollte also in einer mondänen Weltstadt leben, und soweit sie seine Tüchtigkeit kannte, würde er gut leben und sie sollte quasi im Ausgedinge versauern?
Mathilde kam nicht auf die Idee, daß Stefan vielleicht die Trennung wünschte, und wischte seine sorgsam konstruierten Pläne mit einer Handbewegung vom Tisch. Sie war von der Naivität seines Vorschlags so verwundert, daß sie sich nicht einmal ärgerte. Sie schüttelte nur den Kopf und sagte: »Du mußt den Verstand verloren haben.«
»Wie bitte?« fragte Stefan perplex.
»Ich zweifle an deinem Verstand«, wiederholte Mathilde. »Du sprichst von Trennung, von Scheidung – du mußt übergeschnappt sein. Ich denke nicht daran, mich von dir zu trennen. Wenn du nach London übersiedelst, übersiedle ich mit.« Sie zitierte: »Wo du hingehst, da will auch ich hingehn. Das hab' ich dir vor dem Altar versprochen, und daran halte ich mich.«
Stefan drehte die Scheidungsklage zwischen den Fingern. »Das willst du wirklich für mich tun? Auf dein gewohntes Leben verzichten und mir in die Fremde folgen? Hängst du so sehr an mir?«
Mathilde hatte ihr Lächeln wiedergefunden. »Aber natürlich, mein Lieber«, sagte sie leichthin. »Du bist der einzige Mann, mit dem ich alt werden will.« Sie bereute den Satz sofort. Es war unklug »einziger Mann« zu sagen und das Wort »alt« war auch nicht gut gewählt, doch zum Glück war Stefan nicht hellhörig. Sie deutete rasch auf das Schriftstück in seinen Händen. »Den Wisch kannst du zerreißen. Sich so etwas Dummes auszudenken, ist deiner nicht würdig.« Sie zündete sich eine

Zigarette an und blies den Rauch durch die gespitzten Lippen. »Sag mir lieber, wann wir abreisen, damit ich meine Vorbereitungen treffen kann. Ich muß mich um den Spediteur kümmern, damit die Möbel termingerecht verschifft werden. Ich muß meine Garderobe inspizieren, tausend Dinge sind noch zu erledigen.«
»Du stellst es dir zu einfach vor«, sagte Stefan hilflos und zerriß langsam das Dokument. »Das ist keine Vergnügungsreise. Du kannst nicht Sack und Pack mitnehmen, womöglich auch noch den Hund.«
»Zerbrich dir nicht meinen Kopf«, sagte Mathilde aggressiv. »Ich kann und ich werde. Nicht einen Nagel in der Wand laß ich den Nazis, die uns vertreiben. Verlaß dich auf mich.« Sie lächelte: »Ich habe überall gute Freunde. Wir nehmen alles mit und fangen in London so an, wie wir hier aufgehört haben.«
Stefan seufzte. Aber es war ein glücklicher Seufzer.

XVI.

Helene war verstört von dem für sie überraschenden Exodus der Menschen, an die sie gewöhnt gewesen war. Max Fiedler war fort, auch Georg hatte sich verabschiedet, wie er gesagt hatte für längere Zeit, aber besonders hart hatte sie die Abreise Mathildes getroffen. Mathilde hatte ihr keinen Zweifel gegönnt, daß ihr Auszug endgültig war und die Aussicht auf ein Wiedersehen in den Sternen stand. Seltsam verjüngt durch die aufregenden Veränderungen in ihrem Leben, hatte Mathilde ihr – leichten Herzens, wie es Helene schien – Adieu gesagt und war mit Mann und Hund, mit Hab und Gut in Richtung England verschwunden.
Helene verstand die Welt nicht mehr. Wie konnte es geschehen, daß Bindung und Gewohnheit, Familie und Tradition nichts mehr wert waren? Alles zerfiel, wurde noch zu Lebzeiten Staub und Asche, und man blieb schweren Herzens übrig mit leeren Händen und leerem Kopf. Mathilde war weg, von Ferdinand hatte Helene seit Monaten kein Wort gehört, Sophie

hatte sich hinter der Distanz zwischen Wien und Pernwald verschanzt, und Elisabeth war von einer schlecht verhehlten Nervosität erfüllt, die Helene nicht abzuschätzen wußte und die sie zusätzlich verwirrte.
Elisabeth beobachtete die Verwirrung ihrer Mutter mit Besorgnis und ein wenig belästigt. Sie war so vollauf mit ihren eigenen Angelegenheiten beschäftigt, daß jede weitere Belastung sie bedrückte. Der Abschied von Georg war sentimental und aufwühlend gewesen, sie hatten sich alles gesagt, was sich Liebende zum Abschied sagen, sie hatten sich ewige Treue und Liebe geschworen – aber je mehr Zeit seit dem Abschied verging, desto unsicherer begann Elisabeth sich zu fühlen. Der erste jugendliche Überschwang, die Abenteuerlust einer Reise in die große fremde Welt verflüchtigten sich, Zweifel und Bedenken bekamen Gewicht. Auf der einen Seite stand Pernwald, Tante Sophie und Mama, das gewohnte Leben in geordneten Verhältnissen, die Hunde, die Pferde und wieder Pernwald, auf der anderen Seite stand allein Georg – Onkel Max war zwar sicher eine Hilfe, aber auch eine Belastung. Er war der störende Dritte, und der Gedanke, sich um ihn kümmern zu müssen, ihn betreuen zu müssen, ihn in dem neuen, anfänglich gewiß schwierigen Leben zu zweit mitschleppen zu müssen, war durchaus unerfreulich. Sicher, sie liebte Georg, sie war seine Braut und seine Geliebte, aber Georg in London war ein anderer Mann als Georg in Pernwald. Je mehr Elisabeth grübelte, desto mehr ›wenns‹ und ›abers‹ fand sie. Es machte ihr daher nichts aus, daß sie Beschaffung der nötigen Papiere und die Ausstellung des englischen Visums länger dauerte als angenommen. Auch Helenes Nervenzustand bestärkte das Zögern Elisabeths. Konnte sie ihre sensible, labile Mutter sich selbst überlassen? Die Wahrheit konnte sie ihr nicht sagen, Mama war zu schwach, um die Wahrheit zu ertragen. Sollte sie sie anlügen? Ihr sagen: »Ich fahre zu Besuch nach London, ich bin bald wieder zurück«, und sie ihrem einsamen Schicksal überlassen?
Elisabeth dachte voll Bitterkeit an ihren Vater. Wenn man ihn einmal brauchen konnte, war er nicht zu haben. Er mußte mit dieser rosigen Puddingmasse leben, junge Hunde entwurmen

und Kanarienvögel züchten, statt der Familie gegenüber seine Pflicht und Schuldigkeit zu erfüllen. Elisabeth machte ihren Vater zum Sündenbock ihrer eigenen Entschußlosigkeit, es erleichterte ihr Gewissen, aber es half ihr nicht weiter. Sie mußte die ganze Angelegenheit mit Tante Sophie durchsprechen, bevor sie eine endgültige Entscheidung traf. Tante Sophie war klug und lebenstüchtig, sie liebte sowohl Georg als auch Pernwald, konnte sich daher am besten in Elisabeths Situation versetzen. Ja, sie würde zu Tante Sophie fahren und ihren Rat einholen.

Als Elisabeth an Pernwald dachte, wurde ihr warm ums Herz. Jetzt blühten schon die Veilchen und der Goldregen, das erste, junge Grün der Wiesen war gesprenkelt vom Gelb der Primeln, und im Wald roch es nach Frühling. Auf den Bergspitzen lag noch Schnee, der Himmel war blau, wie Seide, und in den Stallungen stampften und wieherten die unruhigen Pferde, die hinaus wollten in die Sonne und an die Luft.

Eine unbändige Sehnsucht nach Pernwald überfiel Elisabeth. Sie verstand, warum Sophie ihr persönliches Glück geopfert hatte, um Pernwald zu erhalten. Aber das Wort Opfer stand nicht in Elisabeths Vokabular. Sie wollte alles haben, den Mann, den sie liebte, und Pernwald dazu. Die Falte zwischen ihren Brauen vertiefte sich. Sie wußte noch nicht, wie sie ihr Ziel erreichen sollte, sie wußte nur, daß sie es erreichen mußte, koste es, was es wolle.

Den verzweifelten Aufruf von Bundeskanzler Schuschnigg an das österreichische Volk zu einem Volksentscheid über die Unabhängigkeit Österreichs beantwortete Hitler mit sich überstürzenden Ultimaten, denen sich Schuschnigg am Abend des 11. März 1938 beugte. Er verzichtete auf Widerstand, »damit nicht deutsches Blut vergossen werde«, trat zurück und übergab die Regierung dem Nationalsozialisten Seyß-Inquart. In der Nacht vom 11. auf den 12. März 1938 marschierte deutsches Militär in Österreich ein, und am 13. März verkündete Hitler, der seinen Truppen gefolgt war, in Linz die »Wiedervereinigung der Ostmark mit dem deutschen Reich.« Aus dem Radio dröhnten Militärmärsche, unterbrochen von dem frene-

tischen Jubel der »Ostmärker, die heim ins Reich gefunden hatten.« Der Radioreporter aus Linz war von der Größe des historischen Moments hörbar überfordert, er verstieg sich in seiner akustischen Schilderung der gewaltigen Ereignisse in Linz sogar zu der Formulierung: »Es herrscht Kaiserwetter bei dem Einzug unseres geliebten Führers in Linz!«
Sophie drehte das Radio ab. Die Zeit der Massenverblödung bricht an, dachte sie giftig. Man könnte über soviel Dummheit lachen, wenn uns das Lachen nicht schon vergangen wäre.
Ein Glück im Unglück war, daß Elisabeth und Helene, aus Wien kommend, noch vor dem »historischen Geschehen« in Pernwald eingetroffen waren und Sophie an diesem trotz Sonnenschein und blauem Himmel für sie dunklen Tag nicht allein war. Helene, von der Fahrt angestrengt, da jede vertraute Sicht ihr Tränen abgefordert hatte, im Gedanken an die »Dahingegangenen« – Helene sprach von Mathilde, Max und Georg in einem Ton, als glaubte sie nicht an ein Wiederkommen – Helene ruhte mit Baldriantee und Kopfschmerzen in ihrem Zimmer. Und Elisabeth? Elisabeth war davon, daß Sophie ihr die Hälfte des Herrenhauses überschrieben hatte, so überwältigt, daß alles, was sonst noch geschehen war und geschah, von untergeordneter Bedeutung war. Es ist ein Segen, jung zu sein und nicht weiter zu denken, als die Nase reicht, überlegte Sophie und stellte das Radio wieder an. Wieder johlten die Massen, aber nun schon zu Sprechchören formiert: »Heil! Heil! Heil! Ein Volk! Ein Reich! Ein Führer!«
Sophie verzog angeekelt den Mund: schon jubelten die Horden gedrillt, organisiert, dressiert, schon plärrten sie gedankenlos Parolen nach, die ihnen vorgegrölt wurden. Es war erstaunlich, wie rasch ein ganzes Volk verdummte. Sophie hatte plötzlich das Gefühl, keine Luft mehr zu bekommen, sie ließ das Radio dröhnen und ging hinaus, über die Terrasse, in den Garten. Neben der Fahnenstange rechts von der Auffahrt stand der Diener Bastian, der als junger Bursch in die strenge Schule des inzwischen schon legendär gewordenen Dieners Kaspar gegangen war, mit dem Stallburschen Franz. Als Bastian Sophie kommen sah, ging er ihr entgegen, sein verrunzeltes Gesicht zeigte einen verlegenen Ausdruck: »Verzeihung, Frau Baronin«,

sagte er, »aber es ist angeordnet worden, daß geflaggt werden muß. Ich war unten im Dorf, um die Fahne zu besorgen. Die Schneiderin Wally hat die ganze Nacht durchgenäht und jetzt verkauft sie die Fahnen wie heiße Semmeln. Bitt' schön, Frau Baronin, ich hab' eh die kleinste genommen.« Er zeigte auf die Hakenkreuzfahne, die der Stallbursch gerade an den Schnüren befestigte. »Die Fahne ist nicht viel größer als ein Handtuch. Was hätt' ich denn machen sollen? Wenn es doch angeordnet worden ist?«

»Ich danke dir, Bastian«, erwiderte Sophie freundlich. »Du hast richtig gehandelt. Eine Verordnung muß man befolgen.«

Bastian verbeugte sich erleichtert und gab Franz ein Zeichen – der zog die Fahne hoch. Sophie trat näher und folgte mit den Blicken dem roten Tuch mit dem schwarzen Hakenkreuz im weißen Kreis, das in den hellen Himmel hochflatterte. Der Spaniel Paul, der anscheinend ihre Stimme gehört hatte, kam eifrig von den Stallungen her gelaufen, beschnupperte die Fahnenstange und hob ausgiebig und lange das Bein. Sophie beugte sich nieder und streichelte seinen Kopf. »Du bist ein guter Hund«, lobte sie. »Brav und gescheit.«

Als sie sich aufrichtete, begegnete sie den feindseligen Augen des Stallburschen Franz. Auch das ist neu, dachte sie. Von jetzt an habe ich bezahlte Feinde im Haus. »Es ist gut, Franz«, sagte sie scharf. »Sie können gehen. Sie haben frei heute, an diesem Freudentag.« Sie wandte sich Bastian zu. »Sag dem Personal Bescheid. Alle haben heute frei. Große Ereignisse muß man würdig begehen.«

Bastian verneigte sich abermals. »Sehr wohl, Frau Baronin.« Er senkte die Stimme zu einem vertraulichen Flüstern. »Wenn ich mir die Bemerkung erlauben darf, Frau Baronin – ich bleibe. Für mich ist heute ein Tag wie jeder andere.«

»Da bist du leider im Irrtum.« sagte Sophie. Sie wollte hinzufügen: Heute ist der Anfang vom Ende, aber da Franz noch immer in Hörweite war, verschluckte sie den Satz. Sie begnügte sich, Bastian mit einer Handbewegung fortzuwinken und schickte sich an, den Kiesweg hinunterzugehen. Der flehende Blick des Hundes bezwang sie. »Komm mit, du Antinazi«, murmelte sie leise und schnalzte mit den Fingern.

Paul trabte aufgeregt vor ihr her, und als sie auf die Chaussee kam, die zum Dorf führte, stürzte er sich begeistert in das an der Straße liegende Feld, um in der fetten feuchten Erde nach erregenden Sinneseindrücken zu suchen. Sophie ließ den Hund stöbern, sie setzte Fuß vor Fuß, und je näher sie dem Dorf kam, desto straffer wurde ihre Haltung. An jedem Haus hing eine Hakenkreuzfahne, aus einem Lautsprecherwagen, der in der Mitte des Dorfes postiert war, tönte die seltsam kläffende, sich überschreiende Stimme des »geliebten Führers«, immer wieder gezielt unterbrochen von dem frenetischen Geschrei der »Volksmassen«. Je näher Sophie dem Marktplatz kam, desto mehr Menschen sah sie auf der Dorfstraße, festlich gekleidete, »der Größe der Stunde gemäß« strahlende Menschen, die zum Lautsprecherwagen eilten. Die Männer trugen Hakenkreuzarmbinden, die Frauen und Kinder schwenkten Fahnen und Wimpel. Die Schneiderin Wally mußte schon seit Wochen Armbinden, Fahnen und Wimpel genäht haben, um für den Bedarf gerüstet zu sein. Auf vielen Jackenaufschlägen prangte das runde Parteiabzeichen und die Gesichter der Träger zeigten einen stolzen, überheblichen Ausdruck, in dem Bewußtsein, daß sie nun zu der auserwählten Klasse der »Herrenmenschen« gehörten. Die meisten Männer trugen eine Einheitsmiene zur Schau, gerötete Köpfe, geöffnete Münder, aus denen außer Freudenschreien auch Alkoholfahnen quollen. Wann immer das Volk im Radio brüllte, brüllten die Dorfbewohner mit. Die Frauen jubelten gedämpfter. Noch waren sie verlegen und scheu, noch waren sie nicht daran gewöhnt, daß sie ihre Stimmen im Kreis der Männer erheben durften.
Gestern noch hätten die Leute Sophie höflich Platz gemacht, hätten beflissen gegrüßt, die Hüte gelüpft oder die Köpfe gebeugt. Heute stießen und drängten sie grußlos, rücksichtslos, und Sophie rettete sich vor dem Eingekeiltwerden in den Gemischtwarenladen des Herrn Loidel.
Joseph Loidel hockte verbittert hinter seinem Ladentisch, verbarrikadiert hinter Salzgurkengläsern, Scheuermitteln, Schachteln voll Hosenknöpfen und Gummibändern, verstaubten Lakritzen und Packpapier. Als er Sophies ansichtig wurde, erhob er sich: »Einen ergebenen Heil Hitler«, grüßte er und

wies entschuldigend auf das Plakat, das an der Wand hing. Eine des Schreibens ungeübte Hand hatte die Worte: »Hier wird mit Heil Hitler gegrüßt«, auf Pappendeckel gemalt.
»Mein Sohn hat das aufgehängt«, erklärte Herr Loidel. »Weil er doch jetzt ein Funktionär ist. Illegal heißt man das, was er ist.« Er schüttelte bekümmert den Kopf. »Ich kenn' mich nicht mehr aus, Frau Baronin. Warum darf ich nicht mehr ›Guten Morgen‹ oder ›Grüß Gott‹ sagen? Warum darf ich nicht mehr sagen, was ich mir denk'? Nämlich, daß der Hitler hätt' bleiben sollen, wo er war? Bei die Deutschen. Die sind ihn schon seit fünf Jahren gewöhnt. Aber mir brauchen ihn doch nicht.« Seine Stimme schwankte. »Mein eigener Bua hat mich einen alten Deppen geheißen. Verkalkt bin ich, hat er gesagt, unbrauchbar für die neue Zeit. Ich frage Sie, Frau Baronin, wo wär er, der Bua, wenn ich nicht mein ganzes Leben gearbeitet hätt', damit was wird aus ihm? Und was sagt er mir jetzt? Auf den Friedhof gehör' ich, zu die Würmer, weil die neue Zeit braucht neue Menschen.« Loidel hieb mit der Faust auf den Ladentisch, daß die Gurkengläser und Knopfschachteln tanzten. »Ich scheiß auf die neue Zeit. Weil's wahr ist.« Es kam ihn zu Bewußtsein, wie ungebührlich er sich ausgedrückt hatte. Er wurde verlegen. »Nix für ungut, Frau Baronin. Aber ich weiß nimmer, was ich denken und sagen soll. Mein eigenes Fleisch und Blut wünscht mich in die Grube.«
Er tat Sophie leid. »Aber, aber, Herr Loidel«, begütigte sie. »Sie dürfen das nicht ernst nehmen. Sie wissen doch, wie die jungen Leute sind. Im Überschwang reden die viel daher. Ihr Sohn meint das nicht ernst.«
»Sie meinen es gut mit mir, Frau Baronin. Sie wollen mich trösten.« Loidel wischte sich über die Augen. »Aber für mich gibt's keinen Trost mehr auf der Welt. Gedroht hat er mir, mein Sohn. Einsperren laßt er mich, wenn ich das Maul nicht halte. Ich hab ihm gesagt, er soll sich Sünden fürchten, aber er hat gelacht. Wenn er mich einsperren läßt, mich alten Schwarzen, wird er belobt und befördert, hat er gesagt.«
Loidel schaute Sophie aus seinen wässrigen Augen an: »Was sind das für Zeiten, Frau Baronin? Wenn der Sohn den Vater einsperrt, wird er belobt und belohnt. Kriegt er vielleicht einen

Orden, wenn er mich erschlägt? Daß ich das noch erleben muß! Wenn ich nur schon unten wär bei den Würmern und nichts mehr wissen tät von der gemeinen Bagage.«
»Wenn sich alle anständigen Männer unter die Erde wünschen, wer bleibt dann, um gegen die Gemeinheit anzukämpfen?« fragte Sophie. »Sie müssen gescheit sein, Herr Loidel. Reden Sie sich nicht um Kopf und Kragen. Es wär schad' um so einen guten Österreicher, wie Sie einer sind.«
»Gell ja, Frau Baronin, ich bin ein guter Österreicher.« Loidel zog die Rührung hörbar durch die Nase hoch. »Ich bin immer ein guter gewesen und ich bleib auch ein guter. Ich mach' den Nazis net die Freud, daß sie mich unterkriegen. Aber merken werd' ich sie mir alle, die Verbrecher und alles, was sie anstellen, merk' ich mir auch. Vielleicht erleb' ich noch den Tag, an dem ich dann jedem von ihnen eine in die Goschen hauen kann.« Er ballte die Faust und grinste: »Vielleicht werd' ich dann auch belobt und belohnt.«

Der Rückweg erschien Sophie um vieles länger als der Hinweg. Sie hatte die tosende Volksfreude hinter sich gelassen und pilgerte langsam die einsame Landstraße entlang. Nach dem Gebrüll tat ihr die Stille wohl. Sie hörte plötzlich wieder die Stimmen der Vögel, den Wellenschlag gegen die Uferböschung und den leichten Wind, der die jungen Blätter bewegte. Nun war sie also da, die »große Zeit«, auf die Ferdinand alles gesetzt hatte. Der »Anschluß« an das Reich war erst ein paar Stunden alt, und schon begannen Terror und Gewalt, Bedrohung und Einschüchterung. Wenn das schon auf dem schütter besiedelten Land so war, wo die meisten Einwohner miteinander verwandt oder verschwägert waren, was spielte sich dann in den Städten ab? Sophie wagte nicht, sich auszudenken, was geschehen wäre, wenn Max nicht rechtzeitig Ischl verlassen hätte. Was die braunen Horden wohl mit seinem Besitz taten? Max hatte sich geweigert, sein Haus zu verkaufen. »Nein, meine Liebe«, hatte er gesagt. »Ich behalte meinen Besitz. Sollen die Nazis ihn enteignen, arisieren. Aber wenn ich zurückkomme, und ich komme eines Tages zurück, denn dieses Wahnsinnsregime wird sich in wenigen Jahren selbst vernich-

ten, dann bin ich, was ich gewesen bin – der rechtmäßige Eigentümer. Ich bekomme mein Haus wieder, und etwaiger Schaden wird mir ersetzt.« Er hatte gegrinst und hinzugefügt: »Vielleicht hat Ferdinand vor, im Zug seiner Rache mein Haus zu arisieren, wenn er deins nicht kriegt.«
Sophie nagte an der Unterlippe. Es war sicher, daß Ferdinand bald in Pernwald auftauchen würde, aber sie fürchtete ihn nicht mehr. Wie wollte er beweisen, daß Georg nicht sein Sohn war? Georg hielt sich »studienhalber« im Ausland auf, also konnte eine Blutgruppenbestimmung nicht vorgenommen werden. Und wie wollte Ferdinand glaubwürdig machen, daß er dreiundzwanzig Jahre lang geschwiegen hatte und erst jetzt seinen Sohn nicht anerkannte? Sie als Mutter würde beeiden, daß Georg ein Pernwald war. Ein den Nazis geleisteter Meineid beschwerte Sophies Gewissen nicht. Dann stand Aussage gegen Aussage. Außerdem, wenn Ferdinand sie belastete, belastete er sich mit, denn noch war sie seine Frau. Er konnte kein Interesse daran haben, daß die Nazis anfingen, in der »Schmutzwäsche« seiner Ehe herumzuwühlen. Wenn er glaubte, sich Pernwald unter den Nagel reißen zu können, würde er sich die Finger sauber verbrennen.
Der Spaniel Paul erwartete Sophie an der Straße, an dem Feldrand, an dem er sie verlassen hatte. Er hatte ganze Arbeit geleistet und den halben Acker umgegraben. Seine Pfoten und sein Fell waren mit Erde verklebt, er wedelte schuldbewußt, doch sehr zufrieden und rieb seine erdige Schnauze an ihrem Rock.
Sophie blieb stehen und beugte sich, um den Hund zu streicheln. Als sich sich aufrichtete, umfaßte ihr Blick das Herrenhaus, das sich vor ihr auf der Anhöhe erhob. Soll Ferdinand nur kommen, dachte sie. Pernwald bekommt er nicht, was immer er auch tut, auch nicht, wenn er mich umbringt. Nie wieder wird er in Pernwald residieren, dafür hab' ich gesorgt.

XVII.

Elisabeth war sich völlig im klaren darüber, daß sie nur dem Namen nach die alleinige Herrin von Pernwald geworden war. Tante Sophie behielt das Heft in der Hand. Sie hatte das nötige Geld und die erforderliche Erfahrung, den Besitz zu verwalten und zu erhalten. Die Angestellten, die Pächter, die Förster und der Verwalter respektierten Sophie. Ein befehlender Blick aus ihren kühlen Augen, ihre treffenden Worte zur rechten Zeit – und der Betrieb lief reibungslos. Elisabeth erkannte, daß es nicht genügte, Pernwald zu lieben und auf dem Papier zu besitzen. Der Ausspruch ihres Vaters fiel ihr ein: »Du hast immer nur das Ziel vor Augen und nicht den Weg, der zu ihm führt.« Sie hatte immer ein Leben in Pernwald vor Augen gehabt, aber nicht begriffen, wieviel sie noch lernen mußte, sich als Gutsbesitzerin zu bewähren. Sie war nicht arbeitsscheu, sie hatte ihre Zeit nicht vergeudet, sie hatte Englisch und Französisch studiert, stand kurz vor dem Staatsexamen, aber von Dung und Ernte, von Pachtverträgen und Forstwirtschaft verstand sie so gut wie nichts. Mit diesen praktischen Problemen hatte sie sich nie befaßt, hatte sie immer fortgeschoben und sich eingeredet, ein guter Verwalter würde alles erledigen, aber nun hatte sie rasch zu begreifen gelernt, daß man sich auf nichts und niemand verlassen konnte, weder auf einen Verwalter noch auf einen Ehemann, weder auf einen Bräutigam noch auf einen Freund. Nur die eigene Leistung zählte, nur auf sich selbst konnte man sich verlassen! Das hatte Tante Sophie schon in jungen Jahren erfaßt und Elisabeth war bereit, ihr mit dem ganzen Einsatz ihrer Person nachzueifern und von ihr zu lernen. Würde sie genug Zeit und genügende Gelegenheit dazu haben?
Die Ereignisse überstürzten sich. Der Einmarsch der Nazis in Österreich verstärkte Elisabeths Bedenken. Die düsteren Prognosen von Onkel Max bewahrheiteten sich nur allzuschnell. Wie lange würde sie noch in Pernwald bleiben können? Es war ihre Pflicht, Georg zu folgen. Aber würde sie es tun können? Schon der Gedanke, Pernwald auf unbestimmte Zeit verlassen zu müssen, zerrte an ihren Nerven, brachte sie um den Schlaf

und verdarb ihr den Appetit. Dazu kam noch, daß Georgs Briefe, die einmal in der Woche eintrafen, nichts Positives enthielten. Im Gegenteil: Georg schrieb regelmäßig in allen nur erdenklichen Varianten, wie sehr er unter Heimweh litt, wie fremd ihm das Leben in England war und wie schwer er sich eingewöhnen konnte. Er hatte Kontaktschwierigkeiten, er klagte über das Klima, die Frühjahrsnebel, den häufigen Regen und die kühle Feuchtigkeit, die er um so bitterer empfand, als die Wohnräume in London schlecht beheizt waren, immer irgendwo ein Fenster offenstand und ständig Zugluft herrschte. Er war dauernd erkältet, fröstelte unausgesetzt und konnte sich weder mit dem unablässigen Teetrinken noch mit der ungewohnten Kost befreunden. Was ihn aber am peinlichsten traf, war die Erkenntnis, daß er nur einer unter vielen Emigranten war. Er machte die Erfahrung, daß die Engländer seinem Schicksal kein spezielles Interesse oder Mitgefühl entgegenbrachten, sondern sich distanziert hinter höflicher Gleichgültigkeit verschanzten.

Onkel Max' Briefe waren weniger emotionell und sachlicher gehalten. Aber auch in seinen Briefen war zwischen den Zeilen zu lesen, wie schwer es ihm fiel, in der Fremde Fuß zu fassen, die Barriere der Sprache zu überwinden und seine Art des Denkens der britischen Denkart nicht nur anpassen, sondern unterordnen zu müssen.

Wie anders klangen die Nachrichten von Tante Mathilde! Ihr war es in ganz kurzer Zeit gelungen, sich in London zu etablieren. Sie war allerdings nicht nur die eingewanderte Mrs. Kroneck, sondern auch die Schwiegermutter eines Engländers, sie gehörte also schon ein wenig dazu, und da Stefan gut vorgesorgt hatte, bezog sie eine schöne Wohnung in Kensington Gardens, einem eleganten Wohnviertel Londons. Ihre zwanglose Art, ihr sicheres Auftreten wurden bald als »Wiener Charme« gewürdigt, die englischen Männer, von ihren prüden Frauen nicht allzusehr verwöhnt, ließen sich gerne von Mathilde schöne Augen machen, und da überdies die verblühten Ladies auch in London ihre Zeit mit Bridgespielen totschlugen, lebte sich Mathilde rasch ein, bedauerte nichts und genoß ihr neues Dasein, das dem alten so sehr glich.

Sophie, obschon Mathilde seit langem nicht freundlich gesinnt, konnte ihr doch eine gewisse Anerkennung nicht versagen, wenn sie sich auch eher die Zunge abgebissen hätte, bevor sie es laut ausgesprochen hätte. Helene, elegisch seufzend, erklärte, Mathilde habe immer auf der leichten Seite des Lebens gelebt, eine Eigenschaft, die mehr wert sei als Jugend, Schönheit und Geld. Elisabeth fand, daß ihre Mutter ausnahmsweise einmal recht hatte. Aber so sehr sie sich auch Tante Mathilde als Vorbild vor Augen hielt, schien es ihr doch, als klebe sie mit jedem Tag fester an Pernwald, als würde es immer schwerer, Pernwald zu verlassen, je näher die Entscheidung rückte.

Die Flut von neuen Gesetzen, von neuen Verordnungen und Bestimmungen, mit der die Nazis Österreich überschwemmten, verhalf Elisabeth zu einer Galgenfrist. Da alle Österreicher »über Nacht« gezwungen worden waren, reichsdeutsche Staatsbürger zu werden, benötigte auch Elisabeth einen deutschen Reisepaß; und um den ausgestellt zu bekommen, bedurfte sie eines Ariernachweises. Den Stammbaum der Pernwalds nachzuweisen, war einfach. In der Familienchronik waren sie alle von Generation zu Generation angeführt, urkundlich belegt. Seit 1566 waren sie die Freiherren von Bärenwald, später die Barone von Pernwald, mit Ehefrauen und Kindern. Die Papiere der Dobranys zu beschaffen, war komplizierter, denn die Dobranys hatten Brühl geheißen, bevor sie geadelt worden waren. Sie waren in Prag und im Städtchen Dobrany, in Brünn und in Leitmeritz beheimatet gewesen und es konnte Wochen und Wochen dauern, bis die jeweiligen Gemeinde- und Pfarrämter die benötigten Dokumente ausstellten und einsandten.
Da alle Österreicher plötzlich beweisen mußten, daß sie zumindest zwei arische Großmütter hatten, erstickten die zuständigen Ämter in einem Papierwust. Sophie schrieb mit ihrer eckigen, energischen Handschrift Brief um Brief. Tschechisch zu schreiben, machte ihr nach so langer Zeit Mühe, und sie dachte wütend an Anton, dessen verdammte Pflicht und Schuldigkeit es gewesen wäre, ihr diesen lästigen Papierkram abzunehmen. Sie unterdrückte ihre sentimentale Sehnsucht

nach Max; er hätte ihr diese Belästigung erleichtert, alles Notwendige erledigt, ohne viel Aufhebens zu machen. Er fehlte ihr schrecklich, in jeder Hinsicht. Mit allem mußte sie allein fertig werden, und dabei stand ihr immer noch bevor, sich auch erfolgreich gegen Ferdinand behaupten zu müssen.

XVIII.

Der schwarze Mercedes, dessen Standarte ihn als Wehrmachtsfahrzeug kennzeichnete, fuhr die Kiesauffahrt hoch und hielt vor dem Portal des Herrenhauses. Sophie, die im Jagdsalon an Florians Schreibtisch saß und die ersten Antwortschreiben aus der Tschechoslowakei sichtete, überhörte das Motorengeräusch. Da es für Mitte April ein ungewöhnlich warmer Tag zu werden versprach, hatte sie die grünen Jalousien vor den Fenstern schließen lassen und sich sowohl vor dem Sonnenlicht als auch vor dem Lärm der Außenwelt abgeschirmt. Elisabeth war in den Stallungen und Helene, die sich meistens im Haus aufhielt, war an diesem Vormittag den Wiesenweg nach Weissenbach hinüber gegangen, um auf der Post Briefmarken zu besorgen.

Nur der Diener Bastian hörte den Wagen kommen, beeilte sich aber keineswegs, an die Haustür zu gehen. Er dachte, in den heutigen Zeiten könne man nicht abschätzen, wer alles mit einem Auto angefahren kam. Seit der Huber Ignaz, dieser versoffene Rübenbauer, Ortsgruppenleiter geworden war und ein Dienstauto zur Verfügung hatte, war für Bastian die Gesellschaftsordnung aus den Fugen geraten. Der Huber war, nur um mit seiner Würde zu protzen, schon dreimal mit seinem Auto angebraust gekommen, und hatte versucht, seine rotgeäderte Trinkernase in Sachen zu stecken, die ihn nichts angingen. Da war er aber beim Bastian schön angekommen! Wissen hatte der Lump wollen, was die Herrschaften untereinander sprachen, ob über Politik debattiert wurde, ob sie briefliche oder telefonische Verbindungen mit dem Ausland unterhielten, wo der junge Herr Baron war und wann er zurückerwartet werde.

Auch nach dem Herrn Max Fiedler hatte der Huber gefragt und ob die Frau Baronin mit dem Juden noch in Verbindung stehe. Bastian hatte dem Huber deutlich klargemacht, daß er mit so hergelaufenem Gesindel, wie es der Huber und seine ganze Sippschaft war, nicht einmal redete, geschweige denn, ihm Auskunft über das Privatleben seiner Herrschaft erteilte, und der Huber war rot angelaufen, so rot wie die Farbe seiner Hakenkreuzarmbinde, und hatte gedroht, daß er dem Bastian schon noch beibringen würde, daß jetzt ein neuer Wind wehe und auch so ein alter Scheißer wie der Bastian sich der deutschen Zucht und Ordnung zu fügen hätte. »Mich leckst am Arsch«, hatte Bastian die Auseinandersetzung beendet und den wütenden Huber vor der Tür stehen lassen.

Als Bastian in seinem Resümee so weit gekommen war und sich endlich, wenn auch widerwillig, entschloß, die Haustür zu öffnen, parkte der schwarze Mercedes bereits mit abgestelltem Motor auf dem Kiesplatz. Der Offizier im Fond des Wagens stieg nicht aus, auch der Fahrer in Uniform blieb bewegungslos auf seinem Sitz, während der Beifahrer, ebenfalls ein Soldat in Uniform, schon ausgestiegen war und auf Bastian zuging.

Die Soldaten schauen in ihren Uniformen jetzt aus wie die Kanalräumer, überlegte Bastian respektlos. Zu Kaisers Zeiten, da gab's noch einen Zauber der Montur, aber jetzt kommen die alle daher wie die Müllmänner.

Der Soldat salutierte zackig und schnarrte: »Oberleutnant Freiherr von Pernwald wünscht Besuch zu machen.«

»Wie beliebt?« fragte Bastian verdattert.

Der Soldat wiederholte seine Meldung und verwirrte Bastian noch mehr. Oberleutnant Freiherr von Pernwald? »Ein Momenterl«, sagte Bastian formlos, seine jahrzehntelange Dienerroutine vergessend. »Da muß ich erst die Frau Baronin fragen.« Er wandte sich um und lief, so schnell es seine steifen alten Beine erlaubten, zum Jagdsalon, klopfte an und öffnete die Tür, noch bevor Sophie »Herein« gesagt hatte.

»Verzeihung, Frau Baronin«, stotterte er aufgeregt, »aber ... draußen ist ein Militärauto mit Soldaten und der eine hat gesagt, daß ein Oberleutnant Freiherr von Pernwald die Frau Baronin zu sprechen wünscht.«

Das spontane Erschrecken Sophies verflüchtigte sich. Sie hatte unwillkürlich an Ferdinand gedacht und ihn erwartet, aber »Oberleutnant Freiherr von Pernwald« klang nicht nach Ferdinand. »Was soll das heißen, Bastian?« fragte sie scharf, weil sich ihr Schreck in Unwillen umsetzte. »Wer ist gekommen? Mein Mann?«
»Nein, Frau Baronin. Es ist nicht der Herr Baron Ferdinand.« Bastian schüttelte verstört den Kopf. »Es sind Fremde. Aber der Soldat hat gesagt: Oberleutnant Freiherr von Pernwald.«
»Du bist ein alter, tauber Depp«, sagte Sophie ungehalten und erhob sich. »Jetzt verstehst du nicht einmal mehr Namen. Also! Worauf wartest du? Öffne die Fensterläden und sag dem Herrn Oberleutnant, ich lasse bitten.«
»Sehr wohl, Frau Baronin«, sagte Bastian unglücklich. Der ungerechte Tadel kränkte ihn. Er hörte noch sehr gut und den vertrauten Namen »Pernwald« verstand er allemal. »Sehr wohl«, wiederholte er beleidigt, öffnete die Fensterläden und ging, den Besucher zu holen.
Der Offizier, der bald darauf, die Tellermütze unter den Arm geklemmt, den Jagdsalon betrat, war groß und schlank, seine Uniform verriet einen guten Schneider und seine Reitstiefel eine im Stiefelputzen geübte Ordonnanz.
Sophie reckte sich, um nicht zu klein zu erscheinen, und faltete die Hände abwartend über dem Magen.
Der Besucher schlug die Hacken zusammen. »Baronin Pernwald?« fragte er und neigte den Kopf. Er stellte sich vor: »Oberleutnant Freiherr Philipp von Pernwald« und lächelte.
Sein Lächeln war Sophie seltsam vertraut, es erinnerte sie an irgendwen, aber sie wußte im Augenblick nicht an wen. Es störte sie, daß sie ihr sonst so gutes Gedächtnis im Stich ließ. »Pernwald?« wiederholte sie reserviert. »Ich verstehe nicht . . .«
Wieder lächelte der Offizier das ihr seltsam vertraute Lächeln mit gekrauster Nase und hochgezogener Oberlippe. »Ich begreife, daß Sie mein plötzliches Erscheinen stutzig macht«, sagte er.
Er holte seinen Wehrpaß hervor und reichte ihn Sophie. Sie bemerkte an dem Ringfinger seiner rechten Hand einen Wap-

penring, doch die Gravur des Wappens war zu klein, um sie zu erkennen. Sophie nahm den Wehrpaß und las: »Philipp Freiherr von Pernwald, geb. 31. August 1905 in Mexico City, Staatsangehörigkeit deutsch, Familienstand ledig.« Nicht klüger als zuvor gab Sophie den Ausweis zurück. Der Oberleutnant lächelte noch immer – oder schon wieder? Und mit einem Mal wußte Sophie, an wen er sie erinnerte. Dieser junge Mann, der sich als Philipp von Pernwald legitimierte, lächelte Onkel Poldos Lächeln, dieses konventionelle, höfliche, etwas schüchtern wirkende Lächeln. »Sie sind also wirklich ein Verwandter«, sagte Sophie, unschlüssig, was sie tun sollte. »Verzeihen Sie, es ist mir immer noch nicht klar, wer Sie sind. Bis zum heutigen Tag habe ich nämlich geglaubt, es gäbe nur mehr zwei Barone Pernwald. Meinen Mann und meinen Sohn.«

»Vielleicht hilft es Ihnen auf die Sprünge, wenn ich Ihnen sage, daß ich der Sohn von Mathias von Pernwald bin.« Philipp fügte hinzu: »Sie wissen wahrscheinlich nicht, wer Mathias war und daß es ihn überhaupt gegeben hat.«

»Aber ja doch«, erinnerte sich Sophie. »Mathias war der jüngere Bruder meines Schwiegervaters, der bei Nacht und Nebel verschwand, von dem es heißt, daß er nach Übersee ging und von dem man nie wieder etwas gehört hat.«

»Wie taktvoll Sie es ausdrücken«, sagte Philipp. »Mein Vater hat mir selbst erzählt, daß er als das schwarze Schaf der Familie galt. Er hat mir erklärt, warum. Er wurde verstoßen und enterbt, nachdem er als junger Mann einen Wechsel gefälscht hatte. Seine Verfrachtung nach Amerika kam einer Verbannung gleich, sein Name wurde aus der Familienchronik gestrichen. Er hieß zwar noch Pernwald, aber er war für die Familie kein Pernwald mehr.«

Die schonungslose Offenheit Philipps nahm Sophie für ihn ein. »Vergessen wir die Sünden der Väter«, sagte sie liebenswürdig. »Sie sind also ein direkter Cousin meines Mannes.« Sie reichte ihm die Hand. »Verzeihen Sie den inquisitorischen Empfang, aber ich bin noch immer überrumpelt von der Situation.«

Philipp küßte ihr die Hand. »Verehrte Cousine – ich darf Sie doch so nennen – ich habe mich zu entschuldigen. Ich hätte schreiben sollen, anfragen sollen, ob mein Besuch genehm ist. Aber die neugierige Ungeduld war stärker als die guten Manieren. Auch wollte ich mir keine Absage holen.« Abermals krauste er die Nase zu einem verlegenen Lächeln. »Solange mein Vater lebte, war es uns Kindern streng verboten, Verbindung zu der Familie Pernwald aufzunehmen. Ich will nicht sagen, daß mein Vater seine Jugendsünde sein Leben lang bereute. Er war ein leichtes Tuch und nahm's nicht so genau, aber er hat unter der Lostrennung mal mehr, mal weniger, je nach Umständen und Laune, gelitten. Er hat uns viel von Pernwald erzählt. Wenn er Schnaps trank, schilderte er es wie ein verlorenes Paradies und wenn er zuviel Tequila intus hatte, leuchteten die Farben seiner Erinnerung.«

Je länger Philipp sprach, desto sympathischer wurde er Sophie. Einerseits nahm seine Ähnlichkeit mit Onkel Poldo sie für ihn ein, andererseits empfand sie es als angenehm entspannend nach den Nervenaufregungen der letzten Wochen, wieder einmal mit einem guterzogenen jungen Mann zu plaudern und außerdem noch interessanten Familienklatsch zu erfahren. Sie lächelte Philipp wohlwollend zu. »Setzen wir uns doch«, schlug sie vor, wies auf die Sitzgarnitur den Ahnenbildern gegenüber, griff nach der silbernen Tischglocke und klingelte.

Bastian mußte hinter der Tür gelauscht haben, so prompt öffnete er die Türe und fragte nach Sophies Wünschen. Seinem Gesichtsausdruck war nicht anzumerken, wieviel er von dem Gespräch mit angehört hatte, aber der flinke Blick, mit dem er Philipp neugierig von oben bis unten musterte, verriet, daß er ihn als Familienmitglied taxierte. Sophie befahl, Champagner zu bringen und hob, nachdem Bastian die Flasche geöffnet hatte, Philipp ihr Glas entgegen. »Ich denke, wir vertauschen das steife ›Sie‹ mit dem vertraulichen ›Du‹«, sagte sie. »Ich freue mich über deinen überraschenden Besuch. Aber du mußt mir noch viel erzählen. Wann bist du von Mexiko nach Europa gekommen und wieso bist du deutscher Offizier geworden?«

Sie hatte die Fragen rasch gestellt. Ihr fiel ein, daß er Nazi sein könnte und sie nahm sich vor, vorsichtig zu sein. Sie stellte ihr Glas, an dem sie nur genippt hatte, auf den Tisch und musterte

Philipp. Er saß so steif und stramm auf der Sesselkante, wie Onkel Poldo es seinerzeit immer getan hatte, und hielt das halbgeleerte Glas korrekt in der Mitte des Stiels. »Ich will deine Fragen gerne beantworten«, sagte er. »Aber wenn du gestattest, werde ich mich kurz fassen. Detaillierte Lebensgeschichten werden leicht langweilig.« Er räusperte sich: »Ich beginne mit dem Beginn. Mein Vater versuchte sich in Mexiko in mancherlei Geschäften. Nicht sehr bedeutend.« Er grinste: »Seine Erfolge bei Frauen waren immer um vieles größer als seine geschäftlichen Erfolge. Meine Mutter, Tochter eines deutschen Kaufmanns aus Glückstadt, der in Mexiko mächtig Geld mit einer Silbermine gemacht hatte, verliebte sich Knall und Fall in meinen Vater. Nachdem sie ihn kaum drei Wochen kannte, war sie entschlossen, seine Frau zu werden. Es heißt, daß mein Großvater sehr gegen die Wahl seiner Tochter war, aber mein Vater war charmant, trug einen guten Namen, und von seiner Jugendverfehlung wußte man vorerst in Mexiko nichts. Also setzte meine Mutter ihren Willen durch und heiratete meinen Vater, der als Schwiegersohn Gesellschafter der Silbermine wurde. Beruflich verdiente er keinen Blumentopf, er war im Ausgeben begabter als im Einnehmen, aber privat stellte er seinen Mann. Meine Mutter gebar Kind um Kind. Daß es lauter Mädchen waren, dafür konnte mein Vater wirklich nichts.«

Sophie nickte verständnisvoll.

Philipp fuhr fort: »Die Spannungen zwischen meinem Großvater und meinem Vater nahmen zu, aber meine Mutter, die meinen Vater anbetete, stellte sich ganz auf seine Seite und es kam zu immer häßlicheren Auseinandersetzungen innerhalb der Familie. Nach der Geburt der dritten Tochter kam ein Österreicher in Mexiko City an, ein Herr von Martens, der den deutschen Club besuchte, den Namen Mathias von Pernwald hörte und brühwarm die ganze Skandalgeschichte auftischte. Es gab einen ungeheuren Krach. Mein Großvater, sehr korrekt und ehrenwert, sagte sich von meinem Vater los; er zahlte ihm seinen Anteil aus und brach die Beziehung ab. Er stellte meiner Mutter frei, mit den Kindern zu ihm zurückzukommen, und als meine Mutter sich weigerte, verstieß er auch sie. Von nun an gings mit uns bergab. In den Tropen lebt es sich nur gut mit Geld, und mein Vater konnte nicht wirtschaften. Europäer, die in die billigen mexikanischen Quartiere ziehen müssen, werden sowohl von den Europäern als auch von den Mexikanern verachtet. Meine Mutter schränkte sich klaglos ein, für sie war und blieb mein Vater ein strahlender Ritter, ungerecht vom Pech verfolgt.«

Philipp machte eine Pause und trank sein Glas leer. Sophie konnte ihm ansehen, daß ihm der Bericht nicht leicht wurde. Seine Ehrlichkeit gefiel ihr. Sie munterte ihn auf: »Erzähle doch mehr über dich.«

»Ich bin ein Spätling. Ein Nachzügler«, erklärte Philipp. »Meine älteste Schwester war siebzehn, als ich geboren wurde. Als ich auf die Welt kam, bedeutete jeder zusätzliche Esser bereits ein Problem. Wir lebten in einem kleinen Haus, aus rohen Ziegeln gebaut, mit Lehmfußboden, und konnten uns kein Dienstmädchen leisten, aber mein Vater, der die verklärende Wirkung von Tequila entdeckt hatte, blieb ein großer Herr, und meine Mutter bediente ihn gern. Nicht so meine Schwestern. Sie lehnten sich gegen das ärmliche Leben auf und bezogen Stellung gegen meine Eltern. In Mexiko heiraten die Mädchen sehr jung, und meine Schwestern heirateten in rascher Aufeinanderfolge Mexikaner, nur um von zu Hause fortzukommen. Sie erhielten keine nennenswerte Mitgift, konnten daher nicht wählerisch sein und verschwanden in die Provinz, eine nach Cuernavaca und zwei nach Morales. Wir blieben allein zurück, meine Eltern und ich. Und nun begann mein Vater plötzlich von seinem Elternhaus zu erzählen. In der glühenden Sonne, eingehüllt in Staubwolken, belästigt von Ungeziefer und Lärm, zauberte er mir die Schönheit des Pernwaldschen Besitzes vor Augen. Die schattige Kühle der Wälder, den würzigen Geruch grüner Wiesen, die erfrischenden Wellen des Attersees. Mit sechs Jahren kannte ich mich in Pernwald so gut aus wie in den Straßen des Bezirks, in dem wir wohnten. Mein Vater, der gut zeichnen konnte, hatte mir das Herrenhaus und die Räume aufgezeichnet. Ich wußte, wie die Halle aussieht mit dem Marmorkamin und dem Bärenfell davor, der holzgetäfelte Jagdsalon mit den Ahnen ...« Philipp unterbrach sich

und deutete auf die Bilder: »Ich muß sagen, daß ich mir die Ahnherren in meiner Phantasie ziemlich richtig vorgestellt habe. Mein Vater hatte, wie ich jetzt feststellen kann, eine große Familienähnlichkeit, er sah dem ähnlich . . .«, er wies auf Adam Pernwald, den Großvater Florians, ». . . aber noch ähnlicher sah er dem letzten in der Reihe«, er zeigte auf Florian. »Wenn er auch heller im Typ war und seine Haare frühzeitig schütter und grau wurden.«
Sophie, die seinen Blicken gefolgt war, verglich Philipp mit den Ahnenbildern. Jetzt, da sie wußte, daß er ein Pernwald war, entdeckte auch sie verwandte Züge. Das schmale Gesicht, die markante Nase. Aber sein Mund war nicht wie der Florians genußfreudig und seine Augen waren hellbraun, wie seine kurzgeschnittenen, glattgescheitelten Haare. »Schenk dir nach«, sagte sie, um ihn aus seinen Gedanken zu wecken, »und erzähl weiter.«
»Es gibt nicht mehr viel zu erzählen.« Philipp goß sein Glas voll. »Mein Vater starb, als ich dreizehn war. Am Tequila. An Leberverhärtung. Für meine Mutter war die Welt zu Ende. Sie machte das Leben in Mexiko, ihre Familie, die ganzen Umstände dafür verantwortlich, daß sich mein Vater zu Tode gesoffen hatte. Sie begann die stetige Sonne zu hassen, den weißen Staub, die grellen Farben, den heißen Wind und ihre Töchter, die, da es nichts wesentliches zu erben gegeben hatte und geben würde, nicht um den Vater trauerten und sich nicht um die Mutter kümmerten.« Philipp trank einen Schluck, um sich die Lippen zu befeuchten: »Als ich mit der Schule fertig war, schiffte sich meine Mutter mit mir nach Hamburg ein. Erst besuchten wir Glückstadt, doch die wenigen Verwandten, die dort noch lebten, waren nicht entzückt, in den schweren Zeiten nach dem verlorenen Krieg zwei unnütze Esser mit durchzufüttern. Durch Verbindungen gelang es meiner Mutter, eine Stelle als Wirtschafterin bei Exzellenz von Bode in Berlin zu bekommen. Meine Berufsaussichten waren im Deutschland der Krisenjahre gleich null, niemand gab einem Spanisch sprechenden Absolventen einer mexikanischen Jesuitenschule eine Chance. Exzellenz von Bode, gütig und hilfsbereit, verhalf mir zur Aufnahme in die Kadettenschule. Er sagte zu meiner

Mutter: ›In Notzeiten ist eine Staatsanstellung noch das beste. Schließlich ist der Beruf eines Soldaten so gut wie jeder andere. Der Vorgesetzte erteilt Befehle, die ausgeführt werden müssen. Das ist in der Wirtschaft, in Handel und Industrie genauso. Nur mit dem Unterschied, daß, wenn der Junge spurt, er nicht so leicht gekündigt werden kann.‹ Also wurde ich Kadett, Offiziersanwärter, Berufssoldat.« Philipp sah Sophie an. »Das ist mein Werdegang und das beantwortet dir hoffentlich eine unausgesprochene Frage. Nein! Ich bin kein Nazi. Ich wurde als Berufssoldat übernommen und vereidigt. 6. Panzerregiment, Standort Neuruppin. Eine eigene Meinung über die Führungsspitze steht mir nicht zu. Mein Beruf freut mich nicht, aber ich habe mich an ihn gewöhnt. Ein Soldat hat nicht zu denken, sondern zu gehorchen. Beides wird immer schwerer.« Er trank sein Glas auf einen Zug leer und sagte bitter: »Si Dios quiere . . .« er verbesserte sich: »So Gott will, bleibt es mir erspart, meine Berufswahl zu bereuen.«
Sophie versuchte, ihn von dem heiklen Thema Politik abzubringen. »Warum hast du dich nach so langer Zeit doch entschlossen, Pernwald zu besuchen?« fragte sie.
»Meine Mutter starb vor vier Jahren. Irgendwie fühle ich mich seither an das Versprechen, keinen Kontakt mit der Familie Pernwald aufzunehmen, nicht mehr gebunden. Ich fand keinen Anlaß, aber als wir jetzt Österreich annektierten, gab ich meiner Neugierde nach. Ich kam um Urlaub in Familienangelegenheiten ein und . . .«, er krauste die Nase zu einem scheuen Lächeln, ». . . hier bin ich.«
»Wie lange hast du Urlaub?« fragte Sophie sachlich.
Philipp zögerte. Dann sagte er knapp: »Drei Wochen.«
»Wie schön.« Sophie lächelte ihn freundlich an. Während Philipp erzählte, hatte sie weniger darauf geachtet, was er sagte, sondern mehr, wie er es sagte. Er war und blieb ihr sympathisch. Sie hatte kurz, aber gründlich überlegt und nahm das Risiko auf sich, ihrem Instinkt nachzugeben. »Mach mir die Freude und verbring deinen Urlaub in Pernwald«, schlug sie vor. »Vergleiche deine Phantasie mit unserer Wirklichkeit. Wir sind ein Weiberhaushalt. Mein Sohn ist studienhalber in England . . .« sie stockte und log: »Im Sommer erwarte ich ihn

zurück. Und mein Mann ist auf unbestimmte Zeit verreist. Momentan sind nur meine Schwägerin Helene und meine Nichte Elisabeth in Pernwald. Du wirst sie beide noch vor dem Mittagessen kennenlernen.«

Ganz so spontan, wie sie tat, hatte sich Sophie nicht zu der Einladung entschlossen. Der Gedanke, daß es vorteilhaft sein könnte, einen Freiherrn von Pernwald, der reichsdeutscher Offizier war und sich zu ihr bekannte, im Haus zu haben, falls Ferdinand auftauchen sollte, hatte etwas Bestechendes. Wenn ihre Menschenkenntnis sie nicht trog, war Philipp einsam und ausgehungert nach Familienanschluß, nach menschlichen Bindungen überhaupt. Er war kein Mexikaner und kein Deutscher, er gehörte nirgends so recht dazu. Mit Geschick und Herzlichkeit sollte es ihr gelingen, ihn für sich zu gewinnen, ihn auf ihre Seite zu bringen, wenn es nötig war. In diesen schrecklichen Zeiten, die noch viel schrecklicher werden würden – man durfte sich nichts vormachen und mußte die Dinge sehen wie sie waren –, war es gut, einen einflußreichen Mann als Aushängeschild zu haben. Auch der Ortsgruppenleiter Huber, der schon ein paar Mal im Herrenhaus herumgeschnüffelt hatte, würde seine großmäulige Frechheit verlieren, wenn ihm ein Pernwald als Offizier der glorreichen deutschen Armee entgegentrat. So betrachtet, war dieser wie vom Himmel gefallene Cousin geradezu ein Glücksfall. Sophie nickte zufrieden und wiederholte: »Also, bleibst du bei uns?«
Philipp kam nicht dazu, Sophie zu antworten. Er hielt die Luft an. Die Tür des Jagdsalons öffnete sich und auf der Schwelle stand ein junges Mädchen. Donnerwetter, dachte er, Donnerwetter noch einmal! Er starrte sie an: die unbekümmerte Schönheit ihres Gesichts, das dunkle volle Haar, das ihr bis auf die Schultern fiel, und das strahlende Blau ihrer Augen, unter deren Blick sich sein Herz umdrehte. Ihre Haut war gebräunt, nur an ihrer Kehle war ein heller Fleck, dort, wo ihr energisches Kinn Schatten warf und die Sonne die Haut nicht hatte tönen können. Philipp empfand eine plötzliche unkontrollierbare Begierde, seinen Mund auf diese weiße Kehle zu pressen und das fremde Mädchen zu küssen, bis sie die Augen schloß.

Sophie, die die Wirkung Elisabeths auf Philipp beobachtet hatte, fühlte einen leichten Anflug von Eifersucht; ihre weibliche Eitelkeit war gekränkt, obwohl sie mit der Situation zufrieden sein konnte. Sie selbst brauchte weder Diplomatie noch geplante Herzlichkeit anzuwenden. Elisabeth hatte die Szene betreten und damit das Spiel schon in ihrem Sinn entschieden.

XIX.

Der plötzliche Familienzuwachs verblüffte Elisabeth im ersten Augenblick, aber nachdem sie Philipps Lebensgeschichte gehört hatte, fand sie sie nicht so welterschütternd wie ihre Mutter, die nicht müde wurde, die Vergangenheit immer von neuem aufzuwärmen und jedes Detail des langen und breiten auszuwalzen. Elisabeth gewöhnte sich leicht und rasch an den neuen Verwandten; sie anerkannte die Geduld, mit der er die ständigen Fragen ihrer Mutter bereitwillig beantwortete. Ihr eigenes Urteil blieb objektiv, er war ein netter Kerl, nicht mehr und nicht weniger: ein bißchen steif und befangen, überkorrekt und höflich, immer darauf bedacht, nicht zu stören und sich anzupassen. Daß er, ein erwachsener Mann von dreiunddreißig Jahren, sie ebenso anhimmelte wie ihre unausgegorenen Jugendfreunde und Studienkollegen, befriedigte ihre Eitelkeit und nahm sie für ihn ein. Sie hatte ihm mitgeteilt, daß sie mit Tante Sophies Sohn, ihrem Cousin Georg, verlobt war, doch seine stille Verehrung erfuhr durch das Wissen, daß sie vergeben war, keine Einbuße. Er war begeistert von ihr und von Pernwald, er saugte die Schönheit des Besitzes förmlich in sich ein, und manchmal tat er Elisabeth leid, wenn sie sah, wie hungrig er jede Sicht, jeden Blickwinkel speicherte.
Wieder ein Pernwald, der unter den »Sünden seiner Erzeuger« litt, zumindest gelitten hatte, dachte Elisabeth; sie behandelte ihn besonders freundlich, nahm ihn auf ihren Ausritten mit, zeigte ihm am Seeufer und im Rosengarten ihre Lieblingsplätze, führte ihn durch alle Räume des Herrenhauses, durch die Wirtschaftsgebäude und durch die Stallungen und erzählte

ihm, was er wissen wollte. Sie berichtete vorsichtig über Onkel Ferdinand, erwähnte flüchtig ihren Vater und ausführlicher Tante Mathilde. Tante Sophie hatte sie instruiert, nicht offen und vertrauenselig über Ferdinand und Georg zu sprechen, Max Fiedler nicht zu erwähnen und nie zu vergessen, daß jeder Mitwisser sich als gefährlicher Feind entpuppen konnte. So hörte Philipp nur die offizielle Version und wunderte sich im stillen darüber, daß Elisabeth immer einsilbig wurde, wenn er mehr über Georg erfahren wollte, wenn er sich nach dem Hochzeitstermin erkundigte und wenn er wissen wollte, was sie und Georg für Zukunftspläne hätten.
Diese »Fragerei« nahm Elisabeth ungerechter Weise übel. Es fiel ihr schwer, harmlos über Georg zu schwätzen, die glückliche Braut zu mimen, so zu tun, als ob alles in bester Ordnung wäre. Sie sehnte sich nach Georg, nach seinen Umarmungen, nach seinen Küssen, nach seinen schönen, zärtlichen Händen und seinen hellen, grauen Augen. Die Tatsache, daß der Ton seiner Briefe nicht mit ihren Erinnerungsbildern übereinstimmte, machte sie unsicher und verwirrte sie. Sie hätte sich so dringend gewünscht, sich mit Georg aussprechen zu können, ihre Stimmungsschwankungen mit ihm zu diskutieren, ihr »Gehen-wollen« und ihr «Bleiben-wollen«. Sie hätte Ratschläge und Erklärungen gebraucht, aber aus seinen oft fast weinerlich klingenden Briefen war so viel eigenes Trostbedürfnis herauszulesen, daß sie in die Rolle der Vernünftigeren gedrängt wurde und ihm den Mut und die Zuversicht predigen mußte, deren sie selbst so dringend bedurfte.
Elisabeth schlief schlecht, war nervös und reizbar. Tagsüber vermochte sie sich abzulenken, aber in der Stille der Nacht, in den langen geräuschlosen Stunden, in denen die bleiernen Gedanken sie wach hielten, formte sich in ihr der endgültige Entschluß, Georg nachzureisen. In zwei, drei Wochen mußte der leidige Papierkram, Paß und Visum, geschafft sein, sie würde noch mit Tante Sophie sprechen müssen, sie bitten, sich um Mama zu kümmern, Mama in Pernwald zu behalten – und dann fort, Richtung England.
Von dem Moment an, in dem Elisabeth sich zu diesem Entschluß durchgerungen hatte, begann sie sich wohler zu fühlen.

Auch körperlich. Ihr monatlicher Zyklus war nie sehr regelmäßig gewesen. Der Wiener Hausarzt Doktor Blau hatte immer von Eisenmangel und jugendbedingter Unregelmäßigkeit gefaselt und augenzwinkernd gemeint: »Bis du einmal heiratest, ist das alles gut.« Aber in letzter Zeit war »das« noch mehr in Unordnung geraten als sonst. Ihre Blutungen waren so minimal, daß sie kaum als solche zu bezeichnen waren. Sie hatte die doppelte Menge der vorgeschriebenen Eisenpillen geschluckt, aber geholfen hatte es nicht. Sie hatte sich nur den Magen verkorkst und sich einen schlechten Geschmack im Mund eingehandelt. Natürlich hatte sie weder Mama, noch Tante Sophie ein Wort darüber gesagt und die Zustände ihren nervösen Spannungen zugeschrieben – und wie sich jetzt erwies, hatte sie recht gehabt. Nun, da sie weniger nervös war, schlief sie besser, sie entwickelte auch wieder einen guten Appetit. Sie bekam sogar einen richtig üppigen Busen und manchmal stellte sie sich lächelnd vor, was Georg sagen oder tun würde, wenn er ihre festen, schwellenden Brüste zum ersten Mal wieder unter seinen Fingern spüren würde . . .

Die täglichen Ausritte Elisabeths und die täglichen Ausfahrten Sophies verloren an Reiz. Es war nicht mehr das gleiche harmlose Vergnügen; in den Dörfern Weissenbach, Burgau und Unterach änderte sich zuviel. Die meisten Sommervillen wechselten die Besitzer. Stramme, erfolgsgeblähte Nazis aus der Umgebung, aus Linz, Wels und Vöcklabruck kamen, um sich umzutun und die Häuser und Grundstücke derer, die unter dem neuen Regime nicht mehr leben konnten oder wollten, billig zu kaufen. Dauernd trieben sich Fremde mit neugierigen, anmaßenden Gesichtern auf Pernwaldschem Boden herum, bevölkerten den Rosengarten und den Seegrund und kamen den Kiesweg zum Herrenhaus hoch, um sich »mal ein bißchen umzuschauen.«

Sophie machte kurzen Prozeß. Sie ließ Zäune errichten und an der Kiesauffahrt eine Sperrkette anbringen, an der ein großes Schild »Privat« baumelte. Von häßlichen Drahtzäunen und Verbotstafeln begrenzt, verlor das Herrenhaus viel von seiner feudalen Würde.

Helene wehrte sich verzweifelt gegen diese »Verschandelung«, wie sie es nannte; doch Sophie ging sogar noch weiter. Der April neigte sich dem Ende zu, und sie kündigte die Angestellten, die ihr nicht vertrauenswürdig schienen, zum 15. Mai. »Was weiß ich, was die Nazis für neue Gesetze erlassen«, sagte sie. »Ich will keine bezahlten Spitzel im Haus. Wie zum Beispiel den Stallburschen Franz, der in der Küche politische Reden hält und die Küchenmädchen aufwiegelt. Wir werden uns eben einschränken. Wer sich uns nicht zugehörig fühlt und nicht gern in Pernwaldschen Diensten steht, soll gehen. Ich verzichte lieber auf Bequemlichkeit und Bedienung, als daß ich jedes Wort auf die Waagschale lege.«

Elisabeth war nicht nur der Meinung, daß Tante Sophie recht hatte, sondern auch, daß das gewohnte, beständige Leben in Pernwald bald vorüber sein würde. Was geschah, war erst der Anfang einer unaufhaltsamen Entwicklung. Sie schrieb an Georg, daß sie Anfang Mai nach Wien fahre, dort Paß und Visum abhole, und umgehend nach London kommen würde. Ihr Ariernachweis war komplett, sie sah keine Schwierigkeiten voraus und fühlte sich, nachdem sie den Brief zur Post gebracht hatte, beinahe beflügelt: sie hatte die Entscheidung getroffen. Jetzt mußte sie es nur noch Tante Sophie und Mama schonend beibringen, Cousin Philipp Lebewohl sagen, und dann konnte sie die Reise organisieren und ihr neues Leben planen.

Elisabeth begann heimlich Abschied von Pernwald zu nehmen, sie lief mit den Hunden durch den Wald, ruderte auf den See hinaus und ließ die Finger in dem kalten Wasser schleifen. Sie ging in die Ställe zu den Kühen und zu den Zug- und Reitpferden, fütterte die Hühner auf dem Hof und die Schwäne am Ufer.

Der Goldregen blühte, in den hellgrünen, lappigen Blättern der Kastanien lärmten die Vögel. Noch ein paar Tage, dann würde das alles bereits Erinnerung sein.

XX.

Philipp war der erste, der die jähe Veränderung in Elisabeths Wesen bemerkte. Da er sich in sie verliebt hatte, registrierte er jeden Stimmungswechsel, jedes Zusammenpressen der Lippen, jedes nervöse Zucken der Augenbrauen. Sie kam ihm stiller vor, als bei seiner Ankunft, und manchmal irgendwie bedrückt. Seine Gefühle für sie waren resignierte Gefühle. Das machte ihn ihr gegenüber befangen. Er gab sich nicht die leiseste Chance, ihr mehr zu bedeuten; er würde immer bleiben, was er war: ein weitläufiger Verwandter. Nie versuchte sie mit ihm zu kokettieren, nie zu flirten, nie setzte sie sich in Pose oder zeigte sich ihm von ihrer besten Seite. Es gab keine erotische Spannung zwischen ihnen. Sie behandelte ihn gleichmütig freundlich, sie war natürlich und völlig unempfänglich für seine Bemühungen, Eindruck auf sie zu machen.
Für Philipp war die Rolle des unglücklich Verliebten neu. Sein Verhältnis zu Frauen war bisher ohne jeglichen Tiefgang und daher unkompliziert gewesen. War es nicht die eine, dann war es eben die andere! Bei keiner hatte er erwogen, eine flüchtige Begegnung in eine dauerhafte Verbindung umzuwandeln.
Er hatte sehr an seiner Mutter gehangen, und nach dem Tod seines Vaters war die Beziehung noch enger geworden. Seine Liebesaffären hatten sich immer gewissemaßen am Rande seines Daseins abgespielt. Als seine Mutter an einer plötzlich ausgebrochenen Leukämie gestorben war, brauchte Philipp lange, bevor er sich mit seiner Einsamkeit arrangieren und sich in seinem veränderten Leben zurechtfinden konnte. Er hatte mit seiner Mutter zusammengelebt; allein konnte er die Wohnung nicht halten. Er zog als Untermieter zu Frau Lina Blume, der Witwe eines Apothekers. Lina war eine stattliche Frau um die Vierzig, gut erhalten und um Jahre jünger aussehend. Sie hatte eine glatte Haut und feste Formen, verfügte über einen gesunden Naturverstand, war anpassungsfähig und meistens gut gelaunt.
Philipp hatte bei Frau Blume zwei Zimmer gemietet und sie bemühte sich, taktvoll und aufmerksam, ihm die Wohngemeinschaft so angenehm als möglich zu gestalten. Es dauerte

ein Jahr, bis sie ihn soweit hatte, daß er mit ihr ins Bett ging. Auch nachdem Philipp vom Untermieter zum Liebhaber avanciert war, bestand er auf strenger Einhaltung der Abmachungen. Er zahlte seine Miete wie bisher und betrat ihre Wohnräume nur, wenn sie ihn dazu aufforderte. Seine Zimmer blieben sein privates Reich, in dem er ungestört zu sein wünschte. Er lehnte es ab, ihren Bekannten als »Hausfreund« vorgeführt zu werden, ebenso wie er es ablehnte, sie zu den geselligen Zusammenkünften mit Kameraden mitzunehmen.
Anfangs muckte Lina gegen diese strikten Regeln auf, doch als sie einsah, daß sie ihren noch immer hübschen Kopf nicht würde durchsetzen können, fügte sie sich. Sie liebte ihren Oberleutnant zärtlich, und das Bewußtsein, daß sie mit ihm unter einem Dach und zwei- bis dreimal in der Woche in einem Bett schlief, tröstete sie immer über seine »Sturheit« hinweg. Sie war zu vernünftig, um sich große Illusionen zu machen. Sie wußte, daß weder eine Heirat, noch eine Dauerbeziehung in Frage kam. Sie war älter als er, sie kannte ihre Grenzen. Aber so lang es hielt, war es schön, man mußte dem lieben Gott für jeden guten Tag dankbar sein!
Philipp mochte Lina. Sie bot ihm die Vorzüge einer Ehe ohne deren Lasten, sie war nicht prüde und störte selten. Er war überzeugt davon, daß sie mit allen ihren Untermietern ein Verhältnis gehabt hatte und er selbst keineswegs die Ausnahme war, die sie ihm einzureden versuchte. Aber was vor ihm gewesen war und was nach ihm sein würde, war ihm einerlei. Seit Hitler am Ruder war, wurde gerüstet. Das Militär wurde stark gemacht und machte sich stark. Beim Säbelrasseln allein würde es nicht bleiben. Wenn es zum Krieg kommen sollte, würde sich das Problem Lina Blume von allein lösen.
Der Einmarsch in Österreich war für Philipp nicht nur eine Bestätigung seines richtigen Denkens, sondern brachte plötzlich den bislang konsequent unterdrückten, sentimentalen Wunsch an die Oberfläche seines Bewußtseins, einmal die Heimat der Pernwalds, das Herrenhaus am Attersee zu sehen. Seine Konduite war tadellos, sein Vorgesetzter, Major Kunze, ihm wohlgesinnt; es war nicht schwierig gewesen, Urlaub in Familienangelegenheiten zu erwirken.

Was immer auch Philipp sich in seiner Phantasie vorgestellt hatte, die malerische Schönheit des Herrenhauses und der Landschaft, wurde von der Wirklichkeit überboten. Er war hingerissen. Aber am allermeisten traf ihn die Begegnung mit Elisabeth. Einem solchen Mädchen zu begegnen, hätte ihn schon erschüttert, wenn es ein Fräulein Müller oder Maier gewesen wäre, aber die Tatsache, daß Elisabeth eine Pernwald war – obgleich sie Dobrany hieß, war sie eine Pernwald! – die Ähnlichkeit mit den Ahnenbildern im Jagdsalon, besonders mit ihrem Großvater Florian war eine frappante – die Tatsache also, daß Elisabeth eine echte Pernwald war, so vital und so selbstsicher, so charmant und unbekümmert, wie es manchmal auch sein Vater in guten Momenten hatte sein können, überwältigte Philipp. Er verliebte sich augenblicklich, gegen sein besseres Wissen und Wollen. Er hatte vorgehabt, einen formellen Besuch im Herrenhaus zu machen, sich umzusehen und nach Wien weiterzufahren, um das Palais Pernwald zu begutachten, aber der Eintritt Elisabeths in den Jagdsalon hatte alle Pläne über den Haufen geworfen.
Seit langer Zeit fühlte sich Philipp endlich wieder glücklich. Er fühlte sich zu Hause. Er gehörte zu einer Familie, zu seiner Familie. Wenn auch nur für eine kurze Frist war das Herrenhaus sein Heim, Pernwald seine Heimat. Es war ein wehmütiges Glück, denn wenn sein Urlaub abgelaufen war, mußte er fort, und wer konnte wissen, ob und wann er jemals wiederkommen durfte? Er verdrängte die bitteren Gedanken an seinen Vater. Es war schwer zu verstehen und noch schwerer zu verzeihen, daß sein Vater aus Leichtsinn und Unbesonnenheit das Recht vertan hatte, zu Pernwald und zu den Pernwalds zu gehören.
Philipp hatte nicht erwartet, so selbstverständlich herzlich und ohne Vorbehalt in die Familie aufgenommen zu werden. Seine innere Zurückhaltung lockerte sich, wenn er auch seine anerzogene äußere Reserve beibehielt. Es fiel ihm schwer, aus sich herauszugehen, er brachte es nicht über die Lippen, zu sagen, wie dankbar er Sophie war, wie sehr er die schöne, sanfte Helene verehrte, und daß er in Elisabeth bis über beide Ohren verschossen war – wie ein Pennäler. Die Österreicher taten

sich leichter, sie waren viel ungezwungener, viel graziöser, sie plauderten mit der gleichen Unbeschwertheit über Gefühle wie über das Wetter, sie besprachen scheinbar mühelos Probleme, fanden sie »ein bisserl unbequem« oder »wirklich fatal, man muß halt schaun, ob man sichs richten kann«, fragten ihn geradezu, »ob er in Berlin glücklich sei« und er, hölzerner Klotz, der er war, konnte nicht sagen: »Nein, nur hier fühle ich mich glücklich«, sondern antwortete steif: »Ich glaube nicht, daß ich irgendwo glücklich sein kann.«
»Aber geh. Da tust du mir leid«, meinte Sophie, und Helene ergänzte: »Es ist schwer, sich im Leben zurechtzufinden, ich weiß das nur allzugut. Aber du bist noch jung. Du hast noch so viel vor dir.«
Elisabeth sagte nichts, sie sah ihn nur an; Philipp hatte das Gefühl, daß ihre blauen Augen seine Gedanken lasen, und er senkte verwirrt den Blick.
»Also, ich weiß nicht«, sagte Sophie und wandte sich Elisabeth zu. »Was ist denn los mit dir? Seit Tagen schon machst du kaum mehr den Mund auf, beteiligst dich nicht an der Konversation. Nur zu den Mahlzeiten bekommt man dich zu sehen und du rennst herum mit einem Gesicht wie eine Norne. Was hast denn?«
Elisabeth wehrte ab: »Was soll ich denn haben? Nichts. Das Frühjahr macht mich ein bißl müd.«
»Wenn du müd bist, warum brennt dann nachts in deinem Zimmer Licht bis in den Morgen hinein?« mischte sich Helene ein. Sie erklärte Philipp: »Ich selbst schlafe auch nicht gut, und so sitze ich oft am Fenster und schau in die Dunkelheit. Das beruhigt mich. Seit einigen Nächten seh' ich immer Licht hinter Elisabeths Fenster.«
Elisabeth runzelte unwillig die Stirn: »Spionierst du mir nach, Mama? Ich lese ein interessantes Buch und, wenn ich dann über dem Lesen einschlaf, brennt eben die Nachttischlampe weiter.«
»Du brauchst deinen Schlaf«, sagte Helene. »Kein Wunder, daß du tagsüber müde bist. Die Nächte durchzuschmökern, ist ungesund.«
Sophie beendete das Gespräch: »Mit einundzwanzig kann man

sich den Luxus erlauben, manchmal ein bisserl ungesund zu leben. Wenn ich eine Nacht lang nicht schlafe, bin ich am nächsten Morgen ganz zerknittert. Elisabeth schaut beruhigend aus. Also laß sie lesen, wenn es ihr Freud' macht.«

Philipp war erstaunt. Ließen sich Sophie und Helene wirklich mit dieser durchsichtigen Ausrede abspeisen, merkten sie denn nicht, daß Elisabeth irgend etwas mit sich herumschleppte?

Oder wollten sie es nicht zu genau wissen? Er wollte es wissen, und so folgte er Elisabeth, als sie nach dem Mittagessen hinunter an den See ging. Es war ein windiger Tag, die Wellen kamen von Unterach her und hatten weiße Gischtkämme. Elisabeth lehnte an der Steinbalustrade, der Wind zauste in ihren Haaren und in dem hellen, kalten Licht wirkten ihre Augen seltsam fahl.

Philipp trat neben sie. Er hätte gerne gefragt: »Hast du Kummer? Hast du Sorgen? Kann ich helfen?« Aber er konnte nicht gegen seine Natur an. Statt Elisabeth zu fragen, fing er über sich zu reden an:

»Ich habe vorhin nicht die Wahrheit gesprochen, als ich sagte, daß ich nirgendwo glücklich sein kann. Hier bin ich es. Es fällt mir schwer, auszudrücken, wieviel mir das Beisammensein mit ...« er zögerte und sagte: »mit euch bedeutet. Ich weiß nicht, ob du mich richtig verstehen kannst. Für dich ist alles hier selbstverständlich, du bist hier aufgewachsen, du gehörst hierher. Aber für mich ist es wie ein Wunder. Dieser Frieden, diese Harmonie. Es stimmt ganz einfach alles. Die Schönheit des Hauses, die Pracht der Räume, die Anlage des Gartens, selbst die Kastanienbäume stehen genau dort, wo sie stehen müssen. Ich kann nur wiederholen, Pernwald ist schön, harmonisch schön. Wohin man schaut, man freut sich. Es ist an der Zeit, daß ich meinen Dank ausspreche. Ich darf dir doch sagen, daß ich euch danke, daß ihr mir erlaubt habt, eine kleine Weile mit euch zu leben, und die Freude, hier zu leben, genießen zu können. Ich kann Pernwald nie mehr vergessen.«

Er nahm allen Mut zusammen und wollte hinzufügen: »Auch dich werde ich nie mehr vergessen«, aber er stockte. Elisabeth hatte ihm ihr Gesicht zugewandt. Sie war blaß geworden, ihre

Lippen zitterten. »Hör doch auf«, sagte sie erstickt. Tränen stiegen in ihre Augen. »Hör doch endlich auf.« Sie drehte sich um und lief in langen Sätzen über die Wiese dem Badehaus zu.

XXI.

Am nächsten Morgen brachte der Postbote drei Briefe aus London. Einen von Georg für Elisabeth, einen von Max Fiedler für Sophie und einen für Helene von Mathilde.
Elisabeth hatte nicht mehr erwartet, einen Brief in Pernwald zu erhalten, da sie Georg doch geschrieben hatte, daß sie schon bald nach Wien fahren und ihre Abreise vorbereiten würde. Sie war überrascht. Hatte die Postverbindung diesmal so rasch funktioniert? Oder hatten sich die Briefe gekreuzt? Sie steckte den Brief ungelesen in die Jackentasche, rief die Hunde und ging durch die Wiesen, setzte sich auf die Bank am Waldrand, öffnete den Umschlag und las: »Mein Liebes, wenn Du diese Zeilen erhältst, bin ich schon auf hoher See! Verzeih mir, daß ich Dich mit dieser Nachricht überrumple, aber auch mich traf es wie ein Schlag aus heiterem Himmel, als Max mir mitteilte, daß wir unverzüglich aufbrechen werden. Ich kann ihm keinen Vorwurf machen. Ich habe mich ihm gegenüber so oft beklagt und auch Du weißt, daß ich mich in London nicht zurechtfinden konnte, mich nicht einleben konnte, und so hat Max ohne mein Wissen unsere Weiterreise nach Amerika organisiert.«
Amerika! Elisabeths Herz begann hart zu schlagen. Wie um sich zu vergewissern, las sie den letzten Satz noch einmal: ». . . unsere Weiterreise nach Amerika organisiert.« Sie bemerkte nicht, daß sich die Hunde in den Wald trollten, sie las weiter: »Als er die Visa und die Schiffskarten hatte, stellte er mich quasi vor die vollzogene Tatsache. Ich wollte Dir natürlich sofort schreiben, sogar telegraphieren wollte ich, aber Max hielt mich vernünftigerweise davon ab. Er meinte, Du könntest in der ersten Aufregung überstürzte Entscheidungen treffen, mit uns kommen wollen, und das sei eine Verantwortung, die er

Deiner und meiner Mutter gegenüber nicht auf sich nehmen könne. Die Zeiten sind schwer, sagt Max, und ein neues Leben in Amerika aufzubauen, ist Männersache, sagt er. Er meint, ich dürfe Dich nicht der Unsicherheit und dem harten Start in Übersee aussetzen. Es sei meine Pflicht, für Dich vorzusorgen, sagt er, damit Du, wenn Du mir nachkommst, ein sicheres, sorgenfreies Leben mit mir führen kannst. Mein Liebes, es ist mir schrecklich, daß ich immer weiter von Dir fort muß, wo ich mich doch Tag und Nacht nach Dir sehne und Du mir jede Minute fehlst. Aber Max hat recht, ich darf nicht nur an mich denken, Du bist das Wichtigste, und es liegt an mir, alles für Dich so vorzubereiten, daß Du den Schritt, Pernwald zu verlassen, nie bereust. Max hat versprochen, sowie wir Fuß gefaßt und die Dinge in den Griff bekommen haben, Dir das erforderliche Visum und die Schiffspassage zu schicken. Wir brauchen drei Wochen bis New York, denke nur, so kurze Zeit für die große Distanz. Aber wahrscheinlich werden wir nicht in New York bleiben, sondern nach Los Angeles weiterfahren, wo Max einen Geschäftsfreund hat, der ihm angeboten hat, in sein ›real-estate-Unternehmen‹ einzusteigen. Wenn das klappt, dann wird unsere Trennung gar nicht lange dauern. Dann sind wir schon im Herbst wieder zusammen und dann trennen wir uns nie mehr, nie mehr fürs ganze Leben. Glaube mir, mein Liebling, ich werde alles, was in meiner Kraft steht, dazu tun, damit ich Dich bald wieder in meinen Armen halten kann und . . .« Elisabeth las nicht zu Ende. Sie zerknüllte den Brief. Sie zitterte vor Wut, ihr wurde direkt übel vor Wut. Dieser Idiot! Dieser verfluchte Schwachkopf! Hatte er denn keinen eigenen Willen? Keinen Charakter? Er ließ sich herumschieben wie eine Schachfigur und wollte sie noch glauben machen, alle diese Überlegungen seien auf seinem eigenen Mist gewachsen! Diesen Brief hatte Max diktiert. Warum hatte Max nicht selbst geschrieben? Warum ließ Georg sich vorschieben und betete brav und blöde alles nach, was Max dachte, meinte, sagte? Wie konnte Max entscheiden, was für sie beide richtig war? Und wenn er schon mit Georg so umsprang – wie konnte er es wagen, sie zum Narren zu machen? Sie hatte sich entschlossen, Georg zu folgen, hatte alles vorbereitet und nun zog

Max ihr den Boden unter den Füßen weg. Wenn Georg, dieser Schwächling, so mit sich umspringen ließ, traurig genug, aber wie konnte er sich unterstehen, ihre Handlungsfreiheit, ihr Selbstbestimmungsrecht dem Belieben eines Dritten unterzuordnen? Vor Elisabeths Augen drehte sich alles, ihr war wirklich schlecht. Ganz plötzlich wurde ihr kalt und ihr Magen krampfte sich zusammen. Das Ei, das sie zum Frühstück gegessen hatte, kam ihr hoch. Faulig und ekelhaft schmekkend, drängte es über ihre Zunge. Sie hatte gerade noch die Kraft, sich über die Banklehne zu beugen, dann erbrach sie und erbrach und erbrach, bis nur mehr Magensäure und Galle ihr auf den Lippen brannten.

Sophie hatte die gleiche Nachricht, nur anders formuliert, von Max Fiedler erhalten. Verstandesgemäß billigte sie seinen Entschluß, sich in ein Grundstücksgeschäft einzukaufen. Max schrieb, daß die geschäftlichen Aussichten einmalig günstig seien, vom Grundstückshandel verstünde er was, es sei damit viel Geld zu machen. Höchste Zeit, daß er wieder etwas verdiene, bis jetzt habe er nur zugesetzt, seit er Ischl verlassen habe. Auch für Georg ergäben sich nur Vorteile, nicht umsonst gälte Amerika als das Land der unbegrenzten Möglichkeiten. Wenn Georg sich schon ein neues Leben aufbauen müsse, warum sollte er dann nicht unter den besten Bedingungen starten? Wenn Georg ein tüchtiger und erfolgreicher Mann werden würde, käme das letzten Endes eines Tages auch Pernwald zugute.
Ja, Sophie verstand Max, aber nur mit dem Kopf. Die sich immer weiter ausdehende Distanz machte ihr das Herz schwer und bedrückte ihr Gemüt. Freund und Sohn verschwanden in ein so weit entferntes Land, daß ihre Vorstellungskraft ihnen nicht mehr zu folgen vermochte. Amerika – Max hätte ebensogut schreiben können: wir fahren auf den Mond. Wofür halte ich Pernwald? Wozu bleibe ich hier? dachte Sophie kleinmütig. Wofür das alles? Ich bin ganz allein und das Leben freut mich nicht mehr. Elisabeth fiel ihr ein und sie riß sich zusammen. Elisabeth stand erst am Anfang; konnte man ihr zumuten, auszuhalten, ins Ungewisse zu warten, ihre schönsten

Jahre vorübergehen zu lassen, alles für eine vage Hoffnung? Andererseits – durfte sie Elisabeth zureden, nachzufahren, das Abenteuer zu riskieren? War die Liebe der beiden jungen Menschen so stark, so fundiert? In der Heimat war Pernwald die Gemeinschaft gewesen, das gemeinsame Interesse, das gemeinsame Leben, aber was würde Georg und Elisabeth in Amerika verbinden? Und wenn auch Elisabeth so weit fortging, was wurde dann aus Pernwald?
Sophie nagte an der Unterlippe. Sie war über fünfzig, wenn sie starb – ihre Eltern waren relativ früh gestorben – wenn sie selbst das Ende dieses Hitler-Wahnsinns nicht mehr erlebte, was geschah mit Pernwald? Ferdinand würde sicher hundertundfünf Jahre alt. Schon aus Gemeinheit, damit sie nicht zur Ruhe kam!
Sophie begann so nervös zu werden, daß sie es in ihrem Zimmer nicht mehr aushielt. Sie ging die Treppen hinunter, durchquerte die Halle und schloß die Tür des Jagdsalons hinter sich.
Der Jagdsalon war ihr Lieblingszimmer. Der Anblick der Ahnenbilder gewährte ihr immer wieder ein Gefühl der Selbstbestätigung. Sie, die kleine Neureiche aus Prag, hatte das Erbe der Pernwalds weiß Gott gut verwaltet. Sogar Florian müßte das zugeben, wenn er noch lebte. Sophie seufzte. Die Geographie ist das Schicksal, dachte sie. Wenn sie in Prag geblieben wäre . . . Dieses sentimentale Selbstmitleid ist auch eine Alterserscheinung, ging es ihr durch den Kopf. Sie wurde ärgerlich, und als sie auf ihrem Rückweg in die Halle die total verweinte Helene traf, die ihre Verzweiflung über die Amerikareise Georgs, von der ihr Mathilde berichtet hatte, nicht beherrschen konnte, ließ Sophie ihren Ärger an Helene aus.
»Nimm dich gefälligst zusammen«, fuhr sie Helene an. »Mich trifft es noch schmerzlicher, immerhin ist Georg mein einziger Sohn. Aber ich unterdrücke meinen Kummer, denn ich denke an Elisabeth. Man muß das Beste für Elisabeth tun.«
Während Sophie sich Luft machte, wurde sie ruhiger. Das Beste ist, Elisabeth bleibt hier, überlegte sie. Es ist das Beste für sie, für Pernwald und schließlich und endlich auch das Beste für mich!

XXII.

Elisabeth hatte sich in ihrem Zimmer eingeschlossen. Sie fühlte sich elend und das Jammern ihrer Mutter, die an die versperrte Tür geklopft und »mein armes, armes Kind« geschluchzt hatte, war mehr, als sie ertragen konnte. Es überstieg auch ihre Kraft, mit Tante Sophie zu sprechen und womöglich vor den forschenden und ahnungslosen Blicken Philipps Komödie spielen zu müssen. Sie wollte überhaupt niemanden sehen, sie war erbittert, erschöpft von hilfloser Wut und Rebellion gegen ihr Schicksal. Noch immer schmeckte sie Galle auf der Zunge, und als Mama sie gegen Abend durch die verschlossene Tür fragte, ob sie nicht wenigstens eine Tasse heißer Bouillon zu sich nehmen wolle, krampfte sich ihr Magen vor Widerwillen zusammen.

Doch auch am Morgen, nach einer Nacht voll wirrer Träume und wilder Tränenausbrüche, als Bastian ihr das Frühstück ans Bett servierte, genügte der Anblick des gekochten Eies – und wieder wurde es Elisabeth schlecht. Sie mußte sich übergeben. Erschöpft kehrte sie ins Bett zurück und verkroch sich unter der Decke. Seit sie die üblichen Kinderkrankheiten absolviert hatte, war sie nie mehr am hellichten Tag im Bett geblieben; aber es war kein Wunder, wenn ihre Nerven streikten und sie krank machten! Es war ihr sogar recht. Solange sie krank war, mußte sie keine Stellung beziehen.

Aber Elisabeth war zu jung und zu gesund, um sich lange in Krankheit flüchten zu können. Am zweiten Tag verspürte sie Hunger und verlangte energisch, etwas zu essen. Alles, nur kein Ei. Der gehackte Schinken und die heiße Bouillon – Helene hatte ihren Dickkopf durchgesetzt, gehackter Schinken und Bouillon war ein Krankenessen, egal, welcher Art die Krankheit war – schmeckten Elisabeth vorzüglich. Bald darauf mußte sie jedoch eilig das Badezimmer aufsuchen. Sie gab das Genossene wieder von sich.

Da sich die Übelkeit wieder eingestellt hatte, verdrängte die akute Sorge um ihr körperliches Befinden den seelischen Schmerz Elisabeths. Wie lange sollte sie noch im Bett liegen und warten, ob ihr schlecht würde oder nicht? Ungeduldig ließ sie Helenes betuliche Ratschläge über sich ergehen. Dunstumschläge auf den Bauch. Jawohl, Mama. Eine Wärmflasche an die Füße. Jawohl, Mama. Kamillentee, schlückchenweise getrunken. Jawohl, Mama.

Kaum hatte Helene das Zimmer verlassen, stand Elisabeth auf und begann sich anzukleiden. Sie war schwach und unsicher auf den Beinen. Als sie sich die Haare vor dem Spiegel bürstete, sah sie, wie miserabel sie aussah. Blaß, mit Ringen unter den Augen. Na, egal. Bis Ischl würde ihre Kraft reichen. Es war kurz nach zehn. Um diese Stunde erstattete der Verwalter Tante Sophie im Jagdsalon Bericht. Mama war in ihrem Zimmer, um Toilette zu machen. An Cousin Philipp dachte Elisabeth nicht. Wenn es ihr gelang, ungesehen aus dem Haus zu kommen und in die Garage, in der Georgs Sportcabriolet stand, konnte sie in dreißig Minuten in Ischl sein, bei Doktor Dillich.

Doktor Dillich war seit Jahrzehnten der Hausarzt der Pernwalds, er kannte Elisabeth von klein auf, und sie mochte ihn. Mit ihm konnte sie offen reden, und er würde ein besseres Mittel gegen ihre Beschwerden wissen als Dunstumschläge und Kamillentee.

Niemand sah Elisabeth fortfahren, nur Philipp. Und Philipp wußte nicht, was er denken sollte. Seit Tagen schon war die Atmosphäre im Herrenhaus spannungsgeladen und unheilschwanger. Elisabeth plötzlich erkrankt, Helene unsichtbar und bei den Mahlzeiten, die er zu zweit mit Sophie eingenommen hatte, hatte Sophie so getan, als sei nichts Außergewöhnliches geschehen. Er konstatierte abergläubisch, daß es fast so war, als hätte er es berufen. Seit er von dem Frieden, der Ruhe und der Harmonie in Pernwald gesprochen hatte, waren Frieden, Ruhe und Harmonie aus Pernwald verschwunden. Wenn er gehofft hatte, schon ein wenig zur Familie zu gehören, war er jetzt um eine Illusion ärmer. So offen und freundlich die Cousinen sich auch gegeben hatten, sie ließen ihn nicht nahe an sich heran. Er war zwar dem Namen nach ein Pernwald, aber er gehörte nicht dazu. Das kränkte Philipp mehr, als er sich eingestand. Er gierte danach, seine scheuen Gefühle zu vergeben, er hätte so gern zu jemandem gehört und sich gebunden. Lina Blume war nur eine Episode gewesen; obwohl er erst ein paar

Wochen aus Berlin fort war, verblaßte sie bereits in seiner Erinnerung.

Philipp verstieg sich in seiner Sehnsucht nach Zusammengehörigkeit nicht so hoch, als daß er an Elisabeth als Frau und Gefährtin gedacht hätte, aber warum konnte sie ihn nicht als brüderlichen Freund betrachten? Warum schenkte Helene ihm nicht ihr Vertrauen? Warum erkannte die gescheite Sophie seine Bereitschaft nicht, sich einzuordnen, ja sogar unterzuordnen, wenn er dafür als Angehöriger anerkannt wurde? Es war ihm nicht gegeben, das Herz auf der Zunge zu tragen. Das war ein Erbteil seiner Mutter. Hätte er doch etwas von der leichten Art seines Vaters mitbekommen! Der hätte die Familienmitglieder mit seinen liebevollen Gefühlen derart überrannt, daß er am Ende mit offenen Armen in die Familie aufgenommen worden wäre. Kein Mensch kann aus seiner Haut, dachte Philipp. Ich bin für sie ein Fremder geblieben, und wenn ich in ein paar Tagen abreise, wird die Erinnerung an mich den nächsten Morgen nicht mehr erleben!

Das Mittagessen, das dem Pünktlichkeitsfimmel Sophies gemäß Schlag ein Uhr serviert werden mußte, wurde nicht aufgetragen. Helene hatte entdeckt, daß Elisabeth weder in ihrem Zimmer noch in ihrem Bett war. Sie hatte sie überall gesucht und nirgends gefunden. Nachdem sie dahinter gekommen war, daß Georgs Auto, das nur von Elisabeth benützt wurde, nicht in der Garage stand, schlug sie Alarm. Sie steigerte sich in immer heftigere Wahnvorstellungen, machte laut weinend Georg, Max Fiedler und Sophie für Elisabeths Unglück und die daraus resultierenden etwaigen Kurzschlußhandlungen verantwortlich und sah, von hysterischem Schluchzen geschüttelt, ihre Tochter verschollen, schwer verletzt, tot. Sie steckte mit ihrer Hysterie sogar die nüchterne Sophie an.

Auch Sophie begann sich ernstliche Sorgen zu machen. Noch nie war Elisabeth wortlos verschwunden und nicht rechtzeitig zu den Mahlzeiten zurückgekehrt. Sophie glaubte nicht einen Augenblick daran, daß Elisabeth sich etwas angetan haben könnte. Das war wieder eine dieser überspitzten »Katastrophenmalereien« Helenes. Dennoch konnte Elisabeth, überreizt und nervös wie sie war, mit dem Auto etwas zugestoßen sein.

Mit dem schrillen Jammer Helenes in den Ohren war Sophie außerstande, logisch zu denken und zu überlegen, welche Schritte zu unternehmen seien. Sie brachte Helene auf ihr Zimmer und schickte die Köchin mit Baldriantee und der Weisung, »die gnädige Frau« nicht alleine zu lassen, hinauf, sagte das Mittagessen ab und ging in die Halle, wo Philipp höflich wartete.
Helenes Geschrei war nicht zu überhören gewesen. Philipp mußte das meiste mitbekommen haben und Sophie hatte sich entschlossen, den Fall mit ihm zu besprechen, ja sogar seinen Rat einzuholen. Wieder war sie angenehm berührt von seinem Takt und seiner Umsicht. Er berichtete, daß er Elisabeth gegen halb elf in Richtung Weissenbach habe wegfahren sehen, und fragte, ob es nicht möglich sei, daß sie wegen ihres Gesundheitszustandes einen Arzt aufgesucht habe. Ein telefonischer Anruf bei Doktor Dillich in Ischl bestätigte die Richtigkeit dieser Annahme. Doktor Dillich erklärte Sophie, daß Elisabeth bei ihm gewesen sei und seine Ordination nach zwölf Uhr wieder verlassen habe.
Sophie hörte der Stimme des Arztes an, daß er etwas verschwieg; er war knapper und förmlicher, als es sonst seine Art war. So sehr sie insistierte, Doktor Dillich wiederholte nur immer wieder, daß er keinen Grund zur Besorgnis sehe, und daß Elisabeth sicher bald wohlbehalten zu Hause eintreffen würde.
»Wenn sie einen Motorschaden hat, sitzt sie im Ischlertal fest«, sagte Sophie, nachdem sie den Telefonhörer wieder aufgelegt hatte. »Das würde ihre Verspätung erklären. Wenn sie die Strecke zu Fuß gehen muß, braucht sie, je nachdem, wo sie den Wagen stehen lassen mußte, auch zwei Stunden und mehr.«
»Wenn du erlaubst, mach' ich mich auf den Weg«, sagte Philipp. »Mit Motoren kenn ich mich aus. Wenn man einen Panzer in Gang bringen kann, reichts auch für einen Sportwagen. Gibt es vielleicht ein Fahrrad, das ich benützen könnte, um schneller vorwärts zu kommen?«
Sophie erinnerte sich, daß im Geräteschuppen noch immer Antons altes Fahrrad herumstand. Bastian benützte es

manchmal an seinen freien Tagen. Der Gedanke an Anton machte Sophie wieder wütend. Schließlich war Elisabeth seine Tochter, und es war seine Pflicht, sich in solchen Krisensituationen um sie zu sorgen, aber verantwortungslos, wie er war, überließ er die Sorge ihr. Sie dachte verbittert: »Alles bleibt immer an mir hängen«, und bedankte sich daher bei Philipp nicht so aufrichtig, wie sie gefühlt hatte, bevor ihr Anton eingefallen war.

Als sie ihm nachsah, wie er das quietschende Rad die Auffahrt hinunterschob, aufstieg und in die rasselnden Pedale tretend die Landstraße entlangradelte, tat ihr die Unterlassung schon leid und sie nahm sich vor, wenn Philipp zurückkam, mit Elisabeth zurückkam, ihm zu sagen, daß er wiederkommen solle, wann immer er es wünsche, und daß er in Pernwald willkommen und zu Hause sei.

Philipp brauchte nicht weit zu radeln. Noch bevor er an die Biegung der Straße nach Ischl kam, entdeckte er, halb versteckt hinter einer Baumgruppe, den Wagen Elisabeths. Er stieg ab und schob das Rad an das Auto heran. Der Zündschlüssel steckte, aber so gründlich er sich auch umsah, er konnte keine Spur von Elisabeth entdecken. Das Gras der flachen Wiese, knöchelhoch und hellgrün, zeigte keine Fährten. Das nächste Haus lag minutenweit entfernt an der Biegung der Straße, und die geschlossenen grünen Fensterläden ließen darauf schließen, daß der oder die Besitzer noch nicht eingezogen waren. Wo konnte Elisabeth also hingegangen sein? Philipp ließ das Rad achtlos neben dem Auto liegen und überlegte. Ihm fiel ein, daß Elisabeth, als er vor ein paar Tagen mit ihr im Seegarten gesprochen hatte und sie davongelaufen war, in die Richtung des Badehauses gelaufen war. Hatte das Badehaus eine besondere Bedeutung für sie? Das Badehaus lag linker Hand in einem spitzen Winkel zur Baumgruppe.

Unschlüssig, wo er suchen sollte, schlug Philipp den Weg zum Badehaus ein; doch je näher er kam, desto unsicherer wurde er. Die Badehütte war noch vom Winter her verschalt, die Fensterluken waren vernagelt und der Steg war noch vermoost und verschlackt. Um die Pfosten, auf denen die Hütte im See ruhte, wabberten Tang und grünlicher Schleim. Schon wollte Philipp

wieder umkehren, als er den altmodisch geformten Schlüssel sah, der in der Tür zum Badehaus steckte.
Vorsichtig öffnete Philipp die Tür. In der Hütte war es dämmrig, es roch nach nassem Holz und Moder. Noch bevor sich seine Augen an das Halbdunkel gewöhnt hatten, hörte er Elisabeths Stimme: »Ich will allein sein. Ich will meine Ruhe haben. Ich bitt' dich, geh und laß mich in Ruh'.« Ihr Tonfall klang gereizt und aggressiv. Aber Philipp ließ sich nicht abweisen. Er machte einige Schritte vorwärts und entdeckte Elisabeth, auf einer Holzbank hockend, an die Bretterwand gelehnt. Er konnte ihr Gesicht nicht sehen, aber ihre Haltung kam ihm seltsam starr und verkrampft vor. Er setzte sich neben sie, holte ein Zigarettenpäckchen aus der Tasche und bot ihr eine Zigarette an. Sie dankte nicht, griff aber unbeherrscht nach einer Zigarette. Im Schein des aufflammenden Zündholzes erkannte Philipp, daß ihre Züge hart waren und in ihren Augen ein böses Licht flackerte. Sie machte einen tiefen Zug und sagte ungehalten: »Danke. Und jetzt geh.« Philipp rührte sich nicht. Sie fuhr ihn an: »Hörst du nicht? Ich will allein sein.«
»Ich glaube, du brauchst Hilfe«, sagte er beherrscht. »Ich möchte dir helfen, wenn ich kann.«
»Mir kann niemand helfen.« Elisabeth lachte. Es klang wie ein Schluchzen.
»Du benimmst dich wie ein Kind, wie ein trotziges, ungezogenes Kind«, sagte Philipp geduldig. »Vielleicht kann ich dir wirklich nicht helfen, aber vielleicht kann ich dir raten. Man wird leichter mit seinen Problemen fertig, wenn man über sie spricht.« Er legte den Arm um ihre Schultern. »Du zitterst ja. Dir ist kalt. Wie lange sitzt du schon hier allein im Dunkel und fürchtest dich?«
Es kam Philipp nicht zu Bewußtsein, daß er seine Hemmungen verloren hatte, daß er so sprach, wie er fühlte und dachte, und daß er nicht jedes Wort zensurierte. »Sag doch, was dich so quält. Ich gebe dir mein Offiziersehrenwort, daß kein Mensch davon erfährt. Ich möchte dir meine Freundschaft beweisen. In ein paar Tagen reise ich ab, voraussichtlich sehen wir uns so bald nicht wieder, wenn wir uns überhaupt jemals wiedersehen.« Er versuchte zu scherzen: »Ich bin also der ideale Beicht-

vater für dich und nehme dein Geheimnis mit – und nicht einmal mein Anblick wird dich später an deine Verzagtheit erinnern. Laß dich doch gehen! Es wird dir leichter, wenn du dich aussprichst.«

Philipp fühlte, wie unter dem Druck seines Armes die Spannung aus Elisabeths Körper wich. Die Zigarette entglitt ihren Fingern, fiel zwischen die Bretterritzen und verzischte in dem seichten Uferwasser. Sie saß still und atmete schwer. Sie begann zu sprechen, plötzlich brach es aus ihr heraus. Wie unter Zwang erzählte sie Philipp alles. Oder beinahe alles. Sie verschwieg ihm, daß Georg der Sohn Max Fiedlers war, sie motivierte das Zerwürfnis zwischen ihm und Ferdinand mit politischen Meinungsverschiedenheiten; aber davon abgesehen, berichtete sie ihm wahrheitsgetreu von ihrem intimen Verhältnis mit Georg und erklärte, daß Georg Österreich verlassen hatte und solange die Nazis am Ruder waren, nicht wiederkommen würde. Sie erzählte, daß sie entschlossen war, ihm nach England zu folgen und daß er aber alle Pläne über den Haufen geworfen habe und auf dem Weg nach Amerika sei.

Die Tränen rannen Elisabeth zwischen den Fingern durch. Sie konnte kaum weitersprechen. »Ich bekomme ein Kind«, schluchzte sie. »Gerade jetzt, wo Georg so weit fort ist und ich nicht einmal weiß , wo ich ihn erreichen kann, bekomme ich ein Kind. Ich kann dieses Kind nicht haben. Es ist ein uneheliches Kind. Ich bin nicht stark genug für den Skandal und für alles andere. Verstehst du das? Ich will das Kind und will es nicht. Wir wollten Kinder, weiß du. Wir haben oft davon gesprochen, daß wir Söhne und Töchter wollen, eine neue Generation von Pernwalds. Aber nicht so. So nicht. Unehelich. Verachtet, verspottet. Der Vater, weiß Gott wo in Amerika, wenn er überhaupt der Vater ist, werden die Leute sagen. Und die Mutter? Arrogant war sie immer, saß auf dem hohen Roß, und was hat sie jetzt? Einen Bankert ohne Vater. Dafür hätt' sie sich nicht so viel einbilden müssen, werden die Leute sagen. Nein, ich kann es nicht!«

Sie umklammerte Philipps Hand: »Denk an meine Mutter, an Tante Sophie. Ich kann das nicht durchkämpfen, nicht durchstehen. Ich weiß, ich bin egoistisch und wehleidig und schwach, aber ich kann nicht. Ich würde dieses Kind schon hassen, noch bevor es auf die Welt kommt. Also muß ich es wegmachen lassen. Ich muß zu irgendeiner Hebamme gehen oder zu einem Medizinstudenten, zu irgendeinem armen jüdischen Arzt, der das Geld braucht, um fliehen zu können, muß ich gehen und mir das Kind, das ich mir eigentlich wünsche, abtreiben lassen.«

Da Philipp bewegungslos saß und sie kaum seine Atemzüge hörte, hatte Elisabeth nicht das Gefühl, mit jemandem zu sprechen. Was sie sagte, war wie ein Monolog; sie wiederholte sich. »Ich muß es tun«, weinte sie, »und ich muß es schnell tun. Es ist Anfang Mai, im Oktober sollte es kommen. Einmal haben wir nicht aufgepaßt, Georg und ich. Es war bei unserem Wiedersehen im Februar, in der Naglergasse. Wir hätten beide nicht gedacht, daß es so ein Unglück wird. So ein Unglück.« Die Stimme versagte ihr.

Philipp ließ Elisabeth weinen. Der Arm, mit dem er sie umfangen hielt, war ihm eingeschlafen, seine Finger waren taub und gefühllos. Er wagte nicht, sich zu rühren, um sie nicht zu verschrecken. Er getraute sich nicht, zu zeigen, wie bewegt er war und wie gut er sie verstand. Sie war so jung und schutzbedürftig. Sein Herz war weich vor Mitgefühl und Liebe. Er dachte nicht, er fühlte. Er räusperte sich und sagte leise: »Heirate mich.«

Mit einer schroffen Bewegung schob Elisabeth seinen Arm von sich und rückte von ihm ab. Sie hörte auf zu weinen. »Du scheinst mir nicht zugehört zu haben«, sagte sie scharf und ihr Tonfall erinnerte ihn an Sophie. »Ich habe dir gerade mitgeteilt, daß ich ein Kind von Georg bekomme. Dein Heiratsantrag ist geschmacklos.«

»Entschuldige. Aber du hast mich mißverstanden.« Philipp vermied es, Elisabeth anzusehen. Er starrte wie blind auf die Bretterwand der Hütte. »Es liegt mir fern, eine Situation auszunützen. Ich will dir helfen, dir und der Familie. Wenn du eine Namensehe mit mir eingehst, kannst du das Kind zur Welt bringen. Es wird ein Pernwald. Darum geht es dir und darum geht es auch mir. Ich will nichts für mich. Ich beanspruche keine Rechte. Diese Ehe mit mir bedeutet für dich keine Bindung. Du kannst dich jederzeit von mir scheiden lassen, und ich werde es dir hoch anrechnen, daß du mir Gelegenheit gegeben hast, meinen Dank an euch und meine Gefühle für dich zu beweisen und nicht nur durch Worte, sondern auch durch Taten abzustatten. Sieh mal, ich war sehr einsam, bevor ich herkam. Ich hatte niemanden, dem ich mich verbunden fühlte. Nun habe ich euch.«

XXIII.

Ferdinand hatte sich Zeit gelassen, weil er geglaubt hatte, Zeit zu haben. Je länger Sophie im eigenen Saft schmorte, desto mürber würde sie werden. So war er von Aussig nach Wien gefahren, um den Einmarsch der Nazis mitzuerleben. Er war sprachlos. Einen solchen Jubel, eine solche Begeisterung hatte er nicht vorausgesehen. Waren denn alle Wiener Nationalsozialisten? Kopf an Kopf standen Männer und Frauen auf dem Heldenplatz. Ferdinand erinnerte sich noch gut an die Zeiten, in denen der Heldenplatz Äußerer Burgplatz geheißen hatte und jeden Mittag die Burgmusik mit klingendem Spiel zur Wachablösung vor dem Balkon des kaiserlichen Arbeitszimmers vorbei marschiert war, begleitet von begeisterten Wienern, die hofften, ihren alten Kaiser hinter den Fensterscheiben erspähen zu können. Damals waren es kaum hundert gewesen, heute standen sie zu Tausenden und brüllten »Heil« und »Ein Volk! Ein Reich! Ein Führer!« Dicht gedrängt säumten sie die Ringstraße, ballten sich vor dem Hotel Imperial, in dem der Führer und Hermann Göring abgestiegen waren, und schrien sich heiser.
Ferdinand waren die entfesselten Massen zuwider. Auch schmälerten die allgemein zur Schau getragene Begeisterung, die vielen Parteiabzeichen in den Knopflöchern, die vielen Hakenkreuzbinden um die Arme und die Fähnchen in den Händen seine eigene Bedeutung. Wenn plötzlich so viele Österreicher Parteigenossen und womöglich viele »alte Kämpfer« waren, wie sich die illegalen Parteigenossen nannten, verlor seine

eigene Parteizugehörigkeit stark an Gewicht. Ferdinand beschloß in Wien zu bleiben, um wenigstens unter den ersten zu sein, die den Rahm abschöpften.
Das Hotel Sacher, in dem er abgestiegen war, war ebenfalls von Deutschen überfüllt und für ihn unbehaglich. Kurz entschlossen ließ er sein Gepäck ins Palais Pernwald schaffen und überraschte den Portier, dessen Frau und die Köchin, die sich zu einer privaten Feier in der Küche versammelt hatten, um eine Flasche Wein auf das Wohl des »geliebten Führers« zu leeren. Die Köchin war Ferdinand fremd, aber der Portier war noch der alte Nechledil. Auch in seinem Knopfloch prangte ein Parteiabzeichen. Der Anblick erbitterte Ferdinand, er wehrte barsch die wortreiche Begrüßung von Herrn und Frau Nechledil ab, nahm mit einem flüchtigen Nicken zur Kenntnis, daß die neue Köchin Frau Poldi hieß und seit über einem halben Jahr im Dienst war, erfuhr, daß die gnädige Frau von Dobrany mit dem gnädigen Fräulein in Pernwald weilten, und befahl, seine Zimmer zu richten, da er eine Weile in Wien zu bleiben gedenke.
Sein Befehl löste konfuse Betriebsamkeit aus. Herr Nechledil zog den Portiersrock an, Frau Nechledil ergriff mürrisch Eimer und Besen, um sauberzumachen, und die Köchin, Frau Poldi, schusselte mit Töpfen und Pfannen herum, um zu keiner anderen Dienstleistung herangezogen zu werden.
Die Luft in den Zimmern, die Ferdinand früher einmal bewohnt hatte, war muffig, die Möbel mit Tüchern zugedeckt, das Bett nicht bezogen, die Teppiche zusammengerollt, und auf der feinen Staubschicht, die den Spiegel und die Bilder bedeckte, hätte man schreiben können. Ferdinands Erbitterung wuchs. Es war höchste Zeit, daß diese Weiberherrschaft zu Ende ging. Zum Teufel mit Sophie, Helene und Elisabeth! Nun war er da, und er würde dafür sorgen, daß sich das Leben in den Pernwaldschen Besitzungen von nun ab in einer anderen Tonart abspielte.
Nach ein paar Tagen lief der Haushalt im Palais Pernwald tatsächlich reibungslos; Ferdinand buchte das als seinen Verdienst. Überdies wurde er durch einen bedeutsamen Besuch von diesen Belanglosigkeiten abgelenkt. Ein Parteifreund na-

mens Reinhold Schmid, soweit ein patenter Kerl, halb Österreicher, halb Reichsdeutscher, den er vor Jahren durch Otti in Aussig kennengelernt hatte – der Parteifreund hatte eine böhmische Großmutter in Aussig –, war in Wien eingetroffen und machte sich erbötig, die Freundschaft mit Ferdinand über das Freundschaftliche hinaus in eine geschäftliche Interessengemeinschaft umzuwandeln.

Der Nutzen lag auf der Hand. Reinhold Schmid, der als Vertreter von Scheuermitteln, Schuhwichse und Waschpulvern tätig gewesen war, brachte die Idee und verlangte von Ferdinand, daß er seine Beziehungen und seine Kenntnisse der lokalen Umstände einbrachte. Die Wiener Schuhpastafabrik Schmock, ein rein jüdisches Unternehmen, war zu »arisieren« und stellte – laut Schmid – einen »fetten Brocken« dar. Reinhold Schmid, mit dem sich Ferdinand in der Grand-Hotel Bar getroffen hatte und der sich in der eleganten Umgebung sichtlich unwohl fühlte, vergaß seine Hemmungen, als er sich über die Vorteile der Arisierung ereiferte. »Das ist die Sache«, flüsterte er so laut, daß man ihn Tische weit hören konnte. »Ich kenn' mich in der Branche aus. In einem militarisierten Staat wird Schuhwichse immer gebraucht. Denk nur: Kommißstiefel, Reitstiefel, Offiziersstiefel. Wenn nichts mehr geht, diese Ware geht immer.«

Ferdinand, dem die Idee einleuchtete, dämpfte den Tonfall Schmids mit einer Geste: »Schön, mein Lieber«, sagte er. »Nehmen wir an, du hast recht. Aber ich habe wirklich keine Beziehung zu und Erfahrung mit Schuhwichse. Wie stellst du dir unsere Zusammenarbeit vor?«

Schmid ereiferte sich: »Ich brauche nichts als deinen Namen, deinen guten alten, österreichischen Namen. Ich verfüge über die Sach- und Fachkenntnisse, ich kenne den Markt. Ob Scheuermittel oder Schuhwichse, ist Jacke wie Hose. Was gebraucht wird, wird gekauft. Du hättest mit der ganzen Chose nur wenig zu tun.«

Schmid kalkulierte kurz und tastete sich vor: »Ich biete dir ein Drittel Beteiligung an. Dein Name als Aushängeschild. Meine Arbeitskraft und Branchenkenntnis sichern den Gewinn. Du brauchst nur die Hand aufzuhalten und die Kasse klingelt.«

Ferdinand war einen Augenblick lang versucht, Schmid den Gin-fizz, der vor ihm stand, ins Gesicht zu schütten. Welch ein unverschämter Vorschlag! War er schon so weit heruntergekommen, daß er den Namen Pernwald für dreckige Geschäfte verkaufen sollte? Aber dann überlegte er, daß, wenn er es nicht tat, ein andrer es tun würde, er dachte an das viele Geld für wenig Mühe, dachte an Sophie und Pernwald, hob sein Glas und prostete Schmid zu. »Du hast mich überzeugt. Was also habe ich zu tun?«
Schmid hatte alle Daten, alle Namen, alle Verbindungswege, die zu beschreiten waren, im Kopf. Er instruierte Ferdinand umfassend, der sich mit steifen Fingern und voll innerer Abwehr die notwendigen Notizen machte und dabei überlegte, daß niemand von der Familie je erfahren dürfe, wie weit sich ein Pernwald hatte erniedrigen müssen, um sich behaupten zu können.
Ferdinand erledigte den Handel widerwillig und mürrisch. Er gestand sich nicht ein, daß er hoffte, das anrüchige Geschäft würde sich durch sein unfreundliches Gehaben zerschlagen. Wider alles Erwarten lief alles glatt über die Bühne, und Schmid schlug ihm grinsend mit plumper Vertraulichkeit auf die Schulter, nannte ihn Partner und beglückwünschte ihn und sich zur bevorstehenden Zusammenarbeit.

Die Schuhpastafabrik Schmock lag auf der anderen Seite der Donau, im Arbeiterbezirk Florisdorf, den Ferdinand noch nie betreten hatte. Sie war in einem ebenerdigen, u-förmigen Bau untergebracht. Die Werkshalle, den Lagerraum, den Verpackungssaal und die Büros durchzog der beißende Geruch der Farbstoffe und Bindemittel, die zur Erzeugung von Schuhwichse gebraucht wurden. Die zwanzig Arbeiter brüllten zur Begrüßung im Chor ihr zackiges »Heil Hitler«, und Frau Büchler, die langjährige Sekretärin der Herren »Siegfried Schmock und Söhne«, hatte schmale Lippen und feindselige Augen, als sie Ferdinand und Herrn »Direktor« Schmid in die Büroräume der Firmenleitung führte.
»Eine Zeitlang müssen wir diese Gewitterziege behalten«, teilte Schmid Ferdinand in seinen durchdringenden Flüsterton

mit. »Noch weiß sie über den Laden hier besser Bescheid als wir. Außerdem ist sie lupenreine Arierin, politisch völlig unbeleckt. Es wäre unklug, sie jetzt schon zu feuern. Aber sowie ich die Klaviatur beherrsche, find' ich schon was, das ihr den Kragen bricht.«

Ferdinand war peinlich berührt von der Umgebung, von den Gerüchen, von der bloßstellenden Vertraulichkeit, mit der Schmid ihn als »Parteigenosse« herumreichte. Bei der ersten besten Gelegenheit verließ er beinahe fluchtartig die Fabrik, deren Teilhaber er geworden war. Er kehrte mißgelaunt und deprimiert ins Palais Pernwald zurück und ärgerte sich über die Köchin Poldi, die in der Halle auf ihn gewartet haben mußte und ihn aufgeregt mit der Nachricht überfiel, daß »ein dringendes Telegramm für den Herrn Baron« gekommen sei.

Zu ihrer Enttäuschung steckte Ferdinand das Telegramm ungeöffnet ein und ging wortlos in sein Zimmer. Dort öffnete er das Telegramm und las: »Otti tödlich verunglückt. Tante Mirza.«

Der Schreck fuhr Ferdinand derart in die Knochen, daß er sich setzen mußte. Der Schock über Ottis plötzliches Ableben traf ihn mit doppelter Wucht. Erstens war Otti von Jugend an sein Leporello gewesen, ein treu ergebener und stets bewundernder Freund, und zweitens war das Gut Kalinsky für ihn so etwas wie eine zweite Heimat gewesen, ein Refugium. Er hatte nicht nur seinen Kumpan verloren, sondern auch seinen Zufluchtsort. Ferdinand war zumute, als hätte man ihm den Boden unter den Füßen weggezogen, er fühlte sich erschüttert und vereinsamt. Das aufkeimende Selbstmitleid überwog die Trauer um Otti. Mühsam raffte Ferdinand sich auf, ein Beileidstelegramm an Mirza zu schicken und sein baldiges Kommen zu avisieren. Es war seine Freundespflicht, Otti die letzte Ehre zu erweisen und Tante Mirza mit Trost und Rat zur Seite zu stehen, obwohl sich in diesem Fall weder trösten noch raten ließ. Tante Mirza würde nie über den Tod Ottis hinwegkommen, und das Gut Kalinsky würde an irgendeinen Verwandten aus der Nebenlinie Kalinsky fallen und war somit für ihn selbst ein verlorenes Paradies.

Inmitten der Reisevorbereitungen erreichte Ferdinand ein

zweites Telegramm, in dem der Verwalter der Kalinskyschen Güter ihm mitteilte, daß die gnädige Frau Fürstin selig im Herrn entschlafen sei und daß ein Brief folge. Ferdinand ließ seinen Koffer wieder auspacken und wartete auf den Brief, der drei Tage später eintraf. Der langjährige Verwalter Nepomuk Mislyk schrieb: ». . . Herr Baron können sich das Unglück gar nicht vorstellen, welches über die gnädige Herrschaft hereingebrochen ist. Erst der tragische Unfall des jungen Herrn . . .« Ferdinand dachte während des Lesens, daß Otti immer der »junge Herr« geblieben war, von niemandem ernstgenommen, doch allseits beliebt. ». . . der junge Herr war nach einem Sektfrühstück mit Freunden ausgeritten, auf dem Erlkönig, dem tückischen Biest, der Herr Baron erinnern sich gewiß, der junge Herr hat sich, im wahrsten Sinne des Wortes zu Tode gestürzt.« Nur der junge Herr sei auf der Stelle tot gewesen, berichtete der Verwalter, der elende Gaul habe noch gelebt, aber er, Nepomuk Mislyk, habe das Vieh sofort eigenhändig erschossen. Die gnädige Frau Fürstin sei wie versteinert gewesen, als ihr die Katastrophe gemeldet wurde. Keine Tränen, keine Klagen. Aber die ganze Nacht habe in den Gemächern Ihrer Durchlaucht das Licht gebrannt; sie habe geschrieben und geräumt. Am folgenden Morgen sei sie zu Bett gegangen, mit den Worten: »Es ist genug. Ich wünsche nicht mehr behelligt zu werden.« Selbstverständlich wäre der Wunsch nach Ruhe respektiert worden, doch als nach vierundzwanzig Stunden noch kein Lebenszeichen von der gnädigen Frau Fürstin erfolgt sei, habe er, Mislyk, beunruhigt nach dem Arzt geschickt, der nur mehr – erstaunlicher Weise – den natürlichen Tod der gnädigen Frau Fürstin habe feststellen können. Mislyks Brief endete damit, daß seiner persönlichen, bescheidenen Meinung nach die gnädige Frau Fürstin an gebrochenem Herzen gestorben sei und daß ein Schreiben Ihrer Durchlaucht an den Herrn Baron und die für ihn bestimmten Andenkenstücke nach Erledigung der notariellen Formalitäten an den Herrn Baron abgehen würden.

Ferdinand faltete den Brief nachdenklich zusammen. Tante Mirza war eine imponierende Persönlichkeit gewesen. Scheinbar hatte ihr Wille genügt, wo andere zu einer Überdosis von Schlafmitteln hätten greifen müssen, um die ewige Ruhe zu finden. Ihr Leben hatte mit dem Tod Ottis den Inhalt verloren, also trat sie ab. Respekt, dachte Ferdinand, Respekt. Es tat ihm leid, sehr leid sogar, aber das Hemd war ihm näher als der Rock. Nun kam es mehr denn je darauf an, daß er seine alte Rechnung mit Sophie beglich.

Der Mai ging zu Ende. Über zwei Monate waren die Nazis nun schon an der Macht, und Sophie hatte gewiß schon begriffen, daß die neuen Besen hart und gründlich kehrten. Wenn sie einsichtig genug war und keine Schwierigkeiten machte, würde er großzügig sein und sie nur beiseiteschieben. Es war ihm nicht ganz klar, was er sich darunter vorstellte, aber ein alter Reiter-Wahlspruch lautete: »Nimm die Hürde erst, wenn sie kommt.« Er würde die Hürde Sophie im Handgalopp nehmen und sich sicher nicht den Hals brechen.

Ferdinand dachte sich eine boshafte Überraschung aus. Er schickte sein Gepäck voraus und fuhr von Kammer, dem nordöstlichen Marktflecken am oberen Ende des Attersees, mit dem Raddampfer, der, seit die Nazis im Land waren, eiligst von »Franz Josef« in »Unterach« umgetauft worden war, über den See. Die Überrumpelung Sophies würde ihm auf diese Weise gelingen: sie kam sicher nicht auf die Idee, daß er wie ein gewöhnlicher Tourist per Schiff eintreffen würde.

Es war ein schöner Frühlingsvormittag, der Himmel war seidig blau und der See noch glatt wie ein Spiegel. Das Rad des Dampfers hinterließ eine weiße Schaumspur auf dem blanken Wasser. Auf den Holzbänken des Hinterdecks saßen eng aneinandergedrängt die Teilnehmer einer deutschen »Kraft-durch-Freude-Reisegruppe«. Sie sangen fröhlich und laut: »Wir sind die Niedersachsen, sturmfest und erdverwachsen« und schunkelten im Takt dazu.

Immer müssen sie Krach machen, dachte Ferdinand irritiert. Können sie nicht schweigend die Schönheit dieser Fahrt genießen? Die Sonne stand schon hoch über dem Schoberstein, und die Turmspitze der Kirche von Steinbach funkelte im Licht. Ferdinand unterdrückte den flüchtigen Wunsch, in Steinbach auszusteigen und auf den Friedhof zu gehen. Seit Papas Beerdigung vor vierundzwanzig Jahren hatte er die Familiengruft der Pernwalds nicht mehr besucht. Papa hätte ohnehin keine Freude an meinem Besuch, überlegte Ferdinand bitter und zündete sich hinter der hohlen Hand eine Zigarette an. Die KdF-Gruppe schunkelte und plärrte: »O du schöner Westerwald, über deine Höhen pfeift der Wind so kalt . . .« Es hat überhaupt niemand Freude an mir, dachte Ferdinand, blies den Rauch durch die Nase und ging nach vorn, an den Bug des Schiffes.

Schon kamen die Häuser von Weissenbach näher, er erkannte das Toffenhaus, in dem seinerzeit Anton und Sophie logiert hatten. Er sah die Seepromenade, auf der er mit Otti oft spazierengegangen war; dann tauchte zwischen den Bäumen an der Biegung der Straße das Schindeldach von Mirzas Haus auf, in dem längst schon Fremde wohnten. »Du bist ein sentimentaler Hund«, sagte sich Ferdinand, aber sein Herz begann schneller zu schlagen, als der Dampfer in großem Bogen den Landungssteg ansteuerte und er in der Ferne die imposanten Konturen des Herrenhauses auf dem Hügel entdeckte.

Der Dampfer war noch kaum vertäut, als Ferdinand schon als Erster auf den Landungssteg sprang. Wenn früher ein Pernwald angekommen war, ob mit dem Wagen oder per Schiff, war er von den Einheimischen empfangen worden wie ein Souverän. Heute nahm niemand Notiz von Ferdinands Eintreffen. Der Hoteldiener, in grüner Schürze, die Kappe mit der Aufschrift »Hotel Post« weit aus der Stirn geschoben, glotzte ihn blöde an und erkannte ihn nicht. Fremde Gaffer bevölkerten die Seepromenade und den Hotelgarten. Der Dampfer legte ab, die KdF-Gruppe schrie: »Juhu!« und »Hallo!« und fuhr singend weiter nach Unterach.

Ferdinand folgte der Straße, begegnete dem alten Postboten, der ohne ein Zeichen von Freude oder Erstaunen an die Mütze tippte, gleichmütig mit: »Heil Hitler« grüßte und im Postamt verschwand. Die Wiesen standen schön, das Korn war noch grün und wellte sich in dem leichten Wind, der nun aus dem Osten heranwehte, wie jeden Tag um die Mittagszeit, wenn das Wetter schön blieb.

Als Ferdinand sich Pernwald näherte, sah er die Zäune und die

Verbotstafeln, die Sophie errichten hatte lassen. Er lächelte böse. Das war das erste sichtbare Zeichen, daß Sophie versuchte, sich gegen die neue Zeit abzuschirmen. Er überstieg die Sperrkette mit dem baumelnden Schild: »Privat«, die die Kiesauffahrt absperrte, sah die handtuchgroße Hakenkreuzfahne, die leicht im Wind schwang, und grinste. Die Konzessionen, die Sophie machte, waren gering – aber immerhin, sie hatte begonnen, Konzessionen zu machen! Die Hunde rannten bellend auf ihn zu, bekamen seine Witterung in die Nasen, und ihr Bellen ging in freudiges Jaulen über. Durch den Lärm aufmerksam geworden, öffnete Bastian die Tür des Herrenhauses, erkannte Ferdinand und beeilte sich, ihm entgegenzugehen. Ferdinand schüttelte dem Diener leutselig die Hand: »Wie gehts denn, Bastian?«
»Dank der Nachfrage, Herr Baron«, dienerte Bastian, »man muß zufrieden sein. Darf ich den Herrn Baron in den Jagdsalon bitten. Die Frau Baronin erwartet den Herrn Baron.«
Ferdinand war erstaunt. »Meine Frau erwartet mich?« fragte er.
Wieder verneigte sich Bastian. »Sehr wohl, Herr Baron. Im Jagdsalon.«
»Ist mein Gepäck schon angekommen?« forschte Ferdinand.
Bastian schüttelte den Kopf. »Bis jetzt noch nicht, Herr Baron.«
»Wieso erwartet mich dann meine Frau?«
»Die Frau Baronin haben den Herrn Baron täglich erwartet. Schon seit Wochen.«
Bastian schritt gravitätisch voraus. Ferdinand folgte ihm verdrossen. Diese Sophie ist ein tückisches Luder, dachte er. Immer muß sie versuchen, einem den Wind aus den Segeln zu nehmen. Die umständliche Fahrt über den See und den Fußmarsch hätte ich mir ersparen können. Überrumpelt hab' ich sie jedenfalls nicht!
Ferdinand durchquerte die Halle, ohne sich umzusehen. Bastian öffnete die Türe zum Jagdsalon. Ferdinand blieb auf der Schwelle stehen. Sophie saß hinter dem Schreibtisch. Sie wirkte gesund und schaute Ferdinand gelassen entgegen. Noch hatte die Sonne die Fenster nicht erreicht, die Ahnenbilder

hinter Sophies Rücken blickten dunkel und streng auf ihn herab, und einen Augenblick lang hatte er das Gefühl, daß alle, die Lebendige wie die Toten, eine feindselige Front gegen ihn bildeten. »Küß die Hand, Sophie«, sagte er unsicher.
»Bitte, tritt doch näher«, erwiderte Sophie. »Nimm Platz.« Sie gab Bastian einen Wink, die Tür zu schließen.
Ferdinand setzte sich ihr gegenüber in den Lederfauteuil; er war sich bewußt, daß er in der schwächeren Position war. Ihm gebührte der Sitz hinter dem Schreibtisch; statt dessen hockte er auf dem »Bittstellersessel«! Er erinnerte sich noch genau, daß Papa unliebsame Besucher, die er rasch wieder loswerden wollte, immer auf diesen Stuhl plaziert hatte.
Sophie ließ Ferdinand keine Zeit, sich zu sammeln. »Wenn ich sagen würde, ich freue mich, dich zu sehen, würdest du es mir ohnehin nicht glauben. Ich kann mir also solche Höflichkeitsfloskeln ersparen. Kommen wir zur Sache.« Sie lehnte sich zurück und verschränkte die Arme. »Ich habe mit deinem Besuch gerechnet. Was willst du? Ich höre.«
Ferdinand stand auf. Fort von diesem Stuhl, an dem noch die Bedrängnis der von Florian abgekanzelten Bittsteller zu haften schien. Er ging zum Rauchtisch hinüber, öffnete gewohnheitsmäßig die silberne Kassette mit dem eingravierten Wappen der Pernwalds und fand, wie zu Florians Zeiten, auf der einen Seite die türkischen Zigaretten, auf der anderen die leichten Zigarren. Er zündete sich eine Zigarette an. Der altvertraute Geschmack des süßlichen Tabaks gab ihm seltsamerweise sein Selbstvertrauen wieder. Er blies den Rauch langsam durch die gespitzten Lippen und formte kunstvolle Ringe.
»Wenn dir diese Tonart lieber ist, soll es mir recht sein«, begann er. »Du entsinnst dich sicher noch unseres letzten Gesprächs, das so unangenehm war, wie die meisten Gespräche, die wir im Lauf unserer sogenannten Ehe zu führen gezwungen waren. Alles, was ich dir damals prophezeite, ist eingetroffen, sogar noch durchschlagender, als ich es dir ausmalte. Die neue Führungsschicht ist an der Macht und ich bin ein Teil dieser Macht. Zwar nur ein kleiner Teil, doch groß genug, um mir zu nehmen, was mir gebührt, kraft meines Namens und kraft meiner Geburt.«

Sophie hörte schweigend zu. Ferdinand schwoll der Kamm. Sie hat schon begriffen, dachte er, sie weiß, daß ich nun endlich mal am längeren Hebel sitze. Seine Laune stieg, und er lächelte: »Ich gebe es ungern zu, aber du bist zu intelligent, um in den vergangenen zwei Monaten nicht erfaßt zu haben, wie sehr sich das Rad gedreht hat. Was einmal galt, gilt heute nicht mehr. Es gibt neue Spielregeln, die nur von denen beherrscht werden, die mitmischen.«
Sophie betrachtete ihn nachdenklich. Er sieht noch immer erschütternd gut aus, und wenn er lächelt, so wie eben, hat er noch immer Charme. Aber er ist ein Hohlkopf. Ein unverbesserlicher, dummer Schwätzer. Wieso hab' ich mich je in ihn verliebt? Sie erinnerte sich plötzlich, wie sehr sie ihn als junges Mädchen begehrt hatte, und daß er ein guter Liebhaber gewesen war. Sie hatte nur die schöne Fassade gesehen und nicht den Plunder, der sich dahinter versteckte. Gefühl und Verstand passen selten zusammen, dachte sie. Sie nickte bestätigend mit dem Kopf und brachte Ferdinand aus seinem Konzept.
Er verhaspelte sich in seinen Lobreden auf das neue Regime und drückte ungehalten die Zigarette im Aschenbecher aus. »Langer Rede kurzer Sinn: ich bin gekommen, um dir einen fairen Vorschlag zu machen«, fuhr er hastig fort. »Wenn sich ein Skandal vermeiden läßt, möchte ich ihn gerne vermeiden. Ich brauche dir nicht zu erklären, daß sowohl unser Ehevertrag als auch die späteren Abmachungen anfechtbar sind, weil sie auch größtenteils den guten Sitten – den neuen guten Sitten – nicht entsprechen. Außerdem sind Verträge, die ein jüdischer Winkeladvokat oder Vermögensberater oder Grundstücksmakler, oder welche Funktion sich immer dieser Saujud Fiedler angemaßt hat – also solche Verträge sind von vornherein verdächtig und ungültig.«
Jetzt lächelte Sophie. »Sprich weiter«, forderte sie Ferdinand auf. »Ich bin gespannt.«
»Also kommen wir zum Schluß«, sagte Ferdinand irritiert. »Wie ich schon erklärt habe, liegt es nicht auf meiner Linie, überflüssig viel Porzellan zu zerschlagen. Ich habe schon gesagt, ich möchte jeden Skandal vermeiden. Das bin ich – und bist übrigens auch du – dem Namen Pernwald schuldig. Im-

merhin bist du – nominell – noch immer meine Frau. Ich betone noch, weil auch diese Verbindung heutzutage nicht mehr untrennbar ist. Aber angesichts unserer gesellschaftlichen Stellung und mit Rücksicht auf den katholischen Namen Pernwald, der Jahrhunderte der Kirche eng verbunden war, würde ich vorziehen, wenn wir zu einer internen Regelung kommen, so wie ich es mir gedacht habe.«
Mein Gott, ist er unsicher, überlegte Sophie. Den müssen die Nazis schon sehr enttäuscht haben. Sie neigte sich vor, faltete die Hände über der Schreibtischplatte und schwieg hartnäkkig.
»Mein Vorschlag lautet«, sagte Ferdinand, und der Doppelpunkt, den er setzte, war förmlich hörbar, »du räumst das Herrenhaus. Ich will dich nicht ganz aus der Gegend vertreiben. Du findest sicher eine Bleibe in einem der ehemaligen Pernwaldschen Gutshöfe, die du im Lauf deines Wirkens zurückgekauft hast. Wo immer du hinverschwindest, ist mir recht. Nur hier will ich dich nicht haben.«
Das konstante Schweigen Sophies brachte ihn in Wut. Er begann laut zu werden. »Das hier ist mein Haus«, schrie er. »Und du verläßt es noch heute! Oder ich ziehe die Konsequenzen. Ich bin der letzte Pernwald und verlange, was mir gebührt. Ich wiederhole, ich bin der letzte Pernwald. Es wird für dich verteufelt unangenehm werden, wenn dieser Bastard aufs Tapet kommt, den du mir als Sohn untergeschoben hast; wenn deine Machenschaften aufgedeckt werden. Daher wiederhole ich, du verläßt mein Haus.« Er holte tief Atem und schloß triumphierend: »Auf der Stelle!«
Sophie kräuselte die Lippen und blieb sitzen. Ferdinand war nicht sicher, ob sie die Lippen boshaft verzog oder noch immer lächelte. Dunkel tauchte in seiner Erinnerung auf, daß er eine ähnliche Situation schon einmal erlebt hatte. Schon einmal hatte er Sophie aus dem Haus gewiesen, und schon einmal war sie ihm so ruhig und sicher begegnet.
Auch Sophie schien sich zu erinnern, denn sie sagte wie damals: »Ich kann dein Haus nicht verlassen, denn es ist nicht dein Haus.«
Dieselben Worte wie vor vierundzwanzig Jahren. Ferdinand

schoß das Blut zu Kopf. Sie wagte es wieder ... Sophie hob die Hand und unterbrach seine Erinnerungen. »Es ist nicht dein Haus«, wiederholte sie, »aber es ist auch nicht mehr mein Haus. Ich bin selbst nur noch ein Gast in Pernwald. Das Herrenhaus, die Wiesen, der Rosengarten und der Seegrund gehören unserer Nichte Elisabeth.«
Ferdinand winkte ab. »Ich weiß, Helenes Teil, vielmehr Antons Teil ist auf sie überschrieben worden ...«
Wieder unterbrach ihn Sophie: »Das ist ein Irrtum, mein Lieber. Elisabeth gehört das Ganze. Ich habe ihr auch meinen Teil überschrieben.«
»Das werde ich anfechten!« schrie Ferdinand. »Ich kann ...«
»Gar nichts kannst du. Niedersetzen kannst du dich«, sagte Sophie freundlich. »Die Überschreibung ist völlig legal und rechtskräftig. Der Rechtsanwalt und Notar Doktor Alois Graf in Ischl wird dir gern Einblick in die Akten und Unterlagen gewähren. Er wird sich übrigens freuen, dich kennenzulernen. Er ist ein alter illegaler Parteigenosse, so wie du, eine verwandte Seele sozusagen. Auch seine Adresse ist dir vertraut, das ehemalige Büro von Max Fiedler. Doktor Graf hat auch die Villa von Fiedler arisiert. Die Chance hast du dir entgehen lassen. Aber wer zuerst kommt, mahlt zuerst. Jedenfalls kannst du beruhigt sein. Keine jüdischen Drehs, keine anrüchigen Winkelzüge. Doktor Graf ist als Parteigenosse über jeden Zweifel erhaben, ein Mann der neuen Zeit, des neuen Geistes, angesehen und geschätzt, vom Kreisleiter über den Ortsgruppenleiter bis zum Blockwart.«
Ferdinand hatte sich wieder gesetzt, mit einer seltsam kraftlosen, erschöpften Bewegung. Er war blaß geworden und sah plötzlich alt und müde aus. Sophie bekämpfte ein unkontrolliertes Gefühl von Mitleid und bohrte sich die Nägel in die Handballen. »Möchtest du etwas trinken?« fragte sie.
Ferdinand schüttelt den Kopf. »Ich muß mit Elisabeth sprechen«, murmelte er.
Sophie zuckte bedauernd die Achseln: »Es tut mir aufrichtig leid, aber Elisabeth ist nicht da. Sie ist mit ihrem Verlobten nach Berlin gefahren!«

Sie sah den lauernden, heimtückischen Ausdruck, der Ferdinands Augen belebte, und ihre Schwächeanwandlung verflog. »Richtig, du weißt es ja noch nicht«, sagte sie hart. »Du warst so lange nicht hier, du hast dich so lange nicht für uns interessiert, daß du gar nicht auf dem Laufenden sein kannst. Was du jetzt denkst, ist falsch. Du hast überhaupt ein großes Talent, falsch zu denken, weil du ja nur an dich denkst. Solange ich dich kenne, warst du nur dem Namen nach ein Pernwald. Die Familie, der Besitz, alles, was damit zusammenhing und zusammenhängt, hat dich immer nur als Wertmaß deines eigenen Nutzens interessiert. Ich habe erwähnt, daß Elisabeth nach Berlin gefahren ist. Sie wird dort in Kürze heiraten. Nicht den Pernwald, an den du denkst und von dem wir beide wissen, daß er kein Pernwald ist. Elisabeth heiratet einen echten Pernwald, deinen Cousin Philipp von Pernwald, den Sohn des berüchtigten schwarzen Schafs der Familie, Mathias von Pernwald.«
Ferdinand öffnete den Mund, aber es kam kein Ton über seine Lippen.
»Endlich«, sagte Sophie zufrieden, »endlich fehlen dir einmal die Worte. Aber was sollst du auch groß sagen? Es ist ein Happy-End, wie es im Buche steht. Das Herrenhaus bleibt in der Familie Pernwald. Im Besitz der guten, alten, ich muß noch hinzufügen: arischen Familie. Aber um die Vollkommenheit vollkommen zu machen, die alte Tradition wird im neuen Geist – im Zeitgeist – weitergeführt werden. Denn . . .«, Sophies triumphierende Stimme wurde ein wenig schrill, ». . . denn dein Cousin Philipp von Pernwald ist Offizier der deutschen Wehrmacht. Oberleutnant des 6. Panzerregiments in Neuruppin bei Berlin. Er ist – im Gegensatz zu dir, der nur ein Maulheld der Nazis ist – ein Mann der Tat. Er kann in jeder Hinsicht mehr als du, und wenn Elisabeth einen Sohn bekommt, wird niemand daran zweifeln können, daß ihr Sohn ein rassereiner, echter Pernwald ist.«

Drittes Buch

I.

Am 26. März 1945 saß Helene von Dobrany vor einer jämmerlich blakenden Kerze in dem in einen Luftschutzkeller umgewandelten ehemaligen Weinkeller des Palais Pernwald. Sie war allein, aber sie fürchtete sich nicht. Draußen fielen Bomben, regnete Tod, Feuer und Verderben vom Himmel. Das Inferno war wie am Tag jenes Großalarms, als die Wiener Oper ausbrannte. Damals hatte eine Bombe, die das Nebenhaus dem Erdboden gleichgemacht hatte, auch das Palais Pernwald zum größten Teil zerstört. Die beiden Karyatiden, die das Portal flankierten, stützten wohl noch den Sims, aber ihre einstmals glatten, muskulösen Körper waren von Bombensplittern und Steinen angeschlagen und wie von Narben zerfressen. Der einen Figur fehlte die Nase, der anderen die Hälfte des rechten Fußes. Das schimmernde Kupferdach des Palais und das marmorne Treppenhaus waren eingestürzt. Die obere Etage war, wie der Luftschutzwart des Häuserblocks in zackigem Fachjargon erklärte, »durchgepustet«. Nur noch die Mauern standen. Fenster, Türen und Parkettfußböden hatten sich in nichts aufgelöst. Die einstige Pracht, die intarsierten Möbel, das wappengeschmückte Silber, Glas und Porzellan, die kostbaren Teppiche und die wertvollen Bilder waren vernichtet, der Glanz von Jahrhunderten für immer erloschen. Auch die Halle, die Salons und die Wohnräume der unteren Etage waren leer und unbewohnbar. Nur die ehemalige Portierswohnung war – mit Balken abgestützt und mit Brettern und Mauerhaken notdürftig zusammengenagelt – als Behelfsquartier noch benutzbar. Die Bombenflüchtlinge und die evakuierten Familien, die das Wohnungsamt schon zwei Jahre vorher in das Palais Pernwald eingewiesen hatte, waren nach dem Bombenangriff in anderen Behausungen untergebracht worden. Nur Helene hatte sich standhaft geweigert, ihr baufälliges Elternhaus zu verlassen; sie hatte sich in der Portierswohnung schlecht und recht eingerichtet. Es erstaunte sie selbst, daß sie durch den unersetzlichen Verlust nicht gebrochen war, sondern sich seltsam befreit fühlte: jetzt trampelten nicht mehr fremde Leute durch das Haus und kochten auf provisorisch aufgestellten Kanonenöfchen, zerschrammten nicht mehr die Parkettböden und zerkratzten die Politur der Möbel, horteten nicht mehr das gehamsterte Brennmaterial in den Zimmerecken und zerrissen die Bücher der Bibliothek, um Feuer zu machen. Die Atmosphäre des Palais Pernwald war schon zerstört worden, ehe die Bombe den Rest der Tradition vernichtet hatte.

Es machte Helene nichts aus, allein in der Ruine zu wohnen. Sie wußte, daß sie sowohl in der Nachbarschaft als auch bei Ämtern und Behörden als wunderlich und verschroben galt, als sanfte Irre bewertet und mit mehr oder minderer Nachsicht behandelt wurde. Sie wußte auch, daß sich die »Volksgenossen« vielsagend an die Stirne tippten, weil sie, statt Gasmaske, Decken und Überlebensration unter die Erde zu schleppen, einen Handkoffer mit Fotos, Familienpapieren, Briefen und Dokumenten in den Luftschutzkeller trug. Nur eines wußte Helene nicht: daß sie immer noch schön war, von einer melancholischen, zarten Schönheit, die alterlos war und die Menschen, auch ohne ihr Dazutun, für sie einnahm. Sie hatte ihre Zurückgezogenheit perfektioniert. Sie lebte so völlig in ihrer eigenen Welt, daß sie für die Realität fast unerreichbar war. Die Fotografien, die sie in den Luftschutzkeller mitnahm, die vergilbten, wie die jüngeren Datums, waren für sie echte Lebensgefährten, zu denen sie mehr Kontakt hatte als zu den lebendigen Menschen über der Erde.

Helene verzichtete auf die Gegenwart, sie lebte in der Vergangenheit. Ihre Erinnerungsbilder waren plastisch und farbig, das Heute war trostlos und grau. An die Zukunft glaubte Helene nicht. Woran sollte sie auch glauben? Dieser grauenvolle Krieg schien kein Ende zu nehmen. Seit über fünf Jahren nichts als Kummer und Sorgen, Not und Elend, Tränen und Verzweiflung. Und es wurde von Tag zu Tag schlimmer. Aber selbst

wenn sie den Krieg überleben sollte, wer würde es bemerken? Wem konnte sie nützlich sein? Wer brauchte sie? Die Familie war getrennt, verstreut, jeder lebte sein eigenes Leben. Auch die Zusammengehörigkeit war bereits Erinnerung.
Wenn sich Helene recht besann, hatte der Zerfall der Familie schon im Herbst 1937 begonnen – damals, als Anton sich von ihr getrennt hatte; dann, im Februar achtunddreißig, hatten Georg und Max Fiedler gemeinsam Österreich verlassen, und gleich darauf waren Mathilde und ihr Mann nach England ausgewandert. Ob Mathilde noch lebte? Seit Kriegsbeginn war die Postverbindung mit England abgerissen. Die deutsche Luftwaffe hatte London bombardiert und der Wehrmachtsbericht hatte triumphierend gemeldet, daß London zu Schutt und Asche gebombt worden sei. Jetzt bombten die Engländer und Amerikaner Wien zu Schutt und Asche.
Schwere Detonationen erschütterten die Luft, die Kellerwände schwankten, es krachte und knisterte im Mauerwerk. Helene hörte den Kriegslärm kaum. Sie dachte nur daran, daß ihr Leben in den vergangenen Jahren so einsam geworden war, daß es Gott erbarmen konnte. Es war auch ihre Schuld. Aber wie konnte sie sich innerhalb der Familie richtig verhalten, wie sich richtig benehmen, wenn sie nie wußte, welche Probleme und Schwierigkeiten es zu bewältigen galt? Immer waren alle Komplikationen und Notlagen vor ihr verheimlicht worden. Nie hatte sie die Tragweite einer Situation abschätzen können, sie war immer mit Ausflüchten, Beschönigungen, Notlügen und vagen Andeutungen abgespeist worden. Sie hatte nie ergründen können, was geschehen war. Warum war Sophies und Ferdinands kühle Ehe in unversöhnliche Feindschaft umgeschlagen? Sogar Elisabeth, die immer Ferdinands Liebling gewesen war, hatte schonungslos Front gegen ihn bezogen. Seit dem Sommer 1938 hatte Ferdinand das Herrenhaus in Pernwald nicht mehr betreten. Nicht mehr betreten dürfen! Sie, seine Schwester, hatte dieses Verbot als ungerecht und grausam empfunden; aber als Sophie auch noch verbieten wollte, daß Ferdinand im Palais Pernwald in Wien wohnen blieb, hatte sie seine Partei genommen. Schließlich war er ihr Bruder, das Palais Pernwald sein Elternhaus. Was immer er auch Sophie

persönlich angetan haben mochte, er war ein Pernwald, und als solcher hatte er das Recht, wie ein Pernwald zu leben. Schrill und eigensinnig hatte sie Sophie gegenüber auf dem Wohnrecht Ferdinands bestanden, und Sophie hatte letzten Endes auch nachgegeben. Aber ihre Freundschaft und ihre Sympathie hatte sich zu kühler Höflichkeit gewandelt. Auch Ferdinand, von dem sich Helene ein wenig Wohlwollen und Teilnahme erwartet hatte, war völlig verändert gewesen und verändert geblieben. Er hatte seinen Charme und seinen überheblichen Leichtsinn verloren, war mürrisch und verschlossen, gereizt und noch herrischer geworden als früher. Sein gutgeschnittenes Gesicht war von bösen Falten zerfurcht, er war nervös, rastlos, und suchte Streit bei jeder Gelegenheit. Helene hatte es schwer mit ihm gehabt, um so mehr, als auch er jedes offene Gespräch mit ihr ablehnte. Auf jede ihrer Fragen reagierte er aufbrausend und verbat sich jede Einmischung in sein Privatleben. Helene hatte gehofft, daß die Tätigkeit in der Schuhcremefabrik Schmock Ferdinand helfen und ihn ablenken würde, sie war zufrieden gewesen, daß er sich in ein florierendes Unternehmen hatte einkaufen können und endlich ein Betätigungsfeld gefunden hatte. Aber Ferdinands Aggressivität lebte sich in der Fabrik ebenso ungehemmt aus wie zu Hause. Die Streitereien mit seinem Teilhaber Schmid, mit »diesem Proleten«, wie Ferdinand ihn nannte, mehrten sich und arteten in grobe Beschimpfungen aus. Helene war zwar uneingeweiht und unbedarft, aber zwei und zwei konnte sie doch zusammenzählen. Es gab für sie keinen Zweifel, daß Schmid sich gerächt und seine Beziehungen zu den Nazis und zu der Partei ausgenützt hatte: ein Jahr nach Kriegsbeginn war Ferdinand plötzlich nicht mehr UK gestellt – nicht mehr unabkömmlich gewesen; er war zur Musterung befohlen und trotz des Sehfehlers auf seinem rechten Auge für tauglich befunden und eingezogen worden. Wenn auch zuerst als »Etappenhengst« in einer kleinen französischen Stadt – Helene erinnerte sich beim besten Willen nicht mehr an den Namen der Stadt – und als es auch dort mit Vorgesetzten zu Reibereien gekommen war, wurde Ferdinand, der inzwischen zum Hauptmann avanciert war, nach Rußland abkommandiert. Das letzte, was Helene

wußte, war, daß Ferdinand der Heeresgruppe des Generalfeldmarschalls von Kleist zugeteilt worden war und nach den schweren Kämpfen auf der Krim als vermißt galt.
Helene fuhr sich über die Stirn. In ihrem armen verwirrten Kopf brachte sie alles durcheinander. Sie konnte sich nicht mehr erinnern, an welchem Tag es gewesen war, in welchem Monat, auch die Jahreszahl hatte sich ihr verwischt. Sie wußte nur noch genau, daß es kurz vor Weihnachten und daß sie in Pernwald gewesen war, als die furchtbare Nachricht von Ferdinands Division – oder Truppenteil, oder Vorgesetztem oder wie immer auch die Stelle geheißen hatte, die die Vermißtenmeldung geschickt hatte – eingetroffen war. Und mochte sie auch viel vergessen haben, nie konnte sie vergessen oder gar vergeben, wie Sophie die furchtbare Nachricht aufgenommen hatte.
Wortlos hatte sie das amtliche Schreiben gelesen, wortlos hatte sie es wieder zusammengefaltet und mit dem Daumennagel den Knick des Briefbogens nachgezogen. Helene hatte das kratzende Geräusch des Nagels auf dem Papier noch im Ohr. Dann hatte Sophie ihr und Elisabeth sachlich mitgeteilt, was sich ereignet hatte. Ohne Schmerz, ohne Bedauern hatte Sophie die Familienchronik geöffnet und Ferdinand ad acta gelegt. Sophie hatte das Schreiben zwischen die Seiten geschoben, auf denen Ferdinands Geburt, sein Werdegang und seine Eheschließung verzeichnet waren, und hatte die Chronik mit einer so endgültigen Gebärde geschlossen, als ob Ferdinand zu existieren aufgehört hätte. Aber vermißt hieß doch noch nicht gefallen, hieß doch nicht tot. Es gab doch noch eine kleine Hoffnung, daß Ferdinand lebte, daß er gefangen war, verwundet irgendwo lag, versprengt von seinem Truppenteil und wieder heimkehren würde. Als sie diese Hoffnung ausgesprochen hatte, hatte Sophie sie starr angesehen und gesagt: »Sicher, meine Liebe, diese kleine Möglichkeit besteht. Ich habe ja auch noch kein Kreuz hinter seinen Namen gesetzt. Es steht dir frei, zu hoffen.«
Wie konnte Sophie so gefühllos sein, so herzlos, so vereist? Vereist ist das richtige Wort, überlegte Helene. Ihr war kalt geworden unter dem Blick dieser harten grauen Augen, und je-

desmal wenn sie Sophie seither angeschaut hatte, hatte sie diesen Blick gesehen.
Elisabeth hatte sich um Ferdinand gegrämt und war betroffen gewesen. Elisabeth hatte noch Gefühl, wenn sie sich auch unter dem Einfluß Sophies sehr verändert hatte. So oft Helene an ihre Tochter dachte, kamen ihr unweigerlich die Tränen. Was hatte sie nicht alles für Elisabeth ersehnt und erträumt? Alles Glück, das ihr selbst nicht zuteil geworden war, hatte sie für Elisabeth gewünscht. Vor allem den richtigen Mann – sie selbst hatte immer die falschen Männer geliebt oder gehabt. Sie hatte Elisabeth Kinder gewünscht, ein zufriedenes, geruhsames Leben. Alles hatte auch so verheißungsvoll begonnen. Elisabeth und Georg, ein ideales Paar. Eine problemlose Zukunft hatte vor den beiden jungen Menschen gelegen. Und mit einem Mal war alles zusammengebrochen. Wieder hatte man ihr nicht die Wahrheit gesagt, wieder war sie mit Ausflüchten und Entstellungen der Wahrheit abgespeist worden. Warum war Georg überhaupt fortgegangen, warum so weit, und warum konnte er nicht zurückkommen? »Das verstehst du nicht«, hatte Sophie gesagt. Wie konnte sie verstehen, wenn sie nichts wußte? Oh, sie sah die Szene im Jagdsalon noch deutlich vor sich, sie auf der einen Seite, Sophie und Elisabeth beinahe feindlich auf der anderen, und sie sah noch immer das blasse, reaktionslose Gesicht Elisabeths, als Sophie ihr mitteilte, daß Elisabeth ein Kind von Georg erwartete und deshalb den Cousin Philipp heiraten müsse. In ihrem eigenen Interesse, im Interesse Pernwalds und im Interesse des Kindes.
Helene wischte sich die Tränen fort. Jetzt bedauerte sie, daß sie sich damals hatte hinreißen lassen, theatralisch und weinerlich gegen die Heirat Elisabeths und Philipps, der ihr damals noch fremd gewesen war, zu protestieren. Daß sie böse Worte gefunden, die Verbindung, die nur den Zweck heiligte, dem ungeborenen Kind den Namen Pernwald zu geben, als unmoralisch und verwerflich bezeichnet und dafür plädiert hatte, daß Elisabeth auf schnellstem Weg Georg nachreisen sollte. Sie hatte die Hände gerungen, von ihrem Vater Florian gesprochen und daß er sich im Grab umdrehen würde, wenn er wüßte, was in seiner Familie geschah; sie hatte von Anton und Ferdinand

zu sprechen begonnen und es immer schlimmer gemacht. Sophie war auf sie losgefahren wie eine Furie. »Du bist untüchtig und weltfremd«, hatte sie geschrien. »Du hast dein Leben verpfuscht und auch das meines Bruders; aber laß die Finger von Elisabeth. Ich werde nicht dulden, daß du sie mit deinen Hirngespinsten beeinflußt. Sie ist zwar deine leibliche Tochter, aber sie ist aus meinem Holz geschnitzt.« Elisabeth hatte dazu geschwiegen und mit ihrem Schweigen Sophie recht gegeben. Helene holte ein Taschentuch hervor und putzte sich die Nase. Es stimmte, sie war lebensuntüchtig, war es immer gewesen, schwach und empfindlich und feig. Von Anfang an hatte sie alles falsch gemacht. Sie hätte Hektor nicht lieben sollen, Anton nicht heiraten sollen, Clemens nicht verlassen sollen. Und weltfremd war sie auch. Aber wie sollte sie sich in einer Welt zurechtfinden, in der alles aus den Fugen ging? In der hüben wie drüben Bomben auf Wehrlose fielen, Gewalt und Terror regierte und ein Wort genügte, um das Leben zu verwirken? In einer Welt, in der es keine Güte mehr gab, kein Verstehen und kein Verzeihen?

Die Kerze im Luftschutzkeller verlöschte, die plötzliche Dunkelheit schreckte Helene auf. Im Finstern kramte sie in ihrer Handtasche nach Streichhölzern. Die Brieftasche mit ihren Lebensmittelkarten und den Kleider- und Schuhbezugskarten kamen ihr in den Griff. Es war ein Unsinn, diese fast wertlosen Scheine mit sich herumzutragen, es gab kaum noch etwas zu beziehen. Ein Ei pro Kopf und Monat, 50 Gramm Butter die Woche, wenn man sie bekam; Fleisch war ein äußerst seltener Genuß, flachsig und zäh, Obst und Gemüse waren seit vergangenem Herbst fast völlig vom Markt verschwunden, die Kartoffeln waren erfroren und schwärzlich, das Brot war klitschig und schmeckte nach Sägemehl. Ersatzkaffee, Trockenmilch, Bohnen und Linsen, zum Verhungern zu viel, zum Leben zu wenig. Der Schleichhandel blühte und die Wiener verhökerten alles, was Handelswert hatte: Klaviere und Fahrräder, Wollsachen und Pelzmäntel, Schmuckstücke und Silberbestecke verwandelten sich in Schmalz und Zucker, in Mehl und Speck.

Helene fand in der Tasche nicht nur die Streichhölzer, sondern auch einen Kerzenstumpf, und machte Licht. Elisabeth hatte es ihr erspart, auf dem Schwarzmarkt feilschen zu müssen, die Lebensmittelpakete aus Pernwald hatten sie ausreichend versorgt. Elisabeth erfüllte gewissenhaft ihre Pflicht als Tochter, aber Helene machte sich nichts vor. Die Kluft, die zwischen ihr und Elisabeth seit jenem Auftritt im Jagdsalon bestand, war nur obeflächlich überbrückt worden. Dabei hatte sie sich so sehr bemüht, wieder gutzumachen, Elisabeth zu beweisen, daß sie sie liebte, auch wenn sie sie nicht verstand. Wenn Sophie ihr nicht den Brief Georgs aus Los Angeles gezeigt hätte, hätte sie auch davon nie erfahren. Elisabeth sprach mit ihr nicht über Georg, sie sprach über nichts, das sie wirklich berührte. Sie hätte auch den verzweifelten Brief nie erwähnt, in dem Georg alle Schuld bei sich suchte, seine Liebe zu Elisabeth beteuerte und sie dennoch freigab. »Ich werde mich immer an Dich und unser Kind gebunden fühlen«, hatte Georg geschrieben, »aber Du bist zu jung, um allein zu leben, zu schön, um nicht geliebt zu werden. Was immer Du tust, wenn es gut für Dich ist, wird es mir recht sein müssen. Ich will versuchen, mich neidlos zu freuen, wenn ich höre, daß Du zufrieden und glücklich bist. Meine Gefühle für Dich werden sich nicht ändern, und wenn der Tag kommt, an dem ich nach Österreich zurückkehren kann, wird mein erster Weg zu Dir führen, wenn nicht als Ehemann, so als Freund.« Ach, es war ein so schöner, trauriger Brief gewesen. Helene wußte noch jedes Wort, und sie hatte um Georg ebenso bitterlich geweint, wie sie in ihrer Jugend um Hektor geweint hatte. Elisabeth weinte nicht. Nie hatte sie verweinte Augen gehabt und nie gefragt, wie sich Georg in Amerika einlebte und was für Pläne er habe. Sie hatte nie Gefühle gezeigt. Nur einmal, als Sophie von Max Fiedler gesprochen hatte, war Elisabeth mitten im Satz aufgestanden und aus dem Zimmer gegangen. Kurze Zeit später war Elisabeth nach Berlin gereist; Helene hatte sie begleiten müssen, da Sophie in Pernwald unabkömmlich gewesen war. Sie hatte der standesamtlichen Trauung Elisabeths mit Philipp beigewohnt. Den ganzen langen Sommer war sie in dem fremden hektischen Berlin geblieben, nur um da zu sein, falls Elisabeth sie brau-

chen sollte. Aber Elisabeth hatte sie nicht gebraucht. In einer möbliert gemieteten Wohnung, umgeben von häßlichen, modernen Gegenständen, geschmacklosen Bildern und billigen Vorhängen, von Lärm und dem Getöse der Großstadt, hatte Elisabeth völlig zurückgezogen, beinahe menschenscheu, gelebt. Helene wäre sich selbst überlassen gewesen, wenn Philipp sich ihrer nicht angenommen hätte.
Helene hatte den so unerwartet aufgetauchten Cousin vom ersten Augenblick an gemocht, aber in den endlosen Monaten in Berlin hatte sie eine tiefe Zuneigung zu ihm gefaßt. Er war so anständig und taktvoll, so zuvorkommend und verständnisvoll, so korrekt und so langweilig. Im abgelegensten Zimmer der möblierten Wohnung hatte er ein Feldbett aufgestellt, um den Schein zu wahren und doch Elisabeth nicht zu behelligen; und da er sich Elisabeth nicht aufdrängen wollte, kümmerte er sich in seiner Freizeit geduldig und bedachtsam um Helene. Sie entdeckte in ihm eine verwandte Seele, schwerblütig und gehemmt, immer da sein Glück suchend, wo er es nicht finden konnte. Und als dann im Oktober Elisabeth ihr Kind bekam, war Helene wieder überflüssig gewesen. Ihre Besorgtheit und ihre Aufregung bei der Geburt waren unnötig und wurden von niemandem gewürdigt. Elisabeth gebar ihren Sohn komplikationslos nach nur sechs Stunden Wehen. Erst von der Säuglingsschwester, die »der Oma« das brüllende, runzelige Baby präsentierte, erfuhr Helene, daß »der kleine Mann Florian heißt.«
Die Kerze wollte nicht richtig brennen, von irgendwo drang Zugluft in den Keller, und Helene tauchte wieder aus der Vergangenheit auf. War noch Alarm? Oder hatte sie die Entwarnung überhört? Draußen war alles still, keine Explosionen, kein Dröhnen waren zu hören, kein Martinshorn der Ambulanz oder der Feuerwehr. Nur der Luftzug strich an Helenes Gesicht vorbei und machte ihr Angst. Fast wünschte sie, im Keller bleiben zu können, in dieser Abgeschiedenheit, die sie umgab wie eine Gruft. Wenn sie wieder ans Tageslicht mußte, was erwartete sie? Gab es die Häuser gegenüber noch? Gab es die Straße noch? Von weitem hörte sie plötzlich das heisere Bellen der Flakgeschütze aus dem Esterhazypark und fühlte

sich grotesker Weise beinahe zufrieden, daß sie Grund hatte, noch zu bleiben. Mit einem Mal hatte sie Hunger und bereute, die Tagesration Brot oben auf dem Küchentisch liegen gelassen zu haben.

Um sich abzulenken, suchte sie unter den Fotografien das Bild Elisabeths mit dem kleinen Florian. Es war an einem hellen Wintertag im Februar neununddreißig in Pernwald aufgenommen worden, kurz nachdem sie selbst, Elisabeth und das Kind, ohne Philipp, aus Berlin zurückgekommen waren. Die kahlen Zweige der Kastanien zeichneten ein verästeltes Muster auf den Schnee, Elisabeths Gesicht war ein wenig verschwommen, aber der kleine Florian war gut zu erkennen, mit seinen vergnügten blauen Augen, die so sehr Antons Augen glichen. Der kleine Pernwald hatte überhaupt viel von Anton, die permanente Heiterkeit und das laute fröhliche Lachen. Helene hatte sich gewundert, daß Elisabeth es nicht zu bemerken schien – bis sie entdeckt hatte, daß Elisabeth die Ähnlichkeit gar nicht bemerken wollte.

Elisabeth hatte es auch nicht für nötig befunden, ihren Vater von ihrer Heirat und von der Geburt Florians in Kenntnis zu setzen. Helene hatte diese Haltung bedrückt. Zwar hatte Anton die Familie verlassen, aber er war und blieb der Vater Elisabeths und als solcher hatte er ein Anrecht, über die Veränderungen im Leben seiner Tochter informiert zu werden und es war ihre Pflicht, ihn zu verständigen.

Helene gestand sich nicht ein, daß sie nur eine Gelegenheit gesucht hatte, um mit Anton Kontakt aufzunehmen. Solange sie mit ihm gelebt hatte, war er ihr meistens auf die Nerven gegangen; seit er fort war, erkannte sie, mit wieviel Gutmütigkeit und Freundlichkeit er sie verwöhnt hatte. So war sie eines Tages mit Herzklopfen ans Telefon gegangen und hatte die Tierhandlung Maria Patuschka angerufen. Antons Stimme mit dem so oft verspotteten, vertrauten tschechischen Akzent hatte Helene sentimental berührt; sie hatte sich erst räuspern müssen, ehe sie sich gemeldet hatte: »Ich bins, Helene.«

»Du? Um Gottes Willen, ist was passiert? Mit dir oder Elisabeth?« hatte Anton erschrocken gestammelt, und um ihn zu beruhigen, war sie gleich mit der Tür ins Haus gefallen und hatte ihm berichtet, was sich ereignet hatte, ohne sich mit Erklärungen aufzuhalten.

Anton hatte auch keine Erklärungen verlangt. Im Gegenteil. Er hatte Helene schweigend reden lassen, solange, bis sie »Hallo! Hallo!« gerufen hatte, weil sie gefürchtet hatte, die Verbindung sei unterbrochen worden. Dann hatte er nur gesagt: »No also. Jetzt hat Elisabeth fast alles, was sie wollte, Pernwald, einen Sohn und Sophies Segen noch dazu. Wenn sie glaubt, daß das genügt . . .«

Seither telefonierte Helene regelmäßig mit Anton. Nach jedem Fliegerangriff rief er an, um zu fragen, ob alles in Ordnung sei, und ob sie etwas brauche. Obwohl sie Anton seit dem Sommer siebenunddreißig nicht mehr gesehen hatte, brachte ihn der Klang seiner Stimme ihr näher, als er es je gewesen war.

Der durchdringend jaulende Ton einer Sirene – die Entwarnung – verkündete das Ende des Fliegeralarms. Helene sammelte die Fotos, um sie in den Handkoffer zu legen. Sie warf einen Blick auf das zuoberst Liegende. Da war wieder der kleine Florian, fröhlich in der Gehschule auf der Terrasse des Herrenhauses stehend, und neben ihm knieten Philipp und Elisabeth. Unter dem Foto stand, in Sophies eckiger Schrift: Sommer 1939. Mein Gott, dachte Helene erschüttert, das ist die letzte Aufnahme Philipps, die letzte von seinem letzten Urlaub in Pernwald. Da hockt er in seiner untadeligen Uniform, mit korrekt kurzgeschnittenem Haar, und lächelt sein anziehendes Lächeln mit gekrauster Nase und hochgezogener Oberlippe. Ein paar Wochen später war er tot, gleich nach Kriegsausbruch in Polen gefallen, einer der ersten seines Regiments. Helene wischte die aufsteigenden Tränen fort. Die Trauer um Philipp war noch so fürchterlich frisch, obschon so viel Zeit vergangen war. Er hätte ein besseres Los verdient, als irgendwo in Polen zu vermodern. »Dieser verfluchte Krieg! Dieses verfluchte Leben«, sagte Helene laut und ließ den Kofferdeckel hart in das Schloß schnappen. Sie war wirklich verrückt. Da saß sie noch immer im Keller, obwohl der Fliegerangriff vorüber war und sie überlebt hatte, und haderte mit dem Schicksal, statt oben nach

dem Rechten zu sehen. Sie ergriff den Koffer und ihre Handtasche und hastete die Kellertreppe hoch.
Seit das Palais eine Ruine war, funktionierte auch das Telefon nicht mehr. Helene mußte nach jedem Fliegerangriff zu einer öffentlichen Fernsprechzelle laufen, um Anton anzurufen. Je näher sie dem Straßenniveau kam, desto deutlicher spürte sie den Geruch von Rauch und Staub. Wenn nur Anton nichts passiert war! Sie öffnete die Haustür. Soweit sie sehen konnte, war die Straße verschont geblieben. Doch im Osten war der Himmel rot, dunkle Rauchpilze blähten sich über den Hausdächern. Sie ließ die Haustür offen, wandte sich ab, um den Koffer in der Portierswohnung zu deponieren, stolperte und stürzte auf die Marmorkante der Schwelle. Der Schmerz war grell, Helene fühlte wie ihr das Blut die Beine hinunterlief. Sie rappelte sich auf. Beide Knie waren zerschlagen und bluteten stark. Aber viel schlimmer war, daß die Strümpfe zerrissen waren. Kaum noch zu stopfen, überlegte Helene und wischte das Blut mit den Händen weg. Löcher so groß wie ein Ei. Das war das letzte gute Paar Strümpfe gewesen!

II.

Einen Tag später verließ Elisabeth erschöpft den Zug, der auf offener Strecke angehalten hatte. Die Einfahrt zum Wiener Westbahnhof war von Güterwaggons, Truppentransporten und unabgefertigten Zügen verstopft, der Eisenbahnverkehr lief nur behelfsmäßig. Aus den überfüllten Abteilen, aus Waggontüren und Fenstern quollen die Passagiere wie eine vielleibige Masse, die sich über Geleisschwellen und Steinbrocken dem Ausgang zuwälzten: ein Strom angsterfüllter, verbitterter, schlechtgenährter, schmutziger Menschen.
Elisabeth schulterte ihren Rucksack, den sie die vielen Stunden dieser qualvollen Bahnfahrt, eingepfercht zwischen schimpfenden, stinkenden, rücksichtslos nur auf den eigenen Vorteil bedachten Mitreisenden, an den Magen gepreßt gehalten hatte. Sie hätte gerne verschnauft, tief durchgeatmet, um den Mief aus Lungen und Nase zu bekommen, aber sie wurde

vorwärtsgeschoben und vorwärtsgestoßen von den Frauen und Männern, die wie eine Herde Lemminge in die sterbende Stadt drängten.
Auf dem Platz vor dem Bahnhof strebte die Menge auseinander, und Elisabeth hatte endlich wieder das Gefühl, nicht mehr der willenlose Teil einer Horde zu sein. Sie konnte ungehindert weitergehen und sah sich um. Was war aus dieser schönen, einstmals so eleganten Stadt geworden? Schmutzige Straßen, graue Häuserwände mit Pfeilen in Leuchtfarbe, die den Weg zu dem nächsten Luftschutzkeller wiesen, und mit Durchhalteparolen beschmiert. Ruinen, Schutt und Dreck.
An der Straßenbahnhaltestelle Mariahilferstraße standen die Menschen Schlange. Elisabeth gab die Hoffnung auf, mit der Straßenbahn, vielleicht sogar sitzend, bis zur Ringstraße zu fahren. Ihre Füße, in den derben Lederstiefeln durch das lange Stehen angeschwollen, schmerzten. Andererseits war es gut, zu gehen, sich Bewegung zu machen nach diesen Stunden eingekeilter Starre.
Der Nachteil, zu Fuß gehen zu müssen, brachte den Vorteil mit sich, daß Elisabeth Muße hatte, sich auf das Wiedersehen mit ihrer Mutter vorzubereiten. Sie latschte, denn gehen konnte man es nicht nennen, die Mariahilferstraße hinunter und dachte daran, wie gut es war, daß sie und nicht Tante Sophie nach Wien gefahren war, um Mama zu holen. Tante Sophie hätte die Strapazen der Reise kaum durchgehalten. Sie war in dem letzten Jahr gealtert und weniger beweglich geworden, hatte ihre Schärfe verloren und sprach milder über die Vergangenheit. Es war an der Zeit gewesen, Tante Sophie zu erklären, daß Familienfehden, Beleidigungen und böse Worte bedeutungslos wurden, wenn es um Tod und Leben ging. Seit dem schrecklichen Krach wegen Onkel Ferdinand hatte Mama in Wien und Tante Sophie in Pernwald getrotzt. Sie selbst war auch nicht frei von Schuld an dem Zerwürfnis mit ihrer Mutter. Sie hatte Mama die anfänglich eigensinnige und hartnäckige Kritik an ihrem Tun und Handeln, an der Heirat mit Philipp ebenso eigensinnig und hartnäckig übelgenommen und sich in den Diskussionen immer auf Tante Sophies Seite gestellt.

Wenn sie heute die Erregungen von damals überdachte, konnte sie sich nur wundern. Sorgen hatte man damals gehabt, Sorgen, die keine waren! Die Riemen des Rucksacks schnitten in Elisabeths Schultern. In der Höhe der Stiftskirche blieb sie stehen und unterdrückte den Wunsch, eine Zigarette zu rauchen. Sie wollte nicht von den Passanten angestänkert werden. Die deutsche Frau rauchte nicht, trank nicht, schminkte sich nicht. Was durfte die deutsche Frau überhaupt? Kinder gebären, sich plagen und grämen, ohne Mann leben, Parolen nachplärren, arbeiten, funktionieren. Wer ersetzte ihr die verlorenen Jahre? Die heitere, unbeschwerte Jugend, das Tanzen, das Lachen, den Unsinn, die Liebe? Scheiß-Nazis, dachte Elisabeth, Scheiß-Krieg! Alles Scheiße!

Sie blieb vor dem Schaufenster eines Kaufhauses stehen. Nur Attrappen und Dekorationen waren darin ausgestellt; Waren gab es schon lange nicht mehr. Ihr Bild spiegelte sich in den Scheiben: derbe Schuhe, lange graue Hosen, grauer Pullover, Lodenmantel, Kopftuch, Rucksack. Sie sah aus wie eine Bauernfrau, und sie war es auch. Pernwald war kein Feudalbesitz mehr, es war zum Bauernhof geworden. Auf dem einstmals gepflegten Rasen waren Kartoffeln und Bohnen, Erbsen und Zwiebeln angebaut, Rüben und Kohl. Statt Pferden und Hunden gab es nur noch Hühner und Kaninchen. Die Milch der restlichen drei Kühe war bewirtschaftet und mußte abgeliefert werden, und da Sophie die Fischereirechte in Pacht gegeben hatte, mußten Elisabeth und Bastian heimlich in der Nacht die Angeln auswerfen, um einen Hecht oder Karpfen zu erbeuten. Der Rosengarten war verwildert und verkommen, und weil die Holzpfosten morsch und verfault waren, hatte das Badehaus sich gesenkt.

Auch das Herrenhaus hatte gelitten. Der Verputz bröckelte ab, die Fensterläden waren schorfig und verwittert und das Dach begann an manchen Stellen durchlässig zu werden. Es gab kaum noch Blumen, die Kiesauffahrt glich einem mit Unkraut bewachsenen Feldweg, denn der Kies war im Lauf der Jahre in den Boden getreten worden. Es gab keine Arbeitskräfte mehr. Bastian und die alte Köchin waren die einzigen Bediensteten, die vom Hauspersonal übriggeblieben waren. Im Wirtschaftsgebäude wohnte nur noch ein alter Knecht und dessen ausgemergelte Frau. Ein Greisenasyl, dachte Elisabeth. Hol's der Geier! Ich muß jetzt eine Zigarette rauchen! Sie trat in einen Hausflur, zog eine Packung aus der Manteltasche, zündete sich eine Zigarette mit einem Wehrmachtsfeuerzeug an und sog den Rauch gierig ein. Nur noch fünf Stück waren in dem Päckchen. Rauchermarken hatte Elisabeth zwar bei sich, aber sie bezweifelte, daß sie darauf etwas bekommen würde. Zigaretten waren Mangelware und wurden auf dem Schwarzmarkt zu Höchstpreisen gehandelt; in den Läden war kaum noch etwas aufzutreiben. Einerlei, sie hatte sowieso nicht vor, in Wien zu bleiben, morgen, spätestens übermorgen wollte sie mit Mama zurück nach Pernwald. Unwillkürlich betrachtete sie ihre Hand, die das Feuerzeug hielt. Eine verarbeitete Hand mit kurzgeschnittenen Nägeln, eine Hand, der man ansah, daß sie jätete und pflanzte, kochte und wusch.

Elisabeth hatte in den letzten Monaten an Gewicht verloren. Auch der Ehering am linken Ringfinger war zu weit geworden. Sie trug ihn, weil sie die Kriegerwitwenrente bezog und bei Ämtern und Behörden glaubhaft machen konnte, daß sie ihr »Opfer für den Endsieg« bereits gebracht hatte. Der gute Philipp – noch über den Tod hinaus hatte er sie versorgt und behütet! Er war so ein netter, anständiger Kerl gewesen, sie hatte sich richtig mit ihm befreundet. Kurz bevor er nach Polen abkommandiert worden war, hatte sie mit ihm geschlafen, aus Mitleid, aus Dankbarkeit, und um ihm eine herzerwärmende Erinnerung mitzugeben in diesen schauerlichen Krieg. Ihr hatte es nichts bedeutet, aber der arme Teufel war so glücklich, so selig gewesen. Er war förmlich euphorisch nach Polen gezogen, und gleich darauf hatte es ihn erwischt. Soviele Dreckschweine hatten bis jetzt überlebt, aber Philipp hatte gleich einer der ersten sein müssen, die für den Wahnsinn bezahlten. »Mit seinem Panzer verbrannt«, hatte sein Vorgesetzter Major Kunze geschrieben. »Gefallen für Führer und Vaterland.«

»In stolzer Trauer« hatte auf den vorgedruckten Zetteln gestanden. Elisabeth war nicht stolz gewesen, weiß Gott nicht, aber getrauert hatte sie, ehrlich und aufrichtig; noch heute fühlte sie einen leisen Schmerz, wenn sie an sein scheues Lä-

cheln mit gekrauster Nase und hochgezogener Oberlippe dachte. Seltsam! Sie hatte ein ähnliches Gefühl, wenn sie an Georg dachte. Manchmal fiel es ihr schwer, sich sein Gesicht vorzustellen. Alle Menschen, sie selbst miteingeschlossen, hatten sich in den vergangenen Jahren so verändert – wie mochte Georg aussehen? Er war jetzt ein Mann über dreißig, ein smarter Amerikaner. Was war wohl noch übrig von der schwärmerischen, sentimentalen Jugendliebe?
Seit Amerika in den Krieg gegen Deutschland eingetreten war, hatte Elisabeth nichts mehr von Georg gehört; sie wußte nur, daß auch die neu eingewanderten Amerikaner eingezogen worden waren. Sicher war Georg Soldat geworden und kämpfte an einer der vielen Fronten dieses Krieges, in Japan, in Frankreich oder Italien.
Elisabeth wehrte sich gegen den Gedanken, daß auch Georg gefallen sein könnte. Die Amerikaner waren an allen Fronten siegreich, und das Wort »siegreich« bedeutete für Elisabeth die Vorstellung unbezwingbaren Überlebens. Ihr trotziger Groll gegen Georg hatte sich erst gemildert und dann verflüchtigt. Was immer auch geschehen war, sie gehörten doch in irgendeiner Weise zusammen. Schließlich war Florian ihr gemeinsames Kind, und obwohl sich Georg als unverläßlich und schwach erwiesen hatte, verdankte sie ihm doch das Glück, einen Sohn zu haben.
Elisabeth war eine leidenschaftliche Mutter, und Florian war ein Kind, das diese Leidenschaft verdiente. Ein problemloser, gesunder, vergnügter, aufgeweckter Bub, ein wahrer Sonnenschein, wie der alte Bastian mindestens einmal am Tag gerührt schniefend verkündete. Aber der kleine Bursche hatte es auch wirklich in sich. Mit dem ersten heiseren Krähen, das er von sich gegeben hatte, hatte er sogar Sophie um den Finger gewikkelt. »Ich bereue nichts«, hatte Sophie gesagt. »Alles was wir erlebt und erduldet haben, alles was sich bisher ereignet hat, war gut und richtig um dieses Kindes willen. Wir haben dafür gesorgt, daß Florian ein Pernwald ist und der künftige Herr in Pernwald. Wenn auch jetzt alles in Trümmer geht, er wird Pernwald wieder aufbauen, er ist ein Garant dafür, daß Pernwald das ›tausendjährige Reich‹ überdauern wird«.

Elisabeth lächelte. Ob Florian ein Garant war, würde sich weisen; bis jetzt war er ein echter Herzensdieb, der sogar dem aufsässigen Ortsgruppenleiter Huber eine freundliche Grimasse abzwang. Er war charmant und begabt, von unzerstörbarer Heiterkeit und einem bezaubernden Egoismus, er machte, wie Sophie sagte, seinem Großvater Florian mit dem gleichen Namen und dem gleichen ansprechenden Wesen alle Ehre.
In den ersten Jahren nach der Geburt des Kleinen hatte Elisabeth ausführlich auf dem Umweg über die Schweiz mit Georg über die Entwicklung ihres Sohnes korrespondiert. Sie hatte ihm jeden Fortschritt in allen Einzelheiten genau geschildert. Andererseits hatte sie Georgs ausführliche Berichte über seine Eingewöhnung in Amerika, seine beruflichen Möglichkeiten und die Nachrichten über seine ersten Erfolge in Max Fiedlers Makler-Firma mit aufmerksamer Anteilnahme gelesen. Wie sehr hatten sich doch die Briefe aus Los Angeles von den Briefen aus London unterschieden! Georg gefiel in Amerika alles – er genoß den »american way of life«. Nur in einer Hinsicht waren seine Briefe steril. Kein Wort über Frauen im allgemeinen und im besonderen. Seine Briefe waren zu brav, um wahr zu sein. Ein gutaussehender österreichischer Baron, der auch finanziell seinen Mann stellen konnte, mußte für die Amerikanerinnen, die jungen wie die älteren, die doch bekannt dafür waren, daß sie Jagd auf europäische Aristokraten machten, eine begehrenswerte Beute darstellen. Hollywood war ein Vorort von Los Angeles, die schönsten Mädchen der Vereinigten Staaten tummelten sich dort, um eine Chance beim Film oder zumindest einen Mann zu bekommen. Es war keine Frage, daß Georg in Versuchung geführt worden und der Versuchung erlegen war. Sicher hatte er Flirts und, wenn schon nicht große, doch kleine leidenschaftliche Verhältnisse. So wie Elisabeth Max Fiedler einschätzte, tat der alles dazu, daß Georg nicht grübelte, sich nicht mit Vorwürfen und Rückblicken quälte, sondern angenehm abgelenkt wurde und unter die Leute kam, richtiger gesagt, unter die Frauen kam. Und warum auch nicht? Es wäre abnormal und unnatürlich, wenn ein junger Mensch die körperliche Treue bewahrte über Jahre hinweg, ins Ungewisse.

Daß Georg nicht darüber schrieb, war verständlich und da sie selbst auch im Glashaus saß, würde sie sich hüten, den ersten Stein zu werfen. Auch Elisabeth hatte ihre Affären gehabt, bedeutungslose, in ihrer Erinnerung gesichtslose Affären, die sie begonnen hatte, wenn die Einsamkeit und die Sehnsucht sie überwältigt hatten. Affären, die sie beendet hatte, freundlich und unbeteiligt, wenn die Zeit dafür abgelaufen war. In Ischl war ein Luftwaffenlazarett stationiert, die kleine Stadt überfüllt mit jungen Offizieren, die hektisch und lebenshungrig nach Vergnügen suchten, krampfhaften Optimismus verbreiteten, und wenn Tante Sophie mit ihr von diesen Lebenshungrigen sprach, sagte sie immer: »Sei nett zu den Armen, es sind lauter Todeskandidaten!« Leider hatte Tante Sophie, wie meistens, auch in diesen Fällen recht behalten. Es war immer das gleiche gewesen. Erst waren Feldpostkarten gekommen, Lebenszeichen und Liebesschwüre, doch dann waren ihre eigenen Grüße früher oder später mit dem gestempelten Vermerk »gefallen« oder »vermißt« zurückgekommen.
Das Feuerzeug in Elisabeths Hand hatte auch so einem Verlorenen gehört. Peter hatte er geheißen; er war rotblond gewesen mit Sommersprossen und treuherzigen braunen Augen, den Kopf voll von Heldentaten. Jagdflieger war er gewesen, irgendwo im Norden Deutschlands stationiert. Für ihn waren die Luftkämpfe wie Ritterturniere gewesen, unpolitische Waffengänge voll Fairneß und fast sportlichem Ehrgeiz. Nun ruhte er mit seiner »Kiste« am Grund des Ärmelkanals. Elisabeth verbrannte sich beinahe die Finger an der Kippe, ließ sie fallen und trat sie mit Bedauern aus.
Es dämmerte schon. Sie mußte sich beeilen. Bei der totalen Verdunklung und den Bombenschäden in den Straßen und auf den Plätzen würde es nicht leicht sein, sich zurechtzufinden. Elisabeth bog rechts ab, zum Theater an der Wien hinüber, stolperte durch die engen Seitenstraßen, überquerte den Naschmarkt und ging auf die Karlskirche zu. Vor der Technischen Hochschule war der Boden von Bombensplittern zerrissen und aufgewühlt. Die gepflegte Parkanlage vor der Kirche glich einer Schutthalde. Die Straßen waren menschenleer. Autos gab es kaum noch, hie und da strampelte, über das Lenkrad

geduckt, ein Radfahrer vorbei. Was von Bäumen und Sträuchern noch übriggeblieben war, trug die hellgrünen Blätter des Frühlings, und irgendwo sang eine einsame Amsel.
Beim Anblick der fensterlosen Häuser in der Karlsgasse, die sich wie gespenstische Theaterkulissen vom Himmel abhoben, wappnete sich Elisabeth für den Schock, der ihr bevorstand, wenn das Palais Pernwald in ihr Blickfeld kommen würde. Es war ein absoluter Wahnsinn, daß sich Mama halsstarrig und beleidigt in diesen Trümmerhaufen verkroch. Die Russen hatten Ungarn besetzt. Am 13. Februar hatte Budapest kapituliert, und die Sowjets befanden sich auf dem Vormarsch nach Österreich. An allen Fronten waren die deutschen Truppen auf dem Rückzug oder ergaben sich. Italien verloren! Frankreich verloren! – von dem Drama, das sich im Osten abspielte, gar nicht zu reden. Wie lange konnte der Krieg, der schon verloren war, noch bis zum bitteren Ende ausgekämpft werden? Vielleicht noch einen Monat, höchstens zwei, dann war der vollkommene Zusammenbruch endlich da, und es gab eine Chance, wieder ohne Angst zu leben, Pläne zu machen, von neuem zu beginnen. Mußte Mama in ihrem lebensgefährlichen Trotz riskieren, daß sie im Endkampf draufging? Ihre Situation war um so sinnloser, als sie doch ganz allein lebte, ohne Hilfe, ohne menschlichen Beistand. Der alte Portier Nechledil war bald nach Kriegsausbruch gestorben, seine Frau, die das Palais verlassen hatte, war zu ihrer Schwester in die Nähe des Südbahnhofs gezogen – genau einen Tag, bevor über diesem Stadtteil schwere Bomben abgeworfen worden waren, die keinen Stein auf dem anderen gelassen hatten. Von Frau Nechledil wurde nicht einmal mehr ein Fingernagel gefunden.
Trotz des Rucksacks begann Elisabeth zu laufen. Wenn Mama beim letzten Angriff nur nichts passiert war! Erst gestern hatte das Radio wieder einen »Anflug starker feindlicher Verbände auf den Raum Wien« gemeldet. »Lieber Gott«, keuchte Elisabeth, »bitte, laß mich nicht zu spät kommen.«
Obwohl sie auf den Schock vorbereitet gewesen war, verursachte ihr der Anblick der Ruine des Palais Pernwald einen derartigen Schreck, daß sie wie erstarrt stehenblieb. Zerbor-

stene Mauern. Wo sich das Kupferdach gewölbt hatte, gähnte ein Krater. Ein totes Haus. Lebte ihre Mutter noch? Elisabeth riß sich zusammen. Es war nicht der Moment, solchen Gedanken Raum zu geben, schwach zu werden, feige zu sein. Mit festen Schritten ging sie auf das Haustor zu. Das lose in den Angeln hängende Tor war unversperrt. Klar, dachte Elisabeth: in diesem Haus gibt es nichts mehr zu holen. Wozu eine Tür absperren, hinter der nichts mehr ist?
Da sie wußte, daß die Portierswohnung rechts vom Eingang lag, tastete sie sich an der Wand entlang und drückte auf die Klinke der Wohnungstür. Auch die Wohnungstür war unversperrt. Elisabeths Herz begann heftig zu klopfen. Der Raum war kalt und dunkel, links in der kleinen Küche hörte sie den Wasserhahn tropfen. Die Tür zum Hinterzimmer war geschlossen. Elisabeth ließ den Rucksack von den Schultern gleiten, suchte und fand eine Taschenlampe. Der weiße, kegelförmige Strahl gab ihr den Mut, die Tür zum Hinterzimmer zu öffnen. Im Hinterzimmer brannte eine Petroleumlampe, und in ihrem schwachen Schein sah Elisabeth ihre Mutter auf dem Diwan liegen, zugedeckt mit einer Decke und ihrem Mantel.
»Um Himmelswillen, Mama! Was hast du? Bist du krank?« stammelte Elisabeth und neigte sich über die Liegende. Helene hatte rote Wangen. Ihre Augen glänzten fiebrig. »Es ist nichts«, sagte sie mühsam. »Nur die Strümpfe sind kaputt. Das letzte gute Paar.«
Elisabeth beugte sich nieder, um Helene auf die Wange zu küssen. Die Haut war trocken und heiß. »Hast du Fieber, Mama? forschte sie.
»Es ist das Knie«, sagte Helene. »Das macht mir so heiß. Es klopft und tut weh.«
Elisabeth schlug die Decke zurück und schob das Kleid ihrer Mutter hoch. Die Beine waren nackt, blutverschmiert und verschrammt. Am linken Knie klaffte eine tiefe, brandige Wunde mit gelblichen Eiterrändern. Der süßliche Verwesungsgeruch von faulendem Fleisch stieg Elisabeth in die Nase.
Helene richtete sich mit einer jähen Bewegung halb auf. »Wieso bist du hier?« fragte sie argwöhnisch, »wieso bist du nicht in Pernwald, bei deinem Kind? Was soll das?«

»Ich bin gekommen, um dich zu holen. Nach Hause zu holen«, sagte Elisabeth und setzte sich auf den Rand des Diwans. »Ich soll dich im Namen Tante Sophies bitten, ihr zu verzeihen. Es tut ihr leid, alles, was sie gesagt und getan hat, tut ihr leid. Du fehlst ihr. Sie braucht dich.« Elisabeth schluckte und setzte hinzu: »Auch ich brauche dich. Auch mir fehlst du. Auch ich bitte dich, mir zu verzeihen. Ich war so ekelhaft zu dir. Ich schäme mich. Bitte, Mama, sei wieder gut und komm mit mir nach Pernwald, nach Hause.«
»Ihr braucht mich?« Helene lächelte glücklich. »Ihr braucht mich!«

III.

Am 29. März 11 Uhr 05 überschritten die Russen im Burgenland, aus Ungarn kommend, die Grenze der »Ostmark«, und die Umzingelung Wiens begann.
Während Elisabeth für Helene in der Schlange anstand, um die Osterration an Graupen, Ersatzkaffee und Brot zugeteilt zu bekommen, hörte sie die Nachricht. Die Russen waren schon auf österreichischem Gebiet, und sie konnte nicht weg aus Wien. Eine panische Furcht, in der Falle zu sitzen, überfiel sie. Was sollte sie tun? Helenes Knie eiterte noch; auch das Fieber wollte nicht sinken. Der Arzt, den Elisabeth mühselig aufgetrieben hatte, hatte nur mit den Achseln gezuckt. »Absolute Ruhe. Bein hochlagern, Wunde sauber halten. Ich habe kaum noch Medikamente, machen Sie halt heiße Umschläge«, hatte er verordnet und hinzugefügt: »Beten Sie, daß Ihre Mutter gesundes Blut hat.«
Vom Knie abwärts war Helenes Bein geschwollen, und jeder Schritt war eine Qual. Es war völlig ausgeschlossen, sie auch nur bis zur Straßenbahn zu bugsieren, gar nicht zu denken an die mühselige Bahnfahrt mit dreimaligem Umsteigen. Vielleicht ist es morgen besser, dachte Elisabeth verzweifelt, oder übermorgen. Noch fahren Züge in Richtung Westen, noch haben wir eine kleine Chance.

Elisabeth lebte von der Hoffnung auf »morgen oder übermorgen« und schaffte sich krampfhaft etwas zu tun, um nicht grübeln zu müssen. Sie machte Helene Umschläge, säuberte die Wunde und verband sie, rannte von einem Laden zum anderen, um die zugeteilten Rationen zu ergattern, und stand sich die Beine in den Leib. Während sie um das »Osterei« vor dem Milchladen anstand, das sie dann doch nicht erhielt, weil die Zulieferung ausgeblieben war, sprach ein einbeiniger älterer Mann, der hinter ihr wartete, sie an. »Fräulein Elisabeth, kennen Sie mich noch?« fragte er. »Ich bin der Schlosser aus ihrer Straße, der Schönbichler. Ich hab' oft gearbeitet im Palais Pernwald, früher einmal.«
Elisabeth erinnerte sich dunkel an einen robusten Handwerker, der Schlösser und Beschläge repariert und einmal das Kupferdach ausgebessert hatte. Sie hätte den kräftigen Mann nie in dem mageren unrasierten Krüppel wiedererkannt, der nun, auf seinen Krücken schwankend, neben ihr stand.
»Gelt, da schauns,« sagte Schönbichler. »Sauber haben's mich zugerichtet.« Er zeigte auf das leere, mit einer Sicherheitsnadel hochgesteckte Hosenbein. »Meinen Haxen fressen die Raben in Rußland. Ja, Fräulein Elisabeth, der Mensch hält viel aus, wenn er's aushält.«
Er musterte Elisabeth, bemerkte den Ehering und forschte: »Sie sind verheiratet? Entschuldigen, da müßt' ich gnädige Frau sagen. Wo ist denn der Herr Gemahl?«
»Mein Mann ist in Polen gefallen«, antwortete Elisabeth.
»Na sauber. Der eine hat kein Bein, die andere keinen Mann. Das sind Zeiten! Die sind gar keine Zeiten! Geschichte werden die Leute das einmal heißen, aber auf unserem Buckel wird diese Geschichte geschrieben. Wohnen Sie bei der Frau Mama in der Ruine?«
Elisabeth nickte.
Schönbichler schaute in den hellen Frühlingshimmel und schnaufte. »Sie sollten schau'n, daß sie mit der Frau Mama fortkommen. Ich kann es beinahe riechen, das ist die Ruhe vor dem Sturm. Nach Ostern ist er da, der Iwan, und dann gute Nacht.«
Es wurden makabre Ostern. Die Luft war lau und weich, die

Sonne schien, und die Forsythien blühten. Der Himmel im Süden war rot, und am Rand der Stadt stand eine Mauer von Rauch und Qualm. Die Sirenen schwiegen. Es gab keinen Fliegeralarm mehr. Die großen Bombenverbände der Amerikaner blieben aus. Kleine, russische Maschinen flogen die Stadt an und warfen handtellergroße Bomben ab. Wenn das blecherne Ra-ta-ta der russischen Flugzeuge zu hören war, flüchteten die Menschen in Haustore, hinter schützende Wände, unter Mauervorsprünge. Und dann begann der Kampf um Wien. Die russischen Granaten flogen immer weiter in die Stadt hinein. Die Furcht erstickte das tägliche Leben. Es fuhren keine Straßenbahnen mehr, die Läden schlossen, die Menschen verkrochen sich in den Kellern. In den Straßen lagen weggeworfene Waffen und Volkssturm-Armbinden. Ein zusammengewürfelter Haufen von Hitlerjungen, Volkssturm-Männern und Waffen-SS sollte Wien verteidigen, aber immer mehr warfen ihre Waffen weg und verschwanden im Untergrund. Die SS kannte keine Gnade mit solchen »Deserteuren«. Sie hängte als abschrekkende Warnung Junge und Alte an Laternenpfählen und Bäumen auf, sie erschoß Flüchtende und Urlauber, sie durchsuchte Häuser vom Dachboden bis zum Keller nach »Drückebergern«, aber die Verteidiger wurden immer weniger, das Dröhnen der russischen Panzer schwoll an.

Auch Helene und Elisabeth lebten im Keller. Elisabeth fühlte sich elend. Die Falle war zugeschnappt, und sie saß fest. Seit Tagen war sie nicht mehr aus den Kleidern gekommen, ihr war, als hätten Angstschweiß und Schmutz ihren Pullover und ihre Hose unlösbar an die Haut geklebt. Sie fror und sie war hungrig. Aber das Schlimmste war, daß sie keine Zigaretten hatte.

Zu ihrem Erstaunen war Helene wie verwandelt. Sie fieberte nicht mehr, auch das Knie hatte zu eitern aufgehört. Sie humpelte, wenn auch mühsam und noch immer unter Schmerzen, aus dem Keller in die Wohnung und aus der Wohnung in den Keller. Sie entwickelte einen Lebenswillen, der Elisabeth fremd war. Helene saß ihrer Tochter im Keller gegenüber, die vorletzte Kerze brannte und ihre Augen leuchteten. »Denk

nur«, sagte sie eifrig. »Der Krieg ist zu Ende. In ein paar Tagen ist Frieden und wir fahren nach Hause. Nach Pernwald.« Sie legte die Hände an die Wangen: »Seit du da bist, träume ich oft von Pernwald. Wenn ich hungrig bin und mir kalt ist, träume ich von dem prasselnden Kaminfeuer. Ich rieche den Zimt und die Nelken im Glühwein. Und wenn mir das Fieber heiß gemacht hat, hab ich an den Sommer gedacht, wenn der See in der Sonne glitzert und es so angenehm kühl ist im Schatten der Kastanien. Ich höre das Bellen der Hunde, das Wiehern der Pferde und ...« Helene kicherte in einem seltenen Anflug von Humor. »Alles ist, wie es war, und Sophie nörgelt.«
Elisabeth ging der rosige Optimismus ihrer Mutter auf die Nerven. Das Verlangen nach einer Zigarette wurde so übermächtig, daß sie hätte weinen mögen. »Wir sind noch nicht in Pernwald«, sagte sie gereizt. »Jetzt kommen erst einmal die Russen.«
Helene fiel ein, daß sie, seit Elisabeth bei ihr war, nicht an Anton gedacht hatte. Sie war zu glücklich gewesen. Sophie war zu Kreuz gekrochen, Elisabeth sorgte sich um sie, da hatte sie Anton vergessen. Das verursachte ihr ein schlechtes Gewissen und dämmte ihren Überschwang. Um ihre Gefühle zu unterdrücken, sagte sie: »Die Russen.« Sie wischte das Wort »Russen« mit einer Handbewegung weg – wie eine lästige Fliege. »Wir haben die Nazis und den Krieg überlebt, wir werden auch die Russen überleben.« Eigensinnig setzte sie hinzu: »Wir werden nach Pernwald fahren. Und alles wird wieder so sein wie früher.«
Die Detonationen der Sturmgeschütze und der Granaten kamen immer näher, den ganzen Tag krachte es. Gegen Abend wurde es ruhiger. »Ich gehe hinauf und koche Tee«, sagte Helene. »Etwas Heißes im Magen dämpft den Hunger.« Sie humpelte beschwingt die Stufen hinauf. Elisabeth folgte ihr und sah nervös zu, wie ihre Mutter die Teeblätter mit dem Löffel abmaß. Ob man Teeblätter rauchen kann, dachte sie und wandte sich ärgerlich ab. Die Sucht nach einer Zigarette wird zu einer fixen Idee, überlegte sie. Was ist denn los mit mir? Mit einem Mal bin ich schwach und Mama ist die Starke. Dann dachte sie an ihren Sohn und verbiß sich das Weinen.

Eine Granate krepierte in der Grünanlage vor dem Haus, klirrend zerbrachen die Fensterscheiben. Unwillkürlich schrie Elisabeth auf. Die Luft, die plötzlich ins Zimmer drang, roch kräftig nach der aufgewühlten Erde. Helene sagte beherrscht: »Die Scheibe ist kaputt. Wir müssen das Fenster mit einer Decke verhängen.«
In einer solchen Situation hätte Mama früher hysterische Anfälle bekommen, aber jetzt ist sie gefaßter als ich, dachte Elisabeth beschämt. Die alte Generation hat mehr Haltung und Rückgrat als wir Jungen. Sie holte aus der Küche Hammer und Nägel, nahm die Wolldecke, die sie im Keller um die Schultern gehabt hatte, und trat ans Fenster. Das Licht wurde schon blau, die ersten Sterne flimmerten hoch und hell, und von Flakturm Esterhazy-Park belferte die Flak in den Abend. Die kleinen Geschoßwolken hoben sich hell gegen den dunkel werdenden Himmel ab. »Lieber Gott«, murmelte Elisabeth und trieb den ersten Nagel in das Holz des Fensterrahmens, »lieber Gott, hilf mir. Ich habe solche Angst.«
Sie hielten die heißen Tassen mit den Händen umfaßt und tranken den Tee im Dunkeln. Die letzte Kerze mußte gespart werden. Der Küchenwecker tickte, die Wasserleitung tropfte. Mit einem Mal war es draußen ruhig, und je länger diese Ruhe anhielt, desto bedrohlicher wurde die Stille. Plötzlich polterten schwere Stiefel über das Straßenpflaster, ein Gewehr bellte auf, ein Mensch schrie gellend, wie in Todesangst; wieder fielen Schüsse und laufende Schritte entfernten sich. Nach einer Weile begann eine junge Stimme zu schreien, um Hilfe zu rufen und zu jammern. Es klang erschreckend nahe und deutlich.
»Hilfe! Hilfe! Mutter, hilf mir! Ich kann es nicht aushalten.«
Elisabeth sprang auf. »Ich muß hinaus. Helfen!«
Helene umklammerte mit hartem Griff Elisabeths Handgelenk. »Du bleibst«, sagte sie und ihre Stimme wurde schrill. »Draußen ist die SS, oder es sind schon die Russen. Ich erlaube nicht, daß du dich in Gefahr begibst. Ich erlaube nicht, daß dir etwas geschieht.«

Der Morgen dämmerte herauf, das verhängte Fenster zeigte helle Konturen, und die Vögel begannen zu zwitschern. »Es ist unerträglich«, brach Elisabeth aus. »Es ist, als ob nur du und ich übriggeblieben wären. Ich höre nur die Vögel.« Sie lief an das Fenster, schob die Decke beiseite und starrte entsetzt auf den Rasen der Grünanlage vor dem Haus. Ein etwa fünfzehnjähriger Hitlerjunge lag verkrümmt unter einem Fliederstrauch. Der Kopf war zurückgebogen, seine weitoffenen, leblosen Augäpfel stierten Elisabeth an. Zwischen seinen verkrampften Fingern quollen die Gedärme hervor. Blauschillernde Fliegen summten über der blutigen Masse. Elisabeth öffnete den Mund zu einem lautlosen Schrei und preßte die Hände an die Lippen.

»Was ist denn? Was siehst du draußen«? fragte Helene und machte Anstalten, aufzustehen.

»Nichts. Es ist nichts«, erwiderte Elisabeth hastig und würgte ihr Entsetzen hinunter. »Die Stadt ist wie tot. Kein lebendiger Mensch ist auf der Straße zu sehen. Direkt unheimlich.« Sie ließ die Decke wieder vor die Öffnung gleiten. »ich bleib am Fenster. Durch den Spalt kann ich sehen, was geschieht.«

IV.

Der erste russische Soldat, der die Straße entlangkam, war ein junger Bursche, kaum zwanzig Jahre alt. Er war erschöpft und verdreckt und es war ihm deutlich anzusehen, daß er Angst hatte. Er drückte sich eng an den Hausmauern entlang, die Puschka, das Gewehr, im Anschlag, jeden Augenblick eines Überfalls gegenwärtig. Elisabeth beobachtete ihn durch den Fensterspalt. Er tat ihr leid. Die Nazis und die Sowjets schickten halbe Kinder in den Krieg. Der Russe sah die Leiche in der Parkanlage, erschrak und rannte geduckt zur gegenüberliegenden Bombenruine. Er lehnte sich schweratmend gegen die geborstene Ziegelwand, zündete sich mit unsicheren Händen eine Zigarette an und schluckte hungrig den Rauch. Nach ein paar Zügen warf er die Zigarette fort, packte die Puschka mit beiden Händen, als wollte er sich daran festhalten und verschwand im Laufschritt um die Ecke. Die Vögel flogen erschreckt auf. Nach ein paar Minuten rollten Panther-Panzer vorbei, mit geschlossenen Luken, Elisabeth zählte sechs. Dann war es wieder still. Elisabeth hörte nur das Summen der Schmeißfliegen, die auf dem toten Jungen unter dem Fliederstrauch herumkrochen. Sie schlug die Decke beiseite und beugte sich aus dem Fenster. Zwei Häuser weiter hatten die Bewohner Bettücher als weiße Fahnen über die Balkonbrüstungen gehängt. Sie drehte sich ins Zimmer zurück und fragte: »Wo sind weiße Handtücher, Mama? Wir kapitulieren auch.«

Die Sonne stand schon hoch, als einige Russen auf ungesattelten Pferden vorüberpreschten. Dann folgte ein Trupp Infanterie, auf der Mitte der Straße marschierend. Die Männer zeigten auf die weißen Tücher und lachten. Einer, der Elisabeth am Fenster bemerkte, winkte ihr zu. Elisabeth fühlte sich so erleichtert, daß ihre Knie schwach wurden. War das nun das Kriegsende? So undramatisch? So unblutig? War alles vorüber?

Es war nicht vorüber. Die Kämpfe flackerten wieder auf; wieder detonierten Granaten und krachten Schüsse. Russische Tiefflieger kreisten über der Stadt, wieder färbte sich der Himmel rot, und der Wind wehte Asche und Brandgeruch durch die Straßen.

Elisabeth hatte jeglichen Zeitbegriff verloren. Welcher Tag ist heute? überlegte sie verwirrt. Wie lange vegetieren wir schon eingesperrt wie Ratten im Keller? Kein Strom, kein Gas, kein Radio. Ein Wunder, daß die Wasserleitung noch funktioniert. Der Petroleumvorrat wird knapp, und die Lebensmittel reichen höchstens noch für drei Tage. Was dann? Ich weiß gar nicht mehr, wie eine Zigarette schmeckt. Die Zeit steht still, und ich werde verrückt vor Angst. Wie hält Mama das aus? Sie sitzt so gelassen auf dem harten Holzschemel in dieser feuchten Kellergruft, als säße sie im Salon auf einem weichen Fauteuil.

Um ihre Unruhe zu bemänteln, stand Elisabeth auf und sagte: »Es ist schon wieder eine ganze Weile still. Gehen wir hinauf. Ich muß ans Fenster und sehen, was sich draußen ereignet hat.«

Sie spähte vorsichtig durch den Spalt zwischen Decke und Fensterrahmen, aber sie konnte keine wesentliche Veränderung entdecken. Der tote Junge lag, wo er gelegen hatte, nun schon gedunsen und ganz steif unter dem Fliederstrauch, bedeckt von Ungeziefer und Fliegen. Plötzlich hörte Elisabeth das Klappern von Krücken auf dem Pflaster. Sie schob die Decke beiseite und beugte sich aus dem Fenster. Schönbichler kam angestelzt. Er trug einen Kanister an einer Schnur auf dem Rücken. Sobald er ihrer ansichtig wurde, rief er: »Ein Glück, daß Sie am Fenster sind, Fräulein Elisabeth. Entschuldigens' schon, Frau Elisabeth. Haben Sie noch Wasser? Bei uns ist die Wasserleitung kaputt, und wir sind am Verdursten.«
»Herr Schönbichler!« Elisabeth schluchzte fast. Es gab also noch Menschen in dieser Stadt, die lebten, Menschen, die sich auf die Straße wagten, »Wasser haben wir, soviel sie wollen«, rief sie. »Kommen sie herein und erzählen Sie. Ich flehe Sie an, erzählen Sie, was Sie wissen.« Sie war so aufgeregt, daß ihr die Worte fehlten.
»Küß die Hand«, grüßte Schönbichler, »küß die Hand, die Damen.« Er neigte den Kopf in Helenes Richtung, lehnte die Krücken an das Spülbecken, nahm den Kanister ab und drehte den Wasserhahn auf. »Entschuldigens' schon, aber erst muß ich was trinken. Meine Kehle ist trocken wie Stroh.« Er ließ Wasser in die hohlen Hände laufen und schlürfte gierig. Die Tropfen rannen ihm über das Kinn. Dann wischte er mit dem Handrücken über den Mund und grinste: »Nie hätte ich geglaubt, daß mir Wasser so schmeckt. Ja, was soll ich Ihnen zuerst erzählen? Die Russen sind in der Inneren Stadt. Die SS zündet die Häuser am Donaukanal an. Der Stephansdom brennt. Die Kärntnerstraße – ein Trümmerhaufen. Im Stadtpark liegen die toten Russen neben den toten deutschen Soldaten. Und geplündert wird. Von den Unsrigen wie von den Russen ...«
Der Kanister war voll. Schönbichler drehte den Hahn zu und fuhr fort: »Der Iwan ist unberechenbar. Naiv und brutal. Er streichelt die Kinder und erschießt die Eltern. Vor dem Parlament tanzen die Russen Walzer auf der Ringstraße und jede Frau, die sie erwischen, vergewaltigen sie. Ohne Rücksicht auf

Alter oder Aussehen. Kompanieweise auf die Unglückliche drauf! Bis alle dran waren.« Er schulterte den Kanister und wandte sich Helene zu: »Entschuldigen s', gnädige Frau, das ist kein Thema für Ihre Ohren. Aber ich muß sagen, was wahr ist. Auch für Sie ist's gefährlich und für die Frau Tochter. Zwei Frauen allein, in dera Ruine! Sperren s' hinter mir ab und lassen s' niemand in die Wohnung. Und verstecken s' die Tochter. Jung und fesch, wie sie ist – die wär ein Fressen für den Iwan.«

Helene ging auf die Wohnungstür zu und öffnete sie für Schönbichler. Sie hinkte nicht mehr, sie ging gerade, mit Haltung. Sie war blaß geworden, aber ihre Stimme klang ruhig und gefaßt, als sie sagte: »Vielen Dank für Ihre Warnung, Herr Schönbichler. Ich werde sie beherzigen. Und wenn Sie Wasser brauchen, kommen Sie, so oft Sie wollen. Klopfen Sie einmal lang, zweimal kurz, damit ich weiß, daß Sie es sind.«

Elisabeth klammerte sich an die Lehne des Küchenstuhls. Ihre Unterlippe zitterte. Helene stieß den Riegel vor, ging ins Hinterzimmer und breitete die schmuddelige Decke so über den Diwan, daß sie bis zum Boden reichte. »Komm«, sagte sie zu Elisabeth. »Wenn Stimmen im Haus zu hören sind, kriechst du unter den Diwan und rührst dich nicht, bis alles wieder still ist.«

»Aber Mama«, stammelte Elisabeth, »wenn die Russen kommen . . . du ganz allein, ich kann dich doch nicht . . .«

Helene warf den Kopf zurück: »Ich wünsche keine Debatten«, sagte sie streng. »Du bist jung und hast ein Kind. Georg wird zurückkommen. Du hast das Leben noch vor dir. Ich habe mein Leben versäumt. Aber wenn es doch dazu gut war, daß ich dich schützen kann, dann war nicht alles umsonst.«

Noch zweimal klopfte Schönbichler um Wasser, und jedesmal kroch Elisabeth unter den Diwan und wagte kaum zu atmen. Doch als es das dritte Mal klopfte, wieder lang – kurz-kurz, und Helene öffnete, standen zwei russische Soldaten mit einem leeren Eimer vor der Tür.

Helene fand keine Zeit, zu erschrecken. »Wasser«, befahl der eine, und der andere drängte sie grob zur Seite. Die Soldaten waren klein und stämmig, hatten rasierte Köpfe und kalte, ausdruckslose Augen.

»Ja, Wasser«, sagte Helene schnell und zeigte zur Küche. Der eine drehte den Hahn auf und ließ Wasser in den Eimer laufen, der andere stützte die Arme in die Hüften und musterte Helene langsam von oben bis unten. »Wo Leute?« fragte er. Helene sah ihn ruhig an: »Niemand. Nur ich.«
Der Russe ging an ihr vorbei, stieß die Tür zum Hinterzimmer auf, öffnete den Schrank und stach mit dem Seitengewehr zwischen die Kleider; dann riß er das Bettzeug auseinander, blickte sich um und kam wieder auf Helene zu. »Ura«, forderte er. »Du Ura. Tik-Tak«.
Helene nickte, holte den Wecker von der Küchenkredenz und hielt ihn dem Russen hin.
Der Soldat mit dem Eimer drehte den Wasserhahn zu und trampelte aus der Wohnung. Der andere betrachtete enttäuscht den Wecker und sagte: »Nix gut.« Er schmiß die Uhr auf den Boden und zertrat sie. »Nix gut«, wiederholte er, spuckte verächtlich vor Helene aus, drehte sich um und folgte seinem Kameraden.
Helene verriegelte die Tür hinter ihm. Lange stand sie bewegungslos und lauschte, dann eilte sie in das Hinterzimmer, hob die Decke über dem Diwan hoch und sagte: »Du kannst herauskommen, Elisabeth. Sie sind fort.« Elisabeth war blaß und verschreckt. »Ich bin halb tot«, seufzte sie. »Hast du auch solche Angst gehabt?«
»Nein«, erwiderte Helene erstaunt. »Jetzt, wo du mich fragst, merk' ich erst, daß ich keine Angst hatte. Ich habe nur daran gedacht, daß dir nichts geschehen darf.«

Elisabeth hatte nicht viel Zeit, sich von dem Schrecken zu erholen. Gegen Mittag wurde es auf der Straße laut. Rauhe kehlige Laute, Grölen und Johlen, Frauen kreischten, gutturale Stimmen brüllten unverständliche Worte – und wieder Schreie.
Helene straffte sich. »Verschwinde sofort in dein Versteck und rühr dich nicht, egal, was geschieht«, befahl sie. »Mach schnell. Sie sind schon vor dem Haus.«
Elisabeth gehorchte wortlos, kroch wieder unter den Diwan und preßte sich eng an die Wand.

Helene zog die zerschlissene Wolldecke bis zum Boden hinab und ließ die Tür zum Hinterzimmer offen. Geschlossene Türen erregten Neugierde. Sie blieb im vorderen Zimmer stehen und hörte Gröhlen und Johlen. Sie sind betrunken, dachte Helene. Was werden sie mit mir tun? Ihr Herz begann schnell und hart zu schlagen. Es war lange her, daß ein Mann sie berührt hatte. Ob es einer war oder mehrere, ob sie ihr weh taten und sie zerrissen, sie würde es aushalten, weil sie es aushalten mußte. Wenn nur Elisabeth nichts geschah. Fäuste donnerten gegen die Wohnungstür. Helene atmete tief durch und griff nach dem Riegel. Das Holz krachte unter den Schlägen der Gewehrkolben. Helene öffnete. Die Russen, die die Tür bearbeitet hatten, taumelten, durch das plötzliche Öffnen des Widerstandes beraubt, ins Zimmer. Mit ihnen kam der Gestank von Schweiß, Schnaps und Pferdemist.
Es waren drei. Zwei von ihnen waren Soldaten mit derben, breiten Gesichtern; in den großen, roten Händen hielten sie Gewehre mit aufgepflanzten Bajonetten. Besoffene Bauernburschen, dachte Helene. Der Dritte war klein und schmalschultrig, er trug eine Art Räuberzivil, eine Drillichhose, die zerfranst über ausgelatschten Stiefeln hing, eine speckige Lederjacke und auf dem Kopf eine Russenmütze mit hochgebundenen Ohrenklappen. Er hatte ein Totenkopfgesicht: stechende tiefliegende Augen über eingefallenen Wangen. Eine Pistolentasche baumelte an seiner Hüfte, und er hatte ein Schnappmesser in der Hand. Die Klinge war auf Helenes Brust gerichtet. Sekundenlang starrten sie einander an, dann schrie der Kleine: »Frauen! Wo Frauen?«
Helene hielt seinem Blick stand. »Niemand ist hier«, sagte sie. »Nur ich. Alte Frau.«
Der eine Soldat begann zu lachen: »Alte Frau.« Er stieß sie zurück und torkelte in die Küche. Mit einer schlenkernden Bewegung fegte er das Geschirr von der Anrichte. Es zerbrach klirrend. Wieder lachte er. Der andere stapfte mit verglasten Augen ins Hinterzimmer, öffnete den Schrank, sah die Kleider und rülpste. Dann steuerte er den Diwan an, wollte sich bükken, verlor beinahe das Gleichgewicht und setzte sich abrupt. Helene bohrte sich die Fingernägel in die Handballen und

machte einen Schritt auf das Hinterzimmer zu. Der Totenkopf ließ sie nicht aus den Augen. Dem Russen auf dem Diwan wurde schlecht. Er stützte den Kopf zwischen die Hände und erbrach sich. Der andere Soldat kam aus der Küche und schwankte zur Kommode hinüber. Er glotzte auf eine gerahmte Fotografie, ein Kinderbild Elisabeths. »Du Mutter?« fragte er.

Helene nickte. Der Soldat grinste: »Gut, Mutter. Gut.«

Der Totenkopf sagte kein Wort. Der Russe im Hinterzimmer ächzte und würgte. Der Soldat schüttelte sich vor Lachen, trottete auf den Würgenden zu und hievte ihn hoch. Der Besoffene lallte, gelblicher Schaum tropfte ihm von den Lippen. Der andere packte ihn unter den Achseln und schleifte ihn aus der Wohnung. Die Tür hinter ihnen blieb offen.

Der Totenkopf klopfte drohend mit der Messerklinge auf den Handteller seiner linken Hand und ging auf Helene zu. Sie wich zurück. Er ging so dicht an ihr vorbei, daß er sie beinahe streifte, blieb vor der Fotografie Elisabeths stehen und grinste. Mit einer raschen Körperwendung stürzte er auf die Tür zum Hinterzimmer zu. Helene verlor die Nerven. Sie vergaß Haltung und Beherrschung und stellte sich mit ausgebreiteten Armen vor den Türrahmen. Der Totenkopf riß das Messer hoch und stieß zu. Die scharfgeschliffene Klinge drang schnell und widerstandslos zwischen Helenes Rippen. Sie fühlte nur den Stoß und taumelte. Der Totenkopf, das Messer wieder stichbereit, beobachtete sie lauernd. Helene hielt den Kopf geneigt, als ob sie horche. Sie schien den Mann gar nicht zu sehen. Der Totenkopf wurde unruhig. Helene ging auf ihn zu, langsam und tastend, Schritt vor Schritt. Der Totenkopf zog die Schultern hoch, drehte sich um und lief aus der Wohnung, hinaus auf die Straße.

Helene stolperte vorwärts, bemüht, die Wohnungstür zu schließen, den Riegel vorzuschieben. Aber sie erreichte die Klinke nicht mehr. Ihr wurde schwindlig. Sie hustete trocken auf, suchte nach Halt und fiel. Sie lag auf dem Rücken und wunderte sich, daß sie sich so leicht fühlte, so leicht, als schwebte sie. Sie wurde müde und hielt krampfhaft die Augen offen. Ich darf nicht einschlafen, dachte sie wirr, ich werde noch gebraucht. Sie starrte zu der niedrigen Zimmerdecke hinauf. Der Plafond hob sich, höher und höher, weitete sich, und plötzlich sah sie über sich blauen Himmel, roch den herben Duft des Phlox und hörte die Hunde bellen. Alles war gut. Sie war zu Hause, in Pernwald. Sie schloß erleichtert die Augen.

V.

Vor Entsetzen unfähig, sich zu rühren, lag Elisabeth in ihrem Versteck. Da sie nur hörte und nicht sah, trieb sie ihre Phantasie von einer grauenhaften Vorstellung in die nächste. Ihr Brustkorb schmerzte. Als der Russe auf dem Diwan zusammengesackt war, hatten sich die ausgeleierten Sprungfedern des alten Möbels in ihre Rippen gebohrt. Dann hatte der Russe sich übergeben. Ihr war schlecht vor Ekel von dem sauren Geruch des Erbrochenen. Und nun war es mit einem Mal so still, so fürchterlich still. Der Schweiß brach ihr aus. Wo war Mama? Warum kam sie nicht? Warum rief sie nicht? Elisabeth hatte das beklemmende Gefühl, nicht mehr atmen zu können. Wenn sie noch eine Sekunde liegen blieb, würde sie ersticken. Sie robbte mühselig unter dem Diwan vor, stemmte sich hoch und lauschte. Sie hörte nichts – nur ein Rauschen in ihren Ohren. Zu rufen getraute sie sich nicht. Langsam schlich sie zur Tür und sah ihre Mutter auf dem Fußboden liegen. Lieber Gott, mach, daß sie nur ohnmächtig ist, dachte Elisabeth und kniete neben dem regungslosen Körper nieder. Sie griff nach der Hand ihrer Mutter, legte die Finger an den Puls und konnte keinen Schlag ertasten. Sie forschte in dem glatten, entspannten Gesicht, die dunklen Wimpern lagen wie Fächer über den Wangen. Elisabeth wollte ihre Hand auf die Brust ihrer Mutter legen, um den Herzschlag zu fühlen, da sah sie den Blutfleck, der einen bräunlichen Kreis auf die lila Bluse gezeichnet hatte und erstarrte: ihre Mutter war tot.

Elisabeth wußte nicht, wie lange sie stumpf auf den Knien verharrt hatte. Mit einem Mal hatte sie das Gefühl, daß jemand sie ansah. Sie hob den Kopf. In der Wohnungstür stand ein Mann

in einer schwarzen Lederjacke mit einem Gesicht wie ein Totenkopf. Er hielt eine Pistole in der Hand. Der bläulich schimmernde Lauf war auf sie gerichtet. Sie sprang auf. Da sie nicht nach vorwärts fliehen konnte, ging sie rückwärts. Der Mann folgte ihr. Elisabeth wich in das Hinterzimmer zurück, bis die Ecke der Tischplatte sich schmerzhaft in ihr Rückgrat bohrte. Der Totenkopf verzog den Mund zu einem triumphierenden Grinsen und entblößte braune, schadhafte Zähne. Die Mündung der Pistole zielte auf ihre Brust. Sie wollte schreien, doch sie brachte keinen Ton hervor.
Das Grinsen des Totenkopfs wurde breiter, er warf die Pistole auf den Tisch und packte zu. Seine Arme umklammerten Elisabeth, er schnaufte ihr seinen faulen Atem in die Nase. Sie wollte sich zur Wehr setzen, doch seine Arme hielten sie fest wie Schraubstöcke. Sie fühlte sich zu schwach, um Widerstand zu leisten. Doch plötzlich erfüllte sie eine wilde Wut. Sie riß das Knie hoch und traf den Mann mit voller Wucht in den Unterleib. Der Totenkopf brüllte gellend auf, ließ sie los und krümmte sich zusammen. Elisabeth lehnte sich keuchend an den Tisch, sie sah die Pistole, ergriff sie und schoß. Der Totenkopf kam aus seiner gekrümmten Haltung nicht mehr hoch, er fiel vornüber und blieb auf dem Gesicht liegen. Elisabeth hielt die Pistole umklammert, den Finger am Abzug. Der Mann rührte sich nicht mehr. Eine eilige rote Blutlache quoll unter seinem Gesicht hervor und breitete sich auf dem Holzfußboden aus. Elisabeth ließ die Pistole fallen. Sie zitterte, das Zimmer drehte sich vor ihren Augen. Ich habe ihn erschossen, dachte sie dumpf. Ermordet. Mama ist tot und ich habe ihren Mörder erschossen. Ich habe sie gerächt.
Der Schreck fuhr Elisabeth siedendheiß in den Kopf. Sie hatte einen Russen erschossen. Draußen waren Russen, überall in Wien waren Russen. Wenn sie entdeckt wurde, würden die Russen sie erschlagen. Ich muß etwas tun, murmelte sie wie beschwörend vor sich hin, ich muß etwas tun. Die Leiche muß weg.
Ihr Blick fiel auf die Petroleumlampe, die auf der Stellage neben dem Fenster stand. Sie packte die Lampe und schmetterte sie zu Boden. Das Petroleum lief aus dem Behälter. Der ätzende

Gestank benahm ihr den Atem. Sie hielt das Feuerzeug an die ölige Lache. Das Feuer schoß so vehement hoch, daß sie zurückfuhr. Die Flammen erfaßten den mürben Stoff der Vorhänge, fraßen sich knisternd zur hölzernen Vorhangstange empor, Funken sprühten und flogen, die Diwandecke begann zu glosen. Das Fenster des Hinterzimmers zerbarst. Der eindringende Luftzug fachte die Flammen an.
In Panik stolperte Elisabeth in das vordere Zimmer, sah ihre Mutter auf dem Boden liegen und begann zu schluchzen. Nebenan krachte und knackte das morsche Holz des Fußbodens. Eine Lohe wehte in den Raum, Qualm und Rauch vernebelten die Sicht, Flammen züngelten an der Kommode hoch. »Verzeih mir, Mama«, flüsterte Elisabeth und rannte blind vor Tränen aus der brennenden Wohnung.

Daß draußen noch heller Nachmittag war, erschreckte und verstörte Elisabeth. Sie wollte flüchten, in die Dunkelheit, sie wollte nicht gesehen werden und niemanden sehen, nur weg, sich verkriechen, sich verstecken, nichts mehr denken, nichts mehr wissen. Geduckt rannte sie an den Häusermauern entlang, ohne auf die Richtung zu achten, sie rannte und rannte, bis ihr die Luft knapp wurde und sie das Gefühl hatte, daß ihr das Herz über die Zunge sprang.
Vor ihr, am Ende der Straße, weitete sich der Karlsplatz. Ein russischer Kübelwagen rumpelte über die Kreuzung, gefolgt von Soldaten im Laufschritt. Elisabeth bog in eine Seitengasse ein und versuchte, sich in das erste Haustor, an das sie kam, zu retten. Das Haustor war versperrt. Elisabeth lehnte sich an das Tor und begann zu greinen wie ein Kind. Sie war ganz allein. Wer würde ihr helfen? Ihr Rucksack verbrannte im Palais Pernwald. Sie hatte keine Papiere, keinen Ausweis, nichts. Das Feuerzeug, das sie noch immer verkrampft in der Faust hielt, war ihr einziger Besitz. Sie schleuderte es weit von sich auf das Straßenpflaster. Es kollerte scheppernd in den Rinnstein. Elisabeth starrte auf das Katzenkopfpflaster. Aus ihrer Erinnerung stieg ein Bild auf, eine schmale Gasse mit Katzenkopfpflaster, eine Toreinfahrt, über der ein Schild angebracht war: Tierhandlung Maria Patuschka. Ihr Vater! Ihr Vater war der

einzige Mensch, den sie in Wien noch hatte. Elisabeth dachte nicht daran, daß Anton geflohen oder daß auch ihm etwas zugestoßen sein konnte – sie dachte nur an sich. Wenn sie ihren Vater fand, war sie in Sicherheit.
Es war beinahe schon dunkel, als Elisabeth die Ginsterweggasse erreichte. Im unsicheren Licht des Mondes sah Elisabeth die winklige Gasse und die niedrigen, verwitterten Biedermeierhäuser vor sich. Hier ist der Krieg nicht gewesen. Hier hat der Krieg einen Umweg gemacht, dachte sie, es ist alles wie damals. Ihre Stiefel waren so schwer, daß sie kaum die Füße heben konnte. Sie war am Ende ihrer Kraft. Nur das nahe Ziel gab ihr noch die Energie, weiterzustolpern. Die Toreinfahrt des Hauses stand offen. Lärm und Stimmengewirr drangen auf die Straße, Pferde wieherten, Hunde bellten. In der Mitte des Hofes stand noch immer der Baum, unter seinen Ästen biwakierten Russen. Ein Lagerfeuer brannte, ein großer, bauchiger Kessel hing über den Flammen. Die Russen, die um das Feuer hockten, waren mongolische Soldaten mit Schlitzaugen. Sie tranken und lachten. An den Sträuchern waren struppige, ungesattelte Pferde angebunden, ein magerer Köter bellte aus respektvoller Entfernung den brodelnden Kessel an. Scharfgewürzter Gulaschgeruch zog durch die Toreinfahrt. Der ausgehungerten Elisabeth verursachte der Geruch von fettem Fleisch, Zwiebel und Paprika Übelkeit. Ihr leerer Magen empörte sich, sie würgte Magensaft und Speichel hoch. Immer riecht es hier nach Gulasch, dachte sie weinerlich und lehnte sich matt gegen die Hauswand.
Ein Russe kam aus dem Hof durch die Toreinfahrt, blieb, ohne Elisabeth zu bemerken, am Rand des Gehsteigs stehen, nestelte an seiner Hose und betrachtete dann stumpfsinnig den bogenförmigen Strahl, mit dem er das Pflaster sprengte. Elisabeth preßte sich dicht an die Mauer und rührte sich nicht. Im Umdrehen knöpfte der Russe die Hose wieder zu, sah Elisabeth und verharrte in der Bewegung. Elisabeth drehte durch. Laut schreiend lief sie in die Toreinfahrt, in den Hof. »Hilfe! Papa!« schrie sie. »Hilf mir! Hilfe! Papa!«
Die zunächst sitzenden Russen sprangen auf. Anton, der in einer Hand ein Glas mit Wodka, in der anderen einen hölzernen

Löffel, neben dem Kessel stand und umrührte, ließ Glas und Kochlöffel fallen. Er starrte Elisabeth an, wie eine Erscheinung. Diese verdreckte, rußverschmierte Frau, die mit vor Entsetzen geweiteten Augen um Hilfe schrie, war seine Tochter? »Nix«, schnauzte er den neben ihm stehenden Russen an und fügte auf tschechisch hinzu: »Das ist mein Kind.« Er hinkte eilig auf Elisabeth zu. Sie sah ihn nicht. Wie von einem Krampf befallen schrie sie: »Papa! Papa!« Anton rüttelte sie an den Schultern. Sie hörte zu schreien auf, erkannte ihren Vater und flüsterte mit dünner Stimme: »Bitte! Hilf mir!«

Anton zog Elisabeth an sich, mit einer inbrünstigen Bewegung preßte er ihren Kopf an seine Brust. »Endlich«, murmelte er, und während ihm die Tränen kamen, setzte er hinzu: »Ich helfe dir, mein Kind.«

VI.

Es dauerte Wochen und Wochen, bis Anton einen Weg fand, Elisabeth über die Zonengrenze schaffen zu lassen. Da sie keine Ausweispapiere hatte und es nach dem, was vorgefallen war, nicht ratsam schien, ihre Identität preiszugeben, mußte Anton seine weitverzweigten Verbindungen zu Tschechen und Fremdarbeitern, zu »displaced persons« und Schwarzmarkthändlern, zu russischen »Wojnikis« und österreichischen Widerstandskämpfern spielen lassen. Sie alle mochten diesen liebenswürdigen, hilfsbereiten Vogelhändler, der ein großes Herz für Mensch und Tier hatte, der gern trank und aß und lachte, der keinen Stolz und keinen Standesunterschied kannte, obwohl er ein »feiner Herr« gewesen war, und der immer Zeit fand, sich seinen Kopf zum Wohl anderer zu zerbrechen.

»Die Freunde«, wie Anton sie nannte, bildeten eine ausgedehnte Organisation, mit dem Ziel, Elisabeth sicher und wohlbehalten nach Pernwald zu bringen. Die größte Schwierigkeit war, sie durch die von den Russen besetzten Gebiete Wiens und Niederösterreichs zu schleusen, bis an die Zonen-

grenze an der Enns. Seit Anfang Mai hatten die Amerikaner Stadt und Land Salzburg und Oberösterreich besetzt, auch die Situation in Wien und Umgebung hatte sich weitgehend normalisiert. Wenn Elisabeth jenseits der Enns bei den Amerikanern war, konnte ihr auch ohne Papiere, nicht mehr viel passieren. Da Anton kein Risiko eingehen wollte, wartete er die Entwicklung ab und beschwichtigte mit gleichbleibender Geduld Elisabeths Ungeduld.
So unruhig sie auch war, so genoß sie doch die Geborgenheit und die Güte, die sie bei ihrem Vater gefunden hatte. Sie lernte, ihn mit anderen Augen zu sehen und söhnte sich innerlich sogar mit seiner »Lebensgefährtin« aus.
Frau Patuschka, nicht mehr so rund und rosig wie vor sieben Jahren, war auch nicht mehr so unsicher und so devot. Das Zusammenleben mit Anton hatte sie zufrieden und selbstsicher gemacht; sie bemühte sich dankbar, die Menschen ihrer Umgebung an dieser Zufriedenheit teilnehmen zu lassen. Bei Elisabeth hatte Frau Patuschka einen Stein im Brett, seit sie ihr, gleich am ersten Abend, wortlos eine volle Packung Zigaretten zugeschoben hatte.
Anton tat nicht nur in Wien alles, was er konnte, er hatte auch an Sophie geschrieben und ihr das traurige Ende Helenes mitgeteilt. »Sie ist für Elisabeth gestorben«, hatte er geschrieben. »Nun hat sie ihre Ruhe und ihren Frieden.« Er hatte den Brief einem Zonengrenzgänger mitgegeben, da die Post der komplizierten russischen Zensurbestimmungen wegen noch immer nicht funktionierte.

Mitte Juni war es dann so weit. Ein Mann, der als Fahrer eines von den Russen requirierten Wäschereiautos arbeitete, sollte Elisabeth, hinter Schmutzwäschesäcken versteckt, bis in den Raum Amstetten bringen. Von dort aus sollte sie ein Ortskundiger durch unbesiedeltes Gebiet und durch die Wälder bis an die Enns führen, an eine ausgekundschaftete Stelle des Flußbetts, wo der Fluß niedrig und schmal war und wo kein Posten stand. Auf der amerikanischen Seite war Elisabeth einem Bauer in Fischlham avisiert, um von dort aus, je nach gegebener Situation, mit einem Fuhrwerk, per Rad oder zu Fuß weiter

in die Gegend des Attersees expediert zu werden. Der Abschied von Anton fiel Elisabeth schwer. Die Tränen saßen ihr lokker.
»Bitte, Papa«, schluchzte sie. »bitte, komm bald nach Pernwald. Ich möchte dich bald wieder bei mir haben.« Um ihn zu rühren, setzte sie hinzu: »Du mußt doch Florian kennenlernen, deinen Enkelsohn. Er hat so viel von dir. Deine Augen und dein Lachen, Papa. Du wirst ihn lieb haben.«
Anton lächelte: Elisabeth war wieder ganz sie selbst. Eigensüchtig in ihrer Liebe, rücksichtslos in ihren Gefühlen. Sie dachte in ihren Zukunftsplänen überhaupt nicht an die brave Patuschka, die sie mit Aufmerksamkeiten überschüttet hatte.
Er küßte seine Tochter zum Abschied bedächtig auf beide Wangen. »Alles Gute, mein Kind«, sagte er. »Komm gesund in Pernwald an, grüß mir Sophie und erzähl dem kleinen Florian von mir. Und wenn Georg zurückkommt, grüß ihn auch. Er soll dich glücklich machen. Wenn du mich sehen willst oder mich brauchst, dann komm hierher. Ich bin immer für dich da.«

VII.

Der Pferdewagen, der Elisabeth von Kammer-Schörfling aus als einzige Fracht mitgenommen hatte, fuhr nur bis Unterach. Sie kletterte vom Bock, bedankte sich bei dem Fuhrwerker, nahm ihre Segeltuchtasche und schritt der Straße nach, dem Dorf zu.
Das Licht der sinkenden Sonne spielte in den Kronen der Bäume, die Mücken drehten abendlich müde ihre runden Schwärme, und in den Wiesen zirpten die Grillen. Tiefblau wurde der Himmel, der glatte See lieh von ihm die Farbe.
Elisabeth war von dem Anblick zu beglückt, um etwas anderes als Glück zu empfinden. Das Glück machte sie leichtsinnig. Statt das Dorf zu umgehen, um etwaigen amerikanischen Soldaten auszuweichen, ging sie, wie sie immer gegangen war, erhobenen Kopfes auf der Mitte der Straße. Vor den Fenstern der

Bauernhäuser blühten Geranien und Pelargonien. Wie eh und je standen die Haustüren offen, wie eh und je gackerten die Hühner hinter den Zäunen und die Hofhunde schlugen an.
Elisabeth begegnete niemandem. Bei Sonnenuntergang setzten sich die Bauern um den Abendbrottisch. Vor dem Gasthof »Zum Stern« parkten einige U. S. Army-Jeeps. Das Aushängeschild des Gasthofs war mit Papier überklebt. »Pasadena Club« stand darauf. In der Wirtsstube saßen also die Amis und tranken ihre Cocktails, Martinis, Manhattans, Whiskys. Neidvoll fuhr sich Elisabeth mit der Zunge über die trockenen Lippen. Ein Glas Wein oder ein Schnaps würde ihr genügen, die Aufregung vor dem Wiedersehen zu besänftigen und ihre Müdigkeit zu stimulieren. Sie hatte noch gut eine halbe Stunde zu gehen, und plötzlich schien es ihr, als sei diese letzte Strecke die längste ihrer Heimkehr.
Über den Dorfplatz von Unterach kam ihr ein Mann entgegen, sah sie, schaute, schaute noch einmal und rief: »Jessas na! Die Frau Baronin!«
Elisabeth erkannte Josef Loidel, den Besitzer der Gemischtwarenhandlung. Herr Loidel kaute Kaugummi, spuckte, um ungehindert reden zu können, den klebrigen Knödel aus, und schlug die Hände zusammen: »Nein, so eine Freud'! Daß Sie nur endlich wieder da sind! Da wird die Frau Baronin aber Augen machen. Die wartet auf Ihnen, jeden Tag wartet sie.«
Elisabeth gab ihm die Hand. Loidel schüttelte ihr beinahe den Arm aus dem Gelenk. »So eine Freud'«, wiederholte er, musterte Elisabeth und setzte hinzu: »Aber mager sind Sie, Frau Baronin, und blaß. Haben S' vielleicht Hunger? Möchten S' an Schokolad', oder Zigaretten?« Er holte aus seiner Rocktasche einen Riegel Schokolade und ein Päckchen »Lucky Strike« und drängte: »Nehmens nur, Frau Baronin, ich hab' mehr als genug.«
Elisabeth konnte sich nicht beherrschen. Gierig löste sie das Silberpapier ab, biß in die Schokolade und riß die Zigarettenpackung auf, während die süße Masse in ihrem Mund zerfloß.
Loidel gab Elisabeth Feuer und schwatzte weiter: »Meinen Laden hab ich den Amis verpachtet, als ›PX‹ – so nennen die

Amis ihren Greißler. Dort haben sie alles: Konserven, Kaffee, Strümpfe, Zigaretten, Schokolade. Zwar nur für die Amis, aber ich steh' gut mit ihnen. Ich leb' wie ein Fürst, Frau Baronin. Ich bin nämlich eine Art Vertrauensmann für die Amis. Weil ich mir alle Nazis gemerkt hab' und sie alle angezeigt hab. Alle sind sie drangekommen, und die Amis sind mir dankbar. Drum haben sie auch bei meinem Sohn eine Ausnahme gemacht, weil ich für ihn gebürgt hab, für den dummen Kerl. Schließlich und endlich ist er doch mein Fleisch und Blut, wenn er auch ein Trottel ist.«

Elisabeth hatte den Rest der Schokolade geschluckt, die starke Zigarette verursachte ihr Herzklopfen. Sie fragte: »Wie geht's meiner Familie in Pernwald?«

Loidel strahlte: »Gut geht's! Sie werden staunen, wie gut es der Frau Baronin Sophie und dem kleinen Baron Florian geht. Einquartierung haben sie im Herrenhaus. Ein Major, ein Captain – so heißen die Amis einen Hauptmann – und zwei Leutnants. Aber die Frau Baronin Sophie führt ein strenges Regiment. Die müssen parieren, die Amis, da gibts nichts. Wenn die ihre Negermusik machen und in der Halle tanzen wollen, müssen's die Armeestiefel ausziehen, weil die Frau Baronin nicht erlaubt, daß der Marmorboden verkratzt wird. Und der Florian wird verwöhnt, daß man es nicht für möglich hält.«

Elisabeth war wie benommen. Gab es das? Gab es das wirklich? Nach all dem Grauenhaften, das sie erlebt und gesehen hatte, war sie mit einem Mal in einem anderen Leben, fast in einer anderen Welt. In der es Wohlwollen und Freundlichkeit gab, Hilfsbereitschaft und Entgegenkommen. War das die amerikanische Art, zu leben und leben zu lassen?

Plötzlich konnte Elisabeth Georg, der sich begeistert zu Amerika und zu den Amerikanern bekannt hatte, richtig verstehen. Wenn es wirklich so war, war der »american way of life« der einzige Weg aus dem Scherbenhaufen, den die Nazis hinterlassen hatten, in eine sichere, bessere Zukunft.

Um ihre Rührung zu unterdrücken, dachte Elisabeth an Sophie und mußte lächeln. Das war typisch Tante Sophie. Energisch und mutig befahl sie sogar den Siegern, was sie tun durften und lassen mußten.

»Ich danke Ihnen, Herr Loidel«, sagte sie herzlich. »Für die guten Nachrichten, die Schokolade und die Zigaretten. Ich muß jetzt weiter. Ich kann es kaum erwarten, wieder in Pernwald zu sein. Nochmals danke!«
»Es ist nicht der Rede wert, Frau Baronin«, wehrte Loidel verlegen ab. »Aber Sie werden doch nicht zu Fuß weiter gehen. Ich leih Ihnen ein Rad. Dann sind Sie schon in ein paar Minuten zu Hause.«

Die Wälder versanken im schwärzlichen Violett. Die mächtige Silhouette des Herrenhauses erwartete Elisabeth mit leuchtenden Fenstern, wie zu ihrer Begrüßung illuminiert. Der Anblick überwältigte sie. Sie stieg vom Rad und hielt sich an der Lenkstange fest. Aus der offenen Terrassentür klang Jazzmusik. Eine Frauenstimme sang: »Open the door, Richard, open the door and let me in.« Radio, dachte Elisabeth. Amerikanischer Jazz im Radio. Eine andere Welt. Sie schob das Rad langsam auf das Herrenhaus zu. Wo früher die Sperrkette mit der Aufschrift »Privat« gebaumelt hatte, stand nun ein Schild »Off limits«. Die Kiesauffahrt war mit hellem Kies aufgeschüttet und geharkt, der Rasen war gemäht, und die Phloxrabatten standen kurz vor dem Blühen. Ich träume, dachte Elisabeth. Gleich werde ich frierend aufwachen und mich fürchten. Der Kies unter ihren Schritten knirschte.
»Stop, Fräulein.« Ein dunkelhäutiger amerikanischer Soldat tauchte aus dem Schatten der Terrassenbalustrade auf. Er war wohlgenährt und sauber, sein braunes Gesicht glänzte wie poliert, die khakifarbene Uniform war frisch gebügelt und die enganliegenden Hosen modellierten seine prallen Schenkel. »Stop«, wiederholte er. »Hier es ist verboten, hereinzukommen«, radebrechte er. »Off limits.«
»Ich wohne hier«, sagte Elisabeth auf englisch. »Das ist mein Haus.« Der Soldat fixierte sie argwöhnisch. Elisabeth verstand sein Mißtrauen. In den verbeulten, geflickten, grauen langen Hosen, der schäbigen blauen Bluse und der viel zu weiten Strickjacke von Frau Patuschka mußte sie auf den Mann wie eine Landstreicherin wirken. »Ich bin Baronin Pernwald«, sagte sie trotzig. »Ich gehöre hierher.«

»Okay, okay.« Der Soldat grinste gutmütig. »Und ich bin Louis Armstrong persönlich.« Er faßte Elisabeth am Arm. »Komm mit, Fräulein. Zum Major und zu der alten Lady. Wir werden ja sehen.«
Elisabeth ließ das Fahrrad los, es fiel in die Phloxrabatte und blieb mit kreisenden Rädern liegen. Sie stolperte, von dem festen Griff des Soldaten gezogen, über die Stufen der Terrasse hinauf in die Halle. Ehe sie noch etwas wahrnehmen konnte, hörte sie die Stimme Sophies. »Gerechter Gott! Elisabeth! Du bist es wirklich.« Sie sah Sophie auf sie zustürzen, fühlte sich umarmt und sah über Sophies Schulter vier amerikanische Offiziere, die vor dem Kamin gesessen hatten, nun aufsprangen und neugierig zu ihr herüberstarrten. Elisabeth stand steif wie ein Stock, die Tränen liefen ihr über die Wangen, ohne daß sie es merkte, Sophies Küsse trafen ihren Hals und ihr Ohr, und sie war noch immer nicht fähig, ein Wort zu sagen.
Sophie faßte sich rascher. Sie reckte sich gerade und wandte sich zu den Offizieren. Triumphierend sagte sie in englischer Sprache: »Gentlemen, das ist meine Nichte Elisabeth, Baronin Pernwald, von der ich Ihnen soviel erzählt habe.«
Wie in Trance ließ Elisabeth die Begrüßung über sich ergehen: Major Alter!« »Pleased to meet you.« Captain Hogg! »Pleased to meet you.« Lieutenant Cunningham, Lieutenant Field! »Pleased to meet you.«
Die Offiziere verbeugten sich. Sophie schaltete sich ein. »Meine Nichte braucht Ruhe. Sie ist erschöpft. Sie werden das verstehen, meine Herren, und uns entschuldigen.«
Sophies Englisch war holprig und komischerweise mit starkem, tschechischem Akzent gefärbt. Elisabeth unterdrückte ein nervöses Kichern. Sophie befahl dem Neger: »Joe, hol aus der Küche ein Cornedbeef-Sandwich und bring Whisky in den Jagdsalon.« Sie sagte »hunting room«, und Joe verstand sie.
Der Jagdsalon war völlig unverändert. Die Ahnenbilder blickten gravitätisch von der Wand herab, der Abendwind blähte die schweren grünen Vorhänge und wehte den vertrauten Geruch der Wiesen und des Wassers in den Raum. »Daß du nur wieder da bist!« Sophie umarmte Elisabeth von neuem. »Mein armes Kind. Was hast du alles mitmachen müssen!«

Elisabeth schluchzte auf. »Es war schrecklich, Tante Sophie! Mama ...«
»Pst!« Sophie legte ihren Finger an Elisabeths Lippen. »Ich weiß. Dein Vater hat mich benachrichtigt. Wenigstens einmal hat Anton getan, was sich gehört. Sprich jetzt nicht darüber. Wir wollen unser Wiedersehen nicht mit Traurigkeit beginnen. Später wirst du mir alles erzählen. Wenn der Schmerz ein wenig leiser geworden ist.«
Es klopfte an der Tür. »Come in«, rief Sophie. Joe balancierte ein Tablett mit Sandwiches, einer Flasche Whisky, Eis und Gläsern ins Zimmer.
»Thanks, Joe.« Sophie nickte leutselig und befahl: »Nun geh und suche Master Florian. Er soll sofort hierher kommen.«
Joe grinste und ging beflissen hinaus.
Elisabeth fuhr auf. »Wo ist Florian? Ich will ihn sehen.«
»Eins nach dem anderen«, dämpfte Sophie. »Nun iß erst mal und trink was. Und dann wirst du Flori sehen.« Sie ließ Eiswürfel in die Gläser klirren, schenkte ein, sagte »Cheerioh!« und kippte den Whisky in großen Schlucken.
Elisabeth staunte. »Aber Tante Sophie. Du hast doch immer nur an Champagner genippt.«
Sophie lächelte. »Da hab' ich auch noch nicht gewußt, wie gut Bourbon ist.« Sie klopfte anerkennend an die Flasche. »Das ist ein Jungbrunnen. Eine richtige Medizin ist das. Stark und verläßlich, und Kopfweh bekommt man auch nicht davon.«
Jetzt erst sah Elisabeth, wie gut Sophie aussah. Sie war tadellos frisiert und gelockt, hatte Rouge aufgelegt, die Lippen geschminkt, und ihre Fingernägel waren rot lackiert.
Sophie fing Elisabeths Blick auf. Sie lächelte ein bißchen verlegen. »Dieses Zeug bringt mir Flori aus dem PX mit«, erklärte sie. »Jede Menge Lippenstift, Nagellack, Lockenwickler und Gesichtscreme. Flori sagt, es gefällt ihm, weil es modern ist. Er ist in den letzten Wochen ein Kind der neuen Zeit geworden. Ein Amerikaner – wie sein Vater. Die amerikanischen Offiziere sind von der Tatsache überwältigt, daß ein kleiner österreichischer Bub fließend englisch spricht. Sie vergöttern Flori.« Sophie lachte: »Wenn er so weitermacht, wird er noch einmal Präsident der Vereinigten Staaten.«

Elisabeth griff nach dem Whiskyglas und trank. Eine wohlige Wärme rann durch ihre Adern, sie fühlte sich erfrischt und angeregt, wie seit langem nicht.
Sophie schenkte Elisabeth nach. »Bourbon tut auch dir gut«, konstatierte sie. »Deine Wangen bekommen Farbe und deine Augen leuchten wieder. Ich glaube, du bist schon wieder in der Verfassung, aufregende, aber erfreulich aufregende Nachrichten zu verkraften.« Sie machte eine wirkungsvolle Pause, dann sagte sie feierlich: »Wir erwarten Georg.«
Elisabeth starrte sie an.
»Wir erwarten ihn täglich, man kann fast sagen, stündlich«, bekräftigte Sophie. »Er ist Leutnant beim Intelligence Service, in Fürth bei Nürnberg stationiert. Captain Hogg hat es mir gesagt. Georg hat sich mit ihm in Verbindung gesetzt. Von Captain Hogg weiß ich auch, daß Georg schon auf dem Weg ist. Er kommt, vielleicht schon morgen.« Sophies sonst so energische Stimme schwankte. »Begreifst du, Elisabeth? Georg kommt! Endlich kommt er nach Hause.« Sie schnüffelte bewegt, fuhr sich mit der Hand über die Augen und sagte leise: »Auch Max kommt wieder, sobald es amerikanischen Zivilpersonen erlaubt ist, zu reisen.«
Elisabeth konnte keinen Gedanken fassen. Sie fühlte nur die wohlige Wärme aus ihrem Kopf zu ihrem Herzen dringen, das plötzlich leicht und fröhlich schlug. »Georg«, sagte sie. Es klang wie eine Frage.
Aus der Halle ertönte das mitreißende, kehlige Lachen Florians. Elisabeth wollte aufstehen, ihn zu begrüßen, doch Sophie drückte sie in den Fauteuil zurück. »Erwarte dir keine überschwengliche Wiedersehensszene. Kinder leben nur dem Augenblick. Je unbefangener Flori dich wiedersieht, desto besser für ihn und auch für dich.«
Durch die jäh aufgerissene Tür stürmte Florian in den Jagdsalon, einen großen, zottigen Hund am Halsband hinter sich herzerrend. »Halloh, Mami«, schrie er begeistert. »Fein, daß du wieder da bist. Schau, was Onkel Hogg mir geschenkt hat! Einen Hund, der mir ganz allein gehört. Ist er nicht schön, Mami?«
Elisabeth sah ihren vor Freude zappelnden Sohn an, seine ver-

gnügten Augen, seine dunklen Haare, die ihm zerrauft in die Stirn fielen, seinen festen, kleinen Körper. »Wunderschön«, sagte sie.
»Er heißt Ben, wie Onkel Hogg«, verkündete Florian und patschte dem Hund mit der Hand auf den Rücken. »Sit down«, befahl er.
Die häßliche Promenadenmischung gehorchte gutmütig und ließ hechelnd eine lange rote Zunge aus dem Maul hängen.
»Komm zu mir, Flori und gib mir einen Kuß«, bat Elisabeth.
Florian küßte seine Mutter flüchtig und sträubte sich gegen Elisabeths besitzergreifende Umarmung. »Ich muß mit Ben in die Küche«, protestierte er. »Joe gibt ihm zu fressen. Bastian hat ihn noch nicht gesehen. Bitte, Mami, darf ich gehen?«
Elisabeth nickte. Florian rannte, den Hund ziehend und von ihm gezogen, hinaus.
»Trink noch einen Whisky, Elisabeth«, sagte Sophie, »und dann geh hinauf in dein Zimmer. Du wirst alles vorbereitet finden. Kümmere dich um nichts, kümmere dich nur um dich selbst. Zieh vor allem diese Lumpen aus, du siehst aus wie eine Vagabundin. Nimm ein Bad, du bist schmutzig, wasch dir das Haar und schlaf dich aus.« Sie setzte hinzu: »Vielleicht kommt Georg schon morgen.«

Mit dem ersten Hahnenschrei erwachte Elisabeth. Sie brauchte eine kleine Weile, um zu begreifen, daß sie in ihrem eigenen Bett, in ihrem Zimmer lag und daß die vertraute Umgebung Wirklichkeit war. Auf bloßen Füßen ging sie ans Fenster und sah, daß die Sonne schon über dem Schoberstein stand.
Elisabeth kleidete sich rasch an. Es war eine Wohltat, gebürstete Haare zu haben, den sauberen Stoff eines leichten Kleides auf der Haut zu spüren und Sandalen an den Füßen. Auf Zehenspitzen verließ sie das Haus durch den Hintereingang, vermied gewohnheitsmäßig den knirschenden Kies und eilte auf dem Rasenstreifen am linken Seitentrakt vorbei, zu den Stallungen hinüber.
Im Hundezwinger stand wedelnd, sich mit den Vorderpfoten ans Gitter stützend, Ben und japste freudig. Elisabeth öffnete

die Gittertür und streichelte den klobigen Kopf des Hundes. »Komm, mein Guter«, sagte sie. »Wir gehen durch die Wiesen.«

Die Sonne stieg höher. Die Hügel am Horizont badeten in ihrem Licht. Vom Attersee her kam ein leichter Wind und kämmte die Wiesen. Saftig und grün standen die Tannen vor dem blauen Himmel.

Elisabeth setzte sich auf die Bank am Waldrand und atmete tief den Geruch des Sommers ein. Soweit sie sehen konnte, gehörte alles Land den Pernwalds. Es gehörte Georg und ihr, und es würde einmal Florian gehören: die Gutshöfe, die Äcker, die Weiden, die Wälder – und das barocke Herrenhaus, auf dessen im traditionellen Schönbrunnergelb getünchte Mauern die mächtigen Kastanienbäume ihre dunkelgrünen Schatten warfen.

Im gleichen Verlag

Mark Rascovich

Falkenhorst

Roman

Aus dem Amerikanischen von Margaretha Reischach-Scheffel
510 Seiten. Lin

»Die Familiengeschichte der Falkenhorsts dient Mark Rascovich dazu, das Kriegsgeschehen der Jahre 1870/71 in seinen einzelnen Phasen zu schildern und die Stimmung in beiden Lagern zu erfassen. Dadurch wird aus der Familiengeschichte eine Leidensgeschichte, die Leidensgeschichte der Menschen, die von einem Krieg, dessen Sinn sich ihrem Verständnis entzieht, geschlagen und getroffen werden.« *Der Bund*, Bern

»Mark Rascovich hat nichts mit Larifari im Sinn, er hat seine Geschichte sauber recherchiert und unprätentiös berichtet. Die bei seinen Personen zu verzeichnenden Frustrationen in Sachen Liebe und Ehe sind gewiß nicht ausgelegte Leimruten für den Leser, sondern gehören zum gesellschaftlichen Gesamtbild.«
Frankfurter Allgemeine Zeitung

Hoffmann und Campe